농산업기술과 지식재산권

강신호 저

박영사

기존의 지식재산권IP rights 관련 서적들은 변리사 준비용이나 법학에 맞추어져 특허나 상표 등을 중심으로 산업재산권 또는 저작권 등을 일반적으로 다루고 있다. 실제 아이디어를 가진 연구자가 지식재산으로 보호를 받기 위해서 어떻게 접근해야 할지를 파악하기가 쉽지 않았다. 이 책에서는 산업재산권을 포함한 지식재산권 전반을 이해하면서 신지식재산까지 확대하여 어떻게 내가 가지고 있는 차별적 아이템을 권리화하고 사업화를 고려하여 단계적으로 접근해야 하는지를 IP-R&BD 차원에서 다루고 있다.

사업화 성공률을 높이기 위해서는 R&D연구개발 수행에 앞서 IP지식재산 분석이 이루어져야 한다. 또한 권리가 확보되었더라도 기술마케팅 단계에서 사업화로 연계되기 위해서는 시장성을 고려하지 않으면 안 된다. 따라서 선행기술 및 특허동향조사와 함께 B사업화(Business) 관점에서 기술평가와 마케팅 접근이 이루어져야 하는데, 이와 같은 점을 감안하여 R&D를 추진하는 연구자 관점에서 IP-R&BD를 이해할 수 있도록 서술하였다.

또한 이 책에서는 각 단계별로 독자가 읽으면서 이해하기 쉽게 이론에 상응하는 사례를 적절하게 제시하였다. 가능하면 저자가 기업과 공공기관, 현장에서 직접 경험한 사례들로서 IP 확보에서부터 소송 및 분쟁에 이르기까지 단계별로 다루었다. 따라서 이슈별로 IP 이론과 연계하여 독자들의 상황에 따른 대응 방향을 이해하는 데 도움이 될 것이다.

아울러 신지식재산으로 농산업 분야의 식물신품종과 지리적표시 등을 산업재산권(특허 및 상표)과 함께 비교하며 다루었다. 공공연구기관이나 대학, 기업 등의 연구자들에게 전반적인 도움이 되면서 농산업 분야에 종사하는 연구자들에게 좀 더 현실적으로 체감할 수 있도록 내용을 구성하였다.

저자는 오랫동안 기업에서, 공공연구기관에서, 그리고 농산업 현장에서 지식재산 관련 교육과 컨설팅을 지원하면서 연구자들이나 현장 엔지니어들이 필요로 하는 궁금증을 그때마다 자료로 만들었다. 그리고 그 자료들을 지식재산 전반에 대하여 지식재산 이해하기(1장), 파헤치기(2장), 권리 확보하기(3장), 활용도 높이기(4장), 기술이전과 사업화 안목 넓히기(5장)까지 단

머리말

계적으로 맞추어서 제시하였다. 이어서 실시권 및 분쟁 대응하기(6장)에서 권리와 대응을 학습하고, 마지막으로 대학, 기업, 공공연구기관에서 중요하게 다루는 직무발명 효과 높이기(7장)를 다루었다.

따라서 이 책은 공공연구기관뿐만 아니라 대학이나 기업에서 국가 연구를 수행하는 연구자들, 기업에서 IP 기반의 사업을 펼치는 마케터, 그리고 기업으로 취업을 준비하는 대학생들까지 지식재산 접근에 큰 도움이 될 것이라고 확신한다.

한 번에 농산업기술과 지식재산을 모든 분들의 이해에 맞추기란 쉽지 않다. 이 책은 연구자에게 좀 더 초점이 맞추어졌다. 농식품부 차관과 농촌진흥청장을 역임하셨고 현재는 저자가 졸업(16기)한 한국벤처농업대학을 이끌고 계신 민승규 교수님께서는 모든 분들이 용이하게 지식재산에 접근할 수 있는 방법을 주문하셨다. 앞으로 「가슴 뛰는 농업의 혁신」에 이바지할 수 있도록 지식재산 길잡이를 준비하여 프론티어Frontier 농업인들에게도 도움이 되도록 할 것이다.

미래 성장산업으로 농업에 열정을 쏟고 계신 농촌진흥청 라승용 청장님, 농산업의 기술 실용화를 위해 헌신하시는 농업기술실용화재단 류갑희 이사장님의 지도편달에 감사드린다. 아울러 일반 산업과 많이 다른 농산업 기술분야에서 이 책의 필요성을 강조하시고 지속적으로 관심을 가져주신 재단의 강경하 전 본부장님, 이원옥 본부장님께도 감사의 마음을 전하고 싶다. 또한 이 책이 완성될 수 있도록 연구자 입장에서 일일이 내용을 검토해주신 농촌진흥청의 문지혜 연구관님, 법·제도 부분에서 개정법 및 판례 등을 상세하게 지적해주신 원광대학교 법학전문대학원 정태호 교수님, 특허청 김종호 사무관님께 감사한다.

마무리하는 단계에서 부족함과 미흡함이 곳곳에 아른거린다. 농촌진흥기관의 지식재산 및 사업전략 지원을 위해 업무를 추진하면서 이 책은 단계적으로 더 풍성하게 다져질 것이다. 독자 여러분의 농산업 기술에 대한 지식재산권 이해에 많은 도움이 될 수 있기를 기대하며 부족한 부분에 대한 양해를 구한다.

2018년 12월   저자 강신호

요즘 산업기술에 핵심 아이콘은 4차 산업혁명이다. 농산업 분야도 예외는 아니다. 농업 선진국은 4차 산업혁명의 기회를 농업 재도약의 디딤돌로 활용하기 위해 치열하게 경쟁 중이다. 인공지능(AI), 사물인터넷(IoT), 빅데이터를 기반으로 한 로봇, 스마트팜, 드론 등 스마트농업 기술이 숨 가쁘게 추진되고 있다. 이것이 바로 미래농업을 여는 열쇠로 주목받고 있고 가치창출의 금맥(金脈)이 될 것으로 예상되기 때문이다.

향후 10년간 세계 농업구조는 지난 반세기 동안의 진화보다 훨씬 더 큰 변화를 맞이할 것으로 예상된다. 특히 ICT 기술이 농업과 결합되면서 생산에서 소비에 이르는 농업의 모든 과정을 환골탈태(換骨奪胎) 시키고 있다. 그리고 그와 같은 기술개발의 중심에는 지식재산(IP)이 있다. 해당 기술 분야의 국가 경쟁력에서 지식재산권 확보가 중요하게 가늠되기 때문이다.

결국 기술 경쟁력 및 산업발전의 핵심은 지식재산이고, 산업 발전을 위한 기술개발의 선두에는 연구자가 있다. 그리고 산업에서 기술과 지식재산을 다루는 사람이 어디 연구자뿐이겠는가! 기술이전 기관이나 기술이전자(사업가) 등 그 중요성만큼 다양하다고 할 수 있다.

이 책은 기존 법률서적의 딱딱한 느낌과는 다르다. 지식재산 연계 기술을 다루는 모든 분들이 쉽게 읽으면서 다양한 권리 대응방향을 잘 이해할 수 있도록 이론과 적절한 사례가 현실감 있게 제시되어 있다. 또한 농산업분야의 식물신품종이나 지리적표시 등을 특허 및 상표법과 비교하였고, 전통지식, 유전자원, 향토자원 등에 대한 신지식재산을 폭넓게 설명하고 있다.

특히 기술을 개발하는 연구자 입장에서 지식재산(IP)과 사업화(B)를 고려하여 R&D연구개발을 추진할 수 있도록 IP-R&BD에 대한 능력 배양을 단계적으로 제시하고 있다. R&D를 추진하는 당사자로서 연구자가 IP-R&BD 관점의 접근 유무는 R&D 경쟁력에 지대한 영향을 준다. 해당 분야의 지식재산 현황이나 사업화를 고려하지 않고 관행적으로 R&D를 추진한다는 것은 지피지기知彼知己 전략도 없이 전쟁터에 나가는 것과 같다.

추천의 글

지금까지 R&D를 추진하는 연구자는 지식재산을 변리사(IP 대리인)가 해주는 것이라고 생각해왔다. 물론 전문성을 요구하는 부분에 대해서는 맞다. 하지만 지식재산 기반 R&D 추진에 따른 밥상을 변리사에게 모두 내맡길 수는 없다. 연구자가 지식재산 마인드를 갖추고 R&D를 추진할 때 그 결과로써 강한 지식재산을 지닌 R&D 결과를 갖추게 된다. 기술이전을 통한 사업화의 기회는 비교할 수 없을 만큼 커질 것은 당연한 이치이다.

이 책을 통하여 독자는 지식재산의 실시권 및 분쟁 사례 등을 접하고 R&D 기술에 대한 활용성 판단을, 그리고 기술이전 및 사업화에 따른 안목을 어떻게 넓혀갈 것인지 고민하게 될 것이다. 저자는 기업과 연구기관을 두루 거치며 경험한 다양한 사례들을 제시하고 있다. 따라서 연구자뿐만 아니라 취업을 준비하는 학생이나 산업에서 지식재산을 다루는 많은 분들에게도 기초와 실전을 다루는 좋은 자료가 될 것이다.

제품은 필요에 의한 아이템에서부터 유통 및 사후관리까지 연계되어 있다. 내 일만 잘해서는 그 아이템이 성공할 수 없다. 제품 산업화에 핵심이 되는 지식재산이 어떻게 만들어져야 하고 또 얼마나 역할을 발휘할 수 있는지를 이해할 때 그 조직의 산업발전을 위한 경쟁력은 높아질 것이다. 글로벌 무한 경쟁시대에서 지식재산을 이해하고, 기술의 경쟁력 확보를 위하여 능력을 배양하는데 좋은 책으로 추천 드리는 바이다.

국립한경대학교 석좌교수
민 승 규 (前농림수산식품부 차관)

Contents

Contents

제**7**장 직무발명 효과 높이기

제1장
지식재산 이해하기

제1절 | 지식재산의 역할

특허! 특허! 강한 특허Pro-Patent만이 국가 경제의 경쟁력이다!

1980년대, 이미 오래된 상황이지만, 미국시장에 일본제품이 범람하였고 이를 극복하고자 당시 레이건 행정부에서 펼친 정책이 '강한특허 전략'이었다. 그 이후 기업마다 특허경영特許經營을 부르짖게 되었고, 국제 통상법에서 특허를 비롯한 지식재산(IP)Intellectual Properties은 국가경제를 좌우하는 핵심 키워드로 자리하게 되었다. 최근 트럼프 행정부에서도 '중국 지식재산권 침해' 조사에 대한 대통령각서 서명으로 무역통상에 지재권을 활용하려는 움직임[1]도 같은 맥락이다.

전기·전자, 기계·금속의 첨단산업뿐만 아니라 농식품 직군을 부각시켜보더라도 요즘은 특허의 중요성을 쉽게 접하게 된다. 어디 특허뿐이겠는가! 특허가 지식재산의 대표적 용어로 사용되다보니 그런 것이지, 상표나 디자인 등 실제로 농산업 현장이나 농식품의 제품 포장에서 쉽게 지식재산을 접할 수 있다.

시장에 나온 동일한 농식품이지만 "내 제품은 어떤 특허된 기술을 적용하여 만든 상품이다"라고 부각시킴으로써 다른 상품과 차별점을 강조하는 것이다.

우리나라 농식품업은 현재 강소농强小農 및 6차산업[2]을 통한 고부가가치화로 바뀌면서 그들만의 상표, 디자인, 특허 등을 사용하는 농산업경영체들이 크게 늘고 있다. 이는 이미 십여 년 전부터 농식품업이 1차 생산에 머물지 않고 다양한 기술을 접목시켜 가공, 유통 및 판매함으로써 새로운 기술로 차별화되고 있는 것이다.

---

1) 미국이 세계무역기구WTO 통상법 301조 적용을 통해 중국의 위조상품과 불법복제품에 지재권 침해를 입증하여 이를 통상마찰에 활용하려는 움직임. 중국의 침해에 대하여 강압적 기술이전 및 침해보상을 수행할 시 침해규모는 약 6천억 달러(685조 원)에 이를 것으로 추정(출처. 중앙일보 2017.8.14., http://news.joins.com/article/21840641)
2) 농촌에 존재하는 모든 유·무형의 자원1차산업을 바탕으로 농업과 식품, 특산품 제조가공2차산업 및 유통 판매, 문화, 체험, 관광, 서비스3차산업 등을 연계함으로서 새로운 부가가치를 창출하는 활동을 의미

농산업경영체의 기술은 자체 개발이든 타인으로부터 이전받은 기술이든 제품에 적용되어 시장에서 더 높은 부가가치를 올리게 된다. 남들이 다하는 농산물이 아닌 나 또는 내가 소속된 단체 등 농산업경영체가 갖는 나름대로 독특한 기술이 적용된 제품은 소비자와 신뢰관계를 구축하게 되고 곧 시장에서 경쟁우위로 발전해 나간다.

차별화된 기술 제품이 시장에 나왔을 때 필요한 것은 그 기술의 보호수단이며, 특허를 비롯하여 다양한 수단이 법·제도적으로 마련되어 있다. 보호받지 못한 독특한 기술은 무방비로 복사(複寫)당할 것이고 순식간에 경쟁력을 잃게 된다. 농산업체의 개발 기술이든 아니면 기술이전을 통하여 적용된 기술이든 간에 말이다. 그리고 경쟁력 있는 기술의 이전은 법·제도적 보호의 테두리에 있을 때만 실질적으로 가능하다고 할 수 있다.

어떤 산업이든 글로벌 경쟁력을 높이기 위해서는 기술 확보와 권리화 또는 기술이전을 포함한 사업화가 중요하다. 산업화의 기술발전 및 선진화를 위하여 사업을 추진하는 기업뿐만 아니라 국가의 많은 연구개발 기관 및 대학들이 그를 위해 노력하고 있으며, 농산업 분야에서는 농촌진흥청을 비롯한 지방농촌진흥기관 등이 농산업체에 기술보급을 통하여 기술 경쟁력을 갖출 수 있도록 연구개발을 추진, 보급하고 있다. 그리고 연구개발 결과물이 산업발전에 핵심 요소인 특허를 비롯한 지식재산 권리화로 무장될 때 제대로 된 사업화 도구가 성립되는 것이다.

최근에는 인공지능(AI), 사물인터넷(IoT), 빅데이터 기반 클라우드 산업화 등의 4차 산업혁명[3]이 모든 산업계에 파고들면서 농산업에도 로봇, 드론, 스마트팜 등의 산업이 빠르게 성장하고 있다. 이는 시대적 요구이며 기술변화에 맞춘 지식재산의 대응이 더 중요하게 요구되는 시기라고 할 수 있다. 따라서 기업뿐만 아니라 공공연구기관이나 대학 등은 연구개발을 통한 기술 경쟁력을 갖추기 위해서는 연구자가 연구의 초기 단계에서부터 그 연구결과를 어떤 지식재산으로 무장할 것인지 방향을 잡고 연구개발을 추진해 나아가야 할 것이다.

내가 수행할 연구개발 결과가 어떻게 사업화로 연계될 것이며 그 효과를 높이기 위해서 어떤 방향으로 추진되는 것이 좋을지를 '아는 만큼 보인다'는 말처럼 연구자가 지식재산을 이해할 때 더 강한 사업화 도구로서 강한 지식재산이 만들어지고 연구개발 결과가 법·제도적 보호를 받아 더 넓게 활용될 것이다.

---

3) 정보통신기술(ICT) 융합으로 이루어낸 혁명시대를 뜻하며, 빅데이터 분석, 인공지능, 로봇공학, 사물인터넷, 무인운송수단, 3차원 인쇄, 나노기술 등이 혁명의 핵심이 됨. 2016년 클라우스 슈바프(Klaus Schwab)가 의장이던 세계경제포럼에서 주창된 용어

본 지식재산권 길라잡이에서는 산업화에 핵심으로 부각된 지식재산을 단계적으로 알아보고 연구자들이나 권리를 확보하고자 아이디어를 가진 분들이 쉽게 접근할 수 있도록 사례를 들어 설명하고 있다. 특히 산업재산권과 저작권을 비롯하여 신지식재산권을 다루면서 농식품 분야의 식물신물신품종과 지리적표시제를 포함하고 있다. 기업뿐만 아니라 대학, 공공연구기관의 연구자들에게 유익한 정보를 제공하면서 추가로 농식품업에 종사하는 분들에게 좀 더 유익한 정보를 제공하고 있음을 밝혀두는 바이다.

> ▶ **시사점**
> 지식재산은 산업발전의 근간이며 국가 경제의 경쟁력이다.

제2절 | 지식재산 들여다 보기

1. 지식재산의 의의

우리는 재산을 흔히 유형자산과 무형자산으로 나누어 이해한다. 유형자산Tangible asset은 손에 잡히는 동산 또는 부동산을 말하며, 그와 반대로 무형자산Intangible asset은 손에 잡히지 않는 형태 없는 자산을 일컫는다.

무형자산의 가치Value는 산업이 발전하면서 점점 높아져 왔다. 우리가 잘 알고 있는 코카콜라를 예로 들어 자산가치를 살펴보면 유형자산 대비 무형자산의 가치는 전체 자산의 약 80% 이상을 차지한다. 이와 같은 무형자산은 유형자산 외 모든 자산을 포함하며, 인적자본 Human capital, 고객자본Customer capital, 그리고 구조적자본Structual capital으로 나눠진다. 그리고 구조적자본에는 인프라 자본과 함께 소위 기업의 사활死活을 책임질 만큼 중요하다는 지식재산이 포함된다. <표 1-1>은 무형자산에서 지식재산의 위치를 나타내고 있다.

〈코카콜라 음료〉

<표 1-1> 지식재산의 유·무형에 따른 분류

☐ 유형자산(Tangible Asset)
☐ 무형자산(Intangible Asset)4)
　　　(≥)지식자본(Intellectual Capital)
　　　　　○ 인적자본(Human Capital)
　　　　　○ 구조적자본(Structural Capital)
　　　　　　　– 지식재산(Intellectual Properties)
　　　　　　　– 신지식재산(New Intellectual Properties)
　　　　　○ 고객자본(Customer Capital)

출처　한국시식재산연구원

---

4) (광의)유형자산 외 모든 자산, (협의)회계장부에 포함되지 않은 무형자산으로 인식되는 자산영업권, 산업재산권, 조직의 경쟁우위 지식, 경험, 역량 등을 일컬음

지식재산知識財産[5]은 인간의 창조적 활동 및 경험에 의하여 만들어지는 재산적 가치이다. 기존의 기술에 새로운 진보적 기술이 더해진 기업은 시장에서 더 앞서 나아가게 되고 이들 반복을 통한 기술발전은 선진 산업의 근간이 되어왔다.

지식재산은 우리가 흔히 특허特許라고 표현하는 산업재산권(특허 외에 실용신안, 상표 그리고 디자인이 포함)을 비롯하여, 저작권, 영업비밀 등 다양한 종류가 있다. 그리고 산업이 발달하면서 기존 지식재산의 법적 제도로 보호받지 못하는 새로운 형태의 신지식재산권[6]이 나타나게 되었다. 특히 농식품·농산업 분야에서 살펴보면 일부 법으로 보호를 받기 시작한 식물신품종이나 지리적표시 외에도 유전자원, 전통지식, 그리고 향토자원 등이 그것이다.

2. 지식재산의 기원

지식재산의 모태는 '특허'라고 할 수 있다. 특허의 어원은 14C 영국 국왕이 해당 기술에 대하여 권리를 부여할 때 다른 사람이 볼 수 있도록 개봉된 문서Letters patent로 하였고, 그 후에 공개하다Open의 뜻을 지닌 'Patent'가 특허로 사용되었다.

이와 같이 특허는 '제도적 장치'를 통하여 발명자를 보호해준다. 발명의 대가만큼 기술을 공개한 자는 배타적 권리를 갖는 것이다. 즉, 특허 출원에 의하여 공개된 혁신적 기술은 해당 업계의 제품에 발전적으로 적용되어 많은 사람들이 편리를 누릴 수 있도록 하고 그 바탕에서 더욱 발전된 기술이 다시 재탄생되는 것이다. 결국은 산업발전이 빠르게 이루어지는 셈인데, 국가는 이를 위하여 제도적으로 특허제도와 같은 보호장치를 두고 장려함으로써 기술발전을 유도하게 된다. 이때 기술을 공개한 자는 등록된 기술의 범위에 해당하는 배타적排他的 권리를 일정기간 동안 갖게 된다. 그리고 그 권리는 특허기술을 허락받고 사용하는 자로부터 권리의 유지기간 동안 사용에 대한 기술료Royal tee를 취하게 된다.

---

5) "지식재산"이란 인간의 창조적 활동 또는 경험 등에 의하여 창출되거나 발견된 지식정보기술, 사상이나 감정의 표현, 영업이나 물건의 표시, 생물의 품종이나 유전자원, 그 밖에 무형적인 것으로서 재산적 가치가 실현될 수 있는 것을 말함(지식재산기본법 제3조 1항)

6) 경제, 사회, 문화의 변화나 과학기술의 발전에 따라 새로운 분야에서 출현하는 지식재산이며, 이들은 경제적 가치를 지니는 지적창작물로 법적 보호가 필요하지만 기존의 산업재산권이나 저작권 등의 법·제도로 보호받기 어려운 성질을 지님

일찍이 영국은 이와 같은 특허제도 (당시의 전매조례)를 이용하여 유럽 대륙의 우수한 기술자들을 모이게 했고 그들에게 공개 기술에 대한 독점배타적 권리를 주는 대가로 노하우를 문서로 공개하게 했다. 이는 후에 산업혁명(오른쪽 그림)의 원동력이 되었고, 18세기의 '해가 지지 않는 나라'로 불리워질 만큼 영국은 세계의 산업 대국으로 우뚝 설 수 있는 바탕이 된 것이다.

출처 https://libertytoday.uk

특허는 기술 보호제도의 시작[7]이며 지식재산의 대표적 보호제도로 등장하여 오늘날 산업재산권(특허, 실용신안, 상표, 디자인)과 저작권 등으로 지식재산의 종류에 맞게 보호법은 확대되었다. 그리고 최근 과학기술의 발전으로 그 범위는 더욱 넓어지고 있다.

3. 차별적 기술과 지식재산 보호

지식재산은 특허를 포함하여 다양한 종류가 있다. 법·제도적으로 보호받을 수 있는 지식재산이 있는가하면 그렇지 못한 경우도 있다. 또한 내가 가지고 있는 기술을 특허의 형태로 보호받을 수 있다고 하더라도 "상대의 제품이 내 기술을 사용하여 가공했거나 그 기술을 담고 있다고 주장하기 어려운 상황"도 있다. 그렇다면 이러한 경우에 특허 등을 통하여 기술을 공개하는 것이 바람직할까?

---

7) 이탈리아(1474년), 영국(1624년), 미국(1791년), 독일(1877년) 순으로 특허 보호제도를 시작했고, 우리나라는 1908년 한국 특허령을 공포했음. 우리나라의 WIPO^{세계지식재산기구} 가입은 1979년, 파리협약은 1980년에 가입함

특허를 포함한 지식재산의 출원 여부는 기술을 가진 자의 입장에 따라 다를 수 있다. 영리를 추구하는 기업은, 특히 산업을 리드하는 대기업의 경우 비밀유지가 불가능한 경우를 제외하고 출원을 통한 기술 공개를 지양하기도 한다. 특히 기술 순환이 빠른 분야에서 그렇다. 하지만 공익을 추구하는 공공연구기관이나 대학 등의 입장에서는 기술보급 차원에서 권리주장을 통한 이윤추구보다 기술 공개를 지향하고 있다고 할 수 있다.

기술의 노하우 유지가 필요한 산업체의 입장에서 내가 어떤 차별적 기술을 가지고 있다면 기술의 보호 차원에서 어떤 기준으로 특허 등의 출원 여부를 판단해야할까? <그림 1-1은 특허출원과 노하우 유지의 판단 절차를 보여주고 있다.

❶ 먼저, 비밀유지로 보호될 수 있는지 여부의 판단이다. 우수한 기술을 제품에 적용해서 시장에 출시했을 때 제3자[8]가 쉽게 복사할 수 있는지의 여부이다. <그림 1-1>은 특허출원과 노하우 유지의 판단 기준을 보여주고 있다. (1) 제3자가 복사 가능한가? (2) 출원된 기술의 권리주장이 가능한가? (3) 기술 순환이 빠른가? (4) 특허활용이 필요한가? 등의 답변에 따라 차별적 기술을 특허 등 산업재산권으로 출원할 것인지 노하우로 가져갈 것인지를 판단하게 된다.

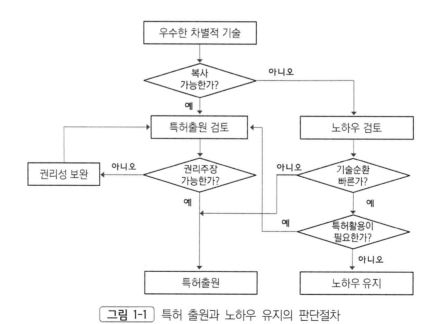

[그림 1-1] 특허 출원과 노하우 유지의 판단절차

---

8) 나, 내 가족, 내 동료 등 기술이 보호될 수 있는 특정인^{특정다수}를 제외한 그 밖의 사람^{불특정다수}을 일컬음. 하지만 그와 같은 특정인(예: 다수의 직장동료)도 비밀유지에 대한 의무사항이 없는 경우라면 제3자에게 기술을 누설할 수 있고, 그와 같은 경우 법적 규제를 적용하기가 어렵게 됨 → 제7장, '직무발명 효과 높이기'에서 설명

내 기술을 특허 등으로 출원을 한다고 하더라도 제3자가 내 기술을 침해했을 경우에 침해 주장이 어려운 상황이라면 어떻게 해야 할까? 이는 물건을 생산하는 방법의 발명(제법발명)[9]으로 상대의 최종 제품을 놓고 내 기술의 적용여부를 판단하기 어려운 경우이다. 침해 확인을 이유로 제조방법 확인을 위해 공장(작업장)을 무단으로 침입할 수도 없기 때문이다. 따라서 제3자의 제품이 내 기술을 사용했음에도 불구하고 침해 여부를 증명할 수 없을 경우 특허를 통해서 내 기술을 공개[10]했지만 권리주장도 못하고 기술을 모두에게 무상으로 공개하는 꼴이 될 수 있다.

그렇다면 비밀유지로 내 기술을 숨기고 실시를 할 것인가? 아니면 그래도 제도(법)적으로 보호받고자 특허(설정등록한 날로부터 출원 후 20년)를 출원할 것인가?

특허는 결국 법적 보호기간이 지나면 어느 누구나 사용할 수 있는 자유실시 기술이 된다. 이에 반하여 비밀유지를 통한 노하우는 기술이 적용된 제품이 시장에 노출되더라도 제3자가 내 기술의 핵심을 확인할 수 없다면 더 우수한 기술이 나오기 전까지 시장선점을 할 수 있다. 하지만 요즘은 분석기술이 발달하여 제3자나 경쟁사가 제품 속에 감춰진 내 기술을 파헤치려 든다면 공개 후 20년이 아니라 단 몇 개월도 권리주장을 못해 보고 기술은 오픈될 수 있음을 염두해야 한다.

❷ 내 기술이 현존하는 지식재산권 보호 제도를 통하여 보호받을 수 있는지의 여부이다. 이는 내 기술이 특허나 실용신안, 디자인, 그리고 상표 등 산업재산권이나 식물신품종, 지리적표시 등 그 보호 테두리에서 보호받을 수 있는지의 여부를 판단하는 것이다. 이때 각 제도의 보호 성격과 내 기술의 특징을 연계하여 적절한 파악이 이루어져야 한다. 즉 특허로 보호받지 못하는 것을 디자인으로 보호받을 수 있거나 디자인보다 특허로 보호받을 시 그 권리범위가 막강할 수 있으며, 때로는 특허와 디자인으로 함께 보호받는 방향이 적합한 경우도 있다.

이와 같은 양쪽 권리보호의 경우는 특허와 식물신품종에서도 성립될 수 있으며, 특허와 실용신안, 상표와 지리적표시, 상표와 디자인 등이 가능할 수 있다. 내가 가지고 있는 차별적 아이디어나 농산물 또는 제품에 적용될 기술을 무엇으로 보호받을 것인가? 문제는

---

9) 발명을 크게 분류하면 1) 물건에 관한 발명, 2) 방법의 발명, 3) 물건을 생산하는 방법의 발명(제법발명)이 있으며, 이 중 방법의 발명이나 제조방법에 관한 발명은 그 실시 행위가 침해 피의자의 공장 내에서 이루어지기 때문에 침해의 유무를 직접 확인할 수 없는 문제점이 있음

10) 지식재산 보호제도를 통해 출원 시, 일정 기간이 지나면 강제 공개되는데, 예를 들어 특허 및 실용신안은 출원 후 1년 6개월이 경과되면 강제 공개됨

아직 제도가 갖추어지지 못해 현존하는 지식재산권 보호제도로 보호받지 못하는 경우이다.

❸ 내가 가지고 있는 차별적 아이디어나 기술이 출원될 때 등록이 가능할지, 권리범위는 어느 정도인지의 판단이다. 앞서 설명된 다양한 지식재산 중 특허나 실용신안, 디자인 등의 산업재산권과 식물신품종 출원은 공개를 대가로 독점배타적[11] 권리를 법적으로 부여받는다. 이는 선행 기술과 비교하여 심사요건을 갖추어야만 공개한 기술만큼 권리를 허여받는 것이다.

> <예> 특허의 경우, 만약 청구범위에 10개의 권리를 청구하였으나 출원일 이전 이미 공개된 관련 선행자료가 심사관의 심사과정에서 쉽게 들추어져 3개만큼의 청구된 권리에 대해서만 특허로 인정받을 가능성이 높다면 나머지 7개 부분은 심사과정에서 포기(감축보정)해야 할 것이다. 왜냐하면 7개는 출원일 전에 일반적으로 공지된 자료이거나 그 분야에 종사하는 업자들이 쉽게 이끌어낼 수 있다는 이유로 심사관의 거절이유를 받는 것이다. 따라서 결국은 7개의 권리를 포기하고 3개의 권리로 출원된 특허의 범위를 좁힐 수밖에 없다. 하지만 출원인 또는 발명자는 그 3개의 권리화할 수 있는 가치를 선행기술 분석을 통하여 연구개발 과정에서 미리 고려함으로써 심사관 대응 논리 및 더 넓은 권리확대를 검토하고, 출원 시점에서 특허출원 및 권리의 청구 방향을 전략적으로 판단하려는 자세가 필요하다.

그래서 지식재산 중 특히 특허는 출원 시점에서 그 이전에 공지된 선행자료들이 무엇이 있는지를 미리 파악하고, 향후 심사 단계에서 심사관의 거절이유를 대응할 수 있는 논리를 미리 파악한 후 출원을 수행하는 것이 중요하다. 여기서 '공지된 선행자료'라 함은 출원 시점 이전에 일반인(공중)이 파악 가능한 국내·외 반포된 간행물이나 접근 가능한 전기통신회선(예: 인터넷) 홍보물 등 매우 폭넓게 적용된다.

내가 가진 아이디어를 지식재산으로 보호하기 위하여 특허를 출원할 경우, 출원 전에 공지된 선행자료를 파악하고 그 선행자료에 대한 회피를 통하여 내 아이디어를 어떻게 권리화할 것인지를 살펴야한다. 지식재산(IP) 확보에서 선행자료 분석을 통한 접근 전략은 매우 중요하다. 즉, 내 아이디어에 대한 권리를 얼마만큼 가져갈 수 있는지를 연구개발 시작단계에서 파악하고 판단하는 것이며, 이는 제4장의 **IP-R&BD** 중요성으로 설명하겠다.

---

11) 지식재산 보호제도 하에서 기술의 공개 대가로 일정기간 동안 출원인에게 주어지는 권리로서 출원인은 그 권리에 대한 실시권을 독점하거나 제3자에게 실시를 수락함으로써 실시료를 받을 수 있음

❹ 내 차별화된 기술의 지식재산 출원 목적이 무엇인가를 명확히 해야 한다. 국가적 차원에서 특허제도 장려의 주된 목적은 산업발전이다.

> 특허 제도는 기술 공개를 통하여 공개된 기술이 특허성(신규성, 진보성 등)을 갖출 시, 그 등록된 공개 권리의 청구범위 한도에서 출원인(등록될 경우 권리자가 됨)에게 일정 기간 독점할 수 있는 배타적 권리를 부여함으로써 공개기술을 보호받도록 해준다. 결국은 출원된 기술이 관련 산업분야에 공개되어 출원인은 권리를 부여받고, 해당 기술에 종사하는 그 발명이 속하는 기술분야에서 통상의 지식을 가진 사람들은 그 발전된 특허기술을 사용할 때 대가를 지불하고 사용함으로써 진보된 기술이 산업현장에 빠르게 적용된다. 이와 같은 과정에서 적용된 진보기술은 다시 신기술을 파생시키고 그 반복을 통하여 진보된 기술들이 빠르게 선순환됨으로서 중복투자가 방지되고 산업발전이 달성되는 효과를 낳는다. 이것이 특허제도 장려의 실질적인 이유이다.

그렇다면 국가적으로는 산업발전을 위한 제도 장려라면 그 바탕이 되는 기업이나 대학, 국가연구기관 등의 특허출원 목적은 무엇일까?

'기업'은 당연 시장에서 제품의 경쟁적 공격 및 방어 용도로 제도를 활용할 것이고, 한편으로 특허를 통한 제품 차별화 홍보나 특허권으로 보호된 기술의 전부 또는 일부를 이전하여 수익을 올릴 수도 있을 것이다.

하지만 '공공연구기관'의 경우 특허 등의 출원 목적은 차이가 있다. 국가 및 지방 사업비로 연구개발을 통하여 진보된 연구결과물을 국민에게 제공함으로써 국내 산업체가 산업적으로 발전할 수 있도록 유도하는 데 그 목적이 있다. 따라서 선진 수준의 연구개발 결과를 이끌어 지식재산을 확보하고 기술이전 등을 통해 활발하게 산업체가 활용할 수 있도록 한다. 이는 「국가연구개발사업의 관리 등에 관한 규정」 제18조 '연구개발성과의 공개'[12]에서 기술의 노하우나 비밀유지 등 특별한 경우를 제외하고 공개하도록 규정을 둔 이유를 통해서도 알 수 있다.

---

12) 제18조(연구개발성과의 공개) ① 중앙행정기관의 장은 연구개발 최종보고서 및 요약서의 데이터베이스를 구축하여 관련 연구기관·산업계 및 학계 등에서 활용할 수 있도록 널리 공개하여야 한다. ② 국가과학기술종합정보시스템과 제1항에 따른 데이터베이스를 연계하여 연구개발성과의 정보가 통합적으로 제공될 수 있도록 하여야 한다. ③ 필요시 연구개발성과에 대한 종합발표회 또는 분야별 발표회를 개최할 수 있다. ④ 다음 각 호의 특별한 경우 비공개 기간을 두고 ① 내지 ③까지의 규정을 적용하지 아니하며, 비공개 기간 연장이 필요한 특별한 사유가 있는 경우에는 최대 3년의 범위에서 연장할 수 있다. ☞ 1. 보안과제로 분류된 경우(보안과제에서 정한 기간), 2. 지식재산권 취득을 위하여 공개유보를 요청한 경우(1년 6개월 이내), 3. 영업비밀보호 등의 정당한 사유로 비공개를 요청하여 승인한 경우(1년 6개월 이내)

☞ 시사점

무형자산으로 산업발전과 함께 지식재산(특허제도)이 발생하였고, 현재는 지식재산이 기술발전을 유도함으로써 산업을 이끌고 있다.

만약 내가 우수한 차별적 기술이 있다면, 공개를 통한 법적 보호를 받을 것인지 아니면 비밀유지로 갈 것인지 판단해야 한다.
- 그 판단 절차는 〈그림 1-1〉과 같다.
- 하지만 공공연구기관의 경우 공개를 원칙으로 하므로 특허 등 출원 시 배타적 권리를 어떻게 확보할 것인지 전략적 접근이 요구된다.

제3절 | 지식재산의 종류와 범위

1. 지식재산의 종류

지식재산은 앞서 <표 1-1>에서 제시되었듯이 무형자산의 한 종류이다. 창조적 활동과 경험을 통해서 만들어진 재산적 가치가 있다면 모두 지식재산이라고 할 수 있는데, 이를 법적 보호의 여부에 따라 구분할 필요가 있다. 왜냐하면 지식재산의 종류에 따라 부여받는 권리權利 형성은 지식재산권權으로서 재산적 가치와 함께 법·제도적 보호를 받기 때문이다.

먼저 지식재산권知識財産權은 모든 산업분야에서 일반적으로 적용되는 산업재산권(특허, 실용신안, 상표, 디자인) 및 저작권이 대표적이다. 또한 노하우Know-how도 공개에 따른 대가의 보호는 아니지만 엄격히 「부정경쟁방지 및 영업비밀보호에 관한 법률」의 법적보호를 받으므로 이에 포함된다고 할 것이다.

여기서는 농식품 분야를 좀 더 구분해서 살펴보겠지만, 재산적 가치를 지닌 지적 창작물로 식물신품종, 유전자원, 전통지식, 향토자원, 그리고 지리적표시 등이 있다. 이는 종래에 법·제도적으로 보호받지 못했던 신지식재산으로 분류되었으나 현재 식물신품종이나 지리적표시는 우리나라[13]에서 보호수단을 갖추고 있다.

2. 지식재산의 범위

종래의 지식재산이라 하면 산업재산권과 저작권을 가리켰다(이하 '전통적 지식재산'). 하지만 최근 과학기술의 급속한 발전과 변화에 따라 전통적 지식재산을 바탕으로 발전해 왔던 지식재산은 새로운 재산적 가치를 지닌 창작물이 나타나면서 전통적 지식재산의 법·제도적 보호로는 불가능한 미비점이 노출되었다. 그래서 이들을 신지식재산新知識財産으로 분류하게 되었고, 산업 분야마다 그 종류는 차이가 있다.

일반적으로 법적 보호가 가능한 신지식재산권權은 첫째, 과학기술 발달에 의하여 발생된 반도체 집적회로 배치설계[14], 컴퓨터 프로그램[15], 데이터베이스[16], 인공지능[17], 전자상

---

13) 국제적 범위에서 살펴볼 때 여전히 식물신품종보호법이나 지리적표시제는 국가마다 법·제도의 구비 상황은 다르며, 점진적으로 이와 같은 신지식재산에 대한 보호는 확대되는 추세임

14) 반도체 기판 위에 회로소자를 형성시켜 도선으로 연결한 반도체직접회로의 배치설계반도체칩, Semiconductor chip로서 기술집약도가 높고 막대한 비용 및 고도의 기술 요구. 특허법적인 보호는 공지기술을 뛰어넘는 진보성을 갖추기가 어렵고, 특별법인 「반도체집적회로배치설계에 관한 법률(반도체칩법, '93년 8월 시행)」에 근거하여 보호

거래기술[18], 식물신품종이 있다. 그리고 둘째, 상표 등의 보호범위 확대에 따른 인터넷 도메인 네임[19], 지리적표시 등이 있다[20].

여기서는 모든 산업분야에 공통으로 포함되는 전통적 지식재산으로서 산업재산권 및 저작권을, 그리고 신지식재산은 농식품 분야에 초점을 맞추어 법적 보호가 가능한 식물신품종, 지리적표시와 법적보호가 명확치 않지만 재산적 가치가 높은 유전자원, 전통지식, 향토자원 등을 추가하여 각각의 지식재산에 대한 범위를 살펴보고자 한다.

농식품 분야에서 식물신품종과 지리적표시는 그 보호 차원에서 신지식재산으로 일찍부터 화두가 되었다. 식물신품종은 첨단산업의 발달로 유전자 조작과 세포융합 등에 의해 발명이 이루어지면서 그 보호방안이 문제가 되었고, 지리적표시는 이미 알려진 지역 명칭이 산업적 가치로 부각되면서 어느 특정인에게 독점적 상표권을 부여할 수 없는 문제점이 대두되어 왔다. 하지만 현재 이들은 법·제도적인 틀이 구비되어 식물신품종은 국립종자원에서 식물신품종보호법으로[21], 지리적표시는 국립농산품질관리원에서 농수산물품질관리법 (제3장 제32조~제55조)으로 관리되고 있다.

따라서 <그림 1-2>와 같이 농식품 분야에서는 (전통적)지식재산으로 산업재산권특허, 실용신안, 상표, 디자인과 저작권을, 신지식재산으로 식물신품종, 지리적표시, 전통지식, 유전자원, 향토자원 등으로 구분하여 분류할 수 있다.

하지만 이제는 식물신품종과 지리적표시도 법의 보호가 가능[22]하므로 신지식재산으로

---

15) 컴퓨터 프로그램은 자연법칙을 이용한 발명이 아닌 일종의 계산방법에 불과하다는 이유로 특허성이 부정되었고, 소프트웨어 산업의 발전을 고려하여 별도의 「컴퓨터프로그램보호법(1986년 12월 제정)」으로 보호되었으나 저작권 보호 및 저작물의 공정한 이용문화 촉진 등을 목적으로 저작권법과 통합됨에 따라 별도의 보호법은 폐지 (2009.4.22.)되고 저작권으로 보호되고 있음

16) 지적 결과를 정리한 축적자료이지만 특허의 진보성 요건에 부적합하며, 주로 저작권 보호로 검토됨. 즉, 단순한 사실적 데이터의 수집물로 지적 노력이 구현된 창작성에는 문제나 저작권의 '투자보호기준'에서 D/B를 구축하는데 상당한 기간과 노력을 투자했다는 차원에서 타당하다고 봄

17) AI[Artificial Intelligence], 문제해결능력으로 인간이 가지고 있는, 기계화되어 있지 않은 시스템을 제어, 음성 및 화상인식, 사고추론, 언어번역, 학습 등의 기술이며, 특허 요건이 되므로 이에 따른 특허출원의 급증 예상

18) EC[Electronic-Commerce], 인터넷 기술 발달로 웹상의 가상공간에서의 상거래로 상품 및 서비스의 홍보, 카탈로그 비치 및 열람, 견적서 작성, 주문 및 계약확인, 결제, 주문접수처리, 고객서비스 등 비즈니스 프로세스 전체의 전자거래화 과정에서 통신, 웹사이트 디자인, 프로그램, 서버디자인 등의 기술에 대한 특허 및 실용신안으로 출원 급증

19) 도메인 네임 등록기관과 신청자 간의 계약에 의해 사용 권한이 선착순에 의해 허여되며, 상표권과 같이 오인·혼동을 일으킬 수 있는 도메인네임 혼란 및 저촉 방지가 고려되고 있음

20) 출처) http://www.kipo.go.kr/home/portal/nHtml/Info/InfoLawNewformB.html

21) 식물신품종의 경우, 제2장 <표 2-6>에서도 다루겠지만, 특허법에서도 특허법 제31조(식물발명특허) 항목을 삭제함으로 무성에서 유·무성 번식작물로 보호범위를 확대함으로써 전반적인 식물신품종 보호에서 특허법도 가능해짐

22) 국가 차원에서 많은 나라가 보호제도를 만들었고, 국제회의를 통하여 보호방향이 정립되고 있음

부터 분리되어 취급해도 무방하다고 할 것이나 여기서는 그대로 신지식재산의 분류에 두고 다루도록 하겠다. 이는 여전히 국제적으로 볼 때 국가마다 보호제도 여부 및 범위가 다른 것도 하나의 큰 이유이기 때문이다.

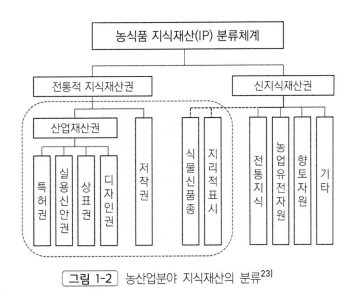

그림 1-2 농산업분야 지식재산의 분류[23]

농산업에서 신지식재산에 대하여 그 개념 및 관련 내용을 살펴보면 다음 <표 1-2>와 같다.

<표 1-2> 농산업분야 신지식재산의 종류와 내용

식물신품종	(개념) 유전적으로 나타나는 특성 중, 한 가지 이상의 특성이 근연종으로부터 구별(구별성), 변함없이 증식(균일·안전성)
	(내용) 식물신품종의 육성은 자연적인 변이의 특성이 세대를 거치면서 안정적으로 발현하는 것을 검정하거나 인위적인 변이에 의해 신품종으로 세대를 거치면서 안정적으로 고정토록 하는 것임 * 우리나라의 경우, 식물신품종은 식물신품종보호법(국립종자원)과 식물특허(특허청)로 보호 가능하며, 그 차이점을 이해하고 접근할 필요 있음
지리적표시	(개념) 농산물 또는 그 가공품의 명성·품질·특징이 특정지역의 지리적 특성에서 기인하며 그 지역에서 생산 및 가공되었음을 나타내는 표시임
	(내용) 지리표시 개념은 TRIPs 협정[24]에서 처음으로 등장한 개념임. 구체적으로 TRIPs 협정 이전에는 지리적표시가 출처표시나 원산지 명칭으로 정의되어 각국의 법제에 따라 다양하게 정의되고 다양한 형태로 보호되어 왔음

---

23) 〈그림 1-2〉〈표 1-2〉 출처) 농림축산식품부. 2010.12. "농어업·농어촌 지식재산관리시스템 도입방안 연구"
☞ 농업기술실용화재단에서 용역과제 수행

유전 자원	(개념) 생명산업의 육성소재로써 유전물질이 실질적 또는 잠재적인 가치를 갖는 것. 이때 유전물질은 유전적 기능단위를 포함하는 식물, 동물, 미생물 및 그 밖의 유전적 기원이 되는 물질을 일컬음
	(내용) 유전자원은 그 중요성이 더욱더 커지고 있음(→ 생물다양성협약인 CBD–ABS와 함께 중요). 또한 생명산업을 통한 첨단기술개발 등에 활용되어 무한한 부가가치를 창출할 국가자원임. 현재 세계 각국은 유전자원의 관리체계 구축에 주력하고 있음
전통 지식	(개념) 전통적으로 계승되어 온 모든 지식 * 예: 전통의약 및 식품, 전통미술, 전통음악 등 민간전승물
	(내용) (생산적) 특정한 지역, 문화, 사회에 연관되어 문화적으로 도출되고 개발되어온 지식, (기능적) 차세대로 전수되며 문화적 가치를 가지고, 지역자원에 가치를 부여하고 자원 재생산 기능을 가짐, (형태적) 정신적 요소와 실용적 요소가 서로 얽힌 복합적 요소를 가지며, 문화적 표현과 기술적 측면에서 다양한 장르를 포함
향토 자원	(개념) 향토적 특성이 있고 부가가치를 창출할 수 있는 지역 고유의 유·무형의 자산 (특산제품·기술·문화 등 지역 부존자원)
	(내용) 전통지식(무형의 지식적 체계)과 마찬가지로 지역성과 전통성을 정성적 기본요소로 하고 있지만, 향토자원은 산업적, 역사·문화적, 생태적 자원 등 유·무형의 자원 자체를 일컬음.

　　신지식재산으로 분류되어 있는 식물신품종과 지리적표시의 보호는 언급된 바와 같이 농림축산식품부 소속 국립종자원과 국립농산물품질관리원에서 각각 관리되나 더 확대해서는 특허청에서도 특허법에 의해 식물신품종을, 상표법에 의해 지리적표시를 단체표장과 증명표장으로 관리하고 있다. 이는 양 기관의 이원화된 체제로 각각의 보호규정을 두고 양립하고 있는 경우이다. 따라서 식물신품종을 예로 들더라도 육종가나 발명자를 두텁게 보호하기 위해서 양 기관의 협력이 필요한 상황이다. 즉, 양 기관에서 같은 대상에 대하여 서로 다른 법규을 적용하여 보호하기 때문에 출원 및 등록 절차상 혼란[25]의 최소화와 함께 출원인을 두텁게 보호하기 위한 목적이기도 하다.

　　다음 장에서는 제시된 전통적 지식재산 및 신지식재산에 대하여 각각의 내용을 구체적으로 이해함으로써 연구개발 과정에서 연구자의 활용범위를 넓힐 수 있도록 접근해 보겠다.

---

24) 무역관련 지식재산권에 관현 협정, Agreement on TRIPs^{Trade-Related Aspects of Intellectual Property Rights}으로 WTO협정 부속서에 발효된 최초의 세계 다자간 규범임

25) 식물신품종의 경우 특허법^{특허청} 및 식물신품종보호법^{국립종자원}으로, 지리적표시의 경우 상표법^{특허청} 및 농산물품질관리법^{국립농산물품질관리원}으로 보호되는 과정에서 보호 기준 및 절차 등의 차이로 출원인에게 혼란이 야기될 수 있음

제2장
지식재산 **파헤치기**

제1절 | 전통적 지식재산

제1장에서는 지식재산의 의의와 그 변천을 언급하면서 신지식재산을 제시하였다. 본 장에서는 지식재산 및 신지식재산에 대하여 구체적으로 이해하고 연구자가 직접 활용할 수 있도록 사례와 함께 검토하고자 한다.

먼저 전통적 지식재산은 신지식재산과 구별하기 위하여 '전통적'이란 접두어를 붙였을 뿐 오래전부터 법으로 보호되어 온, 우리가 일반적으로 알고 있는 지식재산을 말한다. 이와 같은 전통적 지식재산은 창작의 가치가 산업발전을 이끄는 산업재산권産業財産權과 문화생활의 향상에 기여하는 저작권著作權으로 나뉜다.

아울러 부정경쟁방지 및 영업비밀에 대해서는 산업재산권이나 저작권과 같은 '공개'와는 거리가 있으나 관계 법률「부정경쟁방지 및 영업비밀보호에 관한 법률」에 의해 보호되므로 전통적 지식재산의 범주에 넣고 함께 검토하도록 하겠다.

1. 산업재산권

산업재산권은 그 보호대상에 따라 발명(대발명)에 대하여 주어지는 특허권Patent right, 고안(소발명)에 대하여 주어지는 실용신안권Utility model right, 상표에 대하여 주어지는 상표권Trademark right, 그리고 디자인에 대하여 주어지는 디자인권Design right으로 구분된다.

<그림 2-1>은 침대 등 알레르기 유발에 원인이 되는 집먼지진드기를 퇴치하기 위하여 가정용살충제로 출시된 에어로졸 제형, 「119 진드기제거제」 제품이다. 하나의 제품에 포함되어 있는 산업재산권의 종류를 제시한 것이며, 실제 기업에서는 제품을 출시하면서 적용된 기술이나 경쟁사와의 차별점을 법·제도적으로 보호받을 수 있도록 전략을 강구한다.

그리고 그와 같은 차별점을 마케팅 단계에서 강조함으로써 시장 공략을 추진하게 된다.

실용신안

- 소발명(고안)
- 출원 후 10년
- 예: 밸브/캡버튼

상 표

- 상품의 명칭
- 등록 후 10년
  - 반영구적 -
- 예: 제품 명칭

특 허

- 원천·핵심기술
- 출원 후 20년
- 예: 조성물

디자인

- 물품의 외관
- 출원 후 20년
- 예: 제품 형상

그림 2-1 「119 진드기제거제」에 포함된 산업재산권 종류

이와 같은 산업재산권의 활용 목적은 기업과 국가 연구개발 기관이 다를 것이고 기업도 대기업이나 중소기업에 따라, 해당 기술의 종류에 따라 다를 것이다. 경쟁사의 사용을 막기 위한 공격·방어의 수단에서부터 홍보·마케팅, 소비자와의 신뢰관계, 선진 기술의 라이센싱을 통한 보급 등 다양할 것이다. 연구자는 각각의 목적에 따라 연구개발을 추진함에 있어서 그 목적 달성을 더 힘 있게 추진하기 위해서 산업재산권을 구체적으로 이해할 필요가 있다.

다음은 전통적 지식재산으로서 산업재산권의 각 종류에 대하여 관련 법·제도를 제시하고 연구개발을 추진하는 연구자의 주의 사안을 병렬로 제시하여 판단할 수 있도록 설명하고자 한다.

1) 특허

특허는 산업재산권에서 맏형 역할을 한다. 이는 발명을 보호 및 장려하고 그 이용을 도모함으로써 기술발전을 촉진시킨다. 결국은 지식재산으로 산업발전에 중추적인 역할을 한다고 할 수 있다.

이와 같은 특허는 주체적, 객체적, 그리고 절차적 요건을 만족하여야 하는데, 그 중 객체적 요건으로 "자연법칙을 이용한 기술적 사상이 창작으로서 고도화된 것"이라고 규정하고 있다. 즉 자연법칙을 이용한 기술적 사상이어야 하며 기존 기술에서 창작創作의 요소가 가미되되 그 창작의 정도가 고도화高度化되어야 한다. 이때 '창작'은 신규성Novelty으로 특허청 심사 등록의 제1조건이 되며, '고도화'는 진보성Inventive step으로 등록의 제2조건이 된다. 즉, 특허를 통하여 출원되는 기술은 신규성과 진보성이 있어야 하며, 아울러 특허의 명세서에 제시된 기술을 같은 분야에 종사하는 자가 수행하였을 때 반복적으로 재현되어야하는 산업상 이용 가능한 기술이어야 한다.

이는 특허청 심사관의 심사단계를 거쳐 등록이 이루어지게 되는데, 심사에서 등록되지 못하는 출원 특허는 권리가 발생되지 않는다. 하지만 등록된다면 해당 특허의 권리(특허권)는 설정등록한 날로부터 출원 후 20년이 되는 날까지 그 권리범위 내에서 권리를 행사할 수 있다. 이때 권리는 특허 침해자에 대하여 침해금지, 손해배상, 부당이득 반환청구, 형사처벌 등을 통한 보호권리를 행사할 수 있다.

> 기술이전 단계나 기술의 가치를 판단할 때 등록특허를 권리의 기준으로 삼는 이유이다. 아무리 출원 단계에서 또는 공개특허의 권리범위가 넓어도 그 권리는 특허청의 심사단계를 거치면서 좁아지거나 거절될 수 있다. 등록은 되었어도 무형자산으로서의 가치는 없을 수 있는데, 이는 자산이긴 하지만 종이에 불과한 특허 명세서이다.

특허의 신규성新規性과 진보성進步性에 대하여 좀 더 자세히 알아보겠다. 먼저 특허를 출원하게 되면 일정 기간이 지나서 특허청 심사관은 해당 특허의 등록 여부를 판단하게 된다. 즉, 무형자산으로서의 권리는 특허청 심사관의 심사를 통하여 등록 여부 및 권리범위가 결정된다. 물론 등록된 권리라도 그 권리가 매우 좁게 등록된다면 제3자의 회피에 따른 실시를 막지 못하기 때문에 최종 등록되는 특허의 권리범위權利範圍는 매우 중요하다.

심사관의 심사항목을 좀 더 구체적으로 알아보면, 제1조건인 신규성[1]은 「새로움」을 갖추는 것이다. 출원된 발명의 내용이 공지발명과 동일하지 않은 세계 최초이어야 한다.

---

[1] 특허법 제29조 제1항에서 신규성Novelty은 다음과 같이 정하고 있음 ☞ 산업상 이용할 수 있는 발명으로서 다음 각 호의 어느 하나에 해당하는 것을 제외하고는 그 발명에 대하여 특허를 받을 수 있다. ≪1. 특허출원 전에 국내 또는 국외에서 공지되었거나 공연히 실시된 발명 2. 특허출원 전에 국내 또는 국외에서 반포된 간행물에 게재되거나 대통령령이 정하는 전기통신회선을 통하여 공중이 이용가능하게 된 발명≫

공지발명으로 검토되는 범위는 선행 특허를 포함하여 출원일 전에 알려진 논문, 상품, 신문, 인터넷 자료 등 어디에도 그 기술내용이 표현되어 있지 않아야한다.

<표 2-1> 신규성 판단의 예

출원발명	선행기술 1	선행기술 2	선행기술 3	선행기술 4
A	A	A	A	A
B	B	B	B	B'
C	X	C	C	C
D	D	E	D	D
신규성 판단	신규성 有		신규성 無	신규성 有

* 출원발명의 권리범위가 A+B+C+D로 구성되어 있을 때, 출원일 이전에 공지된 선행기술 중 선행기술 3은 신규성이 없다고 보나, 이외에 선행기술 1, 2, 4는 적어도 어느 한 부분이라도 다르기 때문에 신규성이 있다고 본다. 선행기술 4와 같이 B'일지라도 B와 B'이 다르기 때문에 출원 발명은 신규성이 있는 것이다.

제1조건(신규성)을 통과한 발명은 제2조건인 진보성[2]을 검토받게 되는데, 진보성은 출원 당시 시점에서 새롭게 제시된 기술이 그 분야에 보통의 지식을 가진 사람의 판단 기준에서 그 발명이 쉽게 착안되거나 이루어질 수 없을 정도일 때 진보성이 있다고 판단한다.

<표 2-2> 진보성 판단의 예

출원발명	선행기술 1	선행기술 2	선행기술 3	선행기술 4	선행기술 5	선행기술 6
A	A	X	A	E	A	A
B	B	X	B	C	B	B'
C	X	C	E	D	C	C
D	D	D	F	F	E	D

* 신규성을 통과한 출원발명의 권리범위 A+B+C+D는 특허출원 시점에서 해당 분야의 보통의 지식을 가진 자의 판단에서 목적(특이성), 구성(곤란성), 효과(현저성)의 정도를 통하여 판단하게 된다. 즉, 선행기술1과 선행기술2가 선행자료(인용발명)로 제시될 때 선행기술1의 A+B+D와 선행기술2의 C+D 기술을 조합하면 출원발명 A+B+C+D를 구현할 수 있게 된다. 이와 같은 목적/구성/효과의 발명을 이루는 것이 쉽다고 판단되면 진보성이 없는 것으로, 어렵다고 판단되면 진보성이 있는 것으로 결정된다.

---

2) 특허법 제29조 제2항에서 진보성[inventive step]은 다음과 같이 정하고 있음 ☞ 특허출원 전에 그 발명이 속하는 기술분야에서 통상의 지식을 가진 사람이 쉽게 발명할 수 있으면 특허를 받을 수 없다는 내용

따라서, 출원된 발명이 산업적으로 이용 가능하면서 상기 제시된 신규성 및 진보성의 객체적 요건과 함께, 발명자 및 출원인의 정당한 권리를 갖는 주체적 및 일부 절차적 요건을 충족시킴으로써 등록을 통하여 배타적인 권리가 형성된다.

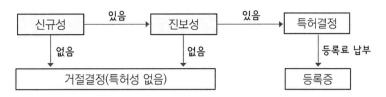

<u>그림 2-2</u> 신규성, 진보성 판단을 통한 등록 Diagram

앞서 설명된 신규성 및 진보성의 판단 예에서 파악할 수 있듯이 특허는 새로운 원천기술(A, B, C, D 각각의 기술)을 공개하는 경우도 있지만 기존에 알려진 각각의 원천기술을 조합하여 효능 및 효과를 제시함으로써 새로운 산업발전을 이끌기도 한다.

산업의 고도화와 함께 폭발적으로 증가된 출원 특허의 내용을 보면 원천적 기술의 원천특허보다 해당 분야의 기술과 타 분야의 기술 등이 '조합調合'을 통한 효과의 개량특허가 많다. 그리고 이들의 역할 역시 기술의 완성 차원에서 산업발전에 매우 중요한 역할을 하고 있다.

따라서 개량발명의 특허출원은 특허청 심사를 고려하여 차별적 기술의 특허 권리를 확보하고자 하는 연구자들에게는 <그림 2-3>의 도식을 이해하고 연구개발 결과의 출원 전략을 구상할 수 있는 능력이 요구된다.

그림과 같이 '연구자의 발명'이 차별화된 기술, A+B+C로 발명을 했을 때를 가정해 보자. 기존에 A, B, A+B, C 기술은 각각 존재했으나 어디에도 "A+B 기술에 C 기술을 결합"한 A+B+C 기술이 없었다면 '연구자의 발명'은 신규성(특허성 판단의 1차 관문)을 통과할 것이다.

그렇다면 A+B 기술에서 C 기술을 결합하는 것(A+B+C)이 해당 기술 분야에서 보통(통상)의 지식을 가진 자의 판단에서 쉽냐? 쉽지 않냐? 에 따라 진보성(특허성 판단의 2차 관문) 여부를 판단하게 된다. 즉, 용이하지 않은 경우는 발명의 구성을 착안하기 어렵다는 것으로 진보성을 인정받아 1·2차 관문을 통과함으로써 특허권patent rights을 확보할 수 있게 된다.

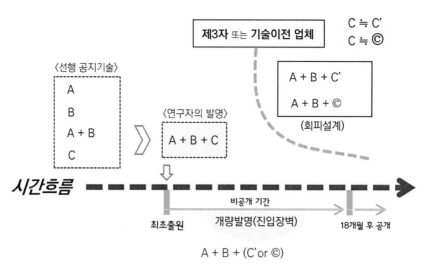

그림 2-3 | 개량발명의 특허출원 전략 및 유의점

이때 등록된 권리는 A+B+C에서 볼 때, A, B, A+B는 자유 기술이거나 제3자의 권리일 수 있다. 내 권리는 오로지 청구된 권리에 의거하여 A+B에 C 기술을 결합하였을 때임을 알고, 등록권리를 실시할 때 제3자의 권리를 침해하는지 여부를 확인해야 한다.

실제 여러 분야에 출원되는 대부분의 특허는 원천발명이라기보다 앞서 '연구자의 발명'의 기술과 같이 기존의 A+B 기술에 기존의 C 기술을 붙여서 새롭게 발명을 완성하는 경우가 많다. 즉, 이미 존재하는 여러 분야의 기술에 특징적인 부분을 기존의 기술에 도입 및 '조합' 했을 때 예기치 못한 효능 효과를 보이는 경우 이를 발전시켜 발명을 완성하게 된다.

이때 중요한 비공개 기간에 대해 알아보자.

<그림 2-3>에서 보듯이 발명 기술인 A+B+C 기술에 대하여 출원인(발명자)의 자기공개[3]만 없다면 특허법적으로 최초 출원일로부터 1년 6개월 동안은 외부에 공개되지 않는다. 즉, 이 기간은 출원인이 개량발명을 할 수 있도록 법적으로 보호해주는 기간이라 할 수 있다.

---

3) 자기공개自己公開라 함은 특허법적 공개기간(출원일로부터 1년 6개월) 전에 출원인 스스로 공개하는 행위이며, 출원인의 별도 공개의사가 없으면 그 공개기간 전에 외부에 공개되지 않음

〈그림 2-3〉에서 제시된 발명기술들의 결합 효과를 백분율로 다음과 같이 가정해 보았다.

〈선행기술〉　　A+B　→　50%　　　　〈회피기술〉　A+B+C'　→　90%

〈개량발명〉　A+B+C　→　90%　　　　〈회피기술〉　A+B+ⓒ　→　90%

〈조력효과〉　　A+B+(C, C', ⓒ 중에 선택된 1종)+D　→　95%

* D : A+B+(C, C',ⓒ 중에 선택된 1종)에 D 첨가 시, 조력 효과

만약 제3자 또는 기술이전을 하고자 하는 산업체가 기술 보유자 발명의 주요 구성요소인 C를 약간의 변화를 통하여 C'이나 ⓒ로 치환했을 때도 동일한 효과를 낼 수 있다는 것을 알게 된다면 내 발명은 등록되었더라도 힘없는 특허에 불과할 것이다. 왜냐하면 등록특허의 권리범위를 회피하여 실시할 수 있으므로 기술이전의 기회를 잃기 때문이다.

따라서 출원 특허가 공개되는 시점까지의 기간을 이용하여 C'이나 ⓒ 요소까지 포함할 수 있는 개량발명을 확보할 필요가 있다. 물론 A+B 기술에 C 또는 C'또는 ⓒ에서 선택된 1종 이외에 추가로 D와 같이 요소를 더 덧붙임으로 조력 효과가 있다면 D 부분까지 권리를 청구하는 것이 바람직하다.

하지만 만약 C 기술 이외에 C를 대체할 수 있는 C' 또는 ⓒ 기술 또는 D 기술 등이 존재하지 않는다면 법적인 공개일(출원일로부터 1년 6개월) 전에 홍보를 위한 빠른 공개는 크게 문제되지 않는다. 특히 공공연구기관의 발명일 경우 그렇다.

특허의 출원절차는 특허청 홈페이지(http://www.kipo.go.kr)나 특허로(http://www.patent.go.kr/), 그리고 인터넷 등에서 쉽게 확인할 수 있다.

다른 지식재산 권리도 마찬가지이겠지만, 출원을 통한 권리화는 특허청 등 해당 출원기관에 심사를 통하여 이루어진다. 심사관은 출원된 '연구자의 발명'을 등록 여부와 함께 권리범위를 판단하게 된다. 즉 공개기술의 선행기술 대비 공개한 대가만큼 권리를 가질 수 있는 배타적 권리범위의 수위 조율을 수행하게 된다.

특허는 기술을 글로 표현하는 것이다. 내가 발명한 기술을 출원하는 특허내 발명의 설명에 서술할 때 공개하는 기술만큼 배타적排他的 권리를 청구범위에도 정확하고 명확하게 표현해야 한다.

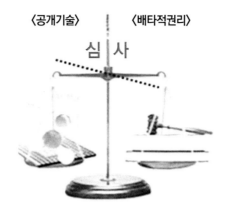

〈공개기술〉   〈배타적권리〉

심 사

그림 2-4 공개기술과 배타적 권리의 균형적 심사

하지만 넓은 범위로 권리화할 수 있는 내용을 발명의 설명에 서술(공개)해 놓고 권리범위를 좁은 범위로 주장한다면, 그 주장한 범위 외에 서술(공개)된 기술은 남들에게 대가 없이 무상으로 쓰게끔 퍼주는 꼴이 된다. 결국은 그만큼 힘없는 특허가 되어 기술이전의 기회를 잃게 되거나 또는 산업체가 기술을 이전받지 않고도 쉽게 권리범위를 회피하여 사용할 수 있도록 빌미를 주는 경우가 된다.

따라서 전담특허 대리인을 둔 경우는 발명에 대한 설명이 충분히 이루어진다면 문제되지 않는다. 그래서 명세서 및 권리범위 작성을 위하여 전문가(변리사 등)에게 도움을 청하는 것을 보통 추천하게 된다. 중요한 특허일수록 더욱 그렇다.

그렇다면 특허는 발명, 즉 앞서 설명했듯이 "자연 법칙을 이용한 기술적 사상이 창작으로서 고도화된 것"이라고 규정했는데, 여기서 발명發明과 발견發見에 대하여 특허적으로 보호할 수 있는지의 여부를 명확히 이해할 필요가 있겠다.

미국 대법원의 미생물 소송 판례[4]에서 "태양아래 인간이 만든 어떤 것도 특허가 가능하다Anything under the sun made by man are patentable"라고 판시한 바 있다. 그 이후 미생물에 대해서도 특허가 인정되기 시작했는데, 특허의 보호 대상은 나라마다 다르고 그 범위도 시대의 변화와 함께 조금씩 유동적이라고 할 수 있다.

농식품의 생물生物이라는 카테고리에서 그 보호범위를 살펴보면, 크게 미생물, 식물, 동물로 나눌 수 있다. 여기서는 생명공학Biotechnology의 발달로 산업발전에 바탕이 되는 유전자遺傳子 및 단백질蛋白質을 포함하여 그 각각에 대한 보호 가능성을 살펴보도록 하겠다.

---

4) Diamond vs. Chakrabarty 미생물 소송447 US 303, 65 L.Ed.2d 144, 100 S.Ct. 2204 (1980)

<표 2-3> 생물의 분류에 따른 특허 여부

	대상	특허 여부	비고
물질	유전자(DNA서열)	특허가능 (〈그림 2-6〉 참조)	유용성이 밝혀진 경우만 가능 (단순 DNA 서열만으로는 불가)
	단백질(아미노산 서열)	특허가능	
	미생물 (세균, 진균, 바이러스)	특허가능	미생물 기탁의무 있음
	식물	특허가능	특허법 제31조 규정 삭제
	동물	특허가능(단, 공서양속에 반하지 않는 것)	동물 발명에 대한 심사기준 신설
	사람의 신체 부분	특허불가	인간의 존엄성을 해치는 발명은 특허 대상에서 배제
방법	수술, 치료방법	사람불가, 동물가능	사람의 치료 진단 방법은 의료행위에 해당하므로 산업상 이용가능성이 없는 것으로 봄
	유전자 치료법	사람불가, 동물가능	
	진단방법	사람불가, 동물가능	

출처 특허청 자료 참조

먼저 일반적으로 알려져 있는 생물의 각 항목에 대한 특허 여부는 그 대상이 되는 물질 및 방법으로 분류했을 때 상기 <표 2-3>과 같다. 유전자 및 단백질을 포함하여 미생물, 식물, 동물 관련 해당 발명의 물질物質 자체는 특허로 보호받을 수 있다. 하지만 동물의 경우 사람이 동물에 해당되므로 사람의 신체 부분, 신체로부터 분리한 것을 구성의 필수요소로 할 경우에 대해서는 인간의 존엄성과 연계되므로 특허의 대상으로 불가능하다. 이는 다시 생물별로 설명하면 다음과 같다.

❶ 미생물 발명을 특허출원할 경우 기탁寄託기관에 해당 미생물을 기탁[5]하고 특허출원서에 그 사실을 증명하는 서류를 첨부하여 출원을 진행하게 된다. 이는 출원된 특허를 발명이 속하는 기술분야의 통상의 지식을 가진 사람이 재현[6]시키고자 할 때 그 미생물을 입수할 수 있도록 하기 위함이며, 입수 과정에서는 발명자 또는 발명기관(위탁기관)의 허락[7]을 받아야 한다. 하지만 해당 미생물을 시장 등에서 쉽게 입수할 수 있는 경우에는 기탁하지 않고 입수 방법을 특허 명세서에 기재하면 된다. 미생물 기탁기관은 <표 2-4>와 같

---

5) 미생물 기탁제도에 관한 사항은 특허청 홈페이지 「특허마당」→「주요제도」→「특허실용신안제도」→「미생물 기탁제도」를 참고할 수 있음
6) 산업적이용가능성. 즉, 특허 요건인 반복재현성의 성립에 해당됨
7) 참조. "미생물기탁기관의 지정 및 운영에 관한 고시"

다.

<표 2-4> 국내 미생물 기탁기관 현황

구분	한국생명공학연구원 미생물자원센터 (KCTC)	한국미생물 보존센터 (KCCM)	한국세포주 연구재단 (KCLRF)	농촌진흥청 농업유전자원센터 (KACC)
국내기탁기관 (지정일)	○ (1981. 8. 25.)	○ (1981. 8. 25.)	×	○ (2002. 1. 1.)
국제기탁기관 (지정일)	○ (1990. 6. 30.)	○ (1990. 6. 30.)	○ (1993. 8. 31.)	○[8] (2015. 5. 1.)

출처 특허청 자료 참조

미생물 발명은 그 자체가 사람이 발견發見한 것에 불과하고 반복가능성이 없기 때문에 발명發明에 해당되지 않는다고 특허대상에서 제외되었다. 하지만 유전공학기술의 발전으로 생명체의 DNA 구조가 밝혀지고, 발견 미생물을 기탁제도를 통하여 또한 반복재현성 문제를 해결할 수 있는 여지를 둠으로 특허로 보호하게 되었다.

이와 같은 미생물 발명은 '미생물 자체의 발명'과 '용도·방법 발명'으로 나뉠 수 있다. 즉, '미생물 자체의 발명'은 자연계로부터 분리 또는 변이 유도를 통하여 창제創製한 신규 미생물일 수 있으며, '용도·방법 발명'은 발효, 분해, 작물 비병원이며 우점적 특성 등의 기능에 착안한 발효음식물 및 토양개량제 등의 발명과 미생물 특정물질의 생산성 관련 물질이나 제조방법 등이 있을 수 있다. 이때 미생물 이용에 관한 발명은 이미 알려진 미생물이라고 할지라도 새로운 용도를 발견한 경우 특허가 될 수 있다.

'미생물 자체의 발명'은 미생물의 명칭으로 특정하여 기재하여야 하며, 수탁번호 또는 해당 미생물이 특정하는 균학적 성질을 부여하여 제시할 수 있다. 예를 들면 "갈락토스 비발효성으로 세포막이 소수성인 사카로마이세스 세레비제($S.\ cerevisiae$) KACC1234"로 청구1항(독립항)이 구성될 수 있으며, 이와 같은 경우 그 이하 종속항으로 KACC1234 균주의 용도用度 및 방법方法 등을 단계적으로 권리를 좁혀가며 권리를 청구한다.

미생물을 이용한 '용도·방법 발명'으로는 선행기술의 개시 정도에 따라 이용 용도에 따른 속Genus, 종Species 또는 균주명으로 기재할 수 있으며, 이미 알려진 미생물이라 할지

---

8) 농촌진흥청 농업유전자원센터KACC의 경우, 국제기탁기관으로 지정(2015.5.1.)되기 전에는 국내 미생물 특허를 출원하면서 KACC를 지정한 후 해외출원을 할 경우 다시 국제기탁기관에 미생물을 재기탁하여야 하는 불편이 있었으나 현재는 해외출원 시에도 문제되지 않음을 밝혀둠

라도 미생물을 생산하는 방법 발명에 대해서는 해당 미생물을 배양하기 위하여 배양액(배지) 조건을 제시하거나 그와 같은 방법을 통하여 특정 유용물질 생성을 증가시키는 방법으로 제시할 수도 있다.

❷ **식물 발명**은 우리나라의 경우 무성無性생식 품종만 보호해주었으나 특허법 제31조(식물발명특허), "무성적으로 반복 생식할 수 있는 변종變種식물을 발명한 자는 그 발명에 대하여 특허를 받을 수 있다"는 내용을 삭제2006년 3월 3일함으로써 그 보호범위는 훨씬 넓어지는 형태가 되었다. 즉, 식물발명특허 조항(31조)의 삭제는 결국 무성적 반복생식뿐만 아니라 유성有性생식에 이르기까지 권리화가 가능하다는 것이며 이를 통하여 어떤 형태의 신품종이라도 특허 요건을 갖추면 등록이 가능한 상태가 되었다. 특허청의 식물특허 보호와 국립종자원의 식물신품종보호는 제3장(제4절)에서 다시 다루도록 하겠다.

❸ **동물 발명**은 공서양속에 반하지 않는 범위에서 특허가 가능하다고 하고 있으나 실제 국내를 비롯하여 유럽 등 특허보호는 전반적으로 부정적이라고 하겠다. 유전자의 형질전환形質轉換이나 인공적인 체외수정에 대한 발명은 보호될 수 있으나 자연교배를 통해 육종된 동물품종 자체는 발명자의 조작개입 여부에 따라 달라질 수 있으며 보호 여부는 국가 간에도 다소 차이가 있다. 아래 <표 2-5>는 주요 국가별 동물특허에 대한 특허 가능성을 제시하고 있다.

<표 2-5> 주요 국가별 동물발명 특허보호 현황[9]

구분		한국	미국	일본	유럽	중국
유전자 형질전환	방법	○	○	○	○	○
	동물	○	○	○	○	×
인공수정 (체외수정)	방법	○	○	○	○	○
	동물	○	○	○	△*) 1)	×
자연교배1	방법	○	○	○	○→△	×
	동물	○(△)	○(△)	○(△)	△*) 1)	×
자연교배2	방법	×	△	×	×	×
	동물	×	△(×)	×	×	×

* 자연교배 1 : 발명자의 조작 등 개입이 있는 경우
* 자연교배 2 : 발명자의 개입이 전혀 없는 경우
*) : 단, 동물 품종은 제외

---

9) 출처) 특허법인 필&온지 '14년 교육자료 참조

1) : 품종이라고 볼 가능성 높음
△ : 판단이 어려운 경우

상기 표의 자연교배1, 발명자의 조작 등 개입을 통하여 육종된 동물의 경우 유럽이나 중국의 경우 어렵다고 할 수 있으며, 국내, 미국, 일본의 경우도 가능(○)하거나 판단이 어려운 경우(△)로 표기하고 있다.

사례 <그림 2-5>는 농촌진흥청의 사례이며, 국내도 여전히 자연교배에 의한 발명이 어렵다는 것을 연구자는 고려해야 할 것이다.

닭 신품종, 성환실용계 1호의 최초 특허 청구항은 비교적 넓은 자연교배 방법으로 육종 발명이었으나 특허청 심사대응 단계에서 '티로시나아제 유전자의 D-Loop 영역 243좌위를 갖는 것을 특징으로 하는 유전자' 조건을 심사단계에서 필수구성요소로 추가하여 한정함으로써 특허청 거절을 극복하고 등록받을 수 있었다.

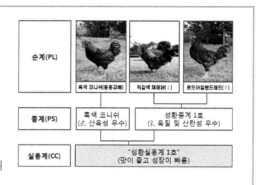

- 농촌진흥청에서 육종하여 특허등록
- 발명의 명칭 :'재래닭과 외래종을 이용한 신품종 성환실용계 1호의 생산 및 이의 판별방법'
- 특허번호 : 10-1236296(2013.2.18.)
- 거절내용 : 이미 알려진 품종 및 인용발명의 단순한 조합으로 당업자가 용이하게 발명할 수 있다고 지적함
- 대응 : 특허청 거절이유 극복을 위해 권리범위 보정을 통한 등록유도

〈최초 청구항〉
흑색 코니쉬 수컷과, 적갈색 재래닭 수컷에 로드아일랜드레드 암컷을 교배하여 생산된 성환종계 1호 암컷(F1)을 교배하여 생산된 것을 특징으로 하는 신품종 성환실용계 1호.

〈보정 후 등록된 청구항〉
흑색 코니쉬 수컷과, 적갈색 재래닭 수컷에 로드아일랜드레드 암컷을 교배하여 생산된 암컷(F1)을 교배하여 생산된 신품종 닭으로서,
상기 신품종 닭의 티로시나아제 유전자는 서열번호 1의 염기서열 및 서열번호 2의 염기서열을 모두 포함하며 미토콘드리아 DNA의 D-Loop 영역 개시 염기로부터 243번째 좌위에서 T로 나타나는 것을 특징으로 하는 닭 신품종 성환실용계 1호.

그림 2-5 농촌진흥청 '우리맛닭®'의 특허심사 사례

따라서 동물 육종과 관련하여 국내 및 국가별 특허청 심사 기준을 고려함으로써 연구 및 권리화 방향을 미리 고민해야 한다. 즉, 인위적 자연교배를 통한 동물육종에 있어서 특허성(신규, 진보성)이 어떻게 심사될지 예측할 수 없으므로 심사과정의 권리범위 감축을 고려하여 단계적으로 권리를 청구하는 것도 바람직하다고 할 수 있다.

❹ 마지막으로 유전자 및 단백질 발명의 특허보호에 대하여 알아보고자 한다. 예기치 않은 효과가 검증된 유전자는 DNA 서열로, 그리고 단백질은 아미노산 서열로 특정하여야 한다. 단백질의 경우 서열 특정이 어려울 경우 물리·화학적 성질, 기원 및 제법을 모두 기재함으로써 기존 단백질과의 차이를 제시할 수도 있다. 이와 같이 유전자나 단백질 단위의 특허보호는 전통적인 지식재산의 범주에서 과학의 발전과 함께 권리화가 가능해졌다고 할 수 있으나, 유전자의 경우 최근 미국 대법원 판례Association for molecular pathology v. Myriad Genetics, inc., 133 S. Ct. 2017(2013).를 통하여 특허보호의 기준이 흔들려 다시 재조정될 수 있다는 것을 아래 사례에서 보여주고 있다.

＊
사례 <그림 2-6>은 기존에 특허로 인정해오던 유전자에 대한 특허 요건이었으나 최근(2014년)에 미국 연방대법원에서 한정적으로 뒤엎는 판결을 내렸다. 법원에서는 유방암 발병에 영향을 미치는 유전자 2개(BRCA1, 2)의 특허권 취소소송에서 이 두 유전자는 타고난 자연산물의 발견發見에 불과하며 인위적으로 만들어진 cDNA[10] 형태일 때 특허성이 있다고 명시하였다.

본 소송은 1인 여성 과학자인 백악관 법의학 부담당관이 대기업인 미리어드 제네틱스(Myriad Genetics) 사를 상대로 싸워 이긴 판례이다. 매년 유방암으로 많은 사망자(46만 명/년)가 발생함과 동시에 많은 여성에게 두 유전자의 검사비용이 특허 때문에 터무니없이 높다[11]는 이유에서 시작된 싸움이었다.

또한 상기 소송은 미국 영화배우 때문에 더욱 유명해졌다. 모계 유전을 의심한 배우는 이 두 유전자를 검사함으로써 내림 가능성을 확인하고 암 예방 차원에서 유방 절제수술을 받은 것으로 알려졌다.

---

10) cDNAcopy 또는 complementary DNA는 mRNA로부터 거꾸로 얻어낸 DNA 가닥으로 유전자에서 엑손(Exon, 단백질의 구성정보를 담고 있는 유전자로 Intron을 제외한 부분) 결합체에 해당되며 특허성을 인정받을 수 있음
11) 국내에서 의료보험 혜택 시 수십만 원 선이지만, 미국에서는 약 400만원 비용 소요

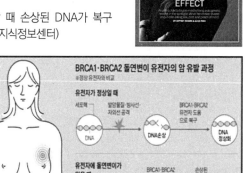

〈 미국 연방대법원 판례(2014.06) 〉

● (표제) 유전자는 특허의 대상인가?
  (자연적으로 타고난 DNA는 특허의 대상이 될 수 없다)

● (배경) 특허 보유 업체인 미리어드 제네틱스 社의 유방암 유전자
  (BRCA1·BRCA2) 검사 독점(과다비용 독식)
  * BRCA 유전자가 정상적으로 활동하지 못할 때 손상된 DNA가 복구
    되지 못하여 암 발생 (출처: 연세암병원 암지식정보센터)

● (경과) 미국시민자유연맹 과학자문가가
  미리어드 지네틱스社를 상대로 소송 →
  미국 영화배우 '안젤리나 졸리'로 인해
  더욱 유명해짐
  (출처: TIME 매거진. 2013.5)

● (판결) 자연적으로 생성되는 DNA
  조각은 자연의 산물이며, 단순히 그것이
  추출되었다는 것만으로 특허에 해당하지
  않으나, cDNA는 자연의 산물이
  아니므로 특허에 해당

본 판결로 그동안 등록된 '타고난 유전자(DNA)에 걸린 수천 건의 특허'도
분쟁 발생 시 무효 영향을 받게 될 것으로 예상

그림 2-6 유전자의 특허요건에 대한 미국 판례

여기서의 메시지는 기존에 자연발생적 유전자와 관련하여 미국에서만도 수천 건의 특허를 등록시켜왔는데, 본 사례를 계기로 유사 등록특허에 대한 무효소송이 향후 문제될 수 있을 것이다. 하지만 더 중요한 교훈은 특허 등 지식재산의 보호 범위 및 기준이 시대에 따라 변할 수 있다는 사실이다. <표 2-3>에서 제시된 유전자의 특허 가능성이 미국연방대법원의 판례에서 뒤집어지고, 전통적 지식재산으로 보호받지 못하는 신지식재산에 대해서는 제도적 보호법이 생겨나듯이 말이다.

2) 실용신안

실용신안은 새로운 기술적 고안考案에 대하여 그 고안자가 일정한 기간 동안 그 등록권리를 독점적으로 실시할 수 있는 배타적 권리이다. 소小발명으로 '새로운 기술적 발명'

이라는 점에서 대★발명인 특허와 유사하나 산업상 이용할 수 있는 물품의 형상, 구조의 결합 등의 보호제도로 특허의 대발명에는 미치지 못한다. 즉, 실용신안은 물품의 형상 및 구조가 반드시 요구되며, 그들의 신규·진보성이 우월할 경우 대발명인 특허로의 출원도 고려해볼 수 있다. 기존[12]에는 특허의 심사 기간이 길어 실용신안으로 출원하면 먼저 등록을 시켜주고 나중에 심사에 준하는 기술평가를 실시하여 등록 유지 여부를 판단하는 선등록·후심사로 진행되었으나 지금은 특허와 동일하게 선심사·후등록 절차를 취하고 있다.

특허의 권리기간은 설정등록한 날로부터 출원 후 20년인데 비해 실용신안은 10년의 짧은 보호기간을 가지며, 침해의 경우 동일하게 침해금지 및 손해배상 청구를 할 수 있다. 실용신안 제도를 운용하는 나라는 우리나라, 독일, 일본 등 일부 국가이며, 기존 선등록·후심사인 신규·진보성 심사(기술평가) 없이 먼저 등록을 시켜주는 제도에서는 많은 출원이 이루어졌으나 현재의 선심사·후등록 제도변경 후 심사의 기준이 높아지면서 출원이 급격하게 줄어든 상황이다. 이와 같은 현상은 많은 국유특허를 생산하는 농촌진흥청에서도 꼭 실용신안으로 출원해야 하는 특별한 경우가 아니라면 마찬가지이다.

3) 디자인

디자인은 물품의 형상, 모양, 색채 또는 이들의 결합으로 시각을 통하여 미감美感을 일으키는 사물을 대상으로 그 디자인을 등록받은 자가 독점적으로 권리를 행사할 수 있는 배타적 권리이다. 디자인의 성립요건은 물품성, 형태성, 시각성, 심미성이며, 등록요건은 공업상 이용가능성, 신규성, 쉽게 창작할 수 없는 창작성이다.

디자인은 산업재산권적 보호방법과 저작권적 보호방법이 있으나 우리나라는 공업적 디자인에 대해서만 심사를 거쳐 등록을 하고 독점적 권리를 보장하는 산업재산권적 방법으로 등록 시 설정등록한 날로부터 출원 후 20년간 보호를 하고 있다.

농식품 산업에서 디자인 출원을 살펴보면, 보통 제품의 포장이나 상자 등의 적용되는 것이 일반적이다. 디자인의 권리보호기간은 20년인데, 특별한 형태의 용기나 디자인의 경우 더 오랫동안 권리로 유지하고 싶을 때는 반영구적 권리보호가 가능한 상표로 출원하는 것을 권장할 수 있다. 이때 상표의 형상을 입체적 형태로서의 조건을 갖추어야하며 그 대

---

12) 특허의 심사기간이 단축됨에 따라 신속한 권리설정을 목적으로 도입된 심사 전 등록제도의 장점이 감소되었고, 심사 없이 등록된 권리의 오남용 등 문제점이 상대적으로 부각되는 점을 감안하여 2006년 10월 실용신안제도를 특허와 같은 실체심사로서 심사후 등록제도로 전환하고 이중출원제도를 폐지함

표적인 예로는 (주)빙그레의 바나나맛우유[13]이다. 이는 (주)빙그레에서 2004년 출원하여 상표등록(40-0645729호) 되었으며, 최근 상표권 연장[14]을 통하여 갱신등록(2016.01.04.)함으로써 2026년까지 10년 더 연장하였다.

〈빙그레 바나나 우유〉

디자인의 출원 및 권리화 등 제도에 대해서는 제3장(제2절)에서 다시 자세하게 설명하도록 하겠다.

4) 상표

상표는 사용자의 업무상 신용유지를 도모하여 산업발전에 이바지함과 동시에 수요자의 이익을 보호하기 위한 목적으로 상표 등록을 받은 자를 보호하는 권리이다. 광의의 상표 개념으로 상표 이외에 단체표장, 증명표장 및 업무표장을 포함하며, 이는 특별히 규정한 것을 제외하고는 상표에 관한 규정을 적용받는다.

먼저 상표는 영업과 관련이 있다. 따라서 공익을 목적으로 하는 공공연구기관의 연구자에게 직접적으로 연관되는 부분은 크지 않다. 하지만 기업 및 산업 현장에서 상표는 '소비자와 내 제품의 품질에 대한 소통 채널'이므로 매우 중요하다. 상표(브랜드)를 널리 알리기 위하여 그들은 해당 상표를 부착한 제품의 품질 유지를 위해 노력한다. 결국은 상표를 걸고 소비자와의 신뢰관계를 구축하기 때문이다.

상표권의 존속기간은 다른 산업재산권과 다르게 등록일로부터 10년이며, 상표권이 만료되기 1년 전 유지료와 함께 존속기간 갱신등록을 신청함으로서 지속적으로 권리를 유지할 수 있는 반영구적 특성을 지닌다.

그렇다면 소비자와의 소통 채널로서 어떤 상표를 어떻게 사용해야 할 것인가? 상표를 통하여 우리 단체를, 내 제품을, 나를 파악할 것이기 때문에 특허청에 등록가능성도 중요하지만 목적에 맞는 형상으로 스쳐가더라도 소비자에게 빠르고 강하게 인식될 수 있는 상표이어야 할 것이다.

---

13) 본 용기는 (주)해태유업과의 소송(서울중앙지법)에서 "빙그레는 바나나우유 용기를 30년간 독점 사용해 왔고 유제품 시장에서 압도적인 선두를 유지해 왔다"며 "항아리 단지 모양의 우유 용기는 빙그레의 상품임을 연상시키게 하는 저명성이 인정된다"는 이유에서 빙그레의 손을 들어줌. 따라서 해태유업의 항아리 단지 모양의 용기를 이용한 바나나 우유 판매를 "부정경쟁방지법 위반"으로 해석하여 "해태유업은 바나나우유 용기 및 우유제품을 생산·판매하지 말라"는 판결을 내린 바 있음
14) 상표권의 존속 기간은 등록일로부터 10년이지만 다른 산업재산권과 달리 10년 단위로 유지료를 냄으로써 지속적으로 권리를 유지할 수 있는 반영구적 특성이 있음

상표의 종류(상표법 제2조)를 나누면 다음과 같다.

❶ 먼저 일반적으로 불리는 **상표**商標이다.

이는 상품을 생산, 가공, 증명 또는 판매하는 것을 업業으로 영위하는 자가 자기의 업무에 관련된 상품을 타인의 상품과 식별識別되도록 하기 위하여 사용하는 표장이다. 서비스업을 영위하는 자가 자기의 서비스 제공에 관련된 상품을 타인의 서비스업과 식별되도록 '서비스표'를 두었으나 지리적 표시가 사용되는 상품을 제외하고 서비스 또는 서비스의 제공에 관련된 상품을 상표에 통합(2016년 9월)하여 사용하고 있다.

❷ **단체표장**團體標章은 동종업자 또는 동종업자 및 이와 밀접한 관계가 있는 업자가 설립한 법인이 그 감독 하에 있는 단체원의 영업에 관한 상품 또는 서비스업에 사용하기 위한 표장이다. 지리적표시단체표장은 지리적 표시를 사용할 수 있는 상품을 생산, 제조 또는 가공하는 자가 공동으로 설립한 법인이 사용하는 표장으로 단체표장의 한 부분이다.

❸ **증명표장**證明標章은 상품의 품질, 원산지, 생산방법 또는 그 밖의 특성을 증명하고 관리하는 것을 업으로 하는 자가 타인의 상품에 대하여 그 상품이 품질, 원산지, 생산방법 또는 그 밖의 특성을 충족하는 것을 증명하기 위하여 사용하는 표장이다.

❹ **업무표장**業務標章은 영리 목적이 아닌 업무를 영위하는 자가 그 업무를 나타내기 위하여 사용하는 표장이다.

이와 같은 상표는 기호, 문자, 도형, 소리, 냄새, 입체적 형상, 홀로그램 동작 또는 색채 등으로서 상표, 단체표장, 증명표장, 업무표장을 일반적으로 '상표'라는 대표명사로 칭한다.

상표의 목적에 맞게 내 제품이나 우리 조직을 드러내기 위하여 사용하는 상표는 내가 사용하고 싶은 기호나 문자, 도형 등의 결합이 무조건 등록되는 것은 아니다. 이미 누군가가 사용하고 있는 상표가 있다면 오인·혼돈을 야기할 것이며, 어느 한 제품이나 조직에 넓은 범위의 과도한 상표 권리를 허용한다면 같은 목적의 제3자는 그 상표를 사용하지 못하는 사태가 초래될 것이다. 따라서 상표의 등록요건을 제3장(<표 3-5>, 상표의 등록불가 요건)에서 제시하고 있다.

과도한 상표 권리의 판단은 다음과 같다.

누군가가 "보성녹차"문자를 제30류[15] 상표로 출원한다면, 특허청 심사관은 문자를 분

---

15) 상표는 제1류부터 제45류까지 분류되며, 상품류는 제1류부터 제34류까지, 서비스표는 제35류부터 제45류까지 구성됨

리해서 '보성'이라는 산지 또는 현저한 지리적명칭과 '녹차'라는 원재료명의 '상표를 받을 수 없는 이유'를 들어 거절할 것이다. 만약 특허청이 어느 개인에게 '보성녹차' 상표에 대한 권리를 준다면, 보성에서 차나무 재배를 하는 어느 누구도 '보성 + 녹차' 상표를 사용하지 못하는 꼴이 되고, 그 개인은 보성녹차의 대표 격으로 오해를 불러 일으킬 수 있다. 따라서 상표법에서는 제3자에게 피해를 주는 과도한 권리의 상표를 허락하지 않는다.

하지만 "보성녹차"를 보성에서 생산·제조 또는 가공하는 단체에게 단체표장을 허락할 수 있다. 이를 "지리적표시단체표장"이라고 하며, 제3장(제5절)에서 농산물품질관리법 상의 "지리적표시제"와 비교하여 이해할 필요가 있다.

지리적표시단체표장의 보호는 상표법에서 "상품을 생산·제조·가공·증명 또는 판매하는 것 등을 업으로 영위하는 자나 서비스업을 영위하는 자가 공동으로 설립한 법인[16]은 자기의 단체표장을 등록받을 수 있다."라고 제시하고 있다. 즉, 지리적표시단체표장 관련 상표법의 주요 내용은 (1) 지리적표시 정의 및 지리적표시단체표장을 받을 수 있는 자에 관련 규정 신설, (2) 지리적표시 단체표장 등록의 인정, (3) 지리적표시로 특허청에 등록된 단체표장과 동일·유사한 상표의 등록배제 및 미등록 유명 지리적표시의 보호[17], (4) 동음이의어 지리적 표시의 보호[18], (5) 지리적표시단체표장권의 효력제한[19], (6) 지리적표시단체표장 등록의 무효·취소 심판사유에 대한 항목추가 등으로 개정되었다.

개정 상표법상 지리적표시단체표장의 구비요건은 상품의 종류에 제한이 없으므로 지리적 표시의 농산품·수산품 및 그 가공품뿐만 아니라 공산품이 그 대상이 된다. 이는 보호 제품이 생산·제조 및 가공된 지역의 지리적 명칭을 말하되 반드시 행정구역상의 명칭에 한정되기보다 생산·제조, 가공 중 한 가지 이상을 만족해도 성립되어 타 지역에서 생산·제조, 가공된 상품과 차별되는 품질 또는 특성이 있거나 일반인으로부터 명성을 획득하고 있어야 한다. 이때 제품의 품질 등과 지리적 원산지 간에 본질적 연관성이 존재되어야 하는데, 단순히 그 지역에서 생산, 제조, 가공되었다는 것만으로는 지리적표시단체표장

---

16) 지리적표시단체표장의 경우에는 그 지리적 표시를 사용할 수 있는 상품을 생산·제조 또는 가공하는 것을 업^業으로 영위하는 자만으로 구성된 법인에 한함

17) 지리적표시단체표장이 선출원되어 등록된 경우에는 그 등록된 단체표장과 동일하거나 유사한 상표를 등록받을 수 없도록 하고, 미등록 유명 지리적 표시와 동일·유사한 상표도 수요자 보호차원에서 등록받을 수 없도록 함

18) 발음은 같지만 서로 다른 지역에 해당하는 동음이의어 지리적 표시의 경우에는 모두 지리적표시단체표장으로 등록받을 수 있도록 하되, 소비자의 혼동을 방지하기 위한 표시를 함께 사용하도록 함

19) 등록된 지리적표시단체표장의 지정상품과 동일한 상품에 대하여 당해 지역에서 지리적 표시 해당 상품을 생산·제조 또는 가공하는 자가 사용하는 지리적 표시 또는 동음이의어 지리적 표시 등에 대하여는 지리적표시단체표장이 미치지 아니하도록 함

으로 인정될 수 없으며, 상품의 품질 등이 그 지역의 자연적 환경이나 독특한 기법 등에 본질적으로 기초되어야 한다.

지리적표시단체표장의 법적 구제수단은 침해[20]로 간주되었을 때 산업재산권 특성[21]의 차이를 확인할 수 있으며, 농산물품질관리법 상의 지리적표시제와 그 차이를 구분할 필요가 있다.

<그림 2-7>은 지리적표시단체표장으로 '안동콩' 등록사례이다. 지리적표시단체표장은 우수한 지리적 특성을 가진 지역 특산품의 지리적표시를 보호하는 것이다. 또한 더불어 생산자 보호는 물론이고 지역 농산물 및 관련 가공품의 경쟁력을 강화시켜 국내·외 소비자들에게 원산지 정보를 제공하게 된다.

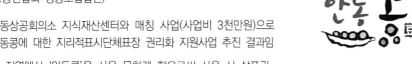

〈 지리적표시단체표장의 등록사례 〉

(등록번호: KR44-0000254, 등록일: 2014.05.19., 출원인: 안동콩연합회 영농조합법인)

- 안동상공회의소 지식재산센터와 매칭 사업(사업비 3천만원)으로 안동콩에 대한 지리적표시단체표장 권리화 지원사업 추진 결과임
- 타 지역에서 '안동콩'을 사용 못하게 함으로써 사용 시 상표권 침해에 대한 민·형사상 책임 및 권리보호 가능

그림 2-7 지리적표시단체표장의 안동콩 사례

지리적표시단체표장은 2005년 상표법에 도입되어 2006년 "장흥표고버섯"이 제1호로 등록된 이후, 약 10년간 359건(2017년 12월 말 기준)이 등록될 정도로 활발한 출원이 이루어졌고[22], 지역경제발전에 기여하고 있다고 할 수 있다.

지리적표시증명표장은 한·미 FTA 이행을 위해 도입되어 2012년부터 시행되었으며, 제3장 제3절(상표) 증명표장에서 다루기로 하겠다.

---

20) 타인의 지리적표시 등록 단체표장과 유사한 상표를 그 지정상품과 동일한 상품에 사용하는 행위(제작, 교부, 판매, 위조, 모조 또는 소지) 및 표시된 지정상품과 동일한 상품을 양도 또는 인도하기 위하여 소지하는 행위
21) 침해금지청구권(상표법 제65조), 손해배상청구권(제70조), 신용회복청구권(제69조) 등 민사 조치
22) 특허청(상표디자인심사국) 보도자료. 2017.12.22. "전라남도(93건) 지리적 표시 단체표장 가장 많이 등록('06년~'17년) -시/군/구별로는 포항시/제주시가 10건으로 공동 1위-"

상표와 관련하여 국가 연구개발 기관은 영업이익을 내기 위한 수익사업을 펼치지 않으므로 특별한 경우를 제외하고는 상표를 출원하려는 노력을 기울이지 않는 것이 일반이다. 하지만 농산업체 현장에서 연구개발 기술이 적용된 제품과 함께 업※으로 상표가 취급되므로 농산업체 컨설팅 등을 고려하여 기본적으로 상표商標를 알아둘 필요가 있다.

또한 농촌진흥청을 비롯한 농촌진흥기관이나 지자체의 경우 자체적으로 연구결과물의 실용화 촉진을 위하여 <그림 2-8>과 같이 상표를 출원하기도 한다. 기관에서 출원한 상표는 특정 기준의 인증 목적에서부터 기술이 적용된 상품의 표시 역할을 할 것이다.

그림 2-8 국가 기관의 상표출원 사례[23]

하지만 이와 같은 상표를 해당 기관으로부터 기술을 이전받는 업체의 상품에 그대로 사용할 경우 자칫 정부나 지자체 기관에서 이전업체의 제품을 보증한다는 오인을 소비자에게 줄 수 있다.

예를 들어 어느 농산업체에서 농촌진흥청의 등록특허를 기술이전 받아서 제품을 생산한 후 제품 포장에 "🌀농촌진흥청 등록특허 10-1234567호" 표기를 도드라지게 부각시켜 사용한다면 소비자는 해당 제품의 품질을 농촌진흥청에서 보증하거나 지원한다고 오인할 가

---

23) 각 상표의 등록 요인을 살펴보면, 첫째, RDA 우리맛닭(우리맛닭1호) 상표는 '우리맛닭' 만으로 등록이 어려워 등록상표인 RDA를 함께 사용함으로써 상표등록에 성공함. 둘째, 우리맛닭 Woorimatdag 역시 RDA를 붙임으로 등록되었음. 따라서 RDA로 인하여 등록된 상표이므로 제3자가 우리맛닭을 사용한다면 그에 대한 제제 방법은 없다 할 것임. 셋째, 🗿는 탑라이스의 외형 디자인으로 등록받았을 것이며, 🐛와 꽃벵이 는 같은 대상으로 각각 도형 식별력 및 문자 식별력을 갖추어 등록되었음. 여섯째, 난축맛돈 은 문자상표로서 맛돈은 '맛있는 돼지'의 보통명사로 식별력이 없으나 '난축'이 붙어 상표 식별력을 갖춘 것으로 판단됨. 일곱째, 🔲는 농식품부(국립품질관리원)의 지리적표시 인증이며, 여덟째, beyond farm 은 농식품부의 6차산업경영체의 인증 상표로 등록됨. 또한, 아홉째, 🔵와 열째, 🍃 는 농식품부(국립종자원) 상표이며, 열한번째, FOODPOLIS 는 농식품부(식품클러스터)의 로고로 등록됨

능성이 높다. 그래서 국가기관에서는 이와 같은 과대광고 오인 행위를 규제할 필요가 있고, 실제 그렇게 오인을 방지하기 위하여 기술이전 업체의 과도한 부각 행위를 규제하고 있다.

2. 저작권

저작권Copyright은 문학, 학술 또는 예술의 범위에 속하는 창작물에 대하여 창작자에게 일정기간[24] 동안 독점적으로 사용하게 함으로써 다른 사람이 무단으로 복제, 공연, 방송, 전시, 배포 및 2차적 저작물[25] 등의 작성 등 행위를 하거나 그 창작물에 대한 창작자의 인격을 침해하는 행위를 금지하는 권리이다.

저작자의 권리는 등록절차를 거쳐 발생하는 산업재산권과 달리 창작과 동시에 자동적으로 발생된다. 아무런 절차나 방식이 필요 없으며 저작한 때로부터 바로 저작권을 갖게 되고, 그 내용 및 양도의 여부에 따라 저작재산권과 저작인격권으로 나눠진다.

저작재산권Economic rights[26]은 일반적으로 이해하는 저작권으로 저작자의 이익 보호를 목적으로 하는 저작물 이용에 대한 재산적 권리이며, 양도 등 이전이 가능한 성질을 지닌다. 따라서 저작재산권의 전부 또는 일부를 특허 등의 산업재산권과 같이 지역이나 기간 등을 한정하여 양도할 수 있다. 저작재산권에는 복제권, 공연권, 공중송신권, 전시권, 배포권, 대여권, 2차적 저작물 작성권이 있다.

저작인격권Moral rights[27]은 양도가 불가능한 경우이다. 예를 들면 대기업에서 국내 유명

---

24) 나라마다 조금 씩 보호기간이 차이가 있으며, 우리나라는 현재 저작자 사후 70년으로 사망 다음해부터 기산
   * 보호기간의 변천: 저작사 사후 30년(1957년) → 사후 50년(1987년) → 사후 70년(2013년 7월 1일부터)
25) 기존의 저작물을 번역, 편곡, 변형, 각색, 영상제작 등의 방법으로 독창적인 저작물로 다시 제작하고 이를 이용하는 저작물을 일컬음
26) 저작재산권은 이용 시 원저작자의 허락을 받아야 함. 세부항목으로는 다음과 같음. 우선 복제권이란 저작물을 인쇄, 사진, 복사, 녹음, 녹화 또는 그 밖의 방법에 의해 유형물로 다시 제작할 수 있는 권리이며, 저작권자는 저작물을 복제할 권리를 가짐. 공연권이란 영화, 음악 등의 상연, 상영, 연주 등 저작물을 일반 공중에 공개할 수 있는 권리. 공중송신권은 저작물, 실연, 음악, 방송을 상연이나 상영, 연주, 가창, 구연, 낭독, 재생 등의 방법으로 일반 공중에 공개할 수 있는 권리이며, 동일인의 점유에 속하는 연결된 장소에서 이루어지는 송신을 포함함(방송권, 전송권, 디지털 음성송신권). 전시권이란 미술 저작물 등의 원본이나 그 복제물을 전시할 권리이며, 공중이 물건을 자유롭게 관람할 수 있는 상태에 두는 것으로 미술저작물, 사진 및 건축 저작물 등을 말함. 배포권이란 저작물의 원본이나 그 복제물을 일반 공중에게 양도 또는 대여하는 권리임. 그리고 이외에 배포권, 대여권, 2차적 저작물 작성권이 있음
27) 저작인격권은 저작자의 인격적 이익의 보호를 목적으로 하는 성질상 양도할 수 없는 일신전속적인 성질의 권리이며 공표권, 성명표시권, 동일성유지권이 포함됨. 우선 공표권이란 저작자 자신의 저작물을 일반에게 공표할 것인지 여부를 결정할 권리이며, 저작물의 공표는 저작물의 발행, 공연, 방송, 전시 등으로 이루어짐. 성명표시권은 저작

한 캐릭터 개발자에게 요청하여 새로운 로고 제작을 요청했고, 그에 대한 대가를 충분히 지불하여 사용할 로고를 받았다고 가정해보자. 이때 기업에서는 로고가 마음에 들지 않는다고 마음대로 저작물을 변경할 수 없다. 실제 국내에서 그 대표적인 사례로 롯데월드 롯티사건[28]이 있다.

-당선작 Lottie- -변경된 Lotty-

사례 당시 롯데월드의 상징물 공모 (1987.5)에서 정○○ 씨는 [롯티]라는 명칭과 함께 너구리 도안(당선작 Lottie)이 당선되었다. 그 후 호텔롯데 측에서 제시하는 도안 수정을 수차례 거치게 되었으나 거듭되는 수정 과정에서 정○○ 씨가 거절하게 되자 호텔롯데는 다른 디자이너를 통해 롯티(변경된 Lotty)를 완성한 것이다.

그리고 약 1년 후 롯데월드 개장과 함께 변경된 롯티 상징물이 광고나 상품에 등장하자 정○○ 씨는 서울민사지법에 저작물 사용금지에 대한 가처분 신청을 냈다. 표절 의혹 속에서 법원은 1심에서 롯데월드 측을, 2심에서 정○○ 씨의 손을 들어줬는데 법원(2심)[29]의 해석은 다음과 같다.

『호텔롯데 측은 눈 부위 선의 모양이나 손의 형태 등이 다르다고 주장하고 있지만 전체적으로 ▲복장의 종류 ▲얼굴방향이나 발을 벌린 각도 ▲3등신 비례 ▲앞니가 하나이고 웃을 때 혀가 보이는 점 등 기본자세와 이미지가 매우 비슷하다』라고 결정했다.

롯데월드 롯티사건은 결국 대법원까지 상고되어 판결에서 저작물은 창작한 자에게만 저작인격권을 인정하는 것으로 하였으나 롯티 사용금지 침해에 대해서는 호텔롯데 측의 롯티 변경을 통하여 기업 목적에 따라 사용했다고 하더라도 저작자인 정○○ 씨가 도안 변경에 이의하지 않겠다는 취지의 묵시적 동의를 한 것으로 보고 침해하지 않는 것으로 상고를 기각함으로써 국내 저작인격권의 첫 판례를 남겼다.

자 자신이 그 저작물에 자신의 이름을 표시할 권리로 본명, 이명, 별명 등을 표시할 수 있음. 동일성유지권이란 저작자가 자신의 저작물 내용이 부당하게 변경되지 못하도록 금지할 수 있는 권리이며, 오직 저작자만이 그 내용, 형식 등을 변경할 수 있음

28) 출처) 중앙일보 기사(1990.6.28.) "롯데월드 로티사용 못한다" 및 대법원 1992.12.24. 선고 92다31309 판결 참조
29) 서울고법 민사2부(1992.6.26. 선고 91카98) 결정문

연구개발 결과물이 산업재산권으로 보호받기 어려운 경우도 있다. 산업적 이용 가치가 높은 프로그램이나 빅데이터 등이 그것이다. 예를 들어 도시농업의 연구결과로 자연학습에 유익한 학습용 교구를 오랜 데이터의 축적으로 개발을 하였으나 지식재산 출원 단계에서 특허성으로 봤을 때 단순한 사실적 데이터의 수집물로 진보성Inventive step 거절극복이 어렵고, 다른 출원 방향을 찾으려 해도 마땅하지 않은 경우이다.

저작권 보호체제는 저작권법과 컴퓨터프로그램 보호법으로 구분하여 관리되고 있으며, 데이터베이스는 저작권법 내 공중송신권에 포함하여 관리하고 있다. 저작권은 기업이나 대학, 공공연구기관 등 연구개발을 통한 결과물에서 일부만 이루어지는 경우이므로 간단히 다루기로 하겠다.

3. 부정경쟁방지와 영업비밀 보호

부정경쟁방지는 타인의 상표나 상호 등을 부정하게 편승하여 사용하는 경우이며, 타인의 영업비밀을 침해하는 행위와 함께 건전한 거래질서를 유지하기 위하여 우리나라는 「부정경쟁방지 및 영업비밀보호에 관한 법률」(약칭: 부정경쟁방지법)로 보호하고 있다.

부정경쟁방지법은 제도적 방어행위로 금지청구권, 손해배상책임 및 신용회복의 조치를 취할 수 있는데, 그렇다면 부정경쟁행위로는 어떤 것이 있을까? 부정경쟁방지법의 부정경쟁행위제2조제1호30) 및 영업비밀 침해행위(제2조제3호)31)의 정의를 연구개발자가 체크해

---

30) "부정경쟁행위"란 다음 각 목의 어느 하나에 해당하는 행위를 말한다. (가) 국내에 널리 인식된 타인의 성명, 상호, 상표, 상품의 용기·포장, 그 밖에 타인의 상품임을 표시한 표지標識와 동일하거나 유사한 것을 사용하거나 이러한 것을 사용한 상품을 판매·반포頒布 또는 수입·수출하여 타인의 상품과 혼동하게 하는 행위. (나) 국내에 널리 인식된 타인의 성명, 상호, 표장標章, 그 밖에 타인의 영업임을 표시하는 표지와 동일하거나 유사한 것을 사용하여 타인의 영업상의 시설 또는 활동과 혼동하게 하는 행위. (다) 가목 또는 나목의 혼동하게 하는 행위 외에 비상업적 사용 등 대통령령으로 정하는 정당한 사유 없이 국내에 널리 인식된 타인의 성명, 상호, 상표, 상품의 용기·포장, 그 밖에 타인의 상품 또는 영업임을 표시한 표지와 동일하거나 유사한 것을 사용하거나 이러한 것을 사용한 상품을 판매·반포 또는 수입·수출하여 타인의 표지의 식별력이나 명성을 손상하는 행위. (라) 상품이나 그 광고에 의하여 또는 공중이 알 수 있는 방법으로 거래상의 서류 또는 통신에 거짓의 원산지의 표지를 하거나 이러한 표지를 한 상품을 판매·반포 또는 수입·수출하여 원산지를 오인誤認하게 하는 행위. (마) 상품이나 그 광고에 의하여 또는 공중이 알 수 있는 방법으로 거래상의 서류 또는 통신에 그 상품이 생산·제조 또는 가공된 지역 외의 곳에서 생산 또는 가공된 듯이 오인하게 하는 표지를 하거나 이러한 표지를 한 상품을 판매·반포 또는 수입·수출하는 행위. (바) 타인의 상품을 사칭詐稱하거나 상품 또는 그 광고에 상품의 품질, 내용, 제조방법, 용도 또는 수량을 오인하게 하는 선전 또는 표지를 하거나 이러한 방법이나 표지로써 상품을 판매·반포 또는 수입·수출하는 행위. (사) 다음의 어느 하나의 나라에 등록된 상표 또는 이와 유사한 상표에 관한 권리를 가진 자의 대리인이나 대표자 또는 그 행위일 전 1년 이내에 대리인이나 대표자이었던 자가 정당한 사유 없이 해당 상표를 그 상표의 지정상품과 동일하거나 유사한 상품에 사용하거나 그 상표를 사용한 상품을 판매·반포 또는 수입·수출하는 행위. (1) 「공업소유권의 보호를 위한 파리협약」(이하 "파리협약"이라 한다) 당사국, (2) 세계무역기구 회원국, (3) 「상표법 조

둘 필요가 있다고 판단되어 각주에 나타냈다.

부정경쟁행위는 국내에 널리 인식되어 있는 타인의 성명, 상호, 상표, 상품의 용기, 포장, 그 밖에 타인의 상품임을 나타내기 위한 표지와 동일·유사한 것을 사용하는 행위이다. 이는 소비자에게 널리 인식된 상품과 오인·혼돈을 초래하게 하고 부정경쟁을 통하여 타인의 영업상 시설 또는 활동을 혼란스럽게 한다. 또한 타인의 상품을 사칭하거나 상품 또는 그 광고에 상품의 품질, 내용, 제조방법, 용도 또는 수량을 오인하게 하는 선전행위가 있다.

영업비밀이란 공공연히 알려져 있지 아니하고 독립된 경제적 가치를 가지는 것으로서, 생산 및 제조방법, 판매방법, 그 밖에 영업활동에 유용한 기술상 또는 경영상의 정보를 말한다. 이는 노하우와 같은 맥락에서 살펴볼 때, 이윤을 추구하는 산업체 등에서 영업을 추구하면서 축적되는 부분별 노하우의 집결이라고 할 수 있다. 보통 하나의 산업체에는 여

약」의 체약국締約國. (아) 정당한 권원이 없는 자가 다음의 어느 하나의 목적으로 국내에 널리 인식된 타인의 성명, 상호, 상표, 그 밖의 표지와 동일하거나 유사한 도메인이름을 등록·보유·이전 또는 사용하는 행위. (1) 상표 등 표지에 대하여 정당한 권원이 있는 자 또는 제3자에게 판매하거나 대여할 목적, (2) 정당한 권원이 있는 자의 도메인이름의 등록 및 사용을 방해할 목적, (3) 그 밖에 상업적 이익을 얻을 목적. (자) 타인이 제작한 상품의 형태 (형상·모양·색채·광택 또는 이들을 결합한 것을 말하며, 시제품 또는 상품소개서상의 형태를 포함한다. 이하 같다) 를 모방한 상품을 양도·대여 또는 이를 위한 전시를 하거나 수입·수출하는 행위. 다만, 다음의 어느 하나에 해당하는 행위는 제외한다. (1) 상품의 시제품 제작 등 상품의 형태가 갖추어진 날부터 3년이 지난 상품의 형태를 모방한 상품을 양도·대여 또는 이를 위한 전시를 하거나 수입·수출하는 행위, (2) 타인이 제작한 상품과 동종의 상품(동종의 상품이 없는 경우에는 그 상품과 기능 및 효용이 동일하거나 유사한 상품을 말한다)이 통상적으로 가지는 형태를 모방한 상품을 양도·대여 또는 이를 위한 전시를 하거나 수입·수출하는 행위. (차→카) 그 밖에 타인의 상당한 투자나 노력으로 만들어진 성과 등을 공정한 상거래 관행이나 경쟁질서에 반하는 방법으로 자신의 영업을 위하여 무단으로 사용함으로써 타인의 경제적 이익을 침해하는 행위(이하 '상거래 경쟁질서 위반 행위')
⇒ 2013년 상기 (차)목 "상거래 경쟁질서 위반 행위"가 추가되었으나, 다시 2018년 7월 18일 아래 "아이디어 도용행위"가 (차)목에 추가되는 법 개정 시행으로 상기 "상거래 경쟁질서 위반 행위"는 (카)목으로 이동함

(차) "사업제안, 입찰, 공모 등 거래교섭 및 거래과정에서 경제적 가치를 가지는 타인의 기술적 또는 영업상의 아이디어가 포함된 정보를 그 제공 목적에 위반하여 자신 또는 제3자의 영업상 이익을 위하여 부정하게 사용하거나 타인에게 제공하여 사용하게 하는 행위(이하 '아이디어 도용 행위')

31) "영업비밀 침해행위"란 다음 각 목의 어느 하나에 해당하는 행위를 말한다. (가) 절취竊取, 기망欺罔, 협박, 그 밖의 부정한 수단으로 영업비밀을 취득하는 행위(이하 "부정취득행위"라 한다) 또는 그 취득한 영업비밀을 사용하거나 공개(비밀을 유지하면서 특정인에게 알리는 것을 포함)하는 행위. (나) 영업비밀에 대하여 부정취득행위가 개입된 사실을 알거나 중대한 과실로 알지 못하고 그 영업비밀을 취득하는 행위 또는 그 취득한 영업비밀을 사용하거나 공개하는 행위. (다) 영업비밀을 취득한 후에 그 영업비밀에 대하여 부정취득행위가 개입된 사실을 알거나 중대한 과실로 알지 못하고 그 영업비밀을 사용하거나 공개하는 행위. (라) 계약관계 등에 따라 영업비밀을 비밀로서 유지하여야 할 의무가 있는 자가 부정한 이익을 얻거나 그 영업비밀의 보유자에게 손해를 입힐 목적으로 그 영업비밀을 사용하거나 공개하는 행위. (마) 영업비밀이 라목에 따라 공개된 사실 또는 그러한 공개행위가 개입된 사실을 알거나 중대한 과실로 알지 못하고 그 영업비밀을 취득하는 행위 또는 그 취득한 영업비밀을 사용하거나 공개하는 행위. (바) 영업비밀을 취득한 후에 그 영업비밀이 라목에 따라 공개된 사실 또는 그러한 공개행위가 개입된 사실을 알거나 중대한 과실로 알지 못하고 그 영업비밀을 사용하거나 공개하는 행위

러 종류의 노하우가 축적된 영업비밀을 소유하고 있으며, 산업체는 영업비밀을 외부로부터 지키기 위하여 '상당한 노력'을 기울이게 된다. 따라서 이와 같은 영업비밀 침해행위도 마찬가지로 그에 대한 금지청구권, 손해배상책임 및 신용회복의 조치로 보호받을 수 있다. 이때 영업비밀이란 공공연히 알려져 있지 않고(비공지성), 독립된 경제적 가치를 가져야 하며(경제적 유용성), 상당한 노력에 의하여 비밀로 유지된 생산방법, 판매방법, 그 밖에 영업활용에 유용한 기술상 또는 경영상의 정보(비밀관리성)로서 요건을 갖추고 있어야 한다(제2조 제2호).

만약 생산 및 제조방법의 기술상 영업비밀을 가지고 있다면 이와 같은 차별적인 지식을 '산업재산권으로 출원할 것이냐 아니면 영업비밀로 가져갈 것이냐'라는 결정의 판단 기준에 대해서는 앞서 <그림 1-1>에서 살펴본 바 있다.

특허 출원의 장단점은 등록 시 권리기간인 출원 후 20년 동안 독점배타적 권리를 가질 수 있다는 장점과 함께 그 기간이 지났을 때 특허로 공개된 처방은 제3자가 자유롭게 사용하게 된다는 단점이 있을 것이다.

반대로 노하우를 통한 영업비밀은 특허출원과 반대의 입장이며, 따라서 노하우는 해당 조직의 영업비밀로 '상당한 노력'을 기울인 철저한 보안이 요구될 것이다.

사례 생산 및 제조방법의 영업비밀 유지를 통한 대표적인 사례로 <그림 2-9>와 같이 코카콜라의 사례가 대표적이다.

영업비밀노하우은 지식재산의 한 형태라고 할 수 있으며, 산업체에서 어떻게 관리하느냐가 중요하다. 하지만 내가 포함되어 있는 조직이 영리를 목적으로 하는 곳이 아닌 국가의 연구기관이라면 영업비밀 또는 노하우는 다르게 판단해야 할 것이다. 왜냐하면 앞에서 언급했듯이 국가의 연구결과는 국내 산업체의 산업발전을 위한 목적이며, 일부 연구개발 결과가 국가적인 차원에서 보호가 필요한 경우를 제외하고는 매년 또는 연구과제가 끝나는 기간에 맞추어 공개되어야 할 의무가 있기 때문이다.

〈코카콜라 제법의 노하우〉

자본주의의 상징인 코카콜라는 1886년 존S팬 버튼이라는 약제사에 의해 세상에 나와서 현재 전세계적으로 유통되고 있으며, 그들은 "제법을 공개하지 않은 채 본사에서 원액을 제조", 계약된 회사에만 공급하는 프랜차이즈 방식을 유지하고 있다.

〈콜라병 변화〉[32]

☞ 만약, 코카콜라 처방이 노하우가 아닌 특허로 출원되었다면 20년의 권리기간을 고려했을 때 지금과 같은 부를 축적하지 못했을 것이다.

● 특허출원을 할 것인가! v.s. 노하우로 갈 것인가!
판단기준은? 내가 가진 농식품 기술을 노하우로 방침을 세우고 세상에 제품을 내놓았을 때 제3자가 내 출시된 제품을 분석하여 그대로 재현할 수 있다고 가정하면, 특허로 출원하여 누릴 수 있는 20년의 배타적인 권리마저 기회를 갖지 못하고 복사 당하는 셈이 된다. 즉, 제3자가 내 기술을 쉽게 모방할 수 있느냐의 여부이다.

그림 2-9 코카콜라의 제법 노하우에 대한 비밀유지 사례

☞ 시사점

기업의 신제품은 기존 제품 대비 경쟁력을 갖추기 위해 차별적 기술로 컨셉Concept화 되어야 시장에 적절히 포지셔닝Positioning 되며, 이때 기술은 특허나 실용신안으로, 신제품의 형태나 제품명은 새로운 디자인과 상표로 무장되는 경우가 일반이다. 왜냐하면 산업에서 지식재산, 그 중에서도 산업재산권(특허, 실용신안, 디자인, 상표)은 매우 중요한 역할을 하기 때문이다.

특허는 산업재산권의 맏형 격으로 지식재산에 큰 비중을 차지하고 있으며, 연구자는 차별화된 기술을 특허출원하여 권리화하는 과정에서 심사관의 심사 절차, 즉 선행자료 대비 신규성Novelty 및 진보성Inventive step 판단을 이해할 수 있다(〈표 2-1〉, 〈표 2-2〉). 또한 개량발명 시 법적 공개(출원일로부터 1년 6개월) 전 내 권리를 어떻게 확대해 나아갈 것인지 전략적으로 대응할 수 있어야 한다(〈그림 2-3〉).

---

32) 출처) https://www.pinterest.co.kr/pin/191262315402955545/ 참조

⊙ 시사점

연구자의 연구 분야에 따라 보호 기준이 다를 수 있다. 특히 생물(동물, 식물, 미생물)의 경우 국가마다 심사기준이 다르고(〈표 2-5〉, 〈그림 2-5〉), 경우에 따라서는 법적 판결 등에 따라 기준이 변하기도 한다(〈그림 2-6〉).

실용신안은 물품의 형상이나 구조의 보호를 위한 소발명이다.

디자인은 시각을 통하여 미감을 일으키는 유체동산의 보호이며, 입체상표(예 : ⬚ 바나나맛우유)와 같이 반영구적 보호로 출원 방향을 검토할 수 있다.

상표는 일반적인 상표 외, 서비스표, 단체표장, 업무표장이 포함되며, 특히 단체표장으로서 '지리적표시단체표장'은 농식품 분야에서 '지리적표시제'와 함께 구별(〈표 3-11〉)하여 알아두어야 한다. 상표는 업무상 신용유지 도모 및 수요자의 이익을 보호하기 위한 목적의 권리이므로 기업의 경우 매우 중요하게 활용되며, 공공연구기관의 경우 상표출원은 일부의 목적으로만 진행된다.

업무와 관련하여 '저작권' 및 '부정경쟁방지와 영업비밀 보호'를 고려하고 자타의 입장에서 주의 및 판단이 필요하다.

제2절 | 신지식재산

신지식재산이란 앞서 설명했듯이 기존에 마련되어 있는 지식재산의 제도 및 법으로 보호받기 어려운 지식 창작물을 말한다. 이는 과학기술의 발전 및 사회의 변화에 따라 새롭게 등장하면서 경제적 가치를 지니게 된 것인데, 특히 농산업 측면에서는 식물신품종, 농업 유전자원, 전통문화, 향토자원 그리고 지리적표시 등을 들 수 있다.

그 중 '식물신품종'이나 '지리적표시'는 국내의 경우 특별법[33]에 의해 그 권리를 보호하고 있으며, 이는 국가마다 그 보호범위가 다르고 보호법도 서로 다르다. 따라서 엄격히 말하면 이제는 식물신품종과 지리적표시는 신지식재산의 종류 중에서 그 보호를 위한 법·제도적 장치가 마련되어 있으므로 우리나라에서는 무형자산의 권리로 보호가 가능하다. 하지만 그 외의 유전자원이나 전통지식, 향토자원 등의 신지식재산 종류는 기존의 제도적 접근뿐만 아니라 보호를 위한 기준 마련이 어려운 상황이다.

특히 '유전자원'이나 '전통지식' 등 생물자원의 중요성은 최근 국가 간 미래생명의 근원으로 부각되면서 생물다양성협약(CBD) 및 유전자원의 접근과 이익공유(ABS)[34]로 국가 간에 뜨거운 쟁점이 되고 있다. 이미 선진국들은 생물자원을 확보하기 위하여 발 빠르게 움직이고 있으며 우리나라도 우리의 자원을 지킬 뿐만 아니라 자원을 활용한 산업으로 계승해 나가는 것이 중요하다.

본 장에서는 식물신품종 및 지리적표시를 신지식재산의 카테고리에 포함하여 식물신품종에 대해서 국립종자원의 식물신품종보호법이나 특허청의 특허법으로, 그리고 지리적표시에 대해서는 국립농산물품질관리원의 지리적표시제나 특허청의 지리적표시단체표장으로 관리되는 이원적 체제를 검토할 것이다. 그리고 육종 연구자 및 농산업체의 각 신지식재산 접근에 따라 권리보호를 두텁게 받을 수 있는 방향을 제시할 것이며, 유전자원을 비롯한 전통지식 및 향토자원 등에 대한 산업적 활용 방향을 지식재산의 보호 및 활용 관점에서 검토하고자 한다.

<그림 2-10>은 식물신품종 및 지리적표시에 대하여 보호하는 국내 기관을 나타내고 있다.

---

33) 식물신품종보호법(국립종자원) 및 농수산물품질관리법(국립농산물품질관리원, 지리적표시)
34) CBD(Convention on Biological Diversity)-ABS(Access to genetic resource and Benefit-Sharing)

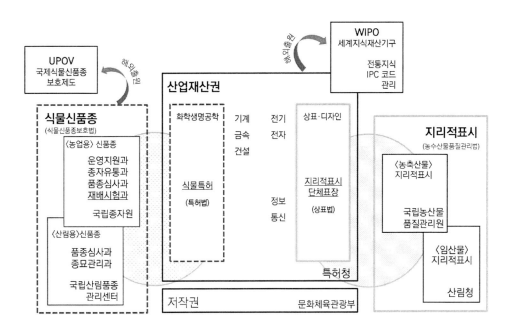

그림 2-10 식물신품종 및 지리적표시의 이원적 관리체제[35]

그림에서 식물신품종의 경우(⌐⌐ 표시), 특허청 외 농업용은 국립종자원에서 담당하나 산림용은 별도로 국립산림품종관리센터(산림청 소속)에서, 지리적표시의 경우(◌ □ 표시), 특허청 외 농축산물은 농산물품질관리원이나 임산물은 별도로 산림청에서 담당하고 있음을 나타내고 있다. 아울러 식물신품종의 경우 특허법을 통한 식물특허의 해외출원은 WIPO 가입국으로, 그리고 식물신품종보호법을 통한 농업용·산림용 품종은 UPOV 가입국으로 출원 절차를 통해서 진행 가능하며, 이에 대해서는 제3장(제5절)의 해외 권리의 확보에서 다시 설명하기로 하겠다.

---

35) 출처) 농림축산식품부. 2010.12. "농어업·농어촌 지식재산관리시스템 도입방안 연구"참조. 수행기관인 농업기술실용화재단 그림으로 식물신품종 및 지리적표시의 구조적 이해를 돕기 위해서 수행 당시 2010년 특허청 조직도를 그대로 사용함

1. 식물신품종의 보호

1) 식물신품종보호법 보호

식물신품종은 국제적으로 특허법 또는 특별법으로 보호하고 있으며, 우리나라는 특허법(특허청)과 특별법인 식물신품종보호법(농림축산식품부)으로 이원화되어 관리된다.

특별법 관리 현황을 좀 더 자세히 살펴보면, 우리나라의 식물보호 법령은 1997년 종자산업법으로 통합 시행[36]하면서 국가 차원에서 종자관리체계를 일원화하였고, 2002년 국제식물신품종보호기구(UPOV)에 가입[37]하였다. 그리고 최근 품종보호를 위한 특별법은 UPOV의 국제협약에 의거하여 품종보호 대상[38]이 모든 식물로 확대됨에 따라 종자산업 육성 및 종자유통관리 위주로 종자산업법을 개정하였고, 종전의 종자산업법에서 식물신품종의 육성자 권리보호 규정을 분리하여 식물신품종보호법을 제정, 발효하였다(2012년 6월).

종자산업법 개정안의 주요 내용을 살펴보면, 종자기업의 경쟁력을 높이기 위해 종자산업진흥센터[39]를 설립 또는 지정하도록 하였으며, 종자산업단지 조성을 지원함으로써 지역에 종자관련 연구단지를 조성하여 종자업체 연구개발 효율성을 제고하고 있다. 또한 유통종자의 관리를 강화하고 종자 분쟁관련 신속 해결을 위한 종자의 분쟁조정협의회[40]를 설치하는 근거를 마련하였다.

식물신품종보호법 개정안은 기존 종자산업법의 절차법인 식물신품종 육성자의 권리보호관련 조항을 분리하여 제정하였으며, 품종보호권 침해죄에 대한 벌칙을 상향조정함으로써 품종보호권 침해에 대한 경각심을 고취하여 품종육성자의 권리를 강화하고자 하였다. 이는 식물신품종 육성자에게 해당 품종의 증식·생산·양도·수출입 등에 관한 배타적 독점

---

[36] 주요 변천 사: 수도채종답보조규정(1922년) → 주요농작물종자법 및 농산종묘법(1962년), 종묘관리법(1973)) → 종자산업법(1995년 공포, 1997년 12월 31일 시행), 이는 식물신품종 육성자 권리보호, 품종성능 관리, 종자보증 등 종자정책 제도를 도입하여 국제적 변화(WTO/TRIPs의 지식재산권 협정 발효 및 회원국 의무화)에 맞춘 국내 종자산업의 발전을 도모하기 위함

[37] 2002년 1월 7일, 50번째 회원국으로 가입, 「UPOV '91년 협약」 준수

[38] 2002년 UPOV 가입 당시 6종의 작물(딸기, 감귤, 나무딸기, 블루베리, 양앵두, 해조류)을 제외하고 15개에서 27개 작물로 점진적으로 보호범위를 늘렸으며, 10년 후인 2012년 1월 7일 이후 6종 작물을 포함하여 전작물로 확대함으로써 모든 작물이 보호대상이 되었음. 또한 대상 작물을 농업용, 산림용, 해조류로 구분하여 농업용은 국립종자원, 산림용은 국립산림품종관리센터, 해조류는 수산식품품종관리센터에서 품종보호 출원을 담당함

[39] 종자산업진흥센터는 2016년 11월 23일 준공되어 전북 김제의 민간육종연구단지 내 설립되었으며, 운영기관인 농업기술실용화재단은 이를 기점으로 종자기업분만 아니라 관계 기관들과의 협력체계를 구축하여 종자산업의 메카로 자리매김하고자 사업을 추진하고 있음

[40] 종자산업법 제48조(분쟁의 조정) 및 동법 시행규칙 제41조, 농림축산식품부령이 정하는 기관(국립종자원)에 분쟁조정협의회를 둠

권을 부여하는 제도로 새로운 품종을 육성하기 위해 투자한 시간, 노력, 비용 등에 대한 상업적 보상이 가능하도록 신품종 육성에 대한 투자 장려 및 의욕을 고취시키기 위함이다.

식물신품종의 국립종자원 품종출원은 대상 품종 자체에 대한 보호 목적의 출원이다. 새로운 품종에 대하여 구별성, 균일성, 안정성 등 구비조건이 갖추어졌다고 판단되면 품종의 명칭과 함께 출원서 자료를 구비하여 출원을 진행한다.

식물신품종에 대한 출원 시 그 심사 절차는 국립종자원 홈페이지(http://www.seed.go.kr/)에 설명되어 있다. 심사 절차에 있어서 그 특징을 좀 더 상세하게 제시하면 <그림 2-11>과 같다.

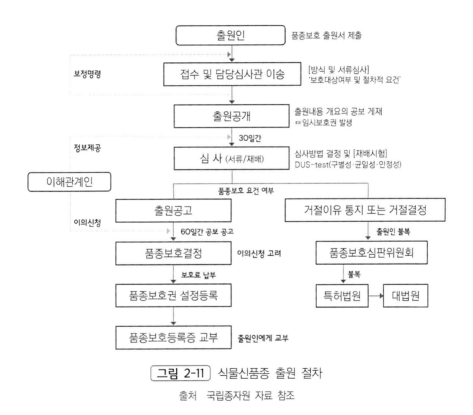

그림 2-11 식물신품종 출원 절차

출처 국립종자원 자료 참조

서류를 구비하여 국립종자원에 식물신품종 출원을 하면 먼저 [접수 및 담당심사관 이송] 단계에서 식물신품종 보호법에서 정한 방식에 위반되지 아니한지 방식심사[41]를 하게

---

41) 방식심사는 제출한 품종보호 출원서류가 법령에서 정한 소정의 요건 및 양식을 갖추었는지 여부를 심사(품종보호료 또는 수수료 납부 등 포함)

된다. 이후 문제가 없다면 품종보호출원 등록부에 등록하고 출원인, 품종명칭 등 출원 내용을 품종보호공보에 게재하여 [출원공개]를 함과 동시에 출원인에게 '임시보호권'이 주어진다.

[출원공개][42] 후에는 누구든지 출원 품종이 품종보호요건을 갖추지 못하였거나 품종보호를 받을 수 있는 권리능력이 없음을 이유로 농림축산식품부 장관에게 '정보제공'을 할수 있다. 심사관은 정보제공 등을 포함하여 서류심사[43]를 수행하게 되는데, 서류심사 단계에서 신규성 및 품종의 명칭을 심사한다. 이때 신규성은 기존에 "상업적으로 이용[44]되지아니한 경우"로 출원일 이전에 국내에서는 1년, 그 밖의 국가에서는 4년 이상(과수 및 임목의 경우 6년 이상)의 기간이 도과되지 않았을 때 신규성을 갖춘 것으로 본다. 품종의명칭은 다른 품종과 식별되도록 하기 위하여 1품종 당 고유한 1개의 품종명칭을 가져야하는데, 품종명칭등록원부에 등록을 위해서는 특허청의 상표를 포함, 기 등록 명칭과의유사여부 등을 확인하여 중복되지 않는 명칭을 사용하여야 한다.

서류심사 후 재배심사 수행 전에 제출된 재배시험 결과를 토대로 심사계획을 수립하여 재배심사栽培審査[45]를 본격적으로 수행하게 된다. 재배심사에서는 구별성(D), 균일성(U),안정성(S)을 살피게 되며(DUS test), 각각의 시험은 다음과 같은 기준으로 판단하게 된다.

■ 구별성Distinctness : 알려진 근연종 대비 분명하게 구별이 되어야 하며 이는 유통되고 있는
품종, 보호품종, 품종목록에 등재된 품종 등 다른 나라에 출원된 품종까지 적용됨
(식물신품종보호법 18조)

■ 균일성Uniformity : 번식 방법에서 예상되는 변이를 고려하여 충분히 균일해야 하며, 판단방
법은 영양번식 및 자화수분 품종의 경우 이형주off-type의 숫자, 타화수분 품종은 대조품종
과 비교하여 판단함(동법 19조)

■ 안정성Stability : 번식 주기를 고려한 반복 번식 후 관련 특성이 변하지 않고 안정적으로 나
타나야 하며 판단방법은 제출된 표본이 연차간에 균일하게 나타나야 함. 1대 잡종품종의
경우 양친 및 1대 잡종품종 자체를 추가하여 균일성과 안정성을 검정함(동법 20조)

---

42) 식물신품종 출원제도에서 출원공개는 이해관계인이면 누구든지 심사 참여를 유도하기 위하여 특허제도와 다르게
빠른 공개를 수행함(정보제공 기간 : 30일)
43) 서류심사는 실질심사의 시작으로 신규성 및 품종의 명칭 등 품종보호요건을 갖추었는지 심사
44) 판매(종자나 그 수확물의 이용)를 목적으로 신품종을 양도하는 행위
45) 재배시험은 1)국립종자원 특성검정포장에서 실시하는 국가재배시험, 2)출원인의 포장에서 심사관이 직접 현지 방문
하여 조사하는 현지시험, 그리고 3)작물의 시험연구기관이나 대학 등에 시험을 위탁하는 위탁시험으로 구분

심사에서 등록요건을 갖추지 못했을 때 거절이유통지를 내리게 되며 거절이유에 대하여 그 내용을 출원인에게 통지하고 기간을 정하여 의견서 제출 기회를 주며, 거절이유가 해소되지 않을 시 거절결정을 내리게 된다. 거절이유에 대한 내용은 다음과 같다(출처: 국립종자원).

- 국내에 주소나 영업소를 가지지 아니한 재외자가 품종보호관리인에 의하지 아니하고 출원한 경우
- 출원품종이 품종보호를 받을 수 있는 식물의 속 또는 종에 속하지 않는 경우
- 출원품종이 품종의 보호요건을 갖추지 못한 경우
- 출원인이 갖춰야 할 자격으로서 육성자이거나 그 승계인이어야 하나 그렇지 못한 경우
- 재외자 중 외국인으로서 품종보호를 받을 수 있는 권리를 향유할 수 없는 자가 출원한 경우
- 선출원의 규정을 위반하여 출원된 경우
- 동일 품종에 대해 두 사람 이상이 품종보호출원을 한 경우
- 품종보호출원인 간에 협의가 성립되지 않았다거나 동일인으로부터 승계한 동일한 품종에 대해 두 사람 이상이 승계에 관하여 같은 날에 신고를 하였으나 신고한 자간에 협의가 성립되지 아니한 경우
- 공무원이 직무상 육성하거나 발견하여 개발한 품종을 국가 또는 지방자치단체 이외의 사람이 출원한 경우 품종보호를 받을 수 있는 권리가 공유인데도 공유자 전원이 공동으로 품종보호 출원을 하지 않은 경우
- 출원할 수 있는 권리가 없는 자에 의하여 출원된 경우

하지만 심사에서 등록요건을 갖추었을 때 출원공고를 하여 "이의신청"이 없을 시 품종보호결정을 내리게 되며, 품종보호권설정등록과 함께 등록증을 교부받음으로서 해당 품종에 대한 독점적인 권리가 발생한다.

보호권리는 다음과 같이 지역적, 시간적, 실체적 범위를 갖게 된다.

첫째 지역적 범위로는 특허와 마찬가지로 품종을 국내에만 출원 시 출원하지 않은 다른 나라에는 권리가 발생하지 않는다. 따라서 독점적 권리를 갖고자 하는 나라는 우선권 주장 기간을 고려하여 해외출원을 진행하여야 한다.

둘째, 시간적 범위로는 존속기간 중에만 그 효력이 미치게 된다. 등록 품종의 존속기간이 만료되거나 품종보호료 불납 등 품종보호권이 소멸되면 그 보호권리의 효력이 상실된다.

셋째 실체적 범위는 보호된 품종에만 권리가 미치는데, 이때 보호품종으로부터 기본적으로 유래된 품종[46]이거나 보호품종을 반복 사용하여야 종자생산이 가능한 품종은 보호품종의 테두리 안에 넣어 보호품종으로 본다.

등록된 보호권리는 존속기간 동안 권리 유지를 위하여 식물신품종보호법 제46조에 따라 품종보호료를 품종보호권 설정 등록일로부터 연수별로 차등 납부하여야한다(☞식물신품종보호법에 따른 품종보호료 및 수수료 징수규칙 제2조[47]). 또한 식물신품종보호법에서는 출원 공개와 함께 임시보호권의 효력이 발생한다. 이는 출원된 품종에 대하여 출원 공개일로부터 실시[48]할 권리를 독점하는 것으로 특허[49]와 달리 임시 보호권자의 권리를 침해한 자 또는 침해 우려가 있는 자에게 공개 순간부터 권리를 행사할 수 있다.

품종 보호권리를 침해하였거나 침해할 우려가 있는 자에게 침해금지 또는 예방을 청구할 수 있는데, 식물신품종보호법의 분쟁은 대부분 특허법의 절차를 준용하고 있다.

2) 특허법 보호(식물특허)

식물신품종의 특허법 보호(식물특허)는 특허법 제31조[50]에 의해 무성적 반복생식으로 반복재현성反復再現性을 확인할 수 있는 무성생식 식물에 대해서만 보호를 받고, 유성생식의 경우 국립종자원의 식물신품종 출원에 의해서만 보호가 가능했었다. 하지만 특허법 제31조를 삭제(2006년 3월)함으로써 국가 식물특허의 보호대상을 확대하여 유성有性·무성無性과 관계없이 특허요건이 만족되면 동물발명, 미생물발명 등과 차별 없이 특허를 받을 수 있도록 하였다.

즉, 기존에는 무성생식 식물 품종에 대해서만 특허법에서 보호받을 수 있었으나 종자기탁제도 도입을 통하여 특허 요인인 반복재현성을 충족시킴으로서 유성생식 식물까지

---

46) 기본유래품종이란? 원품종의 주요특성을 보유하고 있으며, 원품종과 명확히 구별되더라도 원품종의 특정 특성을 도입하기 위한 목적으로 육종방법을 이용하여 다르게 구별되는 품종을 이루었을 경우, 그 구별되는 성질 외 주요 특성이 원품종과 같은 경우 기본유래품종이라 일컬음

47) 제1년~제5년까지 매년 3만원, 제6년~제10년까지 매년 7만 5천원, 제11년~제15년까지 매년 22만 5천원, 제16년~제20년까지 매년 50만원, 제21년부터 제25년까지 매년 1백만원의 수수료를 납부 기간 및 방법 등에 따라 납부

48) 실시實施라 함은 보호품종의 종자 등을 증식, 생산, 조제, 양도, 대여, 수출 또는 수입하거나 양도 또는 대여의 청약(전시 포함)을 하는 행위를 일컬음

49) 특허를 포함한 산업재산권의 경우, 공개되면 보상금청구권이 발생하고, 권리는 등록이 되어야 그 효력이 발생됨

50) 특허법 제31조 (식물발명특허) "무성적으로 반복생식할 수 있는 변종식물을 발명한 자는 그 발명에 대하여 특허를 받을 수 있다" 였음

식물특허의 허여 대상으로 확대된 것이다. 또한 기술이 빠르게 발전하면서 기술적 사상의 범위가 넓어졌고, 동시에 미국, 유럽, 일본 등 대부분의 선진 국가가 모든 식물을 특허 대상으로 인정하는 특허제도 변경 추세에 맞춘 것이다.

3) 연구자(육종가)의 신품종 보호제도 접근

식물신품종을 육종하는 연구자(육종가) 입장에서 연구를 수행하며 그 결과를 어떻게 보호받을 것인가를 미리 파악해야 한다. <표 2-6>은 앞서 설명한 특별법으로서의 식물신품종보호법과 특허법에 대하여 신품종을 육종하는 단계에서 각 제도의 특성 및 차이점을 제시하고 있다.

<표 2-6> 식물신품종보호법과 특허법의 특징 및 차이점

구분	식물신품종보호법	특허법(식물특허)
관리기관	국립종자원	특허청
도입시기	1997년 종자산업법	1946년 특허법
보호대상	대상 품종[51]	대상 품종 및 육종방법, 관련 유전자 등
심사절차	서류심사, 재배시험	서류심사
보호요건	신규성(미판매성), 구별성, 균일성, 안정성, 품종의 고유한 명칭	신규성(출원 전 공지 여부), 진보성, 산업적 이용가능성, 반복재현성
범위결정	품종자체(유래품종[52] 포함)	청구범위에 따름
예외	실험·연구, 육종재료, 자가채종	실험·연구
보호기간	등록일로부터 20년(과수, 임목은 25년)	설정등록한 날로부터 출원 후 20년

연구자(육종가)는 두터운 권리 보호를 위하여 두 제도의 차이점을 알고 접근해야 한다. 특히 다음과 같은 두 가지 내용에 대해서 신중하게 숙지해야 할 것이다.

---

51) 식물신품종보호법을 통하여 보호될 수 있는 대상품종은 '97년 27개 작물로부터 점진적으로 추가되어 2012년 1월 7일부터 대부분의 작물이 품종보호의 대상작물이 됨

52) 원품종原品種 또는 기존의 유래품종에서 유래되고, 원품종의 유전자형 또는 유전자 조합에 의하여 나타나는 주요 특성을 가진 품종으로서 원품종과 명확하게 구별은 되나 특정한 육종방법育種方法으로 인한 특성만의 차이를 제외하고는 주요 특성이 원품종과 같은 품종은 유래된 품종으로 봄(식물신품종보호법 제56조 4항)

(1) 이중출원[53] 시 양 제도 간 신규성의 차이점

식물신품종보호법에서의 신규성은 미판매성으로 육종 과정에서부터 품종 출원을 비롯하여 사업화 후 1년 전까지 그 출원이 유효하다. 즉, 제3자에게 알려졌다고 하더라도 사업적인 미판매성 여부를 고려하기 때문에 판매 1년 전까지 신규성을 허용해준다. 하지만 특허의 경우 출원 전 제3자에게 공지된 경우 신규성을 상실하므로 양 제도의 '신규성'의 차이는 엄격히 구분해야한다. 즉, 육종된 식물신품종을 양 제도로 보호하고자 할 때에는 무조건 특허출원이 선행되어야 함을 연구자(육종가)는 명심해야 한다.

(2) 보호범위 및 요건의 차이점

식물신품종보호법은 해당 품종 자체를 보호하는 것이다. 따라서 품종을 육종하는 과정에서의 육종방법(세포융합, 조직배양, 돌연변이 유도기술 등)이나 특정 유전자, 세포 등은 특허법으로만 보호 가능하다. 만약 어떤 특정 방법으로 신품종을 육종해냈다면 품종 자체는 식물신품종보호법이나 특허법으로 보호 가능한데, 특허의 경우 그 특정 육종방법 및 유전적 특징, 품종을 활용한 가공방법 등까지 특허로 보호할 수 있다. 이때 1발명 1특허 원칙에 따라서 신품종과 방법을 별도로 출원할 수 있지만 일련의 발명이라면 다항제의 특허청구 범위를 활용하여 하나의 특허로 넓은 청구범위를 청구할 수 있다. 즉, 특정 신품종 육종 방법과 그로 인한 신품종을 청구범위에 열거하는 방식이다.

사례 <그림 2-12> 및 <그림 2-13>[54]은 제주도농업기술원에서 육종하여 특허청 식물특허와 국립종자원 품종출원으로 보호를 받은 감자「탐나」품종에 대한 기사 내용과 관련 사진이다.

감자를 칩(과자)으로 가공하기 위해서는 감자의 눈 깊이가 얕을수록 좋다. 왜냐하면 <그림 2-13>에서 보듯이 눈의 깊이가 깊으면 움푹 들어간 깊이 만큼 칩 슬라이스를 쳤을 때 원형이 아닌 부정형으로 나오기 때문이다. 이를 고려하여 얕은 눈 깊이 외에도 재배 시 연작 장해인 더뎅이병 등에도 강한 품종 특성을 부여하여 육종, 특허 출원(특허청)과 함께 품종 출원(국립종자원)을 진행함으로써 두터운 권리보호를 받았다.

---

53) 품종(식물신품종보호법) 및 식물특허(특허법) 보호를 위하여 국립종자원 및 특허청에 모두 출원하는 경우
54) 출처) 2014.09.02. 제주도민일보 인터넷 자료 (http://www.jejudomin.co.kr)

신품종 감자 '탐나' 특허·보호 출원한다
2011년 '제서' 이어 제주감자 2호 등록

데스크 승인 2014년 09월 02일 (화)   고재일 기자 | neverlose@hanmail.net

정치/행정

1년에 두 번 재배가 가능한 감자 신품종인 '탐나(Tamna)'가 개발됐다.

2일 제주도농업기술원(원장 김우일)에 따르면 식용과 가공용으로 적합한 신품종 '탐나'를 개발해 특허청에 품종특허를 출원하는 한편, 국립종자원에 품종보호 출원을 완료했다. '탐나'는 중간 모본(母本)인 'Aj09'에 '제서'를 부본으로 교배해 농업적 특성 검정을 통해 우수계통으로 선발된 품종이다.

지난 2011년 더뎅이병에 강한 '제서'에 이어 3년 만에 개발된 제주감자 2호인 '탐나'는 지난해까지 전국 3개 지역(강원도 강릉, 전남 무안, 제주도)에서 적응성 시험을 통해 품질 우수성이 입증된 후, 농촌진흥청 신품종선정심의회에서 최종 명칭이 확정됐다.

'탐나'는 휴면기간(休眠期間, 종자 수확 후 아무 활동도 하지 않고 잠자는 기간)이 50일~60일로 제주에서 1년에 두 번 재배가 가능하고, 연작지대에서 발생하는 더뎅이병 등에 강해 식용 뿐 아니라 가공용으로도 우수한 특성을 지니고 있다. 특히 모양이 둥글고 연한 황색의 껍질을 갖춘 것은 물론 눈의 깊이가 얕아 소비자가 선호하는 특성을 지니고 있다.

농업기술원은 앞으로 농가 실증재배와 평가를 거치는 한편 씨감자 생산체계를 갖춰 오는 2016년부터 농가에 '탐나'를 공급할 계획이다. [제주매일 고재일 기자]

'탐이 나는 감자'로 불리는 이 품종은 특허청 품종특허 출원(출원번호 10-2014-0090609)과 국립종자원 품종보호 출원(출원번호 2014-407)을 완료했다.

그림 2-12 감자 신품종 「탐나」의 특허·품종 권리보호 기사

[출원품종] 탐나(제교P-8호) 괴경 및 육색   [출원품종] 탐나(제교P-8호) 칩가공

그림 2-13 신품종 「탐나」의 칩 가공

식물신품종 육종은 오랜 시간과 노력이 요구된다. 농가로 보급되기까지 과정에서 기존 품종과 대비하여 구별성이 균일하게 확보되지 못해서 선발 후 사라지기도 한다. 이와 같이 육종된 신품종을 국내·외에 법적인 보호수단을 활용하여 두텁게 보호를 받으려는 시도는 당연하다. 하지만 그 절차나 방법을 몰라서 권리를 확보하지 못하고 놓치는 경우가 많다.

<그림 2-14> 및 <그림 2-15>와 같이 제주도농업기술원은 「탐나」 품종에 대한 국립종자원 품종보호 출원(공보 제193호)과 특허청 특허출원(등록 10-1602245호)을 수행함으로써 국내[55]에서 두터운 권리를 보호받았다.

이중출원 시 권리의 보호범위를 살펴보면 먼저 <그림 2-14>의 국립종자원 품종출원은 서지사항의 품종특성과 같이 대상 식물체 자체에 대한 보호이다. 이때 식물체는 표현형 Phenotype이나 유전자형Genotype[56]의 특성을 모두 포함할 수 있고 보호품종에서 기본적으로 유래된 품종[57]까지 권리의 확장 차원에서 보호품종의 특성을 가졌다면 권리는 확대 적용될 수 있다.

▸ 품종보호 공보 제193호

공개번호	2014 - 477	공개일자	2014.08.15
출원번호	출원 2014 - 407	출원일자	2014.07.28
우선권주장		심사관	이○인
출원인	제주특별자치도농업기술원		
육성자	김○용, 강○근, 김○찬, 현○선, 오○준, 강○식, 송○운, 김○균, 이○순		
품종명	탐나 ←		
학명 및 일반명	Solanum tuberosum L. / 감자		
품종특성	1. 식물체의 주요 형태적 특성 ○ 식물체 형태는 반직립형이고 경장은 '대지' 보다 크고 생육이 양호하다. ○ 괴경 모양은 대조품종 '대지' 보다 둥근형에 가깝다. ○ 표피가 매끄럽고 눈의 깊이가 아주 얕다. ○ 휴면기간은 50~60 일로 2기작이 가능하다 ○ 더뎅이병은 대비품종 '대지' 에 비해 저항성이 높다. ○ 개화기 꽃이 많이 피고 자연 교잡되어 열매가 많이 달린다. ○ 식미가 양호하여 식용으로 가능하다. ○ 칩 색깔 등 칩 가공특성이 양호하여 감자 칩 가공용으로 가능하다. 2. 출원품종이 대조품종과 구별되는 특성(대조품종: 대지) ○ 감자싹 모양은 대조품종은 계란형인데 반해 출원품종은 둥근형임. ○ 감자싹 기부에 대한 정단부의 크기는 대조품종이 중간정도이나 출원품종은 크다. ○ 식물체의 생장모양은 대조품종은 직립형이나 출원품종은 반직립임. ○ 식물체의 키는 대조품종보다 아주 크다. ○ 화서 및 화관의 크기는 대조품종보다 크다. ○ 꽃은 대조품종보다 많이 피고 열매가 많이 달린다. ○ 괴경 모양은 대조품종보다 둥근형임. ○ 눈의 깊이는 대조품종보다 매우 얕음. ○ 괴경 표피의 색깔은 대조품종이 담황색인데 비해 연한 황색임. ○ 괴경 육색은 대조품종이 담황색인데 비해 출원품종은 백색임. ○ 색도색차계에 의해 측정된 칩 색도는 대조품종이 66인데 반해 출원풍종은 72로 높음.		

그림 2-14 신품종 '탐나'의 〈품종출원〉 서지사항

55) 향후 해외에서의 권리보호를 위해서는 품종출원(국립종자원)의 경우 UPOV 가입국 라인으로, 특허출원은 WIPO 가입국으로 해외출원을 수행하여야 함(주의사항: 각각의 출원절차에 따른 우선권 출원 기간이 다르므로 주의가 요구됨)

56) 표현형은 같아도 유전적 성질이 다르면 DUS(구별성, 균일성, 안정성) test를 통하여 보호 가능

57) 보호품종의 주요특성을 보유한 보호품종의 부모세대 유래 품종으로 식물신품종보호법 제56조(품종보호권의 효력) 제3항 제1호에 해당되어 유래품종까지 동일하게 보호를 받음

다음은 <그림 2-15>의 특허출원(식물특허)의 경우이다.

특허는 설명했듯이 다多항으로 권리 청구가 가능하며 '청구범위'에 따라 그 권리를 확대할 수 있다. 특허 출원은 그림에서 서지사항에 제시된 발명의 명칭과 같이 "감자 신품종 '탐나' 및 이의 육종방법"으로 출원·등록 되었으며, 특허청 등록특허에 대한 청구범위를 살펴보면 <그림 2-16>과 같다.

[그림 2-15] 신품종 '탐나'의 〈특허출원〉 서지사항

즉, '탐나' 품종을 육종하면서 KCTC한국생명공학연구원 생물자원센터에 기탁된 감자품종 자체의 다양한 특성뿐만 아니라 육종방법이나 감자칩까지 권리를 청구하여 두터운 권리를 확보하고자 하였다.

<그림 2-16>과 같은 다항제 권리청구는 특허출원의 장점이며, 많은 WIPO 가입국으로의 해외출원[58]과 함께 육종된 신품종을 보호하는 데 있어 국립종자원의 품종출원과 구분된다고 할 수 있다.

【청구항 1】(A) Aj09 계통 및 K90-11 계통을 교배진으로 하여 교배하는 단계: 및 (B) 상기 교배하는 단계로 부터 얻은 교배종자의 계통을 육성하는 단계를 포함하는 감자의 육종방법.
【청구항 2】제1항에 있어서, 상기 Aj09 계통을 모본으로 하고, K90-11 계통을 부본으로 하여 인공교배하는 것을 특징으로 하는 육종방법.
【청구항 3】하기 특성 중에서 선택된 하나 이상의 특성을 갖는 것을 특징으로 하는 KCTC 12623BP로 기탁된 감자.
  (A) 감자의 외주면에 다수의 눈이 형성되어 있으며, 상기 다수의 눈은 깊이는 각각 0.8 내지 2.2 mm; (B) 전분가가 11 내지 13 중량(%); 및 (C) 육색의 색도가 72 이상.
【청구항 4】제3항에 있어서, 상기 감자는 50~60일의 휴면기간을 가지는 것을 특징으로 하는 KCTC 12623BP로 기탁된 감자.
【청구항 5】제3항에 있어서, 상기 감자는 더뎅이병 저항성을 갖는 것을 특징으로 하는 KCTC 12623BP로 기탁된 감자.
【청구항 6】제3항에 있어서, 상기 감자는 하기와 같은 특성 중에서 1종 이상을 추가로 갖는 것을 특징으로 하는 KCTC 12623BP로 기탁된 감자.
  (i) 괴경수/주: 6~7개, (ii) 괴경 모양은 둥근형이며 표피가 매끄러움, (iii) 상서율: 총수량당 상서율이 90%이하, (iv) 제주지역 적응성이 있음.
【청구항 7】제3항에 있어서, 상기 감자는 하기와 같은 특성 중에서 1종 이상을 추가로 갖는 것을 특징으로 하는 KCTC 12623BP로 기탁된 감자.
  (i) 꽃대 기울기: 반직립, (ii) 화색은 흰색, (iii) 경장: 52 cm 내외, (iv) 소엽에 털이 있음
【청구항 8】제3항에 있어서, 상기 감자는 식용 또는 감자칩 가공 용도인 것을 특징으로 하는 KCTC 12623BP로 기탁된 감자.
【청구항 9】제3항에 있어서, 상기 감자는 기탁번호 KCTC 12623BP로 표시되는 감자.
【청구항 10】기탁번호 KCTC 12623BP의 신품종 감자로 가공된 감자칩.

그림 2-16 신품종 「탐나」의 등록된 청구범위

하지만 신품종 「탐나」의 경우, 등록된 청구범위(<그림 2-16>)를 보면 다수의 청구항 중 육종방법([청구항 1] 및 [청구항 2]) 및 감자칩([청구항 10])에 대한 청구항은 특허청 심사단계에서 거절되었다. 특허청 심사관으로부터의 거절 통지를 받고 이를 극복하지 못하여 삭제됨으로써 [청구항 3] ~ [청구항 8]까지의 청구 권리만 확보하였음을 심사이력을 통하여 확인할 수 있다.

심사관 거절통지에서 제시된 거절이유는 동일 기관인 제주도농업기술원의 특허출원(2014년 7월 17일) 전에 투고된 논문공개(2013년 9월)가 그 이유이다. 심사관은 [청구항 1, 2] 발명에 대하여 <그림 2-17>의 선행자료를 제시하면서 Aj09 계통(모본)과 K90-11 계통(부본)을 선발 및 인공교배 하는 것이 용이(容易)하고, [청구항 10]의 경우는 동일한 감자칩 발명이 선행 기재되었다는 이유로 거절하여 이를 극복하지 못한 점은 아쉽다.

58] 특허는 많은 WIPO 가입국으로 간편하게 해외출원을 추진할 수 있으며, 품종보호 해외출원(UPOV 가입국) 프로세스와 함께 그 차이를 해외출원 분야에서 다루고 있음

Korean J. Breed. Sci. 45(3):262-267(2013. 9)
http://dx.doi.org/10.9787/KJBS.2013.45.3.262

Online ISSN: 2287-5174
Print ISSN: 0250-3360

휴면기간이 짧은 칩가공용 2기작감자 신품종 '고운'

조○홍¹* · 박○은¹ · 조○묵¹ · 서○원² · 이○윤³ · 천○기¹ · 채○병² · 김○균⁴ · 김○순¹ ·
이○규¹ · 장○칠¹ · 김○용⁴ · 홍○영⁴

¹국립식량과학원 고령지농업연구센터, ²국립원예특작과학원, ³국립농업과학원 농업유전자원센터,
⁴제주특별자치도농업기술원

A New Double Cropping Potato Cultivar 'Goun' for Potato Chip Processing
with Short Dormancy

------------------------------ 이하 생략 ------------------------------

[그림 2-17] 선행기술로 제시된 한국육종학회 논문 서지사항

제주도농업기술원은 「탐나」 신품종 육종기술에 대하여 국립종자원 품종 및 특허청 식물특허를 동시에 확보했다는 차원에서 연구개발 결과의 두터운 권리확보라고 할 수 있다. 향후 이에 따른 실용화 보급에서 좀 더 막강한 기술이전 도구tool로 활용할 수 있을 것이다.

(3) 발견에 대한 보호적 차이점

만약 어느 한 가지에서 굵고 당도가 높은 사과를 발견하였다면 이는 말 그대로 발명이 될 수 없다. 즉, 특허는 "자연법칙을 이용한 기술적 사상이 창작으로 고도화된 것"이라야 한다. 여기서 창작創作은 신규성Novelty을 말하며, 고도화高度化는 진보성Inventive step을 일컫는데, 이것이 발명의 조건이다.

따라서 굵고 당도가 높은 사과는 내가 창작을 한 것이 아니라 단지 발견이다. 이와 같은 경우 식물신품종보호법을 염두에 두어야 한다. 하지만 무조건 국립종자원을 노크할 수만은 없다. 식물신품종보호법으로 보호를 받기 위해서는 발견된 품종이 구별성Distinctness이 있더라도, 균일성Uniformity, 안정성Stability의 조건을 구비할 수 있도록 품종으로서의 '고정固定 (균일성 및 안정성)을 위한 출원인의 노력'이 요구된다.

(4) 자가채종自家採種의 허용

특허법은 권리가 형성되면 연구목적 등 일부를 제외하고 어떠한 실시에도 영향력을

발휘할 수 있다. 하지만 식물신품종보호법은 시험 및 연구 목적을 포함하여 영리 외의 자가소비에는 권리가 미치지 않는다. 특히 자가소비를 목적으로 하는 자가채종[59]을 인정함으로써 농부의 채종 및 소비 과정에서 새로운 품종이 육종될 수 있다는 가능성을 열어두고 있다. 즉, "농부도 육종가이다"라는 표현에서 말해주듯 농부권農夫權을 인정한다. 따라서 권리행사 차원에서 식물특허의 특허법이 식물신품종보호법과 비교하여 좀 더 엄격하게 넓은 권리를 지닌다고 할 수 있다.

(5) 육종育種된 식물신품종의 법적보호 여부의 선택

육종은 종속 간 교잡, 잡종강세, 돌연변이 육종법 등 다양한 방법으로 수행되기 때문에 육종된 신품종을 시장에 내놓았을 때 제3자가 쉽게 그 품종을 복제할 수 있느냐의 여부가 중요하다. 만약 잡종강세의 경우 그 신품종의 모본/부본을 얻을 수 없는 상태에서 신품종의 종자를 받아 실시한다는 것은 사실상 불가능하다. 하지만 이와 같은 경우에도 식물신품종보호법이나 특허법으로 보호할 필요는 여전히 존재한다. 왜냐하면 모본/부본이 제3자의 손에 노출되는 경우를 고려하지 않을 수 없으며, 그 육종방법이 간단할 때 쉽게 재현 가능성을 열어놓는 격이기 때문이다.

이외에도 <표 2-6>에서 구분했듯이 심사절차 및 보호기간 등의 차이인데, 심사절차의 경우 특허는 서류심사를 통해서만 보호요건에 대한 심사가 이루어지지만 식물신품종보호법은 현장 재배시험까지 수행하여 품종의 구별되는 특징구별성에 대한 균일성 및 안정성 심사를 확인하게 된다. 또한 보호기간에 있어서 등록 시 권리행사 기간이 출원일(특허법) 및 등록일(식물신품종보호법)로부터의 계산 기간에 차이가 있다.

사실상 특허출원은 원천발명보다 개량발명이 주를 이룬다. 그리고 개량발명은 심사과정에서 '통상의 지식을 가진 자가 쉽게 발명할 수 있다'는 이유로 진보성 거절을 받는 경우가 많다. 하지만 새롭게 육종된 신품종을 특허로 출원할 경우 자기공개[60]만 주의한다면 <그림 2-15> 및 <그림 2-16>과 같이 품종 자체를 육종한 것이기 때문에 원천발명으로 특허등록을 용이하게 받을 수 있다.

---

59) 농민이 최초에 구입한 종자를 이용하여 얻은 생산물의 일부를 차년도의 종자로 이용하는 것을 말하며, 이때 자가채종의 인정 범위는 당해 농민이 경작하고 있는 포장에 심을 수 있는 종자량임(국립종자원)

60) 육종기간이 오래 걸리다보니 국가 연구개발 과제 연구의 경우 제3자에게 공개되는 경우가 많음. 이에 대해서 식물신품종보호법을 통한 품종출원은 문제되지 않으나 특허의 경우 신규성 상실의 실시가 빈번하게 발생되었음. 하지만 특허법 신규성 상실에 대해서도 공지예외주장의 법 개정(특허법 30조, 2015.7.29 시행)이 이루어져 자기공개에 대한 보완 기회가 넓어졌으나 <그림 3-2> 및 <표 3-1>의 문제점은 여전히 주의해야 함.

2. 지리적표시

1) 지리적표시의 이해

지리적표시Geographical Indication는 상품의 원산지를 표시함으로써 제품의 품질 및 특성에 대한 정보를 구매자에게 표시하는 역할을 한다. 이는 잘 알려진 지역(지방) 명칭이 상품의 브랜드Brand로서 역할을 하게 되는 경우로서, 예를 들면 안동고등어, 안흥찐빵, 보성녹차, 포천일동막걸리 등이 그것이다.

이미 오래전부터 교통의 발달로 세계화가 형성되면서 지구촌이란 용어가 사용되었고, 최근에는 인터넷이 발달되면서 그 지구촌에서 지리적표시의 중요성 및 역할은 더욱 가속화되었다. 이는 특정 지역의 농수산물 품목이 그 지역의 환경 특성에서 생산 및 가공되어 신뢰성 높은 특산물로 재조명 받고 수요자에게 선보이게 되는 브랜드인 것이다.

이와 같은 지리적표시는 지식재산권의 보호차원에서 다루어져야 한다는 점에서 나라마다 의견이 분분하였고, 국제적 통상의 이익체제를 기반으로 정리되어 왔다. 예를 들어 전통적으로 지리적 명칭의 역사가 짧은 미국이나 캐나다, 호주와 같은 국가에서는 이에 대하여 부정적 입장을 취했고, EU유럽 연합의 다수 등의 국가에서는 오랜 역사의 다양한 원산지적 특성을 갖추고 있으므로 지리적표시의 제도화에 적극적인 입장이었다. 결국 1999년 세계무역기구WTO의 무역관련 지식재산권 협정TRIPs에서 양측의 타협이 이루어지면서 그 보호를 규정하게 되었다.

EU에서의 지리적표시 제도는 원료의 생산과 가공 과정이 모두 해당지역 안에서 이뤄져야 하는 원산지명칭보호(PDO)와 생산, 제조 및 처리과정 중 어느 하나라도 지역과 연계성이 있으면 되는 지리적표시보호(PGI)[61]로 구분되어 보호되고 있다. 예를 들면 지리적표시의 원조인 프랑스에서 포도주나 증류주 등에 AOC 제도[62]를 통하여 품질관리, 농가소득보장, 소비자보호 등 모든 면에서 성공적으로 지리적표시를 이끌고 있다. 다른 나라에서 모방할 경우 국가 차원에서 법적 제재조치를 취할 만큼 생산국가의 자부심으로 관리되고 있는 것이다. 이와 같은 유럽의 여세는 한-EU FTA(2011년 7월 발효)에서 양측의 상호

---

61) 예를 들어 원료를 다른 곳에서 가져오더라도 해당 지역의 특수한 제조방법에 의해 생산되면 해당 지역의 PGI에 해당되며, 이때 보호수준은 PDO와 동일하게 관리됨
62) EU은 지리적표시를 원산지명칭보호, PDOProtected Designation of Origin와 지리적표시보호, PGIProtected Geographical Indication 로 구분하여 운용하고 있으며, AOCAppellation d'Origine Controlee, 아펠라시옹는 프랑스의 우량 등급 포도주에 붙는 원산지명칭보호PDO에 한 종류임(기타 예: 이탈리아 DOC, 스페인 denomination de origen 등)

보호 합의의 전면에 지리적표시[63]를 내세운 그들의 여건과도 무관하지 않다.

우리나라에서도 WTO 국제규범에 따라 지역특산품 보호를 위한 지리적표시 상품 등록제를 도입한 이후 농산물, 임산물, 수산물 3개 품목을 대상으로 농수산물품질관리법에 준하여 지리적표시제를 관리[64]하고 있으며, 특허청의 상표법 상 지리적표시단체표장과의 비교는 제3장 <표 3-11>의 '지리적표시제와 지리적표시단체표장의 구별'에서 제시할 것이다.

따라서 FTA를 비롯한 외국의 지리적표시 제품이 지식재산 보호를 통하여 국내에 물밀 듯 들어오는 상황에서 우리의 지역특산품을 제대로 알리고 보호하고자 하는 노력이 필요하다. 이는 얼마 전 논란이 되었던 일본 주류기업淸風 co)의 일본특허청 포천(일동)막걸리 상표등록 사건을 예로 들 수 있으며, 가만히 앉아서 우리의 브랜드를 일본에 내어주는 어처구니없는 일이 벌어질 뻔했다[65].

그렇다면 국내 산업체는 농수산물품질관리법(지리적표시제) 및 상표법(지리적표시단체표장, 지리적표시증명표장) 등을 통한 국내·외 소득증대를 위하여 지리적표시 확보 방향을 어떻게 잡아야할까! 그 방향에 대하여 살펴보고자 한다.

2) 지리적표시 차이점

최근 정부는 지역특산품의 유통을 활성화시키기 위하여 농산업의 6차산업[66] 촉진을 정책적으로 추진하고 있다. 그리고 그 일환으로 지리적표시제의 내실화를 꼽고 있다. 물론 우리나라에서도 EU에서의 원산지명칭보호PDO나 지리적표시보호PGI처럼 지리적표시제(농수산물품질관리법)나 지리적표시단체표장·지리적표시증명표장(상표법)으로 법제 하에 관

63] 양측은 FTA 부속서에 지리적표시 상호보호로 EU 162개, 한국 64개를 합의함

64] 지리적표시 등록제 시행 규정인 농산물품질관리법을 마련(1999.07.01.)하고 지리적표시등록심의회를 구성(2001. 08.25.) 한 후, 농축산물(국립농산물품질관리원) 96개('14년 12월), 임산물(산림청) 49개('14년 9월), 수산물(농림수산검역검사본부) 19개('14년 9월)를 등록시킴 (Okdap. 농식품주간언론동향. 2014.10.08.)

65] 출처) http://m.blog.daum.net/01087607096/15(특허청 블로그 기자단, 2010.11.02.). 1) 사진: 국내 일본 수출용 막걸리, 2) 일본 상표등록 사건: 재일교포가 출원한 상표로서 한국의 대표 술인 막걸리가 일본인이 상표선점을 통한 권리 횡포를 막기 위해 등록했고 한국 막걸리 회사의 해외 수출에 영향이 없도록 하기 위한 목적이라고 진술하면서 상표권의 국제분쟁 소동사건은 일단락됨

66] 6차산업이란? 농업의 생산, 가공, 서비스 산업의 유기적이고 종합적인 융합을 일컬음. 예를 들어 농촌은 농업이라는 1차 산업과 특산물을 이용한 다양한 재화의 생산(2차 산업), 그리고 관광 프로그램 등 각종 서비스를 창출(3차 산업)하여 이른바 6차산업이라는 복합 산업공간으로 변화하게 되는 것임. 그 사례로는 가공 중심형, 관광-체험 중심형, 생산 중심형, 외식 중심형, 유통 중심형, 치유농업 중심형으로 나누어 농림축산식품부에서 관리하고 있음

리하고 있다. 하지만 무엇보다 중요한 것은 제도의 추진에 있어서 소비자의 인지도 문제[67]이다. 예를 들어 지리적표시제 등록마크를 제품에 사용했을 때 EU에서와 같이 PDO 및 PGI 관련 마크를 부착한 상품이 명품으로 인정되는 브랜드 가치로서의 역할이 중요한 것이다.

국내 '지리적표시제'는 <표 3-12>에서 자세히 제시하겠지만, 농축산물로는 보성녹차연합회에서 출원한 "보성녹차"를 등록 1호(2002.01.25.)로 시작하여 부산에서 쪽파를 생산하는 영농조합에서 "기장쪽파"를 등록(2018.03.19.)시킴으로써 105개[68]의 지리적표시가 등록, 관리되고 있다.

이와 같이 등록된 농산물은 해당 품목과 관련하여 국내·외 유명성, 대상 지역에서의 역사성, 지역 환경의 지리적 특성 등을 포함해서 제품에 영향을 주는 지리적표시제 요건[69]을 요구하기 때문에 그 지역의 우수한 지리적 특성을 살린 특산물 및 가공품으로 인정을 받게 된다. 따라서 지리적 특산품의 생산자를 보호하고 우리 농산물 및 가공품의 경쟁력 강화를 위하여 소비자에게 충분한 제품 구매정보[70]를 제공하게 된다.

'지리적표시단체표장'은 지역경제 활성화를 위해 역사적으로 명성이 있거나 독특한 품질로 수요자들에게 널리 알려져 있는 지역 특산품의 상품명칭을 상표법상의 권리로 보호하여야 한다는 요구에 따라 시행(2005.07.01.)되었는데, 2017년 12월 말까지 359건이 등록되어 빠른 증가 추세를 보이고 있다.

상표법의 지리적표시단체표장은 지리적표시제와 차이가 있다. 먼저 지리적표시단체표장은 해당 지역에서 생산 또는 가공만 되면 그 제품관련 표장으로 출원할 수 있고 등록요건에서 지리적표시제와 같이 품질의 우수성을 요구하지는 않으며 공산품을 포함한 모든 상품이 등록대상이 된다. 또한 지리적표시제와 같이 별도의 등록마크를 부여하지 않고, 「지명 + 품목명」으로만 구성되어 상표법의 권리행사가 가능하다.

---

67) 농림수산식품교육문화정보원의 2014년 실시한 지리적표시제 실태조사에 따르면 소비자 인지도가 35.4%에 불과한 것으로 나타남. 이는 친환경농산물인증제(89.5%), 유기가공식품인증제(77.5%) 및 안전관리인증기중인 HACCP(69.9%)에 절반 수준밖에 미치지 못하고 있음(2014.10. Okdap. 농식품주간언론동향)

68) 임산물 및 수산물 관련 지리적표시는 포함되지 않음

69) 지리적표시제 요건 : ① 유명성(상품이 국내나 국제적으로 널리 알려져야함), ② 역사성(해당 지역에서 생산된 역사가 깊어야 함), ③ 지역성(생산, 가공이 해당 지역에서 이루어져야함), ④ 지리적 특성(상품의 특성이 대상 지역의 환경적 요건에 의해 기인해야 함, ⑤ 생산자의 조직화(상품의 생산자들이 모여 하나의 법인을 구성해야 함)

70) 지리적표시제는 상품의 특징이 특정 지역의 지리적 특성이 기인한다고 판단될 경우 해당 농산물 또는 가공품에 지역 명을 붙여 표시하는 제도로 원산지표시와는 구분됨. 즉 원산지표시는 농산물이나 특정 제품이 어느 나라에서 생산되었는지를 나타내는 표시이나, 지리적표시는 국내의 단순한 출처표시 이외에 특정 지역을 바탕으로 지리적표시제 요건(5가지)을 갖춘 높은 품질 수준을 가졌다는 의미를 지니며, 상품의 품질 관리를 통하여 소비자 보호와 함께 지역경제에 도움을 주는 제도임

지리적표시단체표장은 제품의 신용에 의하여 상품의 품질을 수요자에게 보증받고 고객을 만드는 인증 목적에서는 지리적표시제와 같은 성격이지만, 상표법을 준용하고 있으므로 지식재산으로서의 형사적 처벌 성격이 강하고, 해외출원 절차 상의 효율성(마드리드 협약 활용)에서 차이가 크다.

'지리적표시증명표장'은 최근 시행된 품질보증적 기능의 지리적표시로 제3장 제3절의 증명표장에서 다시 다루도록 하겠다.

3) 지리적표시의 접근 및 활용방향

어떤 지방에서 오래 전부터 그 지역의 풍토에 맞는 특산물이 재배되어왔거나 잘 알려져 있다면, 그 원재료 생산이나 가공을 통해 특산물을 만드는 농업인 또는 농산업체는 다른 타 지역에 비해 우수한 그 지방의 환경적 특성을 해당 제품에 표현하길 원할 것이다. 그리고 그 방법은 지리적 명칭을 제품명 앞에 사용하는 방식이다. 하지만 그 지방에서 해당 제품을 재배하는 농업인이라면 누구나가 자유롭게 [지명 + 품목명]을 사용할 수 있다. 즉, 그 지방의 해당 제품에 유명한 지명을 내 제품에만 사용하고 제3자의 사용을 규제하는 법(제도)적인 배타적 권리는 현실적으로 불가능하다. 상표법에서는 "현저한 지리적 명칭"은 상표를 받을 수 없음을 명시하고 있기 때문이다(상표법 제33조 1항의 4).

하지만 앞서 설명한 바와 같이 정부에서는 WTO 국제규법에 따라 지역특산품의 보호를 위한 지리적표시제를 도입(1999년)하였고, 이를 상표법상에도 폭넓게 도입하여 지리적표시단체표장을 시행(2005년)하게 되었으며, 지리적표시증명표장은 한·미 FTA 이행을 위해 도입되어 시행(2012년)되었다. 따라서 이와 같은 지리적표시 관련 제도를 효율적으로 활용한다면 유럽과 같이 지역 특산품의 부가가치를 높임과 동시에 많은 농산업체의 소득 증대에 큰 역할을 할 수 있을 것이다.

농수산물품질관리법의 지리적표시제나 상표법의 지리적표시단체표장 및 지리적표시증명표장의 제도 발전을 위해서는 사용자의 정확한 이해가 필요하다. 앞서 설명했듯이 지리적표시는 현저한 지리적 명칭이기 때문에 특정 개인에게 독점배타적[71] 권리를 부여하지 않는다. 증명표장을 제외하고, 지리적표시제나 지리적표시단체표장 각 제도의 출원인 적

---

71) 출원인만 사용하고 그 외의 사용자는 출원인에 허락을 받지 않고는 사용할 수 없게 됨. 만약 사용하고자 할 때에는 출원인(권리자)에게 사용료를 내는 등 허락을 받아야만 가능한 형식의 권리를 말함

격 대상은 법인이다. 따라서 지리적표시제의 요건을 갖추었거나 지리적표시단체표장을 출원하고자 하는 농업인 및 농산업체는 관련 특산물을 생산 및(또는) 가공하는 농업인들과 법인 등이 연대를 이루어 지리적표시의 수익창출 발전 방향을 위해 노력해야 한다. 해당 지리적표시를 발전시키기 위해 무엇보다 중요한 것은 소비자로부터의 품질을 인정받기 위한 연대의 노력이기 때문이다.

3. 향토자원과 전통지식

1) 향토자원과 전통지식[72]의 이해

'향토자원'鄕土資源은 다양하게 정의될 수 있는데, 특정 지역의 역사나 문화, 삶 등에 체화되어 전승되는 지역성, 그 지역사회에서 상당한 기간 동안의 생활양식, 기술, 생산 등 역사를 지닌 전통성, 그리고 다른 지역의 향토자원과 차별화되어 대체될 수 없는 고유성이 주요 요소가 된다.

향토자원은 부처마다 차이가 있으나 농림축산식품부와 농촌진흥청에서는 유·무형에서 자원의 내용에 따라 산업자원, 역사·문화자원, 생태·자연자원으로 나누고 있다. 여기서 산업자원은 산업의 소재가 되거나 상품에 투입되는 등 상품으로서 가치를 갖는 자원으로 향토음식, 공예품 등이며, 역사·문화자원은 역사 및 문화의 소산이 되는 자원으로 유적, 유물, 전통예술 등이다. 그리고 생태·자연자원으로는 빼어난 경관을 가진 하천, 신안, 바다 등의 장소와 희귀 동식물 등을 말한다.

'전통지식'傳統知識은 '유전자원' 및 '민속표현물'을 포함한 개념으로 전통적으로 계승되어 온 모든 지식을 일컫는다. 구체적으로 전통의학[73], 전통음식, 농업 및 환경 등에 관한 지식뿐만 아니라 전통미술, 전통음악 등 전통예술에 관한 지식 및 민간전승물을 포함한다. 그리고 이들은 다양하고 높은 산업적 활용가치 및 경제성[74]을 지닌다.

---

72) 본 내용은 필자가 참여하여 집필한 농식품부(2010.11)의 "농어업농어촌 지식재산 관리시스템 도입방안 연구"의 내용을 참조하였음
73) 전통의학에 대한 국제적 보호조치에 있어서 우리나라가 가진 전통의학적 Pool의 현황을 고려해야 함. 즉, 중국의 본초강목 등 고전의약서나 인도의 아유르베다Ayurveda 등과 비교하여 삼국시대 이래 우리나라의 고전의약서는 약 160종을 추정(현존 80여 종)하며, 그 중에서 중국 한의서 유래가 아닌 독자적 전통의학을 주장할 수 있는 범위는 어느 정도인지가 대응자세의 바탕이 됨
74) 지역에서 재배된 식품이나 야생생물은 전통문화 속에서 지역주민들에 의해 전통지식을 적용함으로써 상품화가 이루어짐 (→ 배타적 권리화의 필요성 증대)

이와 같은 전통지식은 특정한 사람 혹은 지역사회를 배경으로 형성되어 변화하는 환경에 적응하며 끊임없이 진화하면서 대대로 전승된다. 즉, 전통을 토대로 산업적, 과학적, 생태적, 문화적, 예술적 분야에서 지식활동의 결과로 생성된 기술 또는 창조물에 내재하는 지식체계라고 정의할 수 있다. 유전자원遺傳資源을 포함하여 국가적으로는 그 중요성이 점차적으로 증대되면서 이를 확보하기 위한 경쟁체제에 돌입하였는데, 앞서 설명했듯이 CBD-ABS 등 국제적 차원에서 선진국들이 생물자원 활용 및 보호에 발 빠르게 움직이는 이유가 그것이다.

우리나라의 농업유전자원[75]의 확보 현황은 <표 2-7>과 같다. 이와 같은 생물다양성 분석은 CBD-ABS 등 국제무대에서 전통의학과 함께 우리나라의 협상(자원빈국과 부국 사이에서 실질적 이익 고려) 방향을 결정하는 중요한 잣대가 될 것이다.

<표 2-7> 우리나라의 농업유전자원 보존 수[76]

구분	종수	보존자원수	보존장소
식물종자	1,777	159,767	농업유전자원센터
식물영양체	996	26,602	13개 기관 시험포
미생물	5,243	19,854	농업유전자원센터
가축(생축, 생식세포)	25	65,051	국립축산과학원
곤충·누에	14	361	국립농업과학원
계	8,055	271,635	

2) 접근 및 활용 방향

중요한 것은 이와 같은 향토자원 및 전통지식, 유전자원도 지식재산이란 것이다. 특히 산업사회가 발전하면서 이들의 중요성은 더욱 커지고 있는데, 문제는 향토자원 및 전통지식 등을 지식재산의 법·제도적 보호가 쉽지 않다는 것이다. 앞서 언급했듯이 현존하는 법으로 보호받기가 어렵기 때문이다.

전통적 지식재산인 산업재산권으로 보호를 받고자 할 때 특허법, 실용신안법, 디자인법, 상표법 등에서 정하는 요건을 갖추어야만 보호(권리화)가 가능하다. 즉, 특허(또는 실

---

75) 종자, 영양체, 화분, 세포주, 유전자, 잠종(누에), 종축, 정액, 세균, 진균 또는 바이러스 등 농업을 위하여 실제적으로 잠재적 가치를 지닌 자원
76) 출처) 한국자원식물학회(2010. 5.), '농촌진흥청 농업유전자원센터의 유전자원 보유현황'

용신안)로 보호를 받고자 할 때 신규성 및 진보성을 갖추어야 한다.

하지만 향토자원 및 전통지식은 특정 지역에서 오래 전부터 내려왔기 때문에 출원 시점에서 알려지지 않아야 하는 신규성Novelty을 만족시킬 수 없다. 물론 새로운 요소를 모체에 결합시킨다고 하더라도 그 요소는 미미할 수밖에 없고 그 새로운 요소로써 신규성을 극복한다고 하더라도 진보성Inventive step을 극복해야 한다. 그리고 그렇게 특허(또는 실용신안) 권리를 확보한다고 하더라도 그 권리범위는 새롭게 결합된 요소의 미미한 권리이지 그 모체가 되는 향토자원 및 전통지식의 권리는 여전히 취할 수 있는 권리이므로 확보된 권리범위는 매우 작다고 할 것이다.

아울러 특정 지역의 향토자원 및 전통지식에 대한 권리화 과정에서 그 권리자에 대한 부분이다. 권리자는 특정 개인(자연인)이나 법인이어야 하지만 그 지역에서 오래전부터 사용해오던 모체의 기술은 누구나 사용할 수 있는 상황에서 어느 특정인이나 단체에게 소유권이 귀속될 수는 없다.

국제화 시대에 있어서 특정 지역에서 전통적으로 고유하게 계승해온 향토자원이나 무형의 지식체계인 전통지식의 지식재산적 권리화를 위하여 어떠한 접근이 필요할까?

먼저 전통 고유기술, 지역 특산품, 관광 문화상품 등 향토자원에 첨단 생산기술이나 기술융합 등 다양한 채널의 권리화와 함께 그 소유권에 대해서도 지방자치단체 등 특화된 지역의 공동체 형태에서 다음과 같은 과정의 검토와 노력을 기울일 필요가 있다.

먼저 '향토자원'은 지리적표시(단체표장)와 연계하여 디자인 및 상표뿐만 아니라 저작물의 다양한 권리화 접근이다. 새롭고 획기적인 기술이 접목될 시 특허(실용신안 포함) 출원에 접근할 수 있고 관광문화상품 등 가치를 끌어올리는 것이다. 이와 같은 지식재산의 활용전략은 자치단체 내의 공무원이나 지역 협의체와 연계 시 효과가 크며 개발된 지역브랜드를 상품화할 때 매출과 고용증대 등 지역경제 활성화에 영향을 줄 것이다. 또한 권리화 범위를 국외까지 확장하는 부분도 함께 고려되어야 한다.

다음으로 '전통지식'은 농업유전자원을 포함하여 국제적인 견지에서 검토되어야 한다. 국내에 보존 및 계승되어 온 자원에 대하여 국제적 견지에서 지식재산의 권리화 및 보호가 함께 이루어져야 한다. 이를 위해서는 국내 자국민의 지식재산권 출원을 통한 권리화가 있겠고, 보호 차원에서는 기술의 원천성을 주장하기 위하여 선행기술의 검증자료로서 DB화 및 전통지식 표준 문서화

등의 작업이 그 예이다. 이를 위해서는 농촌진흥청에서 발간한 「전통지식도 재산이다」[77] 를 활용할 수 있다. 전통지식의 개념과 함께 그에 대한 권리획득 방안이 다양한 인증 및 지식재산으로 상세하게 언급되어 있다.

3) 권리화 및 성공사례

우리나라의 전통지식 중 향토식품에 대한 권리화에 있어 김치나 비빔밥 등과 같은 품목 자체를 권리화하기도 역시 쉽지 않다. 결국은 지방 색채나 입맛이 접목된 특정 기술로 권리화가 이루어지게 된다.

<표 2-8>은 국내 주요 전통식품인 김치, 비빔밥, 인삼을 키워드로 특허검색프로그램에서 검색했을 때 공개된 특허의 출원이다. 놀라운 사실은 비빔밥이나 인삼에 대하여 이웃 국가인 일본의 출원 건수이다. 그만큼 대표적인 전통식품도 글로벌화 되어 국가 간에 산업전을 치룰 수 있음을 확인하는 대목이다.

그렇다면 이와 같은 상황을 어떻게 극복하여 신지식재산 중 권리화가 어려운 전통지식이나 향토자원의 법적 보호가 가능할까? 더군다나 비빔밥과 같은 품목의 전통음식과 관련해서는 일본의 국내 특허출원 수는 역습이 아닐 수 없다.

<표 2-8> 국내 주요 전통식품의 권리화 사례[78]

김치 특허	한국 3,051, 미국 417, 일본 603건
주요 특허 대상 : 김치 냉장고 기술(80% 이상)	
특허 등록 사례 : 김치의 산패방지법, 양념의 제조법, 김치속 약용미생물 제제의 제조방법 등	
비빔밥 특허	한국 68, 미국 28, 유럽 7, 일본 466건
특허 등록 사례 : 생야채 비빔밥	
제품으로 출시되는 상품은 지리적표시로 등록 가능	
인삼 특허	한국 3,053, 미국 3,103, 유럽 654, 일본 4,070건
지리적표시 등록 (6건) : 고려수삼, 고려홍삼, 고려백삼, 고려태극삼, 고려인삼제품, 고려홍삼제품	
고려인삼은 오래 전부터 외국에서 브랜드 이미지와 단일한 품질로 알려져 있어 지리적표시 등록	

---

77) 출처) 2010. 농촌진흥청. "전통지식도 재산이다", 강방훈 등
78) 출처) 2009. 농촌진흥청. "전통지식과 지식재산권", 강방훈 등

특허청에서는 전통산업의 지식재산 경쟁력을 높이기 위한 지원사업을 2009년부터 수행하면서 진도홍주, 괴산고추, 광주남구압촌메주 등과 관련하여 특허, 디자인, 상표 등의 권리화를 추진해왔다. 즉, 앞서 언급한 바와 같이 전통 지식의 권리화는 품목(진도홍주 등) 자체를 보호하기는 어렵다. 하지만 각각의 단위 기술에 대하여 특허, 실용신안, 상표, 디자인 등의 산업재산권이나 지리적표시제 등을 활용하여 권리화를 추진하고 있다.

출처 한산모시조합

예를 들어 한산모시짜기는 2011년 인류무형문화유산으로 유네스코에 등록되었다. 그만큼 한산모시는 우리나라의 미美를 상징하는 여름 전통옷감의 대표적인 문화유산으로 충남 서천군에 한산 모시관을 운영하면서 보급 및 홍보를 추진하고 있다. 그렇다면 한산모시에서 계승되고 있는 전통기술과 지식을 어떻게 권리화하고 보존할 것인가? <표 2-9>는 단위기술의 권리화 방법을 제시한 것이다.

<표 2-9> 산업재산권 등을 이용한 한산모시의 권리화 사례

기술		권리화
모시의 특성을 잃지 않는 대체 소재발굴 & 새로운 날염법 개발	▷	특허권
모시에 전통문양을 이용한 복주머니 또는 개량한복을 만든 경우	▷	실용신안권
모시의 색상을 다양하게 하고 제품의 디자인을 개발한 경우	▷	디자인권
모시의 특징을 나타내는 심볼마크와 브랜드를 만들었을 경우	▷	상표권
모시 재배법, 채취법, 가공법에 대한 기록 및 영상화(영업비밀)	▷	저작권
원료생산과 가공이 특정 지역의 지리적 특성과 연관된 경우, 지역명을 표시하여 권리보호 (예: 한산(지역명)+모시(상품종류))	▷	지리적표시

출처 특허청

하지만 전통지식 및 향토자원의 각 카테고리별 넓은 개체를 전체적으로 보호하기 위한 산업재산권의 제도적 이용은 한계점이 있다. 수백~수천년 동안 계승되어 온 전통지식인데, 그 미미한 보호범위뿐만 아니라 보호기간도 정작 특허의 경우 설정등록한 날로부터 출원 후 20년에 한정되므로 문제가 될 수밖에 없다.

따라서 무엇보다 중요한 것은 우리 농촌의 각 지역에 배태^{胚胎}되어 있는 농촌 어메니티 Amenity를 어떻게 유구히 계승·발전시켜 나갈 것인가가 중요하다. 오랜 세월 속에 쌓아온 전통지식 및 향토자원을 지속가능한 방향으로 발전시키되, 빠른 기술의 변화 속에 발생되는 단위기술은 <표 2-9>와 같이 법·제도적으로 보호해야 한다. 이것이 우리나라 고유의 전통지식 및 향토자원을 견고히 세우고 더욱 발전시키는 방향이다.

▶ **시사점**

농식품 분야의 신지식재산 중 식물신품종과 지리적표시는 현재 특별법으로 보호받고 있으며, 특히 식물신품종의 경우 품종출원(국립종자원 식물신품종보호법)과 식물특허(특허청 특허법)로, 지리적표시의 경우 지리적표시제(국립농산물품질관리원 농산물품질관리법)와 지리적표시단체표장·지리적표시증명표장(특허청 상표법)에 의해 보호가 가능하다.

식물신품종의 국립종자원 품종보호 기준은 서류심사 후 재배심사 단계에서 구별성Distinctness, 균일성Uniformity, 안정성Stability을 검토하며, 하나의 육성 품종에 대하여 특허와 품종출원으로 보호받고자 할 경우 반드시 특허를 먼저 출원해야 한다. 특히 연구자가 이중 출원을 통한 투터운 품종보호 시 명심해야 한다(〈그림 2-12〉 등). 이는 특허법 및 신물신품종보호법에서 제시하는 신규성이 서로 다르기 때문이다.

지리적표시의 현저한 지리적 명칭 활용은 글로벌 시대에 지역의 특성과 연계하여 브랜드 가치를 높임으로써 상업적 내실화가 요구된다. 특히 농식품·산업 분야에서 철저한 품질관리 없이 지리적표시의 발전은 불가하므로 이에 대한 단체의 대응이 요구된다.

향토자원과 전통지식, 그리고 유전자원은 상업적 가치가 있는 신지식재산임에도 불구하고 여전히 법적 보호가 어려우며, 우리의 것을 지키고 산업발전에 활용하기 위한 전략적 대응이 필요하다.

제3장

지식재산의
권리 확보하기

제1절 | 특허와 실용신안

1. 출원 절차의 이해

'특허'는 대학이나 기업, 공공연구기관의 대표적인 연구성과물의 한 형태이다. 공공연구기관이나 대학의 국가 연구개발 사업 결과를, 유·무상의 기술이전을 고려하지 않고 빠르고 넓은 보급을 목적으로 한다고 해도, 특허의 공개제도는 논문이나 기타 방법들보다 빠르게 산업 전반에 표출된다는 점에서 효과적이다. 더구나 글로벌 시대에 국가 산업을 보호한다는 차원에서 특허는 중요하게 다뤄져야 한다.

특허의 출원절차는 <그림 3-1>과 같다.

특허청에 특허를 출원하면 동시에 출원번호를 부여받게 된다. 하지만 출원번호를 빠르게 부여받기 위하여 노력하기보다 출원 시 발명을 만족시킬 수 있도록 명세서의 내용 및 권리범위 청구에 신중을 기해야 한다. 왜냐하면 특허를 출원한 후에는 빠진 내용에 대하여 발명 내용을 새롭게 추가할 수 없기 때문이다.

하지만 특별한 경우 출원을 서둘러야 하는 경우가 있다. 이는 선先출원주의[1] 때문인데, 특허 출원 전에 발명 내용을 제3자와 동일하게 알고 있는 상태에서 그렇고, 홍보 등의 자기공개(스스로 공개하는 행위)가 이루어진 경우에 또한 그러하다. 자기공개는 연구단계에

---

1) 선출원주의는 전세계 모든 국가(선발명주의였던 미국도 현재는 선출원주의 국가)에 공통적으로 적용되며, 동일한 발명에 대하여 하루라도 먼저 특허청에 특허출원을 한 자가 그 권리를 소유하게 됨

서 홍보 등의 행위로 쉽게 이루어지므로 공지예외주장公知例外主張 제도[2]와 함께 이후에 자세하게 다루기로 하겠다.

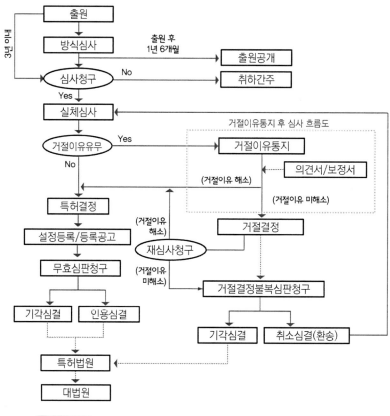

| 그림 3-1 | 특허청 특허 출원 절차(2017.3.1. 특허 개정법 반영)

특허 명세서의 구성을 보면 발명의 명칭, 도면의 간단한 설명, 발명의 설명, 그리고 청구범위로 기술되는데, 발명을 공개하는 대가로 주어지는 권리는 청구범위에 의해 결정이 되고 그 기술된 청구범위는 발명의 설명에 의해서 뒷받침되어야 한다. 따라서 특허청 심사단계에서 발생되는 특허성 거절의 원활한 대응 및 넓은 권리확보를 위해서는 출원 단계

---

2) 발명자가 특허 출원 전 발명 내용을 홍보를 통한 공지, 반포된 간행물이나 논문 또는 인터넷 등에 게재한 경우 아무리 내 발명이라고 하더라도 특허의 신규성Novelty이 없는 것으로 거절사유가 됨. 하지만 명세서나 도면을 보정할 수 있는 기간 또는 특허 거절이유 통지 등 보정기간(특허결정 후 설정등록 전까지의 기간) 내에 공지예외주장의 취지를 적은 증명 서류를 제출하면 신규성이 있는 것으로 구제해 주는 제도임(☞ 공지예외주장 적용을 주장할 수 있는 시기적 기간을 2015년 7월 29일 이후 출원부터 확대하는 방향으로 특허법이 개정됨. 개정 전에는 공지일로부터 12개월 이내에 특허를 출원하면서 공지예외주장의 취지를 기재하고 증명서를 제출해야 했으나 특허결정 후 설정등록 전까지 보정기간 내 언제든지 가능하게 됨)

에서의 주의가 필요하고, 가급적 전문가(특허사무소)의 도움을 받는 것이 바람직하다.

그러면 특허 출원에 따른 특허청의 단계적 행정 절차에 있어서 출원인의 대응을 함께 살펴보도록 하겠다.

먼저 출원 후 특허청에서 방식심사方式審査가 이루어진다. 발명자가 발명을 하였더라도 특허를 받기 위해서 출원 주체(출원인) 및 법령이 정한 특허출원에 필요한 서류 등 방식상 요건[3]의 흠결 여부(특허법 제42조)를 점검하는 것이다. 방식심사 결과, 절차의 하자가 있을 때는 보정을 명하고 보정으로도 그 하자를 치유할 수 없는 경우는 무효처분을 하게 된다.

출원된 특허는 출원일로부터 1년 6개월 후 출원공개出願公開가 된다. 공개제도의 목적은 발명을 조기에 공개하여 제3자의 중복연구 및 중복투사 방지를 위해서다. 그리고 한편으로는 <그림 2-3>에서 설명한 바와 같이 출원인의 특허 획득 과정에서 제3자를 견제할 목적으로 개량발명을 통한 진입장벽 구축기간이라고도 할 수 있다. 그렇지만 특허법적인 공개 기간(출원일로부터 1년6개월)이 경과되기 이전에 언제라도 출원인의 신청이 있는 경우 기술은 공보형태로 공개될 수 있다.

이와 같이 출원된 특허는 특허청 심사를 통하여 등록되었을 때 무형자산으로서 재산적 가치를 갖게 된다. 심사청구는 출원과 동시에 심사를 청구하거나 유보할 수 있다. 국내 특허청의 일반심사 속도를 고려할 때 약 1년~1년 6개월의 기간이 지나면 특허청 심사관의 심사가 착수된다. 하지만 다음과 같은 경우, 출원일로부터 3년[4] 이내의 심사청구 기간을 활용하여 심사진행 여부를 유보할 수 있다.

① 출원 시 발명의 등록 가능성이 낮거나 보완 실험을 통한 재출원이 필요할 경우, ② 기술수명이 짧거나 경쟁사의 실시를 전략적으로 방어[5]하고자 할 경우, ③ 특허적 가치가 낮거나 심사비용[6]을 아끼고자 하는 경우 등이다(국유특허는 심사비용 없음). 물론 심사청구기한 3년이 지나도록 심사 청구를 하지 않으면 출원은 취하 간주되며, 심사를 진행하지

---

3) 미성년자 등의 행위 능력, 대리권의 범위, 법령에 정한 방식, 수수료의 납부 등 관련 사항
4) 심사청구기한이 2017년 3월 1일부터 기존 5년에서 3년으로 단축됨(특허출원 후 권리 미 확정 기간을 줄이기 위함). 타국의 현황을 살피면 일본, 중국은 출원 후 3년, 유럽(EPO)은 2년, 미국은 출원과 동시에 이루어지고 있으므로 우리나라의 상대적으로 긴 심사청구 기간을 단축한 것
5) 3년의 기간 동안 심사가 진행되지 않으므로 최초 넓은 청구범위는 어느 정도의 권리범위로 등록될지 경쟁사는 등록 여부를 예측할 수 없음. 따라서 심사 전 공개된 특허의 넓은 권리범위는 경쟁사의 실시를 방어하는 효과가 있고, 기업에서는 2017년 심사청구기한 개정 이전, 이와 같은 방법을 전략적으로 많이 활용하였음
6) 심사청구료는 특허청 관납료만을 볼 때, 기본료 143,000원에 청구범위 1항마다 44,000원의 가산료가 적용된다 ('14년, 특허료 등의 징수규칙 개정)

않은 상태에서 제3자가 침해를 하거나 특허권의 권리 행사가 필요할 경우 언제든지 3년의 기한 내 다양한 제도를 통한 심사청구를 진행할 수 있다.

심사청구에 의한 특허청 심사관의 실체심사實體審査는 출원된 특허가 발명으로서 신규성, 진보성, 산업적 이용가능성 등 특허의 요건을 갖추고 있는지에 대한 실질적 심사를 수행하는 절차이다. 심사 착수는 특허청 심사청구 접수 순서대로 진행하게 되며 출원절차가 특허법 절차의 보정(제46조) 방식에 위반되지 않는지, 특허법 특허거절결정(제62조 각호) 이유의 어느 하나에 해당하여 거절되어야 하는지 등을 심사한다. 출원절차가 방식에 위반된 경우에는 보정 명령을 통하여 보정 및 의견서를 기간(2개월＋2개월[7]) 내 제출함으로써 하자를 치유할 수 있는 기회를 주게 된다. 따라서 출원인은 심사관이 지적한 부분에 대하여 명세서 및 도면 등을 보정하고 의견서를 제출함으로써 거절이유를 해결하는 절차를 갖는다. 이와 같은 단계에서 거절이유가 해소된 경우 심사관은 특허결정特許決定을, 여전히 해소되지 않은 경우 거절결정拒絶決定을 내리게 된다.

특허결정을 받은 특허는 출원인의 특허료[8] 납부를 통한 설정등록設定登錄과 함께 특허청으로부터 등록증 발급 및 등록공고登錄公告가 이루어지는데, 특허청에서는 설정등록된 특허나 실용신안을 대상으로 2017년 3월 1일부터 '특허취소신청 제도[9]'를 운영하고 있다. 취소 신청인은 무효심판이 이해관계자(당사자계 심판)인 반면 특허취소신청은 누구든지 등록공고 후 6개월까지 특허취소이유(신규성, 진보성 등)를 특허심판원에 제공할 수 있다. 특허취소신청은 결정계 심판 절차(<표 6-3>에서 설명)를 밟게 되며, 심판관은 접수된 취소신청 이유를 바탕으로 등록특허를 재검토하여 하자가 있을 시 특허를 취소할 수 있게 된다. 따라서 설정등록특허가 심리를 거쳐 취소결정이 이루어졌을 때 항소는 출원인이 특허법원에 특허청장을 상대로 이루어지게 된다. 본 제도의 도입 취지는 특허권의 조기 안정화[10]를 위해서이다.

---

7) 의견/보정서 제출 기간은 최대 4개월까지 연장(2개월+2개월)을 할 수 있고, 추가로 더 연장할 경우 연장이 필요한 사유를 소명해야함

8) '연차료'라고도 하며, 우리나라의 경우 등록당시 특허료는 1~3년차를 등록과 함께, 그리고 4년차부터는 매년 유지료를 특허청에 내게 됨. 단 농촌진흥청 등 국유특허는 국가 소유이므로 심사청구료와 함께 등록 및 연차 유지료를 면제받음

9) 심사처리기간이 단축되고, 공개 전 특허결정 비율이 증가하는 것을 반영하여, 등록 후에도 일정기간(등록공고 후 6개월) 동안 등록특허의 특허성을 공중에게 재검토할 수 있도록 도입하여 특허 검증을 강화함

10) 등록특허의 신속한 재검토로 하자가 있는 특허는 조기에 취소하고, 기존 등록특허의 무효화율을 낮춤으로써 시장 혼란과 기업 부담을 최소화(2016.2. 특허청 특허심사제도과 자료 참조)

특허취소신청이 없는 설정등록특허는 소정의 특허료를 납부 받아 특허원부에 특허권을 등재하고 등록공고가 이루어진다. 등록공고는 해당특허가 등록됨을 특허공보에 게재하여 인터넷 등 공개적으로 알리는 행위이다. 이와 같이 등록된 특허는 정식으로 무형자산으로서 재산적 권리를 갖게 되며, 출원일로부터 20년 동안 특허 유지비를 관리하며 무효심판無效審判 등을 통하여 무효되지 않는 한 그 권리는 유지되게 된다.

무효심판은 특허심판원에서 진행되며 이는 착오로 허여된 특허권 등을 계속 존치하면 특허권자 등에 대한 부당한 보호가 됨은 물론 국가산업에도 유익하지 못하므로 심판을 통하여 부실 권리를 정리하기 위한 제도이다. 이해관계인 또는 심사관은 청구인이 될 수 있으며, 특허 요건을 갖추지 못했는데 등록이 되었다는 무효사유를 제시하여야 한다. 만약 무효심판의 사유가 받아들여졌을 때는 해당 특허권은 처음부터 없었던 것으로 되는 소급효과가 적용된다.

심사과정에서 거절이유통지를 받고 거절이유 해소에 대한 대응을 못하여 거절결정이 되었을 경우 출원인은 재심사再審査 또는 거절결정불복심판拒絶決定不服審判을 청구할 수 있다. 재심사는 최초 거절이유통지에 대하여 동일 심사관의 거절이유를 해소하지 못했을 때 출원인에게 한 번 더 심사단계에서 거절이유 극복 기회를 주는 것이며, 심판원으로 넘어갈 수 있는 거절결정불복심판의 증가를 해결하기 위함이다. 재심사 절차를 거치면서도 명세서 등 보정서 제출로 거절결정을 극복하지 못했을 때 거절결정불복심판을 청구할 수 있는데, 이는 특허심판원에서 다뤄지며 특허청의 심사단계에서 심사관의 거절결정에 대하여 불복하는 결정계 심판[11]으로 분류된다. 즉 무효심판이 당사자계 심판으로 이미 설정된 권리와 관련한 당사자의 분쟁에 대한 심판으로 청구인과 피청구인이 존재하여 당사자 대립 구조를 취하는 심판이라면, 거절결정불복심판은 결정계 심판으로 특허청 심사관의 처분에 불복하여 청구하는 심판이며, 청구인만 존재한다.

특허는 출원 후 등록되어야 무형자산으로 자산적 가치인 권리가 형성되는데, 이는 유형자산과 같이 제3자의 실시에 대한 배타적 효과를 발휘할 수 있다. 즉, 등록된 권리의 범위 내에서 제3자가 생산·사용·양도·대여·수입·청약·대관 등 업業으로 실시實施하는 것에 대한 배타적 권리이며, 유형자산과 동일한 효력이 미치게 된다. 이와 같은 독점배타권 권

---

11) '결정계 심판'은 심사관의 처분에 불복하여 청구하는 심판으로 청구인만이 존재하는 심판(거절결정 불복심판, 정정심판)이며, 반면 '당사자계 심판'은 이미 설정된 권리에 관련하여 당사자의 분쟁에 대한 심판으로 청구인과 피청구인이 존재하여 당사자 간 대립구조를 취하는 심판(무효심판, 권리범위 확인심판, 통상실시권 허여심판 등)을 일컬음

리 및 실시권에 대해서는 제6장 '실시권 및 분쟁 대응하기'에서 다시 상세하게 검토하기로 하겠다.

'실용신안'은 물품의 형상·구조 또는 조합에 관한 자연법칙을 이용한 기술적 사상의 창작[12]으로 심사후 등록제도[13]로 바꾸면서 현행 실용신안은 특허와 대부분의 출원절차 및 요건 등이 거의 같아졌다. 단지 권리존속기간이 설정등록한 날로부터 출원 후 10년이고, 심사 청구기간이 출원일로부터 3년 이내인 점과 함께 진보성의 판단 기준을 "극히 쉽게 고안 가능한지 여부"로 삼고 있다.

2. 제도의 이해 및 활용

1) 특허공개 제도

특허는 출원 후 출원일로부터 일정 기간(출원일로부터 1년 6개월)이 경과되면 그 특허는 특허청 공개공보를 통하여 강제적으로 모든 사람들에게 공개된다. 이는 앞서 언급했듯이 특허제도 자체가 "발명을 보호, 장려하고 그 이용을 도모함으로써 기술의 발전을 촉진하여 산업발전에 이바지함을 목적으로 한다"는 내용으로, 진보된 기술을 공개하는 발명자에게 특허권이라는 독점배타적인 재산권을 부여하여 보호하는 한편, 그 발명을 일반인에게 공개함으로써 그 발명의 이용을 통하여 산업발전에 기여하는 것이다.

하지만 출원과 동시에 곧바로 공개하지 않고 '1년 6개월'이라는 비공개 기간을 두는데 그 이유는 무엇일까! 이는 우선권 주장을 하는 외국으로부터의 출원이 우선권일로부터 12개월이 되는 시기에 출원되므로 그 출원에 대하여 공개를 준비할 수 있는 기간이 필요하기 때문이라고 하지만 출원 공개를 위하여 많은 시간이 소요되었던 옛날 이야기이고, 더 큰 이유는 출원인의 보호 차원이라고 할 수 있다. 즉, 이 기간에 출원 명세서에 중요한 내용이 빠졌거나 잘못된 내용을 수정할 수 있는 기회이며, <그림 2-3>에서 설명했듯이 발명의 추가 연구가 이루어졌을 때 후속 개량발명 출원을 진행할 수 있도록 유예기간을 허용

---

12) 특허는 "자연법칙을 이용한 기술적 사상의 '창작'으로서 '고도화'한 것"으로 '대발명'이라 칭하며, 실용신안은 '고도화' 부분이 빠진 '고안'으로 칭함. 하지만 최근의 실용신안 심사 기준은 특허와 유사하게 '고도화'의 진보성 부분을 유사하게 심사하는 경향이 많음

13) 기존(2006년 10월 1일 이전) 선등록 후심사의 실용신안 제도는 특허출원에 대한 심사처리기간이 오래 걸려 신속한 권리설정을 목적으로 실용신안을 도입, 출원 후 심사없이 선등록을 시켜주었으나 심사처리기간이 대폭 단축되면서 현행 심사후 등록제도로 개정하게 됨 ☞ 등록된 권리의 오남용, 복잡한 심사절차로 인한 출원인의 부담증가, 심사업무의 효율성 저하 등 심사전 등록제도의 문제점이 있었음

하는 것이다. 따라서 개량발명 출원을 1년이라는 기간이 경과되기 전에 진행할 경우 해당 기술에 대한 패키지 특허를 출원할 수 있고, 동일 발명의 개량이므로 1건으로 묶어서 해외 출원을 진행할 수 있는 효과가 있다.

공개제도는 발명 특허를 출원한 후 출원인(자연인 또는 법인)이 자기공개를 하지 않으면 출원 후 1년 6개월 동안 미공개로 유지가 되지만 그 이전에 출원인이 스스로 공개할 수 있다. 이는 공공기관 등에서 홍보를 위한 공개가 있고, 출원한 특허의 법적공개가 있는데, 전자와 같이 출원인의 요청에 의한 빠른 공개를 조기공개라고 한다.

조기공개早期公開는 출원 발명의 공개 시점을 기준으로 선행기술의 지위를 얻게 되면서 동일·유사한 제3자의 후출원 발명을 거절시킬 수 있는 증거로 채택될 수 있다. 또한 제3자가 내 발명을 무단으로 실시할 경우 공개된 상태에서만 경고장을 발송할 수 있고, 경고장 발송일로부터 특허등록 시까지의 기간 동안 자행한 무단 실시행위에 대하여 보상금청구권補償金請求權이 향후 특허등록 후 권리자에게 발생한다.

하지만 조기공개의 단점 역시 존재한다.

이는 최초 발명이 출원된 후 연속된 연구를 통하여 후속 개량발명이 만들어진 경우 그 개량발명의 출원일이 최초 출원특허의 조기공개 시점보다 늦었을 때 발생된다. 즉, 최초 발명보다 두 번째 후속 출원(개량발명)이 진보성을 갖춘다면 문제는 덜하겠지만 기술적 측면에서 진보성이 없다면 그 출원은 동일한 내 최초 출원특허로 인하여 거절되는 상황의 발생확률이 높다.

이는 최초 발명과 동일 출원인이 공개 전에 같은 계열의 후속 개량발명을 수행할 경우 심사단계에서 진보성Inventive step 유무를 따지지 않고 신규성만 있으면 특허를 인정해준다. 반면 후속 연구개발을 통한 출원이 계획되어 있는 상태에서 스스로의 조기공개 행위는 결국은 그 공개행위로 인하여 심사단계에서 내 후속 개량발명의 신규성을 포함한 진보성 유무有無에 발목을 잡는 경우라고 할 수 있다.

따라서 특허의 1년 6개월 공개제도 및 조기공개를 어떻게 활용할 것인지에 대해서는 많은 상황판단이 요구된다. 특히 공공연구기관의 경우 후속 연구개발을 통한 특허출원 계획이 더 이상 없는 경우라면, 산업체에서 해당 기술을 빠르게 활용, 실용화할 수 있도록 조기공개를 수행하는 것도 산업발전을 위하여 하나의 좋은 방향임에는 틀림없다.

다음은 특허기술의 공개公開라는 차원에서 특히, 공공연구기관의 연구수행에서 발생할 수 있는 대표적인 공개 행위이다. 이때 각 상황에 따른 주의적 판단이 요구된다.

❶ 특허출원 전, 학회 발표(구두^{oral} 또는 포스터) 및 논문투고^{publish}

이는 국내·외 학회활동을 병행하는 대학 및 공공연구기관의 연구자들이 가장 많이 범하고 있는 공개행위이다. 대부분의 국가 연구는 연구수행에 따른 성과 부분에서 학회발표 및 논문투고 등의 학문적 활동을 요구하고 있다. 그렇다면 학회지學會紙에 실리는 경우 논문 접수일 및 발행일이 있을 수 있는데, 대중[14]에게 공개되는 시점을 어떻게 봐야할지가 논란이 될 수 있다.

그렇다면 투고 시 논문은 수시로 접수接受되어 편집위원회 심사위원의 검토를 거침으로서 간행물로 발행發行되는데, 이때 접수일을 공개행위로 볼 것이냐! 즉, 투고 논문의 학회지 수용 여부를 검토하는 심사위원에게 노출된 상황을 공개로 볼 것이냐에 대한 논란이 있을 수 있다.

논문투고 과정에서 심사위원 노출은 다행히 공개로 취급되지 않는다. 즉, 논문이 접수되어 문헌에 실리기까지는 제3자(불특정 다수)가 열람할 수 없는 상황이기 때문이다. 따라서 발행 후 도서관 등에 꽂혀서 오픈된 공간에 전시되는 경우를 공개 행위로 본다면 특허출원일出願日이 논문 발행일發行日보다 빠를 경우 출원된 특허의 특허성(신규성 및 진보성)에는 영향을 주지 않는다고 볼 것이다.

❷ 특허출원 전, 연구과제 수행에 따른 연구보고서^{研究報告書} 공개

국가 연구[15]는 1년 이상 수행되는 경우가 많다. 그래서 연구자는 연차 보고를 수행하게 되고 그 보고서는 연구기관 소속의 종합관리시스템[16]에 올려지게 된다. 문제는 그 시스템의 열람 권한權限이 특정인에게만 부여되어야 하는데, 그렇지 못해서 특허청 심사단계에서 출원 전 공개자료로 제시되어 이후에 출원된 연구자의 특허가 거절되는 경우가 많다.

큰 규모의 연구기관인 경우 열람 권한이 갖추어졌더라도 특정 연구자의 열람에 의해 원치 않게 외부로 자료가 유출되는 경우가 있다. 요즘같이 데이터가 넘쳐나고 검색 기능이 빠르게 이뤄지는 상황에서 출원 전 보고서의 외부 노출 상황을 철저하게 관리해야 할 것이다.

---

14) 불특정 다수. 즉, 규제되지 않는 집단을 일컬음. 따라서 논문 투고와 관련하여 연구집단 및 저자(공동저자) 등은 "특정 다수"가 되고, 이들 특정 다수에게 알려진 행위는 비공개로 봄
15) 대부분 국가 연구는 공공연구기관이나 대학, 산업체가 컨소시업^{Contortium} 형성으로 수행
16) 예) 농촌진흥청의 경우 Atis(www.atis.rda.go.kr) 운영

❸ 특허출원 후, 후속 개량발명 가능성이 높음에도 불구하고, 공개기간(1년 6개월) 전의 일간지 언론보도言論報道 및 인터넷internet 홍보 행위

대부분의 공공연구기관은 연구결과를 일간지 및 매스컴에 발빠르게 홍보한다. 이는 연구결과의 빠른 실용화를 위해서도 중요하고 한편으로는 실적을 고려하여 기관의 입지를 국민에게 알리는 주요 수단이기도 하다.

하지만 이와 같은 공개 행위가 특허 출원 후 이루어진다고 하더라도 앞서 설명한 바와 같이 최초 출원 후 후속출원(개량발명)이 있는 경우라면 홍보를 늦춰야 한다. 하지만 특허출원이나 개량발명을 통해 반드시 권리를 확보함과 동시에 빠른 홍보가 요구된다면 공개 수위水位를 조율하는 방법이 있다. 즉, 연구개발 결과를 공개하더라도 "발명의 구성을 간접적으로 표현"함으로써 홍보 효과와 함께 특허성(신규·진보성)을 유지할 수 있다.

예를 들면 발명의 핵심이 되는 요소나 구성을 드러내지 않은 상태로 그 대표명사나 일부 구성을 우회 표현함으로써 연구 결과의 효과를 알리는 방법이다. 이와 같은 경우 공개 여부는 관련 기술분야의 '보통의 지식을 가진 자'가 공개된 내용을 보고 쉽게 발명을 재현할 수 있는지가 특허청 심사관의 판단 기준이 되므로 이를 피하는 것이다.

❹ 특허출원 후 바로 공개하지 않고 특허법적 공개기간인 최초 출원 후 1년 6개월 활용하여 개량발명 수행

이는 일반적인 공개이다. 즉 출원인의 결정이 아닌 특허법적 공개로서 대부분의 기업은 타인의 침해 등 특별한 공개 상황이 아닌 이상 이와 같은 공개가 이루어진다. 왜냐하면 기업은 특허를 이윤 추구를 위한 독점 배타적排他的 권리로만 사용하기 때문이다. 빠르게 공개해서 기술을 전파하려는 국가 연구개발 기관과의 가장 큰 차이이다.

2) 공지예외주장 제도

본 제도는 앞서 설명된 ❶이나 ❷의 경우와 같이 특허출원 전 학회 발표나 논문투고, 또는 연구보고서 공개 등 특허출원보다 앞서서 특허 내용이 출원 전 공지된 경우 행하여지는 구제제도이다. 즉, 특허의 신규성Novelty 규정은 특허 출원 전에 공지된 발명의 경우 거절이유가 되나 일정 요건 하에 해당 공지행위가 없었던 것으로 봐준다. 이는 "스스로의 발명 공개로 특허를 받지 못한다"는 것은 너무 가혹하다는 측면과 특허제도의 산업발전 차원에서 공개의 목적을 고려함으로써 '신규성과 진보성 없음'의 예외例外를 인정해주는 것이다.

공지예외주장의 일정 요건은 법 개정 전 다음과 같았다.

❶ 최초 공개일로부터 12개월 이내에 특허출원이 이루어져야 할 것

❷ 특허 출원 시, 출원서에 그 취지를 기재하여 출원하고 그 증명서류를 특허 출원일로부터 30일 이내에 특허청에 제출할 것

❸ 특허를 받을 수 있는 권리를 가진 자가 공개를 했거나 의사의 반하여 공개된 경우이어야 할 것

하지만 공지예외주장 적용의 시기적 기간을 확대하는 법 개정(특허법 30조)이 2015년 7월 29일부터 시행되면서 시행일 이후 출원부터 다음과 같이 변경되어 추진되고 있다.

먼저 ❶의 공지예외주장 시기는 명세서나 도면을 보정할 수 있는 기간이나 심사관으로부터 특허 거절이유 통지를 받는 등 특허결정 후 설정등록 전까지 보정기간 내 언제든지 진행할 수 있다. 그리고 ❷의 공지예외에 대한 증명 서류는 확대된 기간 내 공지예외주장 시 함께 제출하면 된다. 한편 ❸에 대한 공지예외주장 자격은 "특허를 받을 수 있는 권리를 가진 자가 공개를 했거나 의사의 반하여 공개된 경우"로 동일하다.

하지만 이와 같은 공지예외주장 제도의 구제 수단을 이용한 특허출원도 또 다른 문제점이 발생할 수 있음을 연구자는 알아두어야 한다.

아래 <그림 3-2>는 논문발표 후 공지예외주장을 통한 특허출원 시 발생할 수 있는 상황을 도식화한 것이다.

공공연구기관의 연구자가 그림과 같이 <논문발표 후 특허출원>을 했다고 상황을 가정해보자. 논문 발표를 같은 연구에 관심 있는 많은 연구자들 앞에서 먼저하고 어느 정도 기간이 지나 공지예외주장제도를 이용하여 특허출원을 수행한 것이다. 하지만 논문발표 시 제3자가 학회장에서 내 논문 내용을 보고 그 기술적 내용을 바탕으로 비슷한 내용을, 또는 발전된 연구 결과로 먼저 특허출원을 수행했다면 문제가 발생된다.

그림의 <특허권 확보 가능성!>를 봤을 때, '(1)'의 경우 논문 내용이 A+B이고 동일한 A+B 내용으로 제3자가 특허출원을 했을 경우 내 발명은 제3자의 선출원에 의하여 특허성을 잃을 것이다. 하지만 이때 제3자 역시 학회에서 선행 발표(공지)된 내 논문내용에 의해 특허를 받을 수 없는 상황[17]이다.

---

17) 논문 발표에 대한 '공지예외주장' 출원은 연구를 수행하여 특허출원 전 공개 행위를 수행한 당사자만 할 수 있으므로 제3자가 발표된 논문과 동일한 발명을 출원했다면 논문에 의해 공지예외주장 불가로 신규성 결격 사유가 됨

〈상황 : 논문발표 후 특허출원〉

본 인 ── 논문 등에 발표 ──[1년 이내]── 공지예외주장 출원 ──→

제3자 ────────── 제3자의 출원 ──────→

〈특허 확보 여부〉

조 건			본인의 출원	제3자의 출원
논문내용	제3자의 출원내용	본인의 출원내용		
(1) A+B	A+B	A+B	×	×
(2) A+B	A+B"	A+B"	×	○

* A+B" : A+B가 개량되었고, A+B에서 볼 때 특허성이 있는 경우

[그림 3-2] 공지예외주장을 통한 특허출원 시 문제점

문제는 '(2)'의 경우이다.

제3자는 논문 내용(A+B)을 보고 그 기술적 내용을 A+B"으로 발전시켜 특허를 출원했을 때, A+B"이 A+B보다 개량되어 진보성이 있다고 판단될 경우 제3자는 그 진보성 내용으로 특허를 등록받을 수 있게 된다. 그리고 이후에 내 발명이 아무리 공지예외주장으로 특허출원이 A+B나 추가 연구에 의한 A+B" 등 좀 더 다양한 연구결과를 보일지라도 선출원주의에 의해 훨씬 큰 진보성 극복의 어려움에 직면할 것이다.

아울러 공지예외주장 출원은 해외출원海外出願의 경우 추가적인 문제가 발생될 수 있다. 권리를 가진 자의 공개 후 1년 이전에 출원된 특허에 대하여 구제를 해주는 본 제도를 해외 국가에서도 동일하게 인정해주지 않는다는 사실이다.

즉, 국내에서는 공지예외주장을 통하여 특허를 출원함으로써 신규성 및 진보성 없음에 대한 구제를 받을 수 있으나 국내 출원 특허를 우선권주장으로 해외 출원 시 많은 국가에서는 이를 인정해주지 않는다. <표 3-1>은 주요 국가에 대해서만 그 예를 든 것이다.

<표 3-1> 국가별 공지예외주장 인정 범위 및 대상

국가	구제 기간	대 상
우리나라	1년	모든 공개행위
중국	1년	① 중국정부가 주관하거나 승인한 국제박람회에서 최초로 발표한 경우, ② 규정된 학술회의에 최초로 발표한 경우, ③출원인의 의사에 반하는 공개
일본	6개월	모든 공개행위
미국	1년	모든 공개행위
유럽	6개월	① 공식적으로 인정된 국제박람회, ② 출원인의 의사에 반하는 공개

중국의 경우 특정 국제박람회나 학술회의만 인정되므로 거의 힘들다고 봐야 할 것이고, 유럽의 경우도 마찬가지이며, 일본과 함께 공지예외주장 구제기간도 6개월에 불과하다.

사례 <그림 3-3>은 출원 전 자기공개로 곤혹을 치른 하나의 예이다.

<< 고추 뿌리에서 친환경 미생물 MS05B 분리>>

- 작물의 생육을 돕고 각종 병과 추위에도 잘 견디게 해주는 미생물이 개발됐다. 이는 고추의 뿌리에서 작물의 **생육촉진/면역력/내한성** 등을 증가시키는 *Bacillus* spp. (○○○) 균주를 개발했다고 밝혔다.

- 이번에 개발한 MS05B 균주는 작물의 생육을 촉진하는 옥신(auxin)과 같은 식물 생장호르몬을 분비한다.

- 이에 작물의 **뿌리에 이 균주를 처리하면** 세포벽이 두꺼워지고 뿌리가 잘 자라며 잎의 엽록소를 증가시키는 등 **작물의**

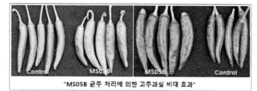

"MS05B 균주 처리에 의한 고추과실 비대 효과"

  생육을 도와 수확량을 증대시킨다. 실제 고추에 실험한 결과, 약 10%의 증수 효과를 볼 수 있었다.

- 또한 MS05B 균주는 작물병원균에 강력한 항균활성을 갖는 2종의 펩타이드 유도체 성분을 생산해 작물의 **역병, 탄저병, 무름병, 푸른곰팡이병** 등 9종의 주요 작물병 발생을 크게 감소시킨다. 실제로 MS05B 균주를 처리한 고추와 무처리한 고추에서의 탄저병 발병 비교실험에서 5배 정도 발병 억제 효과가 인정됐다.

- MS05B 균주는 추위에 견디는 **내한성**도 크게 증가시켜 BS07M 균주를 처리한 **오이**와 **담배**의 경우 4℃(12시간/일)의 저온에서도 각각 95%와 100%의 저온피해 방제율을 나타내 이상저온에 따른 농작물 피해예방에 큰 효과가 있을 것으로 보인다.

- 이번에 개발한 MS05B 균주에 대해 지난해부터 올해까지 2차례 포장실험을 수행하고, 지난 7월 26일 예천군농업기술센터에서 현장 평가회를 개최하는 한편, **현재 국내·외에 특허출원을 신청하고** 학술지에 연구논문을 게재할 예정이다.

- 개발자는 "**MS05B 균주는 작물의 생육 촉진, 병 면역력 증가, 저온피해 예방 등 1석 3조 이상의 효과를** 얻을 수 있는 유용 미생물로 친환경 농작물 생산에 광범위하게 쓰일 수 있을 것"이라고 말했다.

그림 3-3 발명의 출원 전 자기공개 사례

출처 농업과학도서관

발명의 주요 내용은 선발된 미생물에 의한 작물 재배상의 생육촉진, 면역력 및 내한성 증강에 대한 효과이다. 연구자는 이와 같은 효과를 단 한 장의 분량으로 <그림 3-3>과 같이 '해당기관의 홈페이지 소식지'[18]에 올렸을 뿐이고 그 내용은 그대로 인터넷에 공지되었다.

이와 같은 자기공개는 이후 출원된 특허의 특허청 심사과정에서 그대로 특허성에 영향을 주는 선행 자료로 올라오면서 심사관은 본 출원특허의 「신규성 없음」의 사유로 <그림 3-3>의 인터넷 공지 자료를 제시하였다.

당시 연구자는 인터넷 공개가 내 출원 특허의 신규성에 발목을 잡을 것이라고는 생각하지 못했으며, 상기 인터넷에 제시된 간단한 내용이 특허 전반의 데이터를 포함하는 상세한 내용을 해할 정도로 거절사유가 될 것이라고는 예상하지 못했던 것이다. 왜냐하면 자기공개 내용이 상기와 같이 간단한 한 장의 분량이더라도 발명의 핵심사항인 구성(바실러스 발리스모르티스 BS07M)과 효과(작물 재배상의 생육촉진, 면역력 및 내한성 증강)가 간단하게 제시되었을 뿐이기 때문이다. 하지만 수십 페이지의 특허 명세서는 그 구성과 효과를 상세하게 설명하는 데이터 및 서술에 불과한 것이므로 인터넷 공개 내용을 보고 쉽게 데이터를 확보할 수 있다. 그래서 "특허성을 해할 모든 핵심 내용이 출원 전에 공개되었다"고 심사관은 제시한 것이다. 연구자는 당시 공지예외주장 제도를 활용할 수 있는 특허출원 후 1년의 기간(2015년 7월 29일, 특허법 개정 전)도 놓친 상황이었다.

그 후 해당 출원은 최종 특허등록이 달성되기는 했으나 '기탁제도寄託制度를 통한 미생물 발명의 자기공개가 진정한 공개인가'[19]라는 전혀 새로운 이슈를 두고 TLO기관인 농업기술실용화재단과 함께 연구자는 거절결정불복심판까지 거치면서 기나긴 거절 및 심판 대응을 해야 했다.

상기 기술은 친환경 미생물 방제제로 농산업체의 기술이전 요청과 함께 해외에서도 공개된 발명을 보고 기술이전 신청이 쇄도하였다. 하지만 출원된 특허가 최종 등록결정되기 전까지 그 과정이 순탄치 못했기 때문에 기술이전이 유보되었다. 발명을 달성한 후 단지 한 장의 인터넷 홍보가 불러온 결과였다.

---

18) 해당 기관의 홈페이지 소식지라도 외부인이 접속 가능하면 '불특정다수에게 공개'된 형태이므로 특허 출원 전 공개행위로 판단함

19) 미생물 발명에 있어서 "주요 미생물을 기탁기관에 기탁하고 출원한 발명의 경우, 해당 미생물의 속·Genus·종Species 명칭 등이 공개될지라도 제3자가 미생물을 손에 넣을 수 없는 상황이라면 발명을 재현할 수 없으므로 진정한 공개라고 할 수 없다"는 논리로 국내·외 판례도 없는 특허청 심사에 대응함. 그 후 기탁제도에 의한 미생물의 자기공개는 이와 같은 논리가 일부 받아들여져서 특허 등록을 이끌게 됨

특허청에서 공지예외주장 적용의 시기적 기간을 확대하면서 이제는 연구자의 논문발표 및 기관 홍보 등이 특허출원에 미치는 영향은 많이 줄어들었다고 생각된다. 하지만 앞서 설명했듯이 공개제도의 활용, 논문 발표를 이용한 제3자의 선출원 위험성, 그리고 해외출원 등을 고려할 때 여전히 발명의 공개 시점은 충분히 검토되고 수행되어야 할 것이다.

3) 심사 및 그 제도

특허의 심사는 출원에 따라 심사청구가 있을 때에 한하여 심사를 진행하는데, 출원된 특허는 특허청 심사관의 심사를 거쳐 등록되었을 때 비로써 무형자산으로서 가치가 있다. 출원하여 공개된 특허는 내 공개 특허를 알려서 침해에 대한 경고를 할 수 있으나 어떤 권리주장도 할 수 없는 상태라고 보면 맞다. 그리고 그 출원된 특허의 시장적 가치는 등록된 청구항의 권리범위가 중요하지만 아무리 넓은 권리범위의 등록특허라도 시장에서 요구하는 기술적 매력도가 떨어진다면 그 가치는 쓸모없기 마련이다.

특허의 심사는 출원과 동시에 청구하는 경우가 많지만 필요에 따라서는 기술의 수명이 짧은 경우 심사비용[20]을 아끼기 위하여 <그림 3-1>에서 설명한 바와 같이 심사 청구기한(최초 출원일로부터 3년)을 활용[21]할 수 있다.

기업의 경우, 출원된 특허의 미심사 청구를 경쟁업체의 실시 제한을 위한 부수적 목적으로 활용하기도 한다. 즉, 종래 기술에 지나지 않는 발명의 경우라도 넓은 권리범위의 출원은 심사가 확정되기 전까지는 제3자의 실시를 방해하는 효과가 있다. 미심사 특허의 권리범위는 실제 심사가 진행되지 않은 상황에서 얼마나 좁혀질지 판단할 수 없는 상황이므로 등록되지 않은 권리범위에 접촉되는 제3자는 실시는 부담을 갖기 마련이다. 하지만 이와 같은 경우 출원인이 아닌 제3자라도 그 특허의 심사청구를 3년까지 기다리지 않고 자비로 청구하여 침해 여부 및 권리범위를 일찌감치 파악할 수도 있다. 단, 공공연구기관이나 대학의 경우에는 기술 보급이 우선이므로 특허를 출원할 경우 출원과 함께 심사청구를 동시에 진행하는 경우가 일반적이다.

---

20) 공무원 직무발명의 경우, 출원, 심사, 등록유지를 위한 비용은 국유특허에 해당하므로 무료임

21) 특허 출원 시 미심사 청구로 두었다가 제3자의 침해가 있거나 기술의 등록이 요구되는 경우 심사를 청구하고, 3년의 기간 내 등록이 필요 없거나 그 기간이 경과한 후에도 권리로서 크게 활용 가능성이 낮다고 판단되면 심사 청구를 포기함

4) 우선심사 및 그 제도

특허 출원에 따른 특허청 심사 순서는 원칙적으로 청구된 심사의 순서에 준한다. 하지만 그 예외[22]로 공익公益 또는 사익私益 상 필요한 경우에 대하여 우선심사제도(특허법 제61조)를 두고 있으며, 이는 다음과 같은 경우에 활용할 수 있다.

먼저 국가 산업정책 상의 조속한 권리화가 필요한 경우이나 이보다도 독자들이 필요한 부분인 출원인의 권익보호 측면이다. 즉, 특허의 권리는 출원된 특허의 등록 후 주장할 수 있으므로 제3자가 내 출원된 공개기술을 실시하고 있을 때 공개 후 가질 수 있는 보상금청구권[23]보다 강한 권리행사가 요구되는 경우 심사를 조속히 확정할 필요가 생기게 된다.

또한 앞서 심사제도에서 설명한 바와 같이 동일한 목적으로 제3자의 불이익을 방지하는 차원에서 직접 자비로 우선심사를 청구함으로 조속히 심사를 확정할 필요가 있는 경우이다.

> 국가 연구개발로 진행된 신기술을 포함, 공무원 기관의 보급을 위한 특허출원은 추가로 연계하여 진행되는 연구개발이 없을 경우 빠른 보급을 위하여 우선공개 및 우선심사제도를 확대 활용할 필요가 있다고 판단됨

5) 국내우선권주장 제도

앞서 출원된 특허에 이어 보다 개량된 발명을 하였을 때 먼저 출원된 발명과 개량 발명을 하나의 출원으로 관리하는 것이 바람직할 때가 있다. 특허법에서는 먼저 특허를 출원하고 그 시기로부터 1년이라는 기간 내에 후속 발명이 있을 경우 선출원을 국내우선권주장하여 하나의 특허로 출원할 수 있는 국내우선권제도(특허법 제55조)를 두고 있다. 이와 같은 경우 선출원에 포함된 발명에 대하여 신규성 및 진보성을 선출원일로 소급하여 주게 되며 이때 출원인은 동일해야한다.

만약 선출원에서 제시된 발명 구성이 A+B이고, 10개월 후 발명이 A+B에 새롭게 C를 추가한 A+B+C라면, 선출원을 국내우선권주장으로 출원할 시 A+B의 신규·진보성에 대해서는 10개월 전으로 소급시켜준다. 그리고 선출원은 출원일로부터 1년 3개월이 지나면 자동적으로 취하된다.

---

22) 벤처기업의 확인을 받은 업체 및 국가 연구개발로 진행된 신기술개발 지원사업 등의 결과물에 관한 특허출원은 우선심사의 요건이 됨

23) 특허의 공개 시점부터 등록 시까지 갖게 되는 보상으로, 권리에 대한 침해가 아니므로 그 액수는 등록 시 보다 작으며, 출원된 특허 기술의 상품 수명이 짧은 경우라면 보상금청구권은 더욱 의미가 없게 됨

이와 같은 국내우선권주장 제도는 오늘날 기술 개발이 빠르고 복잡하게 이루어져 가는 현실에서 단계적 개발 기술을 하나로 모아 보호받을 수 있는 장점이 있으며, 출원 특허의 유지 관리 및 소요 비용의 절감 효과도 기대할 수 있다.

6) 변경출원 제도

출원인이 선출원주의 하에서 출원을 서두르거나 대상물에 대한 판단의 곤란성 등으로 출원형식(특허 또는 실용신안)을 잘못 선택하여 출원한 경우 변경출원을 통하여 원출원의 출원 일시를 그대로 유지하면서 원출원을 보다 적합한 형식으로 변경하는 제도이다.

이는 이중출원[24] 제도를 폐지하고 새롭게 실시하는 제도로서 특허에서 실용신안으로, 또는 실용신안에서 특허로 변경이 가능한데 변경출원의 출원일이 원출원일로 소급되는 효과는 다음과 같은 경우 적용되지 않는다. 예를 들어 원출원이 신규성의제를 적용한 경우나 우선권 규정(조약우선권 또는 국내우선권)을 적용한 경우이다.

이중출원이 어느 하나의 권리가 확정되기 전까지 두 출원이 모두 유지되는 것과 달리 변경출원을 진행하게 되면 그 원출원은 취하되며 변경출원만 남게 된다.

특허에서 협의의 물건발명을 출원한 경우 실용신안으로 변경하여 진보성 위반을 극복할 수 있고, 실용신안 출원에서 방법이나 물질처럼 대상 적격이 없는 경우 특허로 변경하여 하자를 치유하거나 존속기간의 유리한 면을 목적으로 변경할 수도 있다.

7) 분할출원 제도

1발명은 1특허로 출원되어야 한다. 하나의 특허출원에 둘 이상의 발명이 포함되어 있는 경우 심사단계에서 거절이유가 되며, 그 일부 발명을 별개의 특허로 분할하여 출원해야 한다. 이는 최초 출원 명세서에 기재된 발명을 별개의 출원으로 하되, 원출원일로 소급함으로써 선출원先出源의 지위를 보장해주며 별개의 권리취득 기회를 부여함으로써 발명자를 보호해주게 된다.

---

24) 원출원을 그대로 유지하면서 새로운 출원을 하나 더 생성하는 것이며, 등록단계에서 유리한 권리로서 원출원과 이중출원 중 하나만을 등록시키는 제도이다. 이중출원 제도는 특허출원으로부터 등록시점까지 장기간(30개월 이상)의 시일이 소요되어 특허출원만으로는 발명자의 권리를 충분히 보호하기가 곤란하여 실용신안을 통해 빠른 권리를 확보할 수 있도록 제도를 마련. 하지만 2006년 말 특허출원에 대한 심사처리 기간이 대폭 단축되면서 특허와 실용신안의 처리기간 차이가 없어지고 조기 권리확보라는 장점이 사라지면서 이중출원제도를 폐지하고 변경출원제도를 도입하게 됨(2006년 10월 1일)

분할출원의 효과는 원출원의 계속성이 유지되며 원출원과 분할출원 출원인出願人의 동일성이 있어야 한다. 분할출원 시기는 출원된 명세서를 보정할 수 있는 기간(특허법 제47조 제1항)이나 특허거절결정등본을 송달받은 날로부터 30일 이내, 특허결정 또는 특허거절결정 취소심결의 등본을 송달받은 날로부터 3개월 이내의 기간이다.

따라서 두 개의 발명이라도 명확하게 구분하기 어려운 경우 특허출원 비용 등을 고려하여 한 개의 특허출원으로 진행을 하고 특허청의 심사 결과에 따라 대응하는 것도 하나의 방법이라 하겠다.

8) 특허권의 존속기간

특허의 존속기간은 설정등록한 날로부터 출원 후 20년이다. 물론 특허청 심사를 거쳐 등록되었을 때이며 무형자산으로서 재산적 효력을 말하는 것이다. 또한 특허의 원출원 후 변경 및 분할 출원이 이루어져도 존속기간의 기산점은 여전히 최초 원출원일이 된다. 이는 특허권의 존속 기간이 무한히 연장되는 폐해를 막기 위하여 법 개정[25]이 이루어진 결과이다.

의약이나 농약 등의 특허는 등록받는 과정에서 식약처 등에 안전성·유효성 심사를 거쳐야만 허가가 이루어지므로 특허권 존속기간을 연장해준다. 이때 존속기간 연장은 허가시험으로 인해 실시할 수 없었던 기간만큼 5년 이내에서 연장이 가능한데, 특허 출원 시 연장 이유를 증명할 수 있는 서류를 제출하게 된다.

이외에 특허권 등록 지연에 따른 존속기간 연장(특허법 제92조의 2)이 있는데, 이는 특허출원일로부터 4년과 출원심사 청구일로부터 3년 중 특허권 설정등록이 늦게 이루어지는 경우 그 지연된 기간만큼 특허권의 존속기간을 연장해주는 제도이다.

등록된 특허는 존속기간이 만료되기 전에도 특허권이 소멸될 수 있는데, 그 종류로는 특허료(연차료) 불납 및 청구항 정리를 통한 특허권의 포기[26], 특허무효심판에 의한 무효 등이다.

---

[25] 미국이 전면적인 출원 공개제도를 채택(1999년)하기 전 미공개로 유지하는 소위 잠수함 특허Submarine Patent가 존재했고, 최초 출원일로부터 20년의 존속기간으로 법이 개정되기 전에는 등록일로부터 17년의 존속기간을 가졌기 때문에 특허 등록 전 계속출원Continuation Application을 통하여 권리를 유지시킴으로서 침해소송 및 라이선싱 로열티를 통해 수익을 올리는 특허괴물Patent Troll이 성행함 ☞ 예) Jerome Lemelson : 잠수함 특허의 아버지로 불림

[26] 국유특허의 경우 연차료가 없으므로 등록특허를 무효시키는 경우가 드물지만, 기업의 경우 기술 순환이 빠르거나 종이 특허의 경우 해가 갈수록 커지는 연차료로 감안하여 다항의 청구항을 정리하거나 특허권을 포기함

9) 청구범위의 유예

특허나 실용신안 등은 선출원제도에 의해 먼저 출원한 자에게 등록 시 권리를 부여하고 있다. <그림 2-4> 등에서 예를 들어 설명했듯이 아무리 훌륭한 기술을 특허로 출원했더라도 권리는 글로 표현되기 때문에 발명의 설명에서 제시된 기술에 대하여 권리범위를 어떻게 청구하냐는 중요하다. 따라서 짜임새 있는 청구범위를 작성하는 일은 매우 신중을 가해야 하는 과정이다. 하지만 시간적으로 빨리 출원이 이루어져야하는 상황이라면 특허법 제42조의 2(특허출원일 등)에 따라 청구범위 제출 유예를 활용할 수 있다.

이와 같은 상황은 다양할 수 있다. 예를 들어 논문 등의 발표가 있는 경우인데, 이때 자료를 특허의 명세서 형식에 맞게 수정하고 청구범위 기재 없이 바로 출원할 수 있다. 그리고 유예된 청구범위는 출원일로부터 1년 2개월이 되는 날까지 보정절차를 통하여 반드시 제출되어야 한다. 만약 청구범위의 유예 출원이 우선권 주장에 기초한 출원이라면 최초 출원일로부터 기간이 산정되며, 출원인이 우선심사를 진행하는 경우라면 우선심사 청구와 함께 청구범위를 제출하는 것은 당연하다.

기간 내 청구범위가 제출되지 않으면 해당출원은 취하된다.

◉ 시사점

연구자는 특허와 실용신안의 공개제도를 이해하고 이와 연계하여 조기공개, 변경된 공지예외주장제도의 이해와 함께 이를 활용할 줄 알아야 한다. 특히 공공연구기관의 경우, 홍보성과를 위해 특허출원 전 TV, 전문지, 인터넷 등에 홍보하는 경우가 많은데, 이에 대한 대응방안과 이해가 필요하다(<그림 3-2>).

연구자는 우선심사, 국내우선권주장 제도, 변경출원 및 분할출원 제도 등을 이해하고, 내 발명의 상황을 고려하여 활용할 수 있다.

제2절 | 디자인

1. 디자인의 이해

디자인(Industrial) Design은 물품의 형태로서 시각을 통하여 미감美感을 일으킬 수 있다. 창작자의 노력을 통하여 형상, 모양, 색채 또는 이들의 결합으로 하나의 물품에 독창적인 디자인을 부여하게 된다. 해당 제품군에서 우수한 디자인을 가진 물품은 소비자의 구매가 집중되고 높은 부가가치를 갖게 된다. 이와 같이 우수한 디자인을 법적으로 보호함으로써 모방품이 성행되지 않도록 디자인권을 가진 창작자를 보호하기 위하여 디자인보호법이 마련되었다. 즉, 특허의 목적과 마찬가지로 디자인은 창작자에게 일정기간 독점배타적 권리를 부여함으로써 창작 의욕을 고취시키고 산업발전에 기여하는 목적을 갖는다. 따라서 디자인을 출원하기 위해서는 보호받고자 하는 디자인과 동일하거나 유사한 디지인이 기존에 존재하는지 이후에 설명될 <그림 4-4>의 검색 프로그램을 활용하여 검토되어야 한다.

우리나라에서는 디자인을 '의장意匠'이란 용어로 오랫동안 사용하였으나 이는 일본식 한자 용어로서 사용자의 이해에 어려움이 많아 '디자인' 영문 용어로 변경하게 되었다. 앞 장에서 설명된 디자인의 성립 및 등록요건을 구체적으로 살펴보면 다음과 같다.

<표 3-2> 디자인의 성립요건[27]

	항목		내용
1	물품성	정의	독립성이 있는 구체적인 유체동산 : 물품, 물품의 부분(한 벌의 물품의 부분은 제외) 및 글자체
		물품성이 없는 예	부동산 2. 형태가 없는 것(예: 전기, 광, 열) 3. 분상물 또는 입상물의 집합으로 된 것(예: 시멘트, 설탕 등) 4. 합성물의 구성 각 편 5. 독립하여 거래 대상이 될 수 없는 물품의 부분(예: 양말의 뒤꿈치 모양) 6. 물품 자체의 형태가 아닌 것(예: 손수건을 꽃 모양으로 접는 것)
2	형태성		공간을 점하고 있는 물품의 형체, 물품을 구성하고 있는 입체적 윤곽
3	시각성		육안으로 식별가능한 것을 대상으로 함
4	심미감		미적 처리를 한 것

---

27) 출처) 박문각. 지식재산의 이해. 특허청·한국발명진흥회. 2018. p.315

먼저 디자인의 성립요건이다.

디자인보호법상 ① 물품성, ② 형태성, ③ 시각성, ④ 심미성이 구비되어야 한다. 이 중 시각성과 심미성은 물품성과 형태성을 전제로 하는 감각적인 요소이므로 디자인의 본질은 물품성과 형태성이라 할 수 있다. 각각의 내용을 살펴보면 <표 3-2>와 같다.

물품성과 관련하여 일반적으로 건축물이나 정원, 실내인테리어 등 독립 거래의 대상으로 구체적인 유체 동산이 아닌 경우 디자인의 보호대상이 될 수 없다. 하지만 <그림 3-4>와 같이 조립가옥이나 이동식화장실, 이동식원두막은 이동 가능하므로 유체동산으로 인정된다.

등록번호 (등록일)	30-0798437 (2015.5.22)	30-0644200 (2012.5.9)	30-0477877 (2008.1.22)	30-0491089 (2008.5.9)
물품의 명칭	조립가옥	이동식화장실	이동식원두막	농업용콤바인
권리자	김동욱	한국그린피아	박스칸	대동공업
대표도면 (사시도)				

그림 3-4 유체동산 디자인 등록 사례

이외에 부분디자인의 경우 독립 거래의 대상이 되므로 물품성의 성립을 인정한다. 이는 해당 부분만을 부분디자인제도를 활용하여 출원하는 경우이며, 오른쪽 "충전기가 부착된 휴대폰 케이스(등록 30-0843249-0001)"를 그 예로 들 수 있다. 부분디자인은 '가위의 손잡이 부분' 등과 같이 어느 부분에 관한 디자인을 하나의 디자인으로 등록받을 수 있는 경우이며, 출원 시 그 물품의 자체 명칭을 사용하되 도면에서 부분디자인으로써 등록받으려는 부분을 실선으로 표현하고 나머지 부분은 파선 등을 사용하여 표현한다.

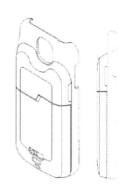

일부심사등록출원을 할 수 있는 물품류는 의류 및 패션잡화 용품(제2류), 섬유제품, 인조 및 천연시트 직물류(제5류) 및 문방구, 사무용품, 미술재료, 교재(제19류)가 이에 해당된다.

이와 같은 일부심사등록출원은 유행성이 강하고 Life cycle이 짧은 물품이 해당된다. 처음에는 무심사등록제도를 도입하였다가 명칭을 일부심사등록제도로 변경[28]하여 운영함으로써 디자인 창작이 활성화되었다. 그리고 일부심사등록제도는 출원이 증가함에 따라 심사기간이 길어지고 이로 인하여 신속히 권리화되지 못하는 문제점을 해결하기 위함이기도 하다.

다음으로 디자인의 등록요건이다.

디자인보호법상 ❶ 신규성, ❷ 창작성, ❸ 공업상이용가능성이다.

❶ 먼저 신규성은 등록출원을 하려는 디자인이 그 출원 전에 인터넷, 전시, 간행물, 카탈로그 등 공중에게 알려지지 않은 상태이어야 하며, 특허의 신규성과 같은 의미이다. 하지만 유사한 선출원 디자인이 존재하더라도 물품이 전혀 다른 경우에는 영향을 받지 않는다.

❷ 창작성은 다른 디자인과 객관적으로 명확하게 구별되는 정도를 말한다. 출원 전에 그 디자인이 속하는 분야에서 통상의 지식을 가진 사람이 쉽게 창작할 수 있는 디자인이라면 창작성이 없는 것이다. 국내 또는 국외에서 널리 알려진 형상, 모양, 색채 또는 이들의 결합으로 쉽게 창작할 수 있는 것이 아니어야 한다. 단순한 형상, 모양만으로 구성된 디자인은 창작성이 인정되지 않는다.

❸ 다음은 공업상 이용가능성이다. 이는 물품을 반복으로 대량생산할 수 있는 것을 말하며 생산방법으로는 기계공업적 및 수공업적 생산방법을 포함한다.

디자인권 존속기간은 디자인 창작자의 권리보호 강화를 위하여 기존 15년에서 특허와 같이 출원 후 20년으로 늘어났으며(2014년 7월 1일 이후), 그 출원 절차를 보면 <그림 3-5>와 같다.

---

28) 무심사등록제도 도입(1998년 3월 1일) → 일부심사등록제도 변경(2014년 7월 1일)

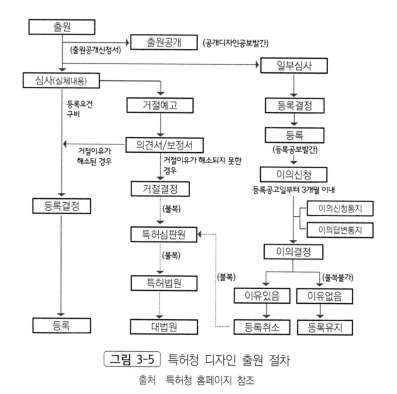

그림 3-5 특허청 디자인 출원 절차

출처 특허청 홈페이지 참조

디자인은 특허 제도와 마찬가지로 선출원주의, 확대된 선출원주의[29], 조기공개 등 많은 부분을 같게 적용하고 있다. 신규성 상실의 예외주장에 있어서도 출원 디자인이 공지된 디자인에 해당하는 경우 그 날로부터 1년[30] 이내에 신규성 및 창작성 요건에 대한 증명서류 등 요건을 제출할 때 신규성 상실로부터 예외가 될 수 있도록 특허(<그림 3-2>)와 같이 구제를 해준다(공지예외주장 제도).

하지만 다음과 같은 차이점을 연구자는 알아두어야 한다.

먼저, 절차에 의한 디자인 공개시점으로 특허의 경우 출원일로부터 1년 6개월 후 강제공개되나 디자인의 경우 출원인이 출원공개를 신청(거절 위험부담 있음)하거나 디자인권 설정 등록일로부터 36개월 기간 동안 공고하지 않고 비밀상태로 유지할 수도 있다.

---

29) 특허나 디자인은 출원하면 일정기간 공개되지 않으므로 그 내용을 알 수 없음. 따라서 내가 출원한 특허나 디자인보다 앞서서 출원한 타인의 특허·디자인이 이후에 공개되어 그 명세서나 디자인 도면 등에 동일(유사)한 내용이 있을 때 내가 출원한 특허나 디자인은 등록받을 수 없도록 하는 제도. 확대된 선원주의는 출원인이 다른 경우에 적용되며, 중복 권리의 허용을 배제하기 위함

30) 자기 공지에 의해 신규성을 상실한 경우, 2017년 9월 22일부터 자기공지로 인한 등록거절을 줄이고 권리확보가 용이하도록 그 구제 기간을 기존 6개월에서 1년으로 연장하였으며, 거절이유통지와 관계없이 그 시기도 디자인 등록여부의 결정 전까지 자유롭게 주장할 수 있도록 함

그리고 조약에 따른 우선권 주장[31]은 이후 해외출원(PCT 출원 포함)에서 다루겠지만, 특허의 1년과 다르게 최초 출원일로부터 6개월 이내에 디자인 출원을 하여야 한다.

디자인의 등록요건을 갖추었더라도 등록받을 수 없는 디자인은 다음과 같은 경우이다.

- 국기, 국장, 군기, 훈장 등과 동일하거나 유사한 것
- 공공기관 등의 표장, 외국의 국기, 국제기관 등의 표시와 동일하거나 유사한 것
- 디자인이 주는 의미나 내용 등이 일반인의 통상적인 도덕관념이나 선량한 풍속에 어긋나거나 공공질서를 해칠 우려가 있는 것
- 타인의 업무와 관련된 물품으로 혼동을 일으킬 우려가 있는 것
- 물품의 기능을 확보하는 데 필수적인 형상만으로 된 것

디자인권이 발생되면 이에 따른 실시권(통상 및 전용) 및 디자인권자를 보호하기 위한 권리침해의 금지청구권 및 손해배상청구권, 침해죄 등은 특허권과 유사하게 적용된다. 따라서 농업 분야에서 디자인의 활용은 농업인에게 있어서 상품의 포장 박스에서부터 접근하여 연구자의 연구결과물 외형에 이르기까지 다양하므로 사업화 진행에 있어서 눈여겨 볼 필요가 있다.

2. 디자인의 활용

디자인 출원은 내 제품의 디자인 자체가 특징적이거나 다른 제3자의 디자인 도용이 우려될 시 이루어지지만, 기업의 경우 제품 디자인은 훨씬 더 적극적이다. 왜냐하면 시장에서 기존 제품 대비 기능을 새롭게 개량하더라도 제품 디자인이 튀지 않으면 소비자로부터 외면당하기 때문이다. 따라서 신제품의 경우 기술적 기능과 함께 제품의 외관을 그에 맞추어 새롭게 업그레이드하게 된다.

대학이나 공공연구기관의 경우 기업과 같이 디자인을 핵심적으로 다루지는 않는다. 특허나 실용신안 등 기술적 사상이 실용화 제품의 외관과 밀접한 관계가 있는 경우 특허권과 함께 그 물품의 외관을 디자인권으로 보호받는 방향이 바람직하다.

---

31) 국내에 출원한 후 동일한 디자인을 외국에 출원할 때 "조약에 따른 우선권을 주장"할 경우 그 디자인에 대하여 신규성 및 선출원의 요건을 적용할 때 국내에 출원한 날을 해외에 출원할 날로 보는 제도(조약에 따른 우선권주장 제도)

또한 형태를 지닌 물품의 보호로서 출원 시점에서 특허로 갈 것인지 아니면 디자인으로 갈 것인지를 판단해야 하는 순간이 빚어질 수도 있다. 디자인 출원을 통한 권리보호가 마땅하지만 때로는 특허로 등록받기 다소 어려운 기술의 경우 형태를 지닌 물품으로서 심미성을 갖추고 있다면 디자인 출원을 고려할 수 있기 때문이다. 따라서 이와 같은 경우 특허와 디자인은 상호 보완적 관계라고 할 수 있다.

아래 <그림 3-6>은 디자인을 포함한 국내 산업재산권의 연도별 출원 현황이다.

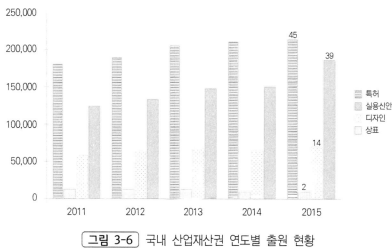

그림 3-6 | 국내 산업재산권 연도별 출원 현황

출처 특허청 지식재산통계연보

전체 산업재산권의 출원 현황을 보면 특허 > 상표 > 디자인 > 실용신안 순으로 이루어지고 있으며, 2015년의 경우를 볼 때 디자인(14%)은 특허(45%) 대비 약 32%의 출원율을 보이고 있다.

국가 연구기관인 농촌진흥청의 디자인 출원을 살펴보면 <그림 3-7>과 같다. 출원 형태는 농산물의 포장용기나 상자(32%), 라벨 및 표딱지(17%)와 식물재배기 및 화분(17%), 그리고 농작업기 장치(9%)와 방제 작업복 관련 디자인(6%) 순으로 출원이 이루어졌다. 특히 식물재배기 및 화분, 농작업기 장치 등의 출원 내용을 보면 특허로 보호받을 수 없는 기술을 디자인으로 출원함으로써 등록을 유도하고 연구개발 기술을 대중에 공개하였다.

농촌진흥청의 디자인 출원은 특허출원 대비 약 5%에 불과하다. 앞서 언급했듯이 기업을 포함한 전체 산업재산권에서 특허 대비 디자인의 출원율(32%)보다 낮은 수치이다.

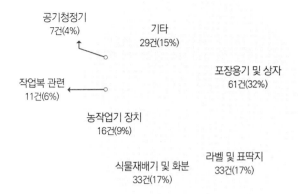

공기청정기
7건(4%)

기타
29건(15%)

포장용기 및 상자
61건(32%)

작업복 관련
11건(6%)

농작업기 장치
16건(9%)

식물재배기 및 화분
33건(17%)

라벨 및 표딱지
33건(17%)

[그림 3-7] 농촌진흥청 등록 디자인의 분야별 분류(2017년 7월 기준)

　이는 공공연구기관으로서 농촌진흥청의 경우 기업의 방어적인 산업재산권 출원 목적과 다르기 때문이다. 연구개발 결과를 국민에게 널리 알려 활용률을 높이고 동시에 해당 분야에 있어서 해외 글로벌 경쟁자의 배타적 권리화를 동시에 저지함으로써 국내 농산업체 및 기업의 산업을 장려하기 위함이라고 할 수 있다. 즉, 디자인은 출원을 통하여 제3자가 접근하지 못하게 하려는 방어적 성격이 강하기 때문에 국가 기관의 경우 연구개발을 통한 특허출원에 우선적으로 매진하기 마련이다.
　공공연구기관뿐만 아니라 대학 역시 연구개발을 통한 결과물 공개는 주로 특허를 통해서 이루어지고 있다고 할 수 있다. 그리고 디자인 출원은 시각을 통하여 미감을 일으키는 디자인 자체의 출원과 함께 특허출원과 상호 보완적인 차원에서 진행되기도 한다.

　사례 아래 <표 3-3>은 농촌진흥청의 식물재배기 관련 사례로서 햇빛이 들지 않는 실내 공간에서도 채소 등의 식물재배가 가능하도록 편리성을 높인 디자인 및 특허 발명이다.
　식물재배기의 주요 핵심은 LED 램프를 상부에 두고 하측 화분에 식물을 식재하여 실내에서 키우는 구조이다. 이를 위해서는 식물재배기 전체를 들고 이동하기보다 화분만 바깥으로 들고나가 상토를 채운 후 원하는 식물을 심을 수 있으며, 심지공의 심지를 통하여 흡수되는 물은 수조만 빼서 물을 교체하면 되도록 4각형으로 구성된 디자인이다.

<표 3-3> 농촌진흥청 식물재배기의 디자인 및 특허 출원

구분	디자인 등록 30-0686706호	특허	
		등록 10-1368299호	등록 10-1402757호
도면			
특징	• 외형 자체의 보호 - 심미감에 따른 디자인 자체의 보호 ➔ 상부에 조명기구가 있고 하측에 본체부가 서랍식으로 마련된 4각형의 식물재배기	• 심지의 물 보충이 용이한 서랍구조 - 서랍식 수조만 빼서 물을 보충하거나 청소할 수 있음	• 서랍구조 물탱크의 구획판 및 소통 통로 - 화분만 분리하여 식물 교체 등 작업이 용이한 손잡이 및 받침대 구조

이와 같은 디자인의 회피설계를 방어하기 위하여 두 건의 특허를 추가로 출원했는데, 먼저 물 보충이 용이한 서랍구조의 수조를 갖춘 식물재배기이며, 다음 특허는 서랍을 여닫을 때 물이 넘치는 것을 막기 위하여 구획판을 설치하고 동시에 화분을 분리 가능하도록 손잡이와 받침대를 둠으로써 편리성을 높인 구조이다.

농촌진흥청은 사용에 편리를 제공하는 두 건의 특허와 함께 디자인을 모두 등록받아 다수의 산업체로 기술을 이전·보급하고 식물재배기 시장을 확대하였다. 아파트 및 학교 교실 등 실내의 광※이 절대적으로 필요한 공간에서 녹색의 채소 및 관상용 식물의 재배를 가능토록 한 것이다.

이와 같이 연구결과물의 권리 보호를 위한 접근방식은 상황에 따라 다르다. 국가 연구개발을 통한 신기술의 표현은 대부분 특허를 통하여 공개·전달되겠지만, 제품의 디자인을 통하여 소비자에게 내 제품의 차별성을 강조하는 기업의 경우 디자인은 매우 중요한 표현방식의 하나이다. 따라서 기술이전 차원에서 필요 시 기술적 사상의 특허와 함께 권리를 묶음Package으로 제공하는 방식은 또 다른 지식재산의 새로운 전략이 될 수 있을 것이다.

디자인은 동산적 성격의 시각적 미감을 일으키는 물품으로 연구결과의 권리화를 특허와 함께 판단할 수 있어야 한다(〈표 3-3〉 참조).

국내 산업재산권 출원현황은 2014년 기준, 특허(45%) 〉 상표(39%) 〉 디자인(14%) 〉 실용신안(2%) 순서이며, 특히 공공기관의 경우 특허출원을 중요하게 다룬다. 디자인은 특허와 상호보완적으로 권리 확보를 위한 출원이 이루어질 수 있다.

제3절 | 상표

1. 상표의 이해와 활용

상표는 상품을 생산, 가공, 증명 또는 판매하는 것을 업[業]으로 하는 자가 자기의 상품을 타인의 상품과 식별하기 위하여 사용하는 표장(기호, 문자, 도형, 입체적 형상 또는 이들과 색채의 결합)을 말한다. 따라서 공공연구기관이나 대학의 연구자가 연구결과물에 상표를 출원하는 경우는 앞에서 설명한 바와 같이 드물겠지만, 기업이나 산업체에서는 차별화된 제품 및 신제품에 대하여 제3자 또는 기존 제품과 구별되도록 상표를 출원하여 사용한다.

상표법 및 제도의 목적은 상표를 통하여 생산자와 소비자(고객) 간에 신용을 축적시켜 건전한 상거래의 활성화를 통한 경제발전을 이끄는 것이다. 그와 같은 신뢰는 동일한 상표가 부착된 상품이 같은 생산자라는 출처표시와 함께 동일한 품질을 갖고 있을 것이란 품질보증 효과를 갖게 한다. 따라서 품질이 우수하다는 신뢰는 다소 가격이 비싸더라도 소비자의 지갑을 열게 하므로 광고·선전효과를 갖는다. 그러므로 상품의 품질을 오인하거나 소비자를 기만시키는 상표는 등록이 불가하며 등록된 상표의 침해는 법에 의해 제제가 가해지게 된다.

먼저 상표의 종류를 파악하기에 앞서 연구자뿐만 아니라 산업체 등에서 혼돈하고 많이 질문하는 상표와 상호의 차이점에 대하여 알아볼 필요가 있다.

상표[商標]는 앞서 설명했듯이 자타상품을 식별하기 위하여 사용하는 표장으로서 문자뿐만 아니라 기호, 도형, 입체적 형상 및 색채의 결합으로 구성된다. 상호[商號]는 상인이 영업상 자기를 표시하는 명칭으로 영업의 동일성을 위하여 사용하는 문자로만 표현되는 호칭이다.

상표는 특허청에 출원하지만 의무는 아니며, 상호는 관할지역의 법원(등기소)에 등기하게 되는데 개인사업자의 경우 마찬가지로 의무는 아니지만 법인의 경우 법인을 설립하면서 그 과정에서 자연스레 상호를 의무적으로 등기하게 된다. 이와 같은 과정에서 산업체의 경우 상호와 상표를 모두 확보하는 경우가 많은데, 이와 같은 경우 작은 기업은 이미지 통일의 효율성을 위하여 상호와 상표를 일치시키는 것이 소비자 광고 및 이미지 제고에 좋다. 따라서 현장에서 상표와 상호를 모두 갖고자하는 농산업체를 지도할 때 일치를 유도할 필요가 있다. 상표와 상호를 간단히 정리 및 비교하면 <표 3-4>와 같다.

<표 3-4> 상표와 상호의 차이점

구분	상표	상호
등록기관	특허청	관할 행정구역 등기소[32]
관련법	상표법	상법
표시 형태	문자, 기호, 도형, 입체적 형상 또는 이들과 색채의 결합	문자
등록 가능 개수[33]	(한 기업에) 여러 개	(한 기업에) 한 개
권리 범위	대한민국 전역 * 유사상표까지 확대	소재지 행정구역(시, 군)[34] 동종 영업
부정사례 제재	손해배상/사용금지 청구권(강력)[35]	행정구역 내 과태료 최대 200만원(약함)

출처 특허청 홈페이지 참조

상표와 상호에 대한 이해가 부족하여 서로 공존함으로 산업체가 겪을 수 있는 곤란한 경우는 언제나 존재한다. 따라서 산업 현장에서 상호의 상표등록 필요성 등 지도가 필요하다.

일반적으로 특허청에 상표의 출원 절차는 <그림 3-8>과 같다.

상표의 일반적 사항을 검토해보도록 하겠다.

상표는 앞서 설명했듯이 문자, 기호, 도형, 입체적 형상 또는 이들과 색채의 결합으로 한정하였으나 보호 대상을 더욱 확대(2007.7.1.)하여 색채 또는 색채의 조합만으로 된 상표, 홀로그램 상표, 동작상표 및 그 밖에 시각적으로 인식할 수 있는 모든 유형의 상표까지 그 범위를 확대하고 있다.

---

32) 법인은 법인 설립 시 정관을 법원(등기소)에 제출하여 설립을 인가받아야 하므로 별도로 법인을 등기하지는 않으며 자연스럽게 상호가 등기됨

33) 상호의 경우 개인은 관련되지 않으나 법인의 경우 강제성이 있으며, 상표의 경우 사용에 있어서 강제성은 없음

34) 농산업체의 행정구역이 서로 다른 경우 같은 명칭이라도 상호 등기가 가능하며 업으로 사용할 수 있음. 하지만 상표의 경우 사업체의 소재지와 무관하게 특허청에 등록된 상표는 동일성분만 아니라 유사하여도 등록할 수 없으며 사용에도 법적으로 제약이 따름

35) 상품에 사용하는 형태에서 확대하여 그 목적의 소지 및 제작용구 등도 침해행위로 간주되며, 침해죄 해당 시 최대 7년, 1억 이하의 벌금(상표법 제93조)분만 아니라 손해배상도 1차적으로 상표권자가 입은 피해액을 기준(상표법 제67조)으로 하기 때문에 매우 강력함. 하지만 상호를 '보통으로 사용' 하는 경우(예: 작은 점포의 가게 이름 사용) 영향을 미치지 아니하나 프렌차이즈 및 포장판매, 온라인 광고 등은 '보통으로 사용'의 범위를 넘는 것임

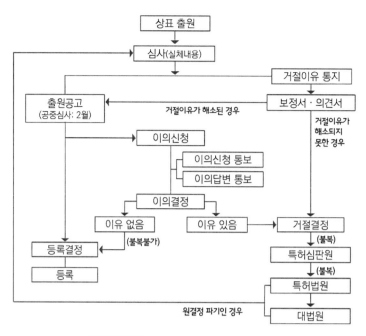

그림 3-8 특허청 상표의 출원 절차

출처 특허청 홈페이지 참조

상표의 종류로는 상품의 식별 표지로서 우리가 쉽게 생각하는 상표 이외에 서비스표, 단체표장, 업무표장에 대하여 제2장의 산업재산권에서 간단히 설명한 바 있다(광의의 개념). 현장에서 산업체(예. 농산업의 6차산업)를 컨설팅할 경우 상표 및 서비스표에 대한 이해가 필요하며, 농산업의 경우, 영농조합법인 등 지자체의 향토자원 및 특화작목 등 지리적 특징의 생산 및 가공단체의 경우 지리적표시 단체표장 및 증명표장을 좀 더 명확하게 확인할 필요가 있다.

상표는 자타 상품의 식별기능, 출처표시, 품질보증, 광고 선전기능, 재산적 기능을 갖는다. 상기와 같은 출원 절차에 있어서 다음과 같은 등록요건에 대한 이해를 통하여 출원 시 등록 가능성을 파악하고 접근할 필요가 있다.

우리나라 상표의 심사기간은 특허의 경우 심사 착수 후 약 10개월 정도의 기간 소요에 비해 디자인은 별도의 공개기간 없이 약 5개월 이내로 단축한다고 특허청에서 발표[36]한 바 있다. <그림 3-8>에서와 같이 실체심사 과정에서 유사상표가 없고 식별력이 심사관

---

36) 출처) 특허청. "특허심사처리기간 1년내로 단축, IP기반 창조경제 활성화 계획 확정" 2014.10.24.,
http://patidea.tistory.com/93

으로부터 인정되는 등 등록요건이 갖추어지면 출원공고를 하게 되고 별도의 공중심사[37] 기간(2개월)에 이의신청이 없을 경우 등록결정이 이루어진다.

상표의 등록요건은 출원의 형식 등 절차적 요건도 있겠지만 중요한 것은 등록 가능성을 높이기 위해서 실체적 요건을 먼저 고려할 필요가 있다. 즉, 상표는 자타 상품의 식별기능이기 때문에 상표로 등록되기 위해서는 먼저 식별력[38]을 가져야하며, 식별력의 유무판단은 지정상품과 관련하여 아래 <표 3-5>와 같은 경우에는 상표 등록이 허용되지 않는 경우를 제시하고 있다(상표법 제33조 제1항).

<표 3-5> 상표의 등록불가 요건

①	(상품이 보통명칭) 그 상품의 보통명칭[39]을 보통으로 사용하는 방법으로 표시한 표장만으로 된 상표	호두과자, 경운기, 트랙터
②	(관용상표) 그 상품에 대하여 관용(慣用)[40]하는 상표	과자류-강, 청주-정종
③	(성질표시적 상표) 그 상품의 산지·품질·원재료·효능·용도·수량·형상·가격·생산방법·가공방법·사용방법 또는 시기를 보통으로 사용하는 방법으로 표시한 표장만으로 된 상표	모시-한산, 굴비-영광, 양복-울, 캡슐
④	현저(顯著)한 지리적 명칭·그 약어 또는 지도만으로 된 상표	금강산, 백두산, 여의도
⑤	흔히 있는 성 또는 명칭을 보통으로 사용하는 방법으로 표시한 표장만으로 된 상표	이씨, 김씨, 영농조합
⑥	간단하고 흔히 있는 표장만으로 된 상표	123, One, 알파
⑦	제1호 내지 제6호외에 수요자가 누구의 업무에 관련된 상품을 표시하는 것인가를 식별(識別)할 수 없는 상표	기타 식별력 없는 표장

출처 특허청 자료 참조

식별력 유무의 판단은 등록여부 결정 시를 기준으로 판단하고 결합상표의 경우 해당 상표 구성의 전체를 기준으로 판단하되 '통상의 평균적 선상에서의 인식'을 고려하게 된다. 다만 상표의 출원 전 해당 상표를 널리 사용한 결과로 많은 수요자간에 누구의 업무(제품)에 관련된 상표인지를 현저히 인식할 수 있는 경우[41] 상표를 등록받을 수 있다(상표

37] 상표의 공익성 및 다양성에 비추어 특허청 내부 심사관의 심사만으로 부족하다는 견지에서 권리를 설정등록하기 전에 이를 일반에게 공개함으로 2개월 동안 공중심사에 회부함으로 공정성을 높이기 위한 일련의 과정임

38] 상품의 거래자나 일반 수요자로 하여금 상표를 표시한 상품이 누구의 상품인지를 알 수 있도록 인식시켜주는 것

39] 약칭 및 속칭을 포함하여 거래업계 또는 일반소비자에게 인지되는 보통명칭을 모두 포함

40] 특정 상품에 대하여 그 분야의 제조업자나 판매업자가 일반적으로 자유롭게 사용하는 명칭

41] 주지저명하다고 하며, 현저한 인식은 특정 지역이 아닌 전국적 범위에 걸쳐 있어야 함

법 제33조 제2항). 하지만 위와 같이 상표가 자타상품의 식별력을 갖추었더라도 독점배타적인 성질의 상표권을 부여하는 경우 공익상 또한 타인의 이익을 침해할 수 있다고 판단되는 경우 해당 상표의 등록을 배제할 수 있음을 '상표등록을 받을 수 없는 상표(상표법 제7조)'에서 제시하고 있다.

2. 상표 출원 시 접근 절차

상표의 출원은 1상표 1출원주의를 원칙으로 한다.

상표등록출원을 할 때에는 보호받고자 하는 상표와 함께 상품류 구분에 따른 지정을 해야 하는데, 이는 '상품 및 서비스업의 명칭과 류구분에 관한 고시'에 따라서 해당 상표를 사용할 상품을 지정해야 한다. 상표법 시행규칙 별표에서는 제1류부터 제34류까지 상품류 구분을, 제35류부터 제45류까지 11개류의 서비스업류 구분을 명시하고 있다.

만약 내가 블루베리를 재배하여 수확한 생과를 인터넷 홈페이지를 개설하여 판매하고 일부를 가공하여 와인 또는 잼을 만들어 판매하면서 체험농장을 운영할 계획이라면 상표 출원 시 어떻게 접근해야할까?

❶ 문자, 기호, 도형, 입체적 형상 또는 이들과 색채의 결합을 통한 식별력 있는 상표의 구상이다. 자타 식별을 위한 상표가 정해져서 특허청에 상표 출원을 하고 그 이후에 상표의 사용을 통하여 내 제품을 구매하는 소비자들과 상당한 노력에 의하여 식별 기능을 통한 출처표시 제공, 품질보증 및 광고 효과로 재산적 효과를 갖게 된다.

❷ 상표가 만들어졌다면 1상표 1출원주의에 맞춘 상품류의 선정이다. 출원하고자 하는 상품의 분류는 특허청 키프리스(KIPRIS)의 스마트검색에서 **분류정보** 🔲 를 클릭하여 1류~45류의 상품류와 서비스류를 확인할 수 있다.

만약 상기의 블루베리 생과 및 가공제품, 체험농장 등을 고려하는 농산업체의 경우라면, 아래 <표 3-6>과 같은 상품 및 서비스류를 고려할 수 있겠다.

이와 같이 선정할 시 상표 4개(29, 31, 32, 33류), 서비스표 2개(35, 41류)의 출원이 이루어지는 것이며, 비용을 고려하여 그 출원을 줄여서 꼭 필요한 상품류만 출원하는 것도 방법이다. 예를 들어 블루베리 와인에 한하여 가공업을 추진한다면 33류 상품류만 출원을 진행할 수 있으며 이는 영세한 업체의 출원 비용을 고려한 경우임을 밝히는 바이다.

<표 3-6> 블루베리 제품 접근 시 상품류 종류

	상품류	지정상품
열매(생과)	31류	신선한과일
가공품 (와인, 잼)	29류	과육, 과일샐러드, 냉동된블루베리, 설탕에절인과일, 통조림블루베리, 건조된과일, 보존처리한블루베리, 과일칩, 병조림과일, 보존처리과일…
	32류	과일맛음료, 과일주스, 냉동과일음료, 비알코올성과일넥타, 비알코올성엑기스, 비알코올성광일주스음료, 채소또는과실가공음료, 스무디…
	33류	(블루베리함유)알콜엑기스, 알콜성음료, 알콜에센스, 블루베리주…
체험농장	35류	블루베리음료의도소매업
	41류	농촌문화체험교육업, 농촌문화체험학습업

❸ 각 상품류에서 지정상품 선정이다. 상기 표에서 각 상품류에 대하여 임의적으로 지정상품을 표기하였으나 하나의 상품류(상표)에 지정상품은 같은 비용에서 20개까지 지정할 수 있으며 이를 초과 시에는 하나의 지정상품당 2천 원씩 추가비용이 들어간다. 물론 출원 또는 등록 후 여건의 변화로 지정상품의 범위를 변경하고자 할 때 '지정상품 추가등록 출원'[42]을 통하여 확대할 수도 있다.

공중심사를 거쳐 출원공고 후 이의신청이 없을 경우 출원 상표는 등록결정이 이루어지며 등록상표의 존속기간은 설정등록이 있은 날로부터 10년이다. 상표권은 존속기간 갱신등록 출원에 의하여 10년간씩 그 기간을 갱신할 수 있으므로 반영구적 효력을 갖는다.

상기에서 언급했지만 상품에 대한 상표나 서비스표의 상표, 더불어 법인 설립을 통한 상호명 등은 가급적 동일하게 가는 것이 좋으며, 상표명은 제3자의 회피도 어렵고, 심사 과정에서 등록 가능하도록 유사상표를 고려하여 식별력을 갖추어야 한다. 무엇보다 중요한 부분은 내 제품과 연계되어 소비자의 인지도에 빠르게 접근토록 문자·기호·도형·형상·색채 결합의 적절한 구성이 중요하다. 왜냐하면 상표는 내 제품과 구매자와의 소통 채널이기 때문에 너무 복잡한 상표일 경우 소비자 인지의 어려움으로 광고 및 선전기능을 제대로 못하기 때문이다.

농산업체의 경우 쉽게 접하는 오류 중에 하나는 현재의 작물에 얽매여 상표를 현 대상작물명이나 그림으로 복잡하거나 타인이 회피하기 쉽게 출원하는 경우이다. 이는 향후

---

42) 출원 시 지정상품을 누락했거나 출원 후 사정변경에 의하여 새로운 상품을 추가할 필요가 있는 경우 별개의 신규 출원이 아닌 원출원에 지정상품을 추가하는 제도로, 상표 관리의 편리성을 도모하기 위함. 이때 추가된 지정상품의 존속기간은 추가등록일이 아닌 원상표권의 설정등록일로부터 10년과 같음

대상 작물을 바꾸거나 추가로 다루는 경우를 상표에 고려하지 못한 경우이며 소비자에게 각인되기도 어려운 경우이다.

예를 들어 상표에 작물명이 들어간 경우이다. 'ABC블루베리농장'으로 출원 등록을 받았다면 이후에 딸기를 재배하여 판매할 경우, 상표는 'ABC + 블루베리 + 농장' 3가지 요소로 등록받았기 때문에 딸기를 취급함에도 불구하고 모두를 사용해야 한다. 따라서 이와 같은 경우는 도형, 형상, 색채 등을 결합한다고 할지라도 'ABC' 부분에 대한 식별력을 높여서 출원할 필요가 있다. 즉, 'ABC'로 등록 후 'ABC 블루베리', 'ABC 딸기' 등 블루베리나 딸기를 하부 항목으로 활용하는 것이다. 그리고 상표 출원 시 전문가의 의견을 한 번쯤 구하는 것이 좋다.

> 출원 당시 등록 가능성에만 신경을 쓰고 상표를 출원해서 오랜 기간 경과 후 마음에 들지 않아 다시 바꾸어 상표를 출원한다면… 그동안 소비자와 소통해 온 등록상표의 재산적 명성은 처음부터 다시 쌓아야 한다. 따라서 상표 출원 시, 내 상품을 쉽게 식별하면서 Copy 불가한 상표의 명칭이나 형상의 결합으로 신중히 결정해야 한다[43].

3. 단체표장

단체표장은 상품을 생산·제조·가공·판매하거나 서비스를 제공하는 자가 공동으로 설립한 법인이 직접 사용하거나 그 소속 단체원에게 사용하게 하는 표장이며, 여기서는 단체표장 중에 지리적표시단체표장에 대하여 언급하고자 한다.

지리적인 표시는 상표법 제33조 제1항에서와 같이 "현저한 지리적 명칭으로 된 상표는 등록받을 수 없다"고 제시하고 있기 때문에 원칙적으로 상표 등록의 대상이 될 수 없다. 하지만 특정인이 아니라 단체의 조건에서 몇 가지 기준에 적합할 시 지리적표시단체표장으로 권리를 부여해주고 있다.

지리적표시단체표장의 식별력 유무 판단은 등록여부 결정 시를 기준으로 판단한다. 이는 소비자에게 상품에 대한 객관적 정보를 제공하고 생산자에게는 품질 및 차별화에 대한 동기부여의 효과가 있다. 상품의 품질이나 지리적 출처에 대한 혼동을 방지하고 해당 특화작목의 생산, 가공, 유통 등 가입자에게 경제적 효과를 제공해준다.

---

43) 상표는 문자, 도형, 색채 등의 결합으로 식별력을 갖추는 것도 중요하지만, 제3자의 회피 불가 및 소비자 인지도 측면을 고려하여 문자만으로 구성되거나 문자에서 핵심 포인트를 단계적으로 추가하여 구성된 상표가 좋은 상표임

이는 뒤에서 설명될 농산물품질관리법 상의 지리적표시제와 구분되어야 하며, 농산업 분야에서 함께 검토되어야 하는 부분이다. 즉, 상표법에서 지리적표시단체표장은 농산물 품질관리법 상의 지리적표시제와 비교 시 지리적표시를 사용한다는 점에서 중복되나, 지리적표시단체표장은 해당 지역에서 생산, 제조, 가공 중 어느 하나만 수행되어도 지리적표시단체표장이 성립되고 등록 권리는 상표법에 의해 관리된다. 그 요건에 있어서 상품의 특정 품질, 명성, 또는 그 밖의 지리적 환경 간에 본질적인 연관성이 존재해야 한다. 등록된 지리적표시단체표장의 효과는 상표의 형사적 책임과 동일하게 강력할 수 있으며 타 지역의 사람이 동일한 상품에 대하여 등록받은 동일·유사한 상표를 사용할 경우 상표권을 침해[44]하는 것이 된다. 하지만 해당 지역에서 지리적표시 해당상품을 생산, 제조, 또는 가공하는 자의 동일한 사용(지리적표시의 정의에 합치되게 사용하는 경우)에는 권력이 미치지 아니한다. 이는 지리적표시단체표장이 해당 지역의 공동 재산적 성격을 갖기 때문에 발생되는 형평성 때문이다.

지리적표시단체표장의 국내 시·도별 등록 현황은 꾸준히 늘어 2013년 기준 <표 3-7>과 같은데, 만약 지리적표시단체표장으로 등록된 '고흥유자'를 조합원이 아닌 지역의 다른 업자가 사용한 경우 상표(지리적표시단체표장)의 효력이 미치지는 않는다.

<표 3-7> 지리적표시단체표장의 도별 현황

시·도	등록품목
경기 (10)	가평 잣, 시흥 연, 양주 불곡산막걸리, 양평 봉잎차, 여주 쌀, 연천 율무, 이천 한우·도자기, 파주 장단콩, 포천 막걸리
강원 (23)	강릉 한과, 고성 명태, 삼척 마늘, 삼척 장뇌삼, 속초 오징어젓·명란젓, 양양 송이·설악산장뇌삼, 영월 포도, 원주 옻, 치악한 한우·배·복숭아, 인제 용대황태·곰취·콩·목기, 춘천 막국수, 태백 참곰취·한우, 진부 당귀, 화천 토마토, 안흥 찐빵
충북 (6)	괴산 대학찰옥수수, 보은 대추, 영동 곶감, 음성 고추, 제천 황기, 증평 인삼
충남 (20)	공주 밤, 정안 밤, 금산 깻잎·인삼, 논산 딸기, 초락도 약쑥, 당진 황토감자, 보령 남포오석, 부여 밤, 서산 마늘·달래·생강한과, 한산 모시·소곡주, 예산 사과, 천안 호두·배, 병천 순대, 청양 구기자, 광천 토굴새우젓
전북 (27)	고창 복분자주·수박, 군산 흰찰쌀보리·쌀, 남원 목기, 지리산고로쇠수액, 무주 머루·머루와인·사과·천마·호두, 부안 오디·곰소젓갈·봉잎, 순창 고추장, 봉동 생강, 임실 고추·고춧가루·치즈, 장수 사과·한우, 전주 콩나물·비빔밥·한지, 정읍 자생차·구절초, 진안 홍삼

---

[44] 상표권 침해와 동일하게 민사적·형사적 책임을 지게 되며, 민사적 책임에는 손해배상, 신용회복, 사용금지 등의 책임이 있고 형사적 책임으로는 7년 이하의 징역, 1억 원 이하의 벌금이 부과될 수 있음

시·도	등록품목
전남 (67)	강진 청자·결명자, 고흥 유자·유자차·석류·한우·마늘, 곡성 사과·멜론, 광양 섬진강재첩·백운산고사리·백운산고로쇠·매실·불고기·백운배·곶감, 구례 산수유, 나주 배·노안돌미나리, 담양 한과·창평쌀엿·죽로차·한우, 무안 양파, 보성 녹차·회천감자, 순천 단감·월등복숭아·낙안배·매실, 신안 새우젓·양파·참깨·대파·마늘·천일염, 여수 쥐포·거문도해풍쑥·돌산갓김치, 영광 모싯잎송편·찰쌀보리쌀·천일염·굴비, 영암 무화과·수박, 완도 미역·다시마·넙치·전복·김, 장성 곶감·사과·잔디, 장흥 표고버섯·무산김·키조개·매생이, 진도 홍주·개·구기자·검은쌀·울금, 함평 왕골돗자리·막걸리, 해남 김·세발나물·전복
경북 (35)	경산 대추, 경주 체리, 구미 돼지고기, 김천 호두, 문경 오미자, 봉화 거베라·고춧가루·고추, 상주 곶감·포도, 안동 산약마·사과·한우·간고등어·안동포·한지·찜닭·콩, 영덕 대게, 영양 고추, 영주 사과, 풍기 인견·인삼, 영청 포도, 은풍 준시, 울릉도 호박엿·산채비빔밥·명이, 의성 흑마늘·마늘, 청도 한재미나리·반시, 포항 물회·포항초·구룡포과메기
경남 (20)	거제 맹족죽·유자·유자청·알로에, 거창 화강석·사과, 김해 장군차, 남해 죽방멸치, 삼천포 쥐치포·바지락, 의령 망개떡, 진주 실크·딸기, 통영 누비·나전칠기, 하동 악양대봉감·섬진강재첩, 함안 수박, 함양 마천옻·산양삼
제주 (7)	제주 돼지고기·전복·우뭇가사리·은갈치·옥돔·제주톳, 추자도 참굴비
광역 (15)	(부산) 기장 미역·다시마·멸치젓갈, 금정산성 막걸리, 구포 국수 (대구) 유가 찹쌀, 대구 사과, 상동 체리, 반야월 연근 (인천) 강화 화문석, 백령도 까나리액젓 (광주) 광산 우리밀 (울산) 간절곶 배, 외고산 옹기, 강동 동미역

출처 특허청

그리고 외국에서도 국내에 지리적표시단체표장을 등록했는데, 이탈리아의 몬타델라 볼로냐(소시지 일반 및 양념), 브르넬로 디몬탈치노(와인), 키안티 클라시코(와인), 테레디 시에나(올리브유)와 프랑스의 샤토네프 뒤 파프(와인) 등이 그 예이다.

이와 같이 지리적표시(지리적표시단체표장 및 지리적표시제 공통)에 대하여 우리나라에서는 그 중요성 및 파급효과가 점진적으로 증가하고 있지만 출원 및 등록을 통한 '지리적표시의 활용 및 가치 증대'는 아직도 해결해 나가야 할 과제라고 할 수 있다. 왜냐하면 최근 생물자원의 중요성과 함께 시장의 세계화에서 지리적표시가 화두에 올랐지만 이를 통한 경제적 효과는 유럽 등의 선진국에 절대적으로 미치지 못하고 있기 때문이다.

지리적표시의 명성을 높게 관리하여 소비의 신뢰시장을 효율적으로 높여야 할 것이다. 그리고 이와 같은 관점에서 볼 때 지리적표시제(농산물품질관리원)이든 지리적표시단체표장(특허청)의 등록은 가치 제고 측면에서 시작인 셈이다. 또한 자국의 지리적표시를 해외에 도난당하는 경우도 발생하는데, 그 대표적인 사례가 인도의 '바스마티' 상표에 대한 쌀

분쟁[45]이며, 국내에서도 제2장 지리적표시에서 다루었듯이 2009년 포천(일동)막걸리가 일본에서 상표로 등록되면서 크게 보도된 경우이다.

최근 국가 간 자유무역협정(FTA)이 체결되면서 지리적표시가 쟁점으로 떠오르고 나라마다 지리적표시 상표를 인정해 줄 것을 협정에 넣으면서 특히 유럽(EU)의 경우 와인, 꼬냑, 치즈 등에 대하여 우리나라에 공세를 취한 바 있다.

농식품 연구기관의 연구 및 농산업체 컨설팅을 위치에서 잊지 말아야 할 부분은 글로벌화와 농산물 생산지·품질(신뢰)이 점점 부각되는 현실에서 지리적표시에 대한 우리의 자세이다. 원산지 및 지리적표시를 앞으로 어떻게 유럽 선진국과 같이 신뢰를 부여하여 농업적 가치를 높여 나아갈 것인지를 고민하여야 할 것이다.

4. 증명표장

증명표장Certificaion Marks은 앞서 언급했듯이 상표의 품질보호 추세를 반영한 것으로 2012년 한·미 FTA의 이행을 위해 상표법에 도입되었다. 이는 올바른 상품정보를 수요자 및 거래자들에게 제공함으로써 제품의 선택과 소비 정보를 보장해준다.

증명표장 견본	광양망덕전어 광양시 인증식당	청양군 인증 명품 구기자	MSC	WORLD CLASS PRODUCT OF KOREA 세계일류상품
공고번호 (공고일)	47-2015-0029073 (2015.3.26)	47-2115-0029241 (2015.3.26)	47-2014-0017780 (2014.2.27)	47-2014-0125074 (2014.12.24)
출원인	광양시	청양군	마린 스테워드쉽 카운실(영국)	대한민국 (산업통상자원부장관)

그림 3-9 증명표장 등록 사례

---

45) 인도의 바스마티 쌀은 오래 전부터 인도의 북부 지방에서 재배되었던 쌀 품종으로 미국, 유럽 등 해외로 수출하였고, 미국 곡물회사인 라이스테크Rice Tec 社에서 바스마티 쌀에 대한 상표를 출원, 인도 농민이 들고 일어남. 2000년 4월에 수천 명의 인도인이 미국특허청 앞에서 시위를 벌이면서 외교적 마찰까지 빚어진 사태였음

증명표장의 국제적으로 유명한 사용 예는 미국의 UL마크(⑪) 및 코튼마크() 이다. UL마크는 미국보험업자협회가 지난 100여 년간 관장해외 세계 최대의 전기·전자분야 공업규격으로 외국업체가 미국시장에 진출하기 위해서 마크를 득하지 못하면 시장진출이 불가능할 정도로 정평이 난 대표적 해외 인증마크이다. 코튼마크의 경우 인증업체의 자격요건으로는 제품 내 면 함량이 50% 이상이고 면은 100% 미국 코튼이면서 심사를 위한 제품정보 확인양식 등 미국 내 가이드라인을 따라야 한다.

우리나라에 등록된 증명표장의 사례를 보면 <그림 3-9>와 같다.

증명표장은 상품이나 서비스업의 산지·원재료·제조방법·수량·정밀도 및 기타 특성을 증명·보증하기 위하여 사용된다는 점에서 품질보증적 기능을 주된 기능으로 한다. 따라서 출원인은 해당 증명표장을 자신의 업에 사용하지 않고 보증하는 주체이다. 그리고 이와 같은 이유로 증명표장 등록을 받은 자는 그 표장이 사용되는 상품 또는 서비스업에 동일한 표장을 상표 또는 서비스표로 등록받지 못하게 하고 있다.

또한 증명표장은 단체표장과 같이 지리적인 표시를 동일하게 다루고 있다. 현저한 지리적 명칭은 상표의 등록불가 요건이다. 하지만 지리적표시단체표장과 같이 증명표장에서도 지리적표시증명표장을 두고 있다. 우리나라에서 제1호로 등록된 지리적표시증명표장은 부안군에서 출원하여 2016년 3월 등록된 **부안쌀** (공고번호 48-2016-0027796호)[46]이다. 부안군에서는 증명표장을 출원하기 전부터 지역 공동브랜드인 '천년의 솜씨' 상표를 출원하여 품질관리를 지속했으며, 2013년부터 4년 연속 국가브랜드 대상 '지역/농식품브랜드'에 선정될 정도로 명성과 품질을 인정받고 지리적표시증명표장 권리를 확보한 것이다[47].

「부안쌀」 단체표장의 사용조건에 관한 사항에서는 품질 특성의 유지를 위한 '품질관리 기준'을 제시하고 있으며, 사용자의 관리책임과 함께 손해에 따른 배상 및 승인취소 등 위반 시의 제제를 엄격하게 관리하고 있다.

---

46) 지정된 상품류는 제30류(쌀의 원산지 증명, 쌀의 단백질 함량, 품종 혼입율, 도정도·싸라기·이물·분상절립·피해립의 품위, 수분 및 성분 함량, 잔류 유해물질 검사를 통한 품질의 우수성 증명)와 제31류(미가공 벼의 원산지 증명, 미가공 벼의 단백질 함량, 품종 혼입율, 도정도·싸라기·이물·분상절립·피해립의 품위, 수분 및 성분함량, 잔류 유해물질 검사를 통한 품질의 우수성 증명)
47) 특허청. 부안군 "부안쌀", 지리적표시증명표장 제1호로 등록. 보도자료. 2016.

증명표장 제도는 기존의 단체표장제도 및 인증마크, 국립품질관리원의 지리적표시제와 관계에서 충돌 및 운영상 혼란을 초래할 수 있는 여지[48]가 있으므로 향후 농산업을 포함한 산업발전을 위하여 적절한 발전 방향을 검토할 필요가 있다.

아래 <표 3-8>은 상표와 단체표장, 그리고 증명표장에 따른 기능, 사용주체 및 그 사용에 따른 비교표이다.

<표 3-8> 상표, 단체표장, 증명표장의 비교

구분	상표	단체표장	증명표장
기능	상품의 출처표시	사용자가 단체원이라는 출처표시	제품 등의 품질 및 특성을 증명·보증
사용 주체	상표 소유자 본인	단체원만 사용 가능	정관에서 정한 기준을 충족하는 자 (증명표장권자는 사용 불가)
사용 허락	상표권자의 재량적 권한	기준에 맞는 가입자에게 사용 허락	정관을 충족하는 사용자에게 차별없이 사용 허락

▶ 시사점

상표와 상호의 구분(〈표 3-4〉) 및 상표의 등록불가 요건(〈표 3-5〉) 등을 기본적으로 이해하고, 기업인(농업인, 농산업체 포함) 등에 대한 현장 컨설팅이 가능해야 한다.

상표는 공공연구기관의 경우 연구개발(R&D)과 직접적으로 관련되지 않으나 연구개발 결과물인 기술을 이전한 기업(농산업체 등)에서 제품을 출시하며 상표를 활용하게 된다. 이때 요구되는 상표출원 및 침해발생 등에 따른 대응이 요구된다.

지리적표시단체표장 및 지리적표시증명표장의 등록요건을 이해하고, 농산물품질관리원의 지리적표시제와 구분하여 특징을 파악해야 한다.

48] 지식재산권연구센터. 증명표장제도의 도입에 따른 문제점 및 도입방안. 2001.

제4절 | 신지식재산

1. 식물신품종

식물신품종은 앞서 제2장에서 식물신품종보호법을 통해서 설명하였다. 즉 식물신품종은 특허청에 특허법 보호를 위하여 식물특허로 출원하거나 국립종자원(농작물)에 품종출원으로 보호받을 수 있다.

식물신품종의 품종출원을 통한 심사[49]는 <그림 2-11>에서 제시된 바와 같이, '출원공개' 후 서류 및 재배심사를 통해서 '심사'가 이루어지며, 심사결과 거절이유가 없을 때 '출원공고' 된다. 그리고 출원자가 품종보호료를 납부함으로써 '품종보호권 설정등록'이 이루어진다.

품종출원은 특허(출원 후 1년 6개월)와 달리 약 3개월 후 방식심사를 통하여 바로 출원공개되며 이와 동시에 임시보호권[50]이 발생된다. 이때 출원공개는 일반인 및 이해관계자들에게 그 출원 내용을 알림으로서 심사에 동참시키기 위함이다. 따라서 누구든지 심사과정에 정보를 제공할 수 있으며, 이를 통하여 심사의 객관성을 높이게 된다.

식물신품종보호법과 특허법의 특징 및 차이점은 <표 2-6>에서 제시된 바 있다. 식물신품종보호법에 따른 품종출원은 특허법적 보호와 달리 그 대상이 품종 자체에만 한정되며, 재배시험을 통한 심사절차, 보호요건, 그리고 자가채종의 예외 등 그 차이를 유념해야 한다. 무엇보다도 우리나라는 이원적 보호제도를 마련하고 있으므로 해외 권리확보 추진시 국가마다 마련된 식물신품종 보호제도의 차이를 파악해야 한다. 왜냐하면 식물신품종보호법과 같은 특별법 제도가 마련되지 않아 특허법으로만 보호되는 국가도 많기 때문이다. 따라서 국내 육성된 품종의 해외출원 시 보호받고자 하는 국가가 있을 경우 육종단계에서 권리 형성을 위한 신규성 요건의 주의가 반드시 요구된다.

본 장에서는 국립종자원의 품종출원을 중심으로 품종을 육성한 육종가가 권리를 두텁게 보호받을 수 있는 출원 절차에 대하여 알아보고자 한다.

49] 특허법에서는 출원이 있는 날로부터 3년(2016년 5년에서 3년으로 개정) 이내에 심사여부를 채택할 수 있으나 식물신품종보호법에서는 출원된 품종을 일률적으로 모두 심사하고 있음

50] 출원한 품종은 출원 공고일로부터 품종보호권의 효력이 발생되며 출원된 당해 품종에 대하여 실시할 권리를 독점하게 됨(2003년 UPOV 협정과 일치하여 법 개정: 출원공고 → 출원공개 시점)

1) 육종 신품종의 권리보호 단계에서 유의점

육종된 식물신품종의 출원 단계에서 권리 보호를 위하여 검토되어야 할 사항을 단계
별로 정리를 하면 <그림 3-10>과 같다.

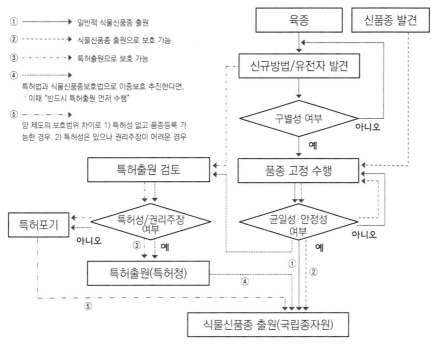

그림 3-10 식물신품종 육성단계에서 권리보호 절차

앞서 설명한 바와 같이 품종을 육성하는 육종가가 국내의 이원화된 식물신품종에 대
한 두터운 권리보호를 위해서 어떤 방향으로 권리를 보호받을 것인가!

두 개의 제도 중 하나를 선택할 수 있으며 둘 모두를 진행할 수도 있다. 중요한 것은
두 제도가 신규성 요건을 달리하고 있다는 것이며, 해외 국가에서의 권리형성을 함께 검
토해야 한다.

<그림 3-10>의 식물신품종 육성단계에서 권리보호 절차는 두 개의 제도를 모두 선택
하고자할 때 절차이며, 아래와 같이 설명할 수 있다.

〈식물신품종 육종 단계에서 권리보호 절차 및 검토〉

❶ 신품종이 발견인가?
   − 발견은 특허로 보호가 불가하며, 균일성·안정성을 갖추기 위한 노력이 있을 때 국립종자원 품종출원으로 보호받을 수 있음
❷ 신품종의 기존 근연종과 구별되는 차별적 성질(구별성)을 갖추도록 처리하는 과정 등에서 새로운 방법이나 유전자 등이 적용되었나?
   − 새로운 품종을 만드는 과정에서 신규성 있는 방법이나 유전자 등은 특허로 보호받을 수 있음
❸ 육종 단계에서 구별성 여부를 판단함
❹ 구별성이 있다고 판단될 때 균일성·안정성을 위한 품종으로 고정 작업을 수행함
❺ 균일성·안정성 여부를 판단함(오랜 기간 소요)
❻ 균일성·안정성이 있다고 판단될 때 특허청에 특허출원을, 국립종자원에 품종출원을 수행함
   − ④의 경우로, 양 기관에 모두 출원할 시 앞서 설명된 신규성의 차이점을 이해하고 반드시 특허청 특허출원을 먼저 수행 (→ 출원일이 하루라도 앞서면 문제되지 않음)
   − ⑤의 경우로, 특허성이 없더라도 국립종자원 품종출원을 고려할 수 있음(→ 보호요건이 다름, 즉 특허적 진보성이 없더라도 품종출원 보호의 구별성이 인정되는 경우)
❼ 특허청 특허출원 및 국립종자원 품종출원을 통하여 권리를 보호받음

서술된 <검토1> 및 <검토2>는 실제 상황에 따라 다르게 판단될 수 있으나 육성가가 중요하게 이해해야 할 부분은 양 제도의 신규성 차이다.

2) 식물신품종의 권리화 방향 및 절차

앞서 설명한 바와 같이 식물신품종의 권리화 방향은 두 가지 이원화된 체제를 고려할 수 있다. 아래의 두 예는 권리화에 성공 및 실패한 사례이다.

먼저 첫 번째는 성공사례는 앞서 제2장에서 설명한 신품종 '탐나'의 경우이다. '탐나' 품종에 대하여 출원인인 제주특별자치도는 품종보호 출원(공보 제193호)과 특허출원(등록 10-1602245호)를 절차적으로 진행하여 국내에 두 권리를 확보하였다. 즉, 하나의 품종을 육성하기 위하여 쏟아부은 연구비를 고려할 때 가치있는 권리를 확보하는 결과를 이뤄냈다고 판단된다.

두 번째는 쌈추 신품종에 대한 권리화 실패사례이다.

육성자는 배추와 양배추의 잡종에 이수성 육종법을 적용하여 2n=40의 염색체수를 갖는 신품종 쌈추를 육성하였다. 쌈추는 낱개 잎으로 수확하여 상추 대용으로 사용할 수 있

고 샐러드 용도로도 적합한 특성을 갖는다. 육성자는 쌈추에 대한 권리를 확보하고자 국립종자원과 특허청에 각각 품종과 특허를 출원하였다.

국립종자원의 품종출원 정보는 <표 3-9>와 같다.

<표 3-9> 삼추의 품종출원 정보

출원번호	1999-54	공개번호	임시보호권 1999-61
출원일	1999년 9월 9일	공개일	1999년 11월 15일
품종명	쌈추	현재상태	거절결정
학명	Brassica rapa subsp. pekinensis	거절일	2001년 4월 16일

삼추는 거절결정되었으며, 거절결정 주문을 확인한 결과, 재배심사에서 식물신품종보호법의 균일성 요건(제16조제3호)을 갖추지 못하여 동법 거절결정(제42조 제1항 제1호) 조항에 의거 거절되었다.

그리고 삼추의 특허청 특허출원 정보는 <표 3-10>과 같다.

<표 3-10> 삼추의 특허출원 정보

출원번호	10-2000-0054639	공개번호	특2000-0072651
출원일	2000년 9월 18일	공개일	2000년 12월 5일(조기공개)
출원명	식물신품종 쌈추 및 그 육종방법	현재상태	거절결정
		거절일	2002년 4월 1일

특허를 통해서 육종가는 식물신품종 쌈추의 육종방법(청구1항)과 함께 신품종 자체인 쌈추(청구2항)에 대한 권리를 확보하고자 시도하였다. 하지만 출원된 특허마저도 거절결정되었는데, 거절이유는 "그 출원 전에 품종보호 공보 제16호(1999.11.15. 발행)로 발간되어 공지된 품종보호출원서(1999년 9월 9일 출원)는 동일인에 의해 발명되고 출원된 것으로 쌈추를 육종하는 방법 및 과정이 기재되었다"라고 명시하고 있다.

결국 쌈추 육종가는 품종 출원에 있어서 균일성 요건에 의하여 국립종자원 권리 확보는 어렵다고 하나 특허청에 출원한 특허의 육종방법이나 쌈추 자체의 품종에 대한 권리는 발명의 진보성이 검토도 되지 못한 상태에서 스스로의 품종출원(번호 1999-54)이 9일 먼저 이루어졌다는 이유로 거절된 것이다. 특허청으로 특허 출원이 먼저 이루어지고 국립종자원 품종 출원이 이루어졌으면 특허 권리를 확보하는 데 문제가 없었을 것이다.

육성된 신품종은 권리보호를 위하여 품종출원(국립종자원)과 특허출원(특허청) 중 어느 하나를 선택하거나 모두를 출원할 수 있고, 또한 이어서 해외 출원까지 검토할 수 있다. 이를 품종육성 연구단계에서 연구자는 기간 경과와 함께 <그림 3-11>과 같이 단계적으로 권리보호를 챙길 필요가 있다.

신품종 육성은 오랜 기간이 소요된다[51]. 기존 근연품종 대비 구별되는 특징을 유도한 후 다음 세대에까지 지속적으로 그 구별되는 특성이 균일하고 안정적으로 재현되어야 한다. 신품종 육성의 구별되는 특징을 유도하기 위해서는 다양한 방법[52]을 적용하게 되며 이와 같은 과정에서 유도된 특징은 다음 세대, 그 다음 세대를 이어서 고정固定 과정균일성·안정성을 거치면서 해당 품종 및 방법에 대한 권리보호를 고려하게 된다.

새로운 품종이 육성되면 그 품종에 대한 권리를 확보하여 국민에게 실시권을 부여함으로써 종자·종묘 시장을 안정되게 형성시켜야 한다. 또한 시장으로 권리를 두텁게 확보하기 위해서는 국내에서 <그림 3-10>과 같이 특허청에 식물특허 출원 및 국립종자원의 품종출원을 단계적으로 검토할 수 있다. 이를 해외 권리확보까지 품종육성단계에서 기간 경과에 따라 살펴보면 <그림 3-11>과 같이 추진할 수 있을 것이다.

전통 육종의 경우 오랜 기간이 소요되겠지만 다양한 육종 방법을 고려하여 목적에 맞는 특성(구별성)을 갖춘 품종을 선발하고 균일·안정성 지역시험을 진행하는 것으로 가정하였다. 품종출원(국립종자원)의 신규성은 사업화 여부를 기준으로 하기 때문에 제3자에게 공개여부를 따지는 특허의 신규성 기준을 먼저 주의해야 한다. 따라서 품종 자체뿐만 아니라 새롭게 적용된 육종 방법이 효과적일 때 그 방법도 함께 특허출원을 수행할 수 있다.

<그림 3-11>에서 '특허출원(원천) A'는 제3자에게 공개되기 전에 육종된 품종 및 그 방법 등의 최초 출원이며, 이어서 개량1(A'+B)이나 개량2(A'+C)와 같은 개량 연구가 기간 내어 이어질 수 있다. 이때 개량1은 원천 출원된 A'기술(신품종 또는 방법)에 B기술이 추가된 것으로 추가기술의 내용은 다양할 것이다.

---

51) 육종은 작물의 수량이나 품질 향상을 높이고 병충해 피해로부터 저항성을 높이는 등 다양한 목표를 세우고 육종 재료 및 방법을 통해서 많은 변이를 만들고 그 중 목적에 맞는 구별성을 갖춘 우수한 품종을 선발하게 됨. 그 후 선발 품종의 생산성과 지역적응성균일·안정성에서 우수함이 입증되면 신품종으로 등록을 추진하게 됨. 즉 육종은 작물마다 다르나 보통 10년 이상 소요된다고 할 수 있음

52) 육종 방법으로는 도입 육종(새로운 특성의 해외 식물을 도입해 개량), 교잡 육종(해당 품종에 없는 특성을 품종 및 종속 간 교배로 변이를 유도하여 고착화), 돌연변이 육종(자연 또는 인위적인 변이를 유도), 배수성 육종(염색체를 늘이거나 줄여 생기는 변이를 유도) 등이 있음

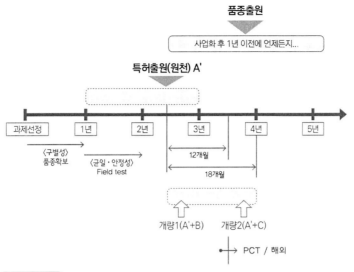

품종출원

사업화 후 1년 이전에 언제든지...

특허출원(원천) A'

| 과제선정 | 1년 | 2년 | 3년 | 4년 | 5년 |

〈구별성〉
품종확보

〈균일·안정성〉
Field test

12개월

18개월

개량1(A'+B)　개량2(A'+C)

PCT / 해외

그림 3-11 품종육성 연구단계에서 기간 경과에 따른 권리보호 유의점

특허출원(원천) A'으로부터 1년 내에 이루어진 개량1 특허는 한 건 이상일 수 있으며 해외 특허출원을 고려할 시 우선권주장 제도에 따라 1건의 특허로 묶어서 PCT 등의 해외 출원을 수행할 수 있다. 또한 개량2와 같이 특허출원(원천) A'의 출원일로부터 1년이 도과되어 우선권주장을 할 수 없더라도 특허가 공개(최초 출원일로부터 1년 6개월)되기 전에 특허출원이 이루어질 수 있다.

이와 같이 A'의 원천기술이 공개되기 전, 기술을 발전시켜 B나 C 기술을 접목시킴으로 개량 특허를 출원할 때 최초 출원된 A'이 특허성이 있다면 특허청 심사에서는 A'과 접목되어 공개 전에 후출원된 B나 C 기술에 대해서도 특허의 진보성inventive step을 살피지 않고 A'+B 및 A'+C 기술은 등록이 성사될 것이다.

그리고 국립종자원 품종출원은 제3자의 공개여부와 상관없이 특허출원(원천) A', 개량 1(A'+B)이나 개량2(A'+C)에 대하여 사업화 여부를 고려하여 1년 이전에 출원이 이루어지고, UPOV 가입국으로 해외출원을 진행할 수 있다.

2. 지리적표시

아무리 술을 멀리하는 사람이라도 보르도Bordeaux 와인이나 꼬냑Cognac 브랜디, 스카치 (Scotland의 다른 명칭) 위스키를 얘기하면 알 것이다. 이들은 바로 상표가 생산지 명칭이란

점이며, 이것이 바로 지리적표시제라는 지식재산으로 관리되는 있는 선진국의 사례이다.

유럽에서는 수많은 와인이 오래 전부터 대부분 원산지 이름을 붙여 상표화되었으며 파리협약 등 다양한 협정에 의존하다가 세계무역기구WTO가 출범되면서 지식재산권 협정 TRIPs 채택을 통하여 국제규범[53]으로서 실질적 효력 발생이 시작된 것이다.

우리나라의 지리적표시 역시 이 시기에 등장하였는데, 1999년 1월 개정된 농산물품질관리법에 지리적표시제를 도입하였고, 다음 해부터 전면 실시[54]하였으며, 농산물품질관리원[55]이 등록접수 관할기관이 되었다.

이와 같은 지리적표시제는 특정 지역의 농산물에 해당 지역명을 표기함으로써 효과를 나타내는데, 그 지역의 오랜 유명성 및 역사성에 바탕을 두고 지리적표시의 해당 제품은 그 품질적 가치가 빛을 얻는 것이다. 따라서 이를 위해서는 지역명칭과 그 지역의 특산 품목이 그 품질의 빛을 잃지 않도록 꾸준히 관리되어야 하며, 이를 통하여 지역경제의 활성화가 이루어진다.

지리적표시는 앞서 언급했듯이 농림축산식품부 산하 농산물품질관리원에서 관리하는 지리적표시제 외, 특허청의 상표(지리적표시단체표장 및 지리적표시증명표장)로도 보호될 수 있으나, 여기서는 지리적표시제를 중심으로 설명하고자하며, 유사한 지리적표시단체표장과의 차이점은 <표 3-11>과 같다.

<표 3-11> 지리적표시와 지리적표시단체장의 구별[56]

구분	지리적표시제(농산물품질관리법)	지리적표시단체표장(상표법)
목적	품질관리 및 소비자 보호 통한 소득증대 이바지	상표의 보호를 통한 사용자의 업무상 신용유지를 도모하여 산업발전 이바지
생산 및 가공 (해당 지역)	생산(재배) 및 가공한 단체로 구성된 법인	생산(재배) 또는 가공한 자만으로 구성된 법인
대상 품목	농산물 및 그 가공품 중 농림축산식품부 고시품목	모든 상품(공산품 포함)

---

53) 상품의 품질, 명성 등의 다양한 특성이 본질적으로 지리적 근원에서 비롯되는 경우 회원국의 영토나 지역, 지방을 원산지로 하는 상품임을 명시하는 표시(TRIPs 제22조)를 일컬음
54) 상표법의 지리적표시단체표장은 2005년부터 실시되어 농축산물, 임산물, 수산물뿐만 아니라 공산품도 포함시킴
55) 농산물은 국립농산물품질관리원, 임산물은 산림청이 등록접수 관리기관임
56) 출처) 농림축산식품부. 2010.12. "농어업·농어촌 지식재산관리시스템 도입방안 연구"참조 ☞ 농업기술실용화재단에서 용역과제 수행

구분	지리적표시제(농산물품질관리법)	지리적표시단체표장(상표법)
등록요건	– 유명성, 역사성, 지리적 특성 (품질의 우수성 필요) – 대상지역에서 생산된 농산물 또는 가공된 품목	상표요건 및 지리적 특성 만족 (품질의 우수성 불필요)
인증마크	별도 등록마크() 부여	지역 + 품목명으로만 구성
사후관리 (무효 및 취소)	품질관리 유지 위한 관계공무원의 조사	이해관계자 무효심판 외 없음
침해 대응	– 거짓 허위표시제 처벌 가능 (침해금지 및 손해배상청구 불가) – 제3자의 지리적표시 사용을 금지할 수 없음	침해죄에 대한 민·형사상 처벌 가능
등록증(예)		

먼저 지리적표시제의 지리적표시 신청자는 법인[57] 자격으로 농수산물을 공동으로 생산 및 가공 또는 판매하기 위한 전문 생산자 조직이어야 한다. 이와 같이 해당 상품의 생산자들로 모인 조직화된 법인은 해당 품목에 대한 신청등록을 위해서 다음과 같이 유명성, 역사성, 지리적 특성의 요건을 만족시켜야 한다. 그리고 해당 품목은 대상 지역 안에서 생산과 가공이 동시에 이루어지는 지역성을 갖춘 품목이어야 한다.

유명성	해당 품목의 우수성이 국내나 국외에서 널리 알려짐
역사성	해당 품목의 생산과 대상 지역 간에 역사가 깊어야 함
지리적 특성	해당 품목의 특성이 대상지역의 자연 환경적 요인에 기인되어져야 함

---

57) 법인 단체의 조건은 영농조합법인, 사단법인, 농협, 축협, 인삼협, 농업회사법인 등이며, 예외적으로 개인을 인정함. 법인 단체의 역할은 등록된 지리적표시 기준의 준수 여부와 차체 품질관리 관련 교육 등을 실시하고 각종 침해행위로부터의 방어 및 차체 품질관리를 위한 노력과 함께 대책을 지속적으로 강구하여야 함

지리적표시 신청 시 대상지역의 범위와 함께 사후 품질관리에 사용될 자체 품질관리 기준을 포함한 정관 및 생산계획서가 구비되어야 하며, 지리적표시 등록신청 절차는 다음 <그림 3-12>와 같다.

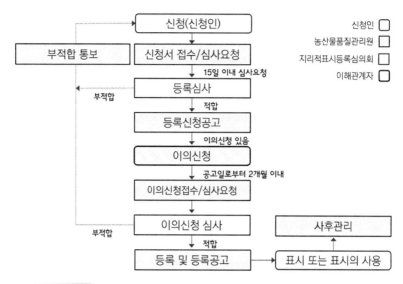

<그림 3-12> 지리적표시 출원 절차(참조. 농산물품질관리원 홈페이지)

지리적표시는 해당 지역의 공동재산이며 등록심사를 통한 등록신청공고에 대하여 누구든지 이의신청이 가능하다. 이때 등록심사 및 이의신청 심사는 농산물품질관리원 내 지리적표시등록심의회에서 수행한다. 지리적표시는 등록신청공고 후 기간(2개월) 내 이의신청이 없거나 이의신청 심사결과 정당한 사유가 없이 적합하다고 판단될 때 지리적표시의 등록이 이루어지며, 등록증을 발급하고 등록을 공고하게 된다.

지리적표시제로 등록되면 아래와 같은 지리적표시제 등록마크를 사용할 수 있으며, 그 인증마크는 그림과 같이 변경되었다.

<그림 3-13> 지리적표시 인증마크의 변경

국내의 지리적표시 물품 등록현황을 보면 <표 3-12>와 같이 "농산물" 지리적표시는 2002년 '보성녹차'가 제1호로 등록된 이후 2018년 3월 '기장쪽파'가 제 105호[58]로 등록되었으며, 그 외 "임산물"은 '평창산양삼'이 제 55호(2017.6)로, "수산물"은 '고흥김'이 제 21호(2015.5)로 등록되었다.

농산물품질관리원의 지리적표시제는 농산물품질관리법으로 관리되며 특허청의 지리적표시단체표장은 상표법에 따른다. 따라서 출원인은 두 제도의 장·단점을 고려하여 출원할 필요가 있다. 지역 특산 품목을 지리적표시를 활용하여 부가가치를 높이는 방향은 농식품 및 농산업의 6차산업 활성화 정책과 맞물려 매우 적절한 방향이다. 따라서 농촌진흥기관 (특히, 농업 지도직 공무원)은 해당 지역 지역특산물 농가의 결집을 통하여 부가가치를 높일 수 있는 적절한 유도가 필요하다. 지리적표시 출원 단체는 등록 후 품질관리가 중요한데, 기존 농산물과의 차별적 관리를 통하여 소비자의 인지도를 높이는 노력이 지속적으로 요구된다.

<표 3-12> 농축산물 지리적표시의 도별 현황[59]

지역	등록 명칭
경기(7)	이천쌀, 강화약쑥, 여주쌀, 김포쌀, 안성배, 안성쌀, 안성한우
강원(13)	철원쌀, 홍천찰옥수수, 횡성한우고기, 정선황기, 정선찰옥수수, 진부당귀, 홍천한우, 영월고추, 삼척마늘, 원주치악산복숭아, 영월고춧가루, 강릉한과, 인제콩
충북(6)	괴산고추, 괴산고춧가루, 충주사과, 단양마늘, 영동포도, 괴산찰옥수수
충남(7)	한산모시, 청양고추, 청양고춧가루, 예산사과, 금산깻잎, 서산팔봉산감자, 천안배
전북(6)	고창복분자주, 순창전통고추장, 고창복분자, 군산찰쌀보리쌀, 무주사과, 군산쌀
전남(28)	보성녹차(2002.01.25), 해남겨울배추, 고흥유자, 진도홍주, 무안양파, 무안백련차, 광양매실, 보성삼베, 영암무화과, 해남고구마, 함평한우, 진도대파, 영광찰쌀보리쌀, 여수돌산갓, 여수돌산갓김치, 담양딸기, 보성웅치올벼쌀, 영광한우, 나주배, 고흥한우, 진도검정쌀, 거문도쑥, 영광고추, 영광고춧가루, 고흥석류, 진도울금, 고흥마늘, 영광모싯잎송편

---

58) 등록자는 기장쪽파영농조합법인이며, 대상지역은 부산광역시 기장군 일원으로 해안지역에서 재배되는 기장쪽파는 청정해풍의 영향으로 초장이 다소 짧고 굵기가 얇아 고유의 향이 짙고, 기장 지역의 황토 토질이 쪽파의 향, 맛, 당도 등을 더욱 높여 신선상태에서는 맵지만 익혀서 요리할 경우 달콤한 맛을 내는 고품질의 쪽파를 특징으로 함 (출처. 국립농산물품질관리원)

59) 출처) 농림축산식품부 농관원 보도자료(2015.3.31.) 참조 및 자료 Up-grade

지역	등록 명칭
경북(12)	영양고춧가루, 의성마늘, 성주참외, 청송사과, 영천포도, 영주사과, 김천자두, 김천포도, 청도한재미나리, 고령수박, 고령감자, 포항시금치
경남(12)	하동녹차, 밀양얼음골사과, 남해마늘, 창녕양파, 서생간절곶배, 함안수박, 사천풋마늘, 의령망개떡, 창녕마늘, 부산대저토마토, 진영단감, 기장쪽파(2018.03.19)
제주(3)	제주돼지고기, 제주녹차, 제주한라봉
전국(8)	고려홍삼, 고려백삼, 고려태극삼, 고려인삼제품, 고려홍삼제품, 고려수삼, 고려흑삼, 고려흑삼제품

농림축산식품부에서는 지리적표시 등록 후 생산자 단체의 자발적인 품질관리 노력 및 지방자치단체의 관심도 부족, 그리고 기존 농산물과의 차별화 미흡 등을 지적하며 이에 대한 개선 노력의 필요성을 제시하고 있다. 즉, 농식품의 부가가치 제고 및 판로확대를 위하여 생산자 단체는 지속적으로 지리적표시 제품의 차별성 유지를 위해 노력해야 한다. 유럽 등 선진국의 지리적표시가 오랜 기간을 통하여 신뢰를 구축함으로써 그 지역의 명물이 된 것과 같이 추진되어야 한다.

이렇듯 지리적 표시는 상품의 원산지를 표시하면서 동시에 소비자에게 지역에 특성을 전달하는 브랜드brand로서의 역할을 하게 된다. 국가별로 지리적표시의 보호제도나 방법은 차이가 있으며, FTA 등의 통상을 통해서 요구하는 보호 범주에도 국가별로 입장 차이가 있다. 우리나라는 농수산물품질관리법을 통하여 지리적표시 등록제도를 도입(1999년 7월) 하였고, 상표법을 개정(2004년 12월)하면서 상표제도 안에 지리적표시단체표장을 신설하였다. 즉, 이중으로 보호되고 있는 현실에서 두 제도는 EU의 지리적표시보호인 PGI Protected Geographical Indication나 원산지명칭보호인 PDOProtected Designation of Origin와 같이 체계적 관리로의 발전을 꾀하여야 할 것이다. 또한 지역의 영농조합법인 등에서 지리적 표시와 관련하여 출원을 하고자 할 때 지리적표시제(농산물품질관리원) 및 지리적표시단체표장(특허청)에서 무엇을 선택하는 것이 브랜드로서 소비자에게 더 널리 인식되고 권리로서의 보호에도 더 효율적인지를 상황에 맞게 선택할 수 있도록 고려되어야 할 것이다.

3. 유전자원과 전통지식, 향토자원

그 밖의 농업 분야 신지식재산으로는 유전자원이나 전통지식, 그리고 향토자원 등이 있다.

❶ **유전자원**은 무한한 경제적 가치를 지닌 국가자산으로서 이를 안전하게 보존·관리하고 지속 가능하게 이용할 수 있도록 노력해야 하는 자원이다. 생명산업에서 유전자원은 육성소재로서 유전물질generic material, 즉 유전적 기능단위를 포함하는 미생물, 식물, 동물 및 유전적 기원이 되는 물질 중에서 잠재적으로 가치를 지닌 것이므로 무한한 부가가치를 창출할 수 있는 국가자원으로 인식되고 있다. 따라서 세계 각국은 유전자원[60]의 관리체계 구축을 위하여 적극적으로 노력하고 있다. 생물다양성협약, CBDConvention on Biological Diversity[61]는 이와 같은 생물 유전자원을 국제적으로 보호하기 위한 협약으로 자원제공국(인도 및 브라질과 같은 비선진국) 및 자원이용국(선진국) 간에 유전자원의 개발 및 이용에 따른 접근 및 이익 공유[62]의 논쟁을 거치면서 유전자원의 중요성은 더욱 크게 확대되고 있다.

❷ **전통지식**은 유전자원에 의하여 효능을 갖는 전통의약, 전통식품과 함께 전통미술, 전통음악 등의 민속표현물 및 민간전승물을 포함한다. 즉, 전통지식은 특정한 지역의 문화, 사회에 연관되어 문화적으로 개발되어 온 지식으로 사람들 집단 속에 존재하게 된다.

따라서 전통지식은 인간의 창조적 활동 및 경험에 의하여 만들어진 지식재산이라고 볼 수 있으나 배타적인 권리화 관점에서는 가부의 명확한 선이 그어진다. 즉, 유전자원은 오랫동안 계승되어 온 전통지식에서 그 효과를 나타내는 물질을 새롭게 밝힘으로서 특허성(신규 및 진보성)을 확보할 수 있으나 전통지식은 오래전부터 알려진 지식이므로 특허성이 없고 또한 어느 특정인의 소유물이 될 수 없다.

문제는 여기에서부터 시작된다. 오랫동안 전통지식으로 사용한 생물자원 보유국의 전통의약 처방을 분석하여 선진국에서 핵심 효능 물질을 특허로 출원한다는 것이다. 그리고 그 보유국까지 진입하여 배타적 권리를 갖는 경우이다.

사례 최근 큰 이슈가 되었던 조류독감(AI)의 바이러스 치료제, Tamiflu®가 그 대표적인 예이다. 이는 중국 토착식물로 오랫동안 향신료로 널리 쓰이는 한약재, 팔각회향

---

60) 농업생물자원이 포함하고 있는 것으로서 실제적이거나 잠재적인 가치를 지닌 유전물질을 말하며, 이 중에서 종자·영양체營養體·화분花粉·세포주·유전자·잠종蠶種·종축種畜·난자卵子·수정란受精卵·포자胞子·정액精液·세균細菌·진균眞菌 및 바이러스 등으로 구분(출처. 농업생명자원의 보존관리 및 이용에 관한 법률, 제2조 제1항)

61) 1992년 브라질 리우에서 열린 유엔환경개발회의UNCED에서 채택된 생물다양성 보전 및 자국내 생물자원의 주권을 재확인하는 국제협약으로써 인구증가, 야생동식물 남획, 개발 및 환경오염으로 인해 지구에서 멸종되어가는 생물다양성을 보존하기 위한 목적을 가짐

62) CBD-ABSAccess and Benefit Sharing on Genetic Resources. 나고야 의정서2010년 10월 채택를 통하여 생물자원의 ABS 부분 달성 계기를 마련(생물 유전자원의 이용 및 이익 공유에 관한 국제적 법률 제정을 추진)

(Star Anise, *Illucium verum*)에서 면역력을 높이는
시킴산Shikimic acid 생물자원 성분을 이용한 것이다.
스위스 제약사 로쉐(Roshe)는 특허권을 미국
제약사인 길리어드 사이언스(Gilead Sciences)로부터
이전[63]받아 합작 개발한 후 독점하면서 엄청난
판매이익[64]을 얻게 되었고, 원산지인 중국은 어떤
혜택도 얻지 못한 상황이었다.

출처　시사저널

(51) . Int. Cl.⁶ C07D 309/28 A61K 31/55		(45) 공고일자 (11) 등록번호 (24) 등록일자	2005년10월11일 10-0447096 2004년08월25일
(21) 출원번호 (22) 출원일자 번역문 제출일자 (86) 국제출원번호 국제출원일자	10-1997-0705932 1997년08월26일 1997년08월26일 PCT/US1996/002882 1996년02월26일	(65) 공개번호 (43) 공개일자 (87) 국제공개번호 국제공개일자	10-1998-0703600 1998년12월05일 WO 1996/26933 1996년09월06일

(81) 지정국

국내특허 : 오스트레일리아, 바르바도스, 불가리아, 브라질, 캐나다, 중국, 체코, 에스토니아,
그루지야, 헝가리, 아이슬랜드, 일본, 북한, 대한민국, 스리랑카, 리베이라, 리투아니아, 라트비
아, 마다가스카르, 몽고, 멕시코, 노르웨이, 뉴질랜드, 폴란드, 루마니아.

AP ARIPO특허 : 케냐, 말라위, 수단.

EA 유라시아특허 : 아르메니아, 벨라루스, 키르키즈스탄, 카자흐스탄, 몰도바, 러시아.

EP 유럽특허 : 오스트리아, 스위스, 리히텐슈타인, 독일, 덴마크, 스페인, 핀란드, 영국, 룩셈부
르크, 포르투갈, 스웨덴.

OA OAPI특허 : 부르키나파소, 베닌, 중앙아프리카, 콩고, 코트디브와르, 카메룬, 가봉, 기니,
말리, 모리타니, 니제르, 세네갈, 차드, 토고.

(30) 우선권주장	08/395,245 08/476,946 08/580,567	1995년02월27일 1995년06월06일 1995년12월29일	미국(US) 미국(US) 미국(US)
(73) 특허권자	갈리드사이언스인코오퍼레이티드. 미국캘리포니아포스터시티레이크사이드드라이브344		
(72) 발명자	비스코프베르거 노르베르트 베. 미국 캘리포니아 94070 사 카를로스 글래스고우 레인 105		

(54) 바이러스성또는세균성뉴라미니다제의신규한선택적저해제

63] 미국 제약회사인 갈리드 사이언스Gilead Sciences사社에서 처음 추출물을 연구(1996년 출원)한 뒤, 로슈 사가 특허권
(2016년 만료)을 이전받음(매출액의 22%는 갈리드 사이언스사 로열티) (출처. 우리나라의 나고야의정서의 가입이
바이오산업에 미치는 경제적 영향 분석. 환경정책연구 11(4):39~57)

64] Tamiflu®는 팔각회향나무(*Illicium verum*)열매 성분을 이용한 독감 치료제로 개발되어 연간 10억불(약 1조원)의
매출액 실현(출처. 나고야의정서 대응 국내외 생물자원 확보분석 및 산업화 전략 개발, 151p, 2018.2. 산업통상
부 & 한국바이오안전성정보센터)

위는 우리나라에 진입한 특허, "바이러스성 또는 세균성 뉴라미니다제의 신규한 선택적 저해제(발명의 명칭)"의 서지사항 정보이다.

관련 특허는 미국에 3건의 선출원 특허를 조약우선권 주장으로 PCT 출원을 통해 전세계 25개국으로 진입하였으며, 국제출원일은 1996년 02월 26일이다. 따라서 국제출원일로부터 20년을 기산했을 때 현재 우리나라에 진입한 특허(대한민국 등록 제10-0447096호)의 특허권 존속기간은 2016년 2월 26일이고 현재는 만료된 상태이다.

우리는 Tamiflu® 사례에서 타국의 전통지식 소재를 활용한 배타적 권리화 및 그 소재를 활용한 고부가가치 산업화를 이룬다는 점에서 유전자원의 중요성을 간과할 수 없다.

사례 또 하나의 사례로는 인도에서 전통약제로 활용되는 Neem 나무(학명: *Azadirachta indica*)의 사례이다. 인도에서는 전통 민속의학인 아유르베다Ayurveda에서 오래전부터 이를 활용해왔으나 미국의 제약회사에서 미국 및 유럽 등 국제특허를 출원한 것이다. 해당 발명은 소수성으로 추출된 Neem 오일 처리로 식물에 곰팡이를 방제하는 방법(Method for controlling fungi on plants by the aid of a hydrophobic extracted Neem oil)이며, 그 권리범위를 보면 다음과 같다.

A method of controlling fungi on plants comprising contacting the fungi with a neem oil formulation containing 0.1 to 10% of a hydrophobic extracted neem oil which is substantially free of azadirachtin, 0.005 to 5.0% of emulsifying surfactant and 0 to 99% water

오랫동안 사용되어 이미 알려진 Neem 나무의 오일이지만 이를 소수성으로 추출해서 물-base에 일정 농도로 유화시켜 사용한다는 점에서 특허성을 인정받은 것이다. 하지만 전통지식인 점을 고려하여 유럽 특허 EP 04362257호(아래 특허 명세서 서지사항)는 이의신청으로 거절되었으나 미국(USP 5,503,837) 등 일부 타국의 특허는 그대로 등록 유지되고 있는 상태이다.

이와 같이 유전자원과 전통지식에 대한 지식재산은 그 활용에 따라 매우 중요한 의미를 갖는다. 생물자원을 어떻게 보호하고 활용할 것인가에 대한 가치와 중요성을 되짚어볼 필요가 있다. 전통지식 등의 권리화 방향과 대응이 필요하며, 무엇보다도 글로벌 관계에서 우리의 자원을 해외 선진국으로부터 보호해야 할 것이다. 구전을 통해 오랫동안 사용되어 온 우리의 소중한 전통지식을 어떻게 보호할 것인가! 이와 관련하여 국제적으로 뜨겁게 논의되고 있는 생물다양성협약(CBD)과 유전자원의 접근 및 이익공유(ABS) 차원에서도 우리의 유전자원과 전통지식을 지키고 해외의 자원을 확보하는 데 중요하게 검토되어야 할 것이다.

❸ 농업분야 신지식재산으로 향토자원이 있다. 이는 전통지식과 마찬가지로 지역성 및 전통성을 기본요소로 하고 있지만 전통지식이 무형의 지식적 체계를 말한다면 향토자원은 산업적 자원, 역사적 문화자원, 생태 자연자원 등 유·무형의 자원 자체를 일컫는다. 향토자원의 지역성 때문에 최근 6차산업의 향토적 특성이 배태된 지역 특화상품은 높은 부가가치를 창출할 수 있는 이점이 있다. 하지만 이 역시 전통지식과 마찬가지로 특허 요건(신규성)을 갖출 수 없으므로 배타적 권리 확보에 어려움이 있다.

이와 같은 상황에서 특허청은 "전통산업 지식재산 경쟁력 제고 지원사업"을 통해서 지역 특산품을 중심으로 전통산업에 대한 가공, 보관방법 등 주변 기술을 권리화하고 지리적표시단체표장을 개발하여 전통산업의 시장경쟁력을 확보하고자 했다. 또한 농림축산식품부 및 농촌진흥청에서는 향토자원의 보호 및 보전을 위하여 다양한 사업을 연계·수행해왔으며, 지자체의 농산업체 및 농업인 단체의 부가가치를 높이는 방법으로 농업의 6차산업 연계도 함께 추진하고 있다.

농식품·농산업 분야의 신지식재산으로 제시된 (농업적)유전자원, 전통지식, 그리고 향
토자원을 단순히 산업재산권特許·實用新案·商標·디자인으로 권리화하기란 쉽지 않다. 앞서 설명된
한산모시(<표 2-9>)와 같이 세분화된 주변기술을 단계적으로 권리화할 필요가 있다. 그리
고 지리적표시 및 지리적표시단체표장을 통하여 지역 상품을 고품질로 관리함으로써 지
역 특산품을 관광과 축제로 연계시키는 등 고유의 지역산업으로 발전시켜야 한다. 지역성
과 차별성을 가미한 유·무형의 기술, 문화 등을 특산품에 입혀서 그 지역을 그 제품을 찾
는 새로운 농촌어메니티Amenity로 가치를 발굴하는 것이다.

◉ 시사점

육성 신품종의 권리보호는 품종출원(국립종자원)과 특허출원(특허청)으로 가능하며, 품종육성 연구
자는 두 보호제도의 차이점을 구분하여 육성 품종에 대해서 어떤 보호를 선택할 것이지 판단하고,
출원 시기에 있어서 절차적 이해가 요구된다.

〈예1〉 품종 자체에 대해서는 두 보호제도를 모두 이용할 수 있으나 육종을 위한 신규 방법이나 유
　　　전자 적용 등의 기술에 대해서는 특허로 출원이 가능하다(〈그림 3-10〉).

〈예2〉 품종의 육성(구별성, 균일성, 안정성 확보) 과정에서 품종과 특허출원, 그리고 해외출원
　　　검토 시, 신규성의 차이를 이해하고 국내 품종출원 이전에 특허출원을, 조약우선권 활용한
　　　해외 특허출원 및 UPOV 가입국을 고려한 해외 품종출원 등을 이해해야 한다(〈그림 3-10〉,
　　　〈그림 3-11〉).

우리나라의 지리적표시제(국립농산물품질관리원, 농산물품질관리법 기반)와 지리적표시단체표장(특
허청, 상표법 기반)의 보호제도 특성을 이해하고, 각 제도의 등록요건 차이와 함께 지리적 표시의
선진화를 위한 가입단체의 품질관리 노력이 요구된다.

유전자원, 전통지식, 향토자원 등은 오래전부터 계승되어 오는 신지식재산으로 법적 보호가 어렵
다. 우리의 것을 지키면서 그 가치를 산업적으로 접목시켜 계승·발전시켜나가야 한다.

제5절 | 해외 권리의 확보

1. 속지주의 및 우선권주장 제도

1) 지식재산의 속지주의

특허를 포함한 지식재산은 무형자산으로써 권리를
보호받으려면 해당 국가에 관련 지식재산 법(또는
규정)이 마련되어있어야 한다. 또한 주장하고자 하는
권리의 지식재산이 그 해당국가에 등록되어야
권리주장이 가능함은 당연하다. 이를 속지주의[65]에
의한다고 일컬으며, 권리를 주장하고자 하는 국가에

지식재산(특허 등)을 출원하더라도 그 나라에 보호 법률에 따라서 심사 및 등록, 권리행사
등의 법률적 행위가 적용된다는 의미이다. 이는 우리나라에 특허를 출원하더라도 그 동일
한 특허를 중국이나 일본에 출원해야 해당 국가에서 권리주장의 기회가 생기고, 출원하더
라도 각국의 심사 기준 및 절차에 차이가 있으므로 등록 시 권리범위가 다르게 형성될 수
있다. 그리고 권리행사 과정에서도 침해발생 시 각국의 민·형사적 법률에 지배를 받게 된다.
이와 같이 타국에서도 권리확보를 받기 위해서는 그 나라에 출원이 이루어져야 하는
데, 특히 농산업에 있어서 식물신품종의 경우 식물특허가 아닌 국립종자원의 품종출원으
로 해외에 진출하고자 할 때 먼저 해당국가가 품종 보호 가능한 국제식물신품종보호연맹
가입국(UPOV)[66]인지 여부를 살펴야 할 것이다. 실례로서 벼도열병 및 벼물바구미 등 병충
해病蟲害로부터 저항성이며 다수성인 벼 신품종을 육종하여 국내 국립종자원에 품종 출원했
다. 그리고 향후 다른 동남아 쌀 소비 국가로 품종 수출을 위하여 말레이시아나 인도네시아,
필리핀 등의 국가에 품종 수출을 진행하고자 검토했으나 UPOV를 통한 품종보호가 어렵
다는 심각한 문제점에 부딪힌 사례가 있었다. 왜냐하면 상기 세 국가 모두가 UPOV에 가
입되어있지 않았기 때문이다. 따라서 이와 같은 국가로의 해외출원은 모두 WIPO 가입국
들이므고 특허법에 의하여 식물특허 출원으로만 권리 보호가 가능한 국가들인 것이다.

---

65) 지식재산권에 있어서 특허 등 지식재산권의 성립, 소멸 및 그 내용이 그 지식재산권을 부여한 국가의 법률에 의해
서 결정되고 그 효력도 지식재산권 부여국의 주권이 미치는 범위 내에서만 인정된다는 원칙을 말함
66) UPOV 가입국은 2017년 현재 74개국이며, 아시아의 경우, 일본, 중국 ,이스라엘, 한국(2002.1.7, 50번째 가입
국), 싱가포르, 요르단, 베트남, 오만, 그루지야, 키르기스스탄, 우즈베키스탄, 아제르바이잔까지 12개국임

그렇다면 권리의 실시實施에 대한 범위는 어디까지 미칠까?

상기의 국내 출원된 신품종의 경우 인접국가인 중국이나 일본에 특허를 출원하지 않았으므로 그 나라에서 생산하여 판매하는 행위는 특허권이 미치지 않는다. 하지만 그 곳에서 생산된 물건을 국내 누군가가 수입하여 판매한다면 수입 및 사용의 실시 차원에서 권리가 형성된 국내의 침해 규제를 받게 된다. 이와 같은 특허의 침해 실시實施는 생산, 사용, 양도, 대여, 수입 및 청약 등의 행위를 포함한다.

따라서 출원 국가는 해외 출원의 높은 비용을 감안하여 핵심 국가를 우선적으로 선택할 필요가 있다. 특허나 디자인, 상표, 식물신품종 등 출원하고자 하는 기술에 대하여 세계 시장을 고려할 시, 미국US이나 중국CN 등 해당 기술의 유력한 제조국가에 권리를 획득함으로써 저렴한 비용으로 경쟁 기업을 제압하거나 기술이전율을 높일 수 있는 기회를 마련하는 것이다. 기술의 실시에 따른 분쟁에 대해서는 제6장에서 상세하게 다루었다.

2) 우선권주장 제도를 활용한 해외출원

해외 권리의 확대에서 우선권주장 제도의 활용은 본 3장의 <제도의 이해 및 활용>에서 국내우선권과 유사한 조약(국제)우선권 제도를 활용할 수 있다.

해외출원에서 있어서 조약우선권이란 산업재산권의 국제적 보호조약인 파리협약에 근거하고 있다. 즉 파리조약 동맹국[67] 중 어느 1국에 출원한 내용에 대하여 그것과 동일한 내용을 다른 나라에 출원하고자 할 경우 선先출원한 국가의 출원일로부터 1년 이내에 조약우선권 주장을 통하여 다른 나라에 출원하면 출원일을 동일하게 소급하여 주는 것을 말한다.

따라서 최초 출원을 기초로 한 1년 이내의 기간 내에 두 개의 우선권제도는 거의 유사하다고 할 수 있으나 단지 차이점을 거론한다면 국내우선권國內優先權은 자국 내에서 개량발명을 효율적으로 보호하자는 목적이 있는 반면 조약우선권條約優先權 주장은 해외출원 시 최초 제1국에 출원일로 소급 적용에 있다. 두 우선권 주장의 요건은 청구범위에 기재된 발명의 동일성이 유지되어야 하며, 후출원 시 선출원이 계속되는 상황에서 선출원일로부터 1년 이내에 후출원이 이루어져야 한다. 만약 새로운 발명 내용이 추가되는 경우에는 그 내용에 대해서는 우선권일이 소급되지 않고 1년 내 출원하는 날을 최초 출원일로 본다.

---

67) 2017년 2월 기준, 파리조약 동맹국 177개국 중 151개국이 PCT에 가입(출처: WIPO)

2. 특허의 해외출원

1) 일반 및 PCT[68] 해외출원

앞서 설명한 파리조약의 우선권주장에 기초한 해외출원을 진행할 때 「일반 해외출원」과 「PCT 해외출원」의 방법을 선택할 수 있다. 먼저 일반 해외출원 방법은 개별국 출원으로 특허 획득을 원하는 국가에 각각 개별적으로 특허출원을 수행하되 선출원의 출원일로부터 12개월 이내에 출원해야 우선권이 인정된다.

하지만 특허협력조약Patent Cooperation Treaty에 따른 PCT 해외출원은 수리관청[69]에 PCT 국제출원서를 12개월 내에 제출하고 그로부터 정해진 기간(최초 출원일로부터 약 30개월) 내에 각국을 지정하여 국내단계로 진입하게 된다(<그림 3-14>). 이때 PCT 해외출원은 국제출원일이 지정국가[70]에서 출원일로 인정된다.

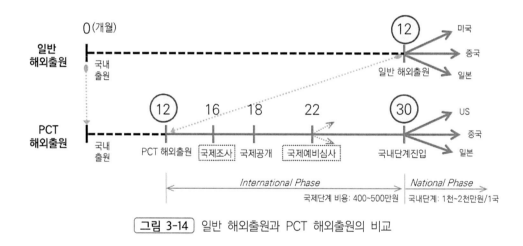

그림 3-14 일반 해외출원과 PCT 해외출원의 비교

최근 공공기관의 해외출원은 대부분 PCT 출원을 통해서 이루어지는데, 그 장·단점을 살펴보면 다음과 같다.

---

68) 특허협력조약(Patent Cooperation Treaty, PCT)은 1970년 체결된 국제적 특허 법률 조약으로 국제적 발명 보호와 함께 국제출원 시 동시에 발명에 대한 보호를 추구하도록 지원해 줌. 2017년 12월 현재 152개국이 가입되어 있으며, 우리나라는 1984년 가입하여 세계 9번째 국제예비심사기관으로 지정(1999.12.1.)됨
69) 국제출원을 접수하는 국내관청, 우리나라 출원인의 경우 한국특허청이 수리관청이 됨
70) PCT 출원 시 특허를 받고자 출원인이 지정한 국가(수리관청: 지정한 국가의 관청)

먼저 PCT 출원의 장점이다.

❶ **무모한 해외출원 방지 및 비용 절감이다.** <그림 3-14>의 절차와 같이 일반 해외출원 (12개월 후)이든 PCT 해외출원(30개월 후)이든 각 개별국가에 진입하기 위해서는 보통 국가당 1~2천만 원의 비용이 요구된다. 이때 PCT 출원을 통한다면 PCT 해외출원 후 국제조사나 국제예비심사를 거쳐 특허성을 수리관청에서 검토해주기 때문에 그 결과를 바탕으로 정선된 진입 개별국을 결정하게 된다. 국제단계에서 수행한 국제조사 및 국제예비심사 결과에서 특허성이 낮을 시 꼭 필요한 진입 국가만을 선정할 것이고, 이를 통해 발생될 수 있는 많은 개별국가 출원비용을 절감하게 된다.

❷ **기술거래의 시간 확보이다.** 국내단계 진입 전 기술을 이전해가는 라이선시^{Licensee}를 찾거나 시장 상황을 고려하여 특허 진입을 시도할 국가를 선택할 수 있는 시간(최초 출원일로부터 30개월)을 확보할 수 있다.

❸ **기술거래 협상 시 유리하다.** 라이선시에게 국내단계 진입국의 선택 권한을 줌으로써 해외시장 개척 가능성에 따라 협상에서 유리하게 활용할 수 있다.

그 반면 단점은 장점과 비교 시 매우 미비하다고 할 수 있다.

❶ **권리확보가 늦어진다는 점이다.** 국내단계 진입 전 국제조사나 국제예비심사 등의 소요 기간이 추가되는 만큼 각 지정국에 늦게 진입하기 때문에 등록을 통한 권리행사가 지연된다.

❷ **심사절차의 이중 진행이다.** PCT 국제단계에서의 국제조사나 국제예비심사를 거치지만 다시 국내단계를 통하여 각 나라에 진입하게 되면 다시 새로운 심사를 받게 되므로 각국의 심사 실무에 따라 다양하게 대응해야 한다. 하지만 이때 각 국에서는 국제단계의 심사 이력을 참조하는 경우가 보통이다. 즉, 국제조사나 국제예비심사 결과에서 특허성이 있을 경우 각 국의 국내단계에 진입해서도 특허성을 긍정적으로 받을 확률이 높다.

<그림 3-15>는 국내 우선권 주장을 통하여 PCT를 진행한 특허의 서지사항이다. 특허 등 무형자산의 속지주의에 의한 해외권리 확보는 국내에 출원한 발명의 기술 수명, 시장 크기, 심사 과정에서의 권리화 가능한 범위 등을 고려해야 할 것이다. 무엇보다 중요한 점은 권리를 통해서 얻게 될 출원·유지의 비용 대비 효과이다.

<그림 3-15>에서 농촌진흥청이 출원한 '치과용 차폐막' 특허는 국내 출원된 10-2014-0099678호(2014.08.04.) 특허를 조약우선권으로 1년 이내인 2015년 7월 28일에 PCT 출원한 특허이다. 이는 최초 출원일로부터 1년 6개월 후인 2016년 2월 11일에 국제공개되었

으며, 국제예비조사 단계에서 특허성(신규·진보성)에 영향을 주는 선행기술조사에서 'X'
결과[71]를 받았다.

PCT 출원된 '치과용 차폐막' 서지사항

'X'는 치과용 차폐막보다 앞서는 선행자료가 있고, 내가 요구한 청구항에 대하여 심사
관이 'X'로 제시한 청구항은 권리확보가 어렵다는 의미이다. 이를 고려하여 농촌진흥청에
서는 <그림 3-16>과 같이 국내단계를 중국(CN)만 출원하였다. 이는 PCT 출원의 장점으
로서 국제조사보고서 결과를 활용한 경우이다.

국제조사보고서에서는 출원한 특허에 대하여 선행기술의 존재여부를 다음과 같은 카
테고리[72]로 제시된다.

카테고리	관련 내용
X	제시된 1개의 선행문헌으로 신규성 또는 진보성 없음
Y	제시된 1개의 문헌과 다른 하나 이상 문헌의 결합으로 진보성 없음
A	출원된 특허의 특허성(신규성·진보성)을 해하지는 않으나 해당 기술에 배경이 됨

---

71) 1개의 선행자료가 출원 발명의 진보성Inventive step에 영향을 줄 수 있다는 의미이며, 실제 "X"가 제시될 경우 특허
를 받기 어렵거나 권리범위를 매우 크게 축소시켜야 하는 경우가 많음. 본 발명에서 제시된 선행자료는 'JP
06-166850 A (Murase Marie) 14 June 1994'이며, Abstract: 청구항 1-4, 8, 9에 의해 출원된 특허의 청
구권리 1-9, 10, 11, 12, 13-16항의 특허성에 대한 문제점을 국제조사 기관인 한국특허청에서 제시함
72) 제4장 '지식재산활용도 높이기' <표 4-3>에서도 '관련도' 표기에 X, Y, A가 그대로 적용됨

상기 치과용 차폐막 특허는 'X'를 받아 전략 국가로서 판단되는 중국CN에만 국내단계를 진입함으로써 비용 및 효율성을 고려한 것이다. 따라서 중국특허청에서는 진입한 해당 특허에 대하여 다시 그들의 심사기준을 토대로 심사를 진행할 것이고, 진행 과정에서 심사관은 PCT 국제단계의 국제조사 결과를 참조하여 심사를 판단할 것이다.

만약 PCT 해외출원 국제단계에서 국제조사 이후에 국제예비심사[73]를 받을 경우 그 역시 참조할 것이지만, 국제예비심사 신청 여부는 출원인의 선택사항이고, 국제조사 결과가 'X'나 'Y'일 경우 국내단계 진입 후 현지 특허청 심사관과 특허성을 다투고자 할 때 국제예비심사를 진행하지 않는 경우가 많다.

상기 '치과용 차폐막' 특허에 대한 중국진입 특허의 서지사항 정보는 <그림 3-16>과 같다.

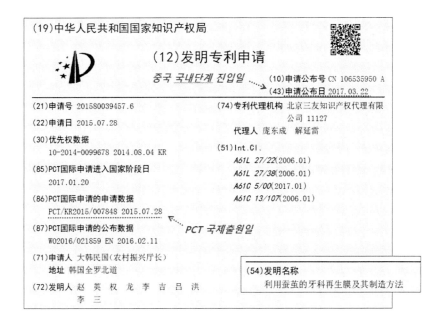

[그림 3-16] 중국(CN)에 진입한 특허의 서지사항

만약 '치과용 차폐막' 특허가 중국만 해외 전략국가로 기 선정된 상황이라면 PCT보다 일반 해외출원(그림 3-14)로 진행하는 것이 PCT 국제단계 출원 비용을 줄일 뿐 아니라 빠른 등록을 달성하는 방법이다. 따라서 해외출원 단계에서 소수 전략국가가 선정된 경우라면

---

73) 국제출원의 청구범위에 대한 신규성, 진보성, 산업적이용가능성 여부를 국제단계 수리관청(국제예비심사기관)이 판단하는 절차로 출원인의 선택에 의해 행하여 짐. 즉, PCT 해외출원 국제단계(International Phase)에서 국제예비심사를 생략하고 국제조사만 수행할 수도 있음

어떤 절차를 통해 출원할 것인지 상황에 따른 판단이 필요하다.

2) 기업과 대학, 공공연구기관의 해외출원 입장차이

특허 등 무형자산의 해외출원 목적은 영업이익을 추구하는 기업과 연구를 통하여 많은 국민이 그 결과를 누릴 수 있도록 하는 대학 및 공공연구기관은 분명 차이가 있다. 이는 해외출원에 있어서도 글로벌 영업을 추구하는 기업이 해외출원에 훨씬 더 적극적이라고 할 수 있으며, 실제 대기업의 경우 국내 출원 건수보다 해외로 출원을 더 많이 추진한다.

공공연구기관이나 대부분의 대학은 발명 기술에 대하여 업業으로의 실시實施 기능은 없다. 단지 연구결과를 관련 업계의 산업체들이 많이 실시할 수 있도록 실용화實用化를 유도한다. 이와 같은 과정에서 연구개발R&D된 기술은 보급의 한 수단으로 특허출원을 권장하되 일부 산업분야를 제외하고는 국내출원에만 소극적으로 집중하는 형편이었다. 해외출원은 향후 해외에서 권리화가 예상되더라도 출원과정에서 기술이전이 수반되지 않는 상황이라면 힘든 구조였다.

하지만 이와 같은 추세는 크게 바뀌고 있다.

농산업 분야를 예로 살펴봐도 FTA 등을 통한 글로벌 산업 경쟁구도의 변화 및 최근 4차 산업혁명 등 농산업의 패러다임의 변화가 요구되기 때문이다. 사물인터넷(IoT), 빅데이터의 클라우드, 농업용로봇, 나노 등 첨단 ICT 기술이 산업변화를 주도하고 있으며, 이에 따른 기술경쟁력과 배타적인 권리의 글로벌화를 추구하지 않으면 도태될 수밖에 없다.

농산업에서 스마트팜은 고령화로 인한 노동력 부족 및 농업의 생산성을 높이는 미래 첨단농업으로 주목을 받고 있다. 그리고 세계 주요 농업선진국들[74]이 연구개발 및 투자에 적극 나서고 있다. 이에 맞추어 우리나라도 농림축산식품부 및 농촌진흥청에서 한국형 스마트팜 연구에 박차를 가하고 있다. 원예용 시설재배 및 축사용에서부터 노지재배의 관수 시설 등으로 확대하여 한국형 스마트팜의 실현이 목표이다.

결국은 앞으로 실현될 국내의 스마트팜 시장이 해외 선진기술에 잠식당하지 않기 위해서는 연구개발 결과가 기본적으로 국내에 출원되어 권리화가 되어야하지만 이는 소극

---

[74] 네덜란드의 프리바Priva社와 같은 기업들은 스마트팜 기기의 표준모델과 함께 농작물의 생육정보빅데이터를 바탕으로 사물인터넷IoT을 접목한 3세대 스마트팜 토탈 솔루션Total solution을 제공하고 있으며, 이스라엘, 일본 등 여러 선진 농업국들이 스마트팜 연구개발에 박차를 가하고 있음

적인 태도이고 한국형 스마트팜의 목적은 수출輸出이다. 국내뿐만 아니라 수출형으로 가기 위해서는 그 기술이 뻗어나가고자 하는 국가로 해외출원海外出願이 필수이다. 이는 스마트팜뿐만 아니라 글로벌 경쟁구도에서 속지주의에 따른 기술의 해외 전략지역 출원은 더욱 확대하여 추진되는 여건이 마련되어야 한다.

사례　<그림 3-17>은 국내 기업이 새로운 NCB^Nano Carbon Ball 아이템을 이용하여 해외 신규 사업을 추진하고자 시도한 사례이다.

A사는 대학으로부터 NCB 제조기술을 자사의 신사업 추진에 매우 획기적인 아이템으로 판단하고 국내 출원된 원천특허를 대학(산학협력단)으로부터 기술이전 받았다. 당시 원천특허는 국내에만 특허가 출원되었고 해외출원을 추진하기에 이미 기간[75]이 도과한 상황이었다.

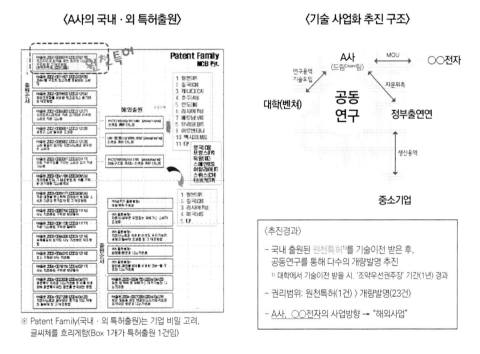

그림 3-17　A사의 해외권리 확보 및 사업화의 한계

---

75) 최초 출원일로부터 조약우선권주장 기한 1년이 경과되었고, 특허공개(출원일로부터 1년 6개월) 이전 해외출원 시 기도 놓침

이전받은 NCB 원천특허를 바탕으로 A사는 별도의 드림Dream팀을 구성하여 추가 연구를 추진하였으며 국내·외 다수의 개량발명 특허를 출원했다. 출원된 특허는 <그림 3-17>의 Patent Family[76] 정보(왼쪽)에서 보듯이 국내에만 23건, 그 중 일부 특허를 우선권주장하여 PCT 출원을 진행한 후 사업을 추진하고자 하는 해외 다수의 국가(일본, 중국, 캐나다, 호주 등)로 국내단계 진입을 병행하였다.

<그림 3-17>에서 A사의 기술사업화 추진 구조를 보면, 대학(벤처) 및 정부출연(연)과 함께 개량 연구개발을 추진하였고 그 연구결과를 중소기업으로부터 OEM[77]으로 반제품을 조달받아 ○○전자의 가정용전자제품(냉장고, 공기청정기 등) 및 글로벌 자동차 회사의 공기정화 필터에 적용함으로써 국내·외 특허출원과 함께 해외사업을 준비해 나갔다.

사업에 핵심이 되는 A사 NCB 기술은 다음과 같다.

오른쪽 그림 ①에서 보듯이 실리카볼을 계면활성 원리[78]를 이용하여 볼을 키우고, 일정두께로 키워진 미셀micelle 구조 속으로 모노머를 주입 및 중합반응Polymerization을 시킨다. 이후 탄화반응Carbonization으로 탄소를 태우고 에칭Etching을 통해 태워진 탄소를 모두 제거하면 중공형 탄소볼[79]이 형성되게 된다. 즉, 기술이전 받은 원천기술은 중공형 탄소볼을 형성시키는 단계까지이다. 그림 ②는 원천기술을 통해서 만들어진 다수의 500nm 크기의 NCB이며(SEM 사진), 그림 ③의 a는 NCB를 절단했을 때 중공형 볼의

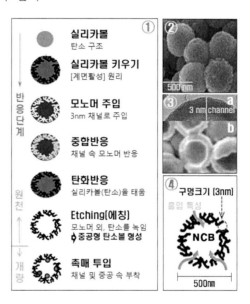

껍질이 3nm 크기의 다공 통로(채널) 형태로 구성되고, b는 볼의 속이 비어있는 중공형을 보이고 있다. 그리고 그림 ④는 만들어진 NCB의 원리를 나타내고 있다.

---

76) 기업 비밀사항을 고려하여 글씨체를 흐리게 처리하였으며, Patent Family는 원천특허를 바탕으로 후출원 한 특허 집합체임

77) 주문자상표부착생산(OEM: Original Equipment Manufacturer) 방식

78) 친수성과 소수성 부분을 가진 계면활성 화합물은 분자들이 모여 미셀(Micelle, ⬡) 구조를 형성하는데 이들이 실리카볼 키우기에서 미셀 구조가 실리카볼을 중심으로 일정두께 모양으로 커지게 되고, 그 미셀 구조 속으로 모노머가 주입되게 됨

79) 속이 빈 탄소볼(500nm 크기)로 껍데기는 약 3nm 크기 구멍이 뚫려진 Nano Carbon Ball이 형성됨

이와 같은 원천특허의 기술을 높이 평가하고 A사는 기술을 이전받아 개량발명과 함께 사업을 추진한 것이다. 이때 개량발명은 중공형 탄소볼(원천특허 기술)에 NCB 촉매제를 투입함으로써 얻어지는 NCB 흡입특성 촉매 효과로 이를 이용하여 23건의 용도발명과 일부 특허를 우선권주장하여 해외출원을 진행하였다.

하지만 기술 사업화 추진의 최전방에 있는 ○○전자의 해외사업에 문제점이 발생되었다. 기술을 바탕으로 제품을 수출하고자하는 나라의 권리화에 한계점이 드러나기 시작한 것이다. 다수의 개량발명이 이루어지고 그 중 괄목하다고 판단되는 연구개발 기술을 해외 국가에 진입하였다. 그러나 최초 대학으로부터 기술이전 받은 원천특허의 권리화는 국내에만 머무르고 있었고, 해외 사업국가에서 NCB 기술의 권리화는 원천기술의 결여된 상황에서 역부족이었던 것이다.

결국 해외사업에 역점을 두었던 A사의 기술사업화는 국내 사업과 함께 '사업 포기'라는 선택을 해야 했고, 새롭게 만들어진 드림팀도 결국은 해체되는 운명을 맞이하게 되었다. 핵심이 되는 권리의 확보는 사업 환경에서 매우 중요한 요소이다. 해외출원을 통한 강한 특허전략(원천특허가 80% 이상의 힘을 발휘)의 실패로 인해 결국은 사업을 포기해야하는 결말에 이르게 되었음을 상기시켜주는 사례이다.

공공연구기관이나 대학의 연구개발 결과물에 대한 해외출원은 어떨까? 연구 현장에서 기초연구를 통하여 많은 원천특허의 국내 출원이 이루어지나 해외 출원으로 연계되는 못하는 경우가 많다. 성과 위주의 국내 출원 특허 건수에 급급하거나 해외출원 비용이 걱정되어 해외 권리화에는 아예 무관심한 경우가 많다. 아울러 조약우선권주장 1년의 기간을 모르고 진출 기회를 잃는 경우도 많다.

단순한 개량발명이 아닌 원천발명이나 파급효과가 클 것으로 예상되는 신기술 영역의 연구개발이라면 특허출원이나 기술공개 전부터 어떤 방향으로 국내·외 권리화를 추진해 나아갈 것인지 특허 포트폴리오와 함께 전략적 대응이 필요하다.

3. 디자인, 상표의 해외출원

1) 디자인

디자인은 대학이나 공공연구기관보다 기업에서 중요하게 다루어진다. 휴대폰이나 자동차 등의 대규모 사업뿐만 아니라 조그만 생활용품에서도 디자인을 통하여 소비자에게 내 제품을 알리게 된다. 따라서 기업으로서는 디자인의 해외출원은 그만큼 중요하다고 할 것이다.

디자인의 해외출원은 파리조약에 기초하여 국내에 출원하거나 등록된 상표를 기반으로 각 나라마다 개별국으로 출원하는 방법이 있다. 이때 우선권 기간은 특허와 달리 6개월이다. 이외에 헤이그 조약에 의한 국제 디자인 출원제도가 있으며, 이는 하나의 공식 언어로 작성된 국제출원서를 통하여 다수의 국가를 지정해서 출원하는 방식이다. 특허청에서 헤이그시스템에 의한 국제디자인출원을 상세하게 설명하고 있으며, 이와 같은 디자인의 국제출원은 선행되는 국내출원이나 등록의 필요 없이도 헤이그협정을 통해 처음부터 개별국으로 진입할 수 있다. 이러한 점에서 디자인의 헤이그시스템은 상표의 마드리드시스템과 차이가 있다.

2) 상표

상표의 해외출원 방법은 디자인과 같이 특허에서 소개된 파리조약을 이용한 각 나라별 출원이 있고, 마드리드시스템에 의한 국제출원 방법이 있다. 마드리드시스템은 다국가 1출원 시스템으로 국내에서 등록받거나 출원한 상표가 있으면 이를 기초로 하나의 언어로 작성된 국제 출원을 하나의 본국 관청(예: 우리나라 특허청)에 제출한다. 그리고 한 번의 수수료를 납부함으로써 하나의 번호로 된 국제등록을 획득, 다수의 지정 국가에서 보호를 받을 수 있다. 따라서 여러 국가에 동시 출원 효과를 갖게 됨으로 국가마다 치러질 대리인 비용이 절감되는 편익이 제공되며, 이외에 권리취득 여부의 명확성과 지정국의 추가 기능, 상표권 관리의 용이성 등의 특징이 있다.

마드리드 시스템은 국내 출원 및 등록된 권리를 기초로 진행하며 국제등록 후 5년간은 기초 출원한 본국 관청의 권리 변동에 따라 모든 상표가 종속된다. 이는 동일한 상표가 미국, 일본 등 이미 다른 국가에 등록되었더라도 이 원칙에 의해 영향을 받게 된다. 따라서 마드리드 시스템으로 기초 출원할 상표에 대해서는 출원 시 갱신, 무효, 소멸 등의 마드리드 국제등록에 미칠 영향을 충분히 고려해야 한다.

4. 식물신품종의 해외출원

식물신품종은 지식재산 소개(제1장) 및 식물특허 대비 양 제도의 차이점(제2장) 등으로 앞서 다룬 바 있다. 그리고 신품종의 해외 권리화는 일반적인 특허출원과 같이 식물특허로 PCT 등의 절차를 밟아서 출원할 수 있고 아울러 식물신품종보호법(국립종자원)을 통한 품종출원의 경우 UPOV^{국제식물신품종보호동맹}의 국제협약 조약국으로 출원 절차에 따라 진행할 수 있다.

오른쪽 그림은 PCT 가입국(2018.5.기준) 152개국을 나타내고 있으며(출처: WIPO 홈페이지[80]), UPOV 가입국(2018.5. 기준)은 75개국으로 아시아의 경우 우리나라(2002.1.7., 50번째 가입국)를 비롯하여 일본, 중국, 이스라엘, 싱가포르, 요르단, 베트남, 오만, 그루  지야, 키르기즈스탄, 우즈베키스탄, 아제르바이잔까지 12개 뿐이다.

UPOV 협약을 통한 조약국으로의 식물신품종 국제출원은 국내에서의 재배시험과 같이 해외 대상국가에서의 '현지 적응성 시험' 절차가 요구된다. 이는 한 국가에서 육성한 신품종이 기후나 풍토가 다른 해외 국가에서 재배가 가능한지 여부를 구별성·균일성·안정성의 동일한 기준에서 검토하는 것이다.

중요한 것은 진출하고자 하는 국가가 UPOV 협약에 가입되었는지 여부이다. 상기 그림과 같이 식물특허를 통해서 PCT 가입국으로 출원할 경우 대부분의 국가로 진입이 가능하다. 하지만, 국립종자원 품종출원을 통하여 해외출원을 하고자 할 경우 UPOV 가입국으로만 가능하므로 품종의 해외출원 시 육종과정에서부터 전략상 주의가 요구된다.

---

80) http://www.wipo.int/pct/ko/pct_contracting_states.html

시사점

법적 보호가 가능한 지식재산은 각 국가마다 규정에 따라 조금씩 차이가 있으며, 해당 국가의 법률에 의하여 결정되는 속지주의 원칙을 갖는다.

특허의 해외출원 시 조약우선권 제도를 이해하고 일반 및 PCT 출원의 장단점을 구별하여 활용할 수 있어야 한다. 이때 연구개발 성과의 해외출원은 조약우선권 기간 도과 및 공개가 이루어졌을 때 절대 진행이 어려우므로 연구개발자의 주의가 요구된다.

PCT 출원 과정에서 국제단계(International Phase)의 국제예비조사 및 국제예비심사 결과를 분석하고 비용 등을 고려하여 국내단계 진입국 결정에 활용할 수 있다.

새로운 기술 접근에서 원천특허의 권리범위는 매우 넓고 중요하므로 해외출원 시 우선권주장 기간 내 출원이 이루어질 수 있도록 연구자의 주의가 요구된다.

제4장

지식재산
활용도 높이기

제1절 | 연구개발 성과물의 활용과 지식재산

1. 연구개발 성과의 활용

연구개발R&D 성과는 전기, 전자, 기계, 금속, 정보통신, 화학, 생물, 생명공학 등 여러 분야에서 다양한 형태로 생성된다. 그리고 이들 성과가 산업화에 제대로 활용되기 위해서는 그만큼 경쟁력을 갖추어야 한다. 경쟁력 있는 연구개발 성과는 결국 강한 지식재산이다. 우리는 흔히 연구개발 결과로 지식재산을 대표하여 강한 특허를 말한다. 강한 특허란 돈 되는 특허이다. 연구개발 결과로서 특허가 높은 기술이전료를 받고 사업화가 되든지, 아니면 무상으로 산업분야에 보급되어 그만큼의 산업적 파급효과를 갖는다고 하더라도 돈으로서 가치를 가져다주는 셈이다. 그것이 특허가 아닌 다른 지식재산이라도 마찬가지이다.

그렇다면 돈이 되는 강한 특허란?

이는 기업이나 대학, 공공연구기관마다 추구하는 가치가 다르기 때문에 다소 차이가 있을 수 있다. 돈이란 직접적인 재화를 포함하여 사회 저변에 영향을 미치는 경제적 가치를 총체적으로 대변한다고 할 수 있다. 따라서 강한 특허는 경제적 가치가 높은지, 타인이 침해하거나 모방할 수 없도록 시장 독점성이 좋은지, 오래 보유할 수 있는지 등 다양한 측면에서 살펴볼 수 있다. 일단 지식재산으로서 강한 특허는 권리범위가 넓으면서 제품의 핵심기술을 포함하고, 제3자가 설계변경 등 회피설계로 특허권을 피해나가기 어려우면서 특허권 침해 발견이 쉽고, 아울러 무효화가 어려운 위치를 가져야 한다. 따라서 기업에서는 돈이 되는 강한 특허를 확보하려 할 것이고, 대학이나 공공연구기관에서는 강한 특허를 갖추었을 때 기술이 이전되어 제품으로 널리 상용화될 수 있으므로 강한 특허를 확보하여 기술이전율을 높이고자 노력할 것이다.

본 단원에서는 일부 농식품 분야의 연구성과를 예로 살피면서 연구개발 성과물의 활용도를 높이기 위해서 어떻게 접근해야하는지 특허를 비롯한 지식재산과 연계하여 그 방향을 검토해보고자 한다.

농식품 분야의 연구개발 범위는 보통 먹거리인 생물生物 분야만을 떠올리게 된다. 하지만 그 먹거리 생산을 위한 기반산업까지 고려하면 전혀 그렇지 않다. 농식품은 농업과 식품업이다. 농업農業[1]이 농축산물을 생산하여 시장에 유통시키는 단계까지라고 한다면, 식품업食品業[2]은 그 농축산물(원료)을 받아서 제조·가공하여 판매하는 그 이후의 단계로 이어진다. 농업의 연구개발 분야만 살펴보더라도 식량작물의 전작田作·답작畓作에서부터 원예(채소, 과수, 화훼), 축산(젖소, 육우, 돼지, 닭, 오리), 임업(목재, 버섯, 양묘), 양잠업 및 양봉에 이르기까지 넓게 분류할 수 있으며, 이들을 육종, 재배, 수확, 저장 등에 요구되는 농업기술[3]은 생물 이외에 화학, 생명공학에서부터 전기, 전자, 기계, 정보통신(IT) 분야까지 복합적으로 연계[4]되어 연구개발되고 있다.

이와 같이 다양한 농식품 분야의 연구개발은 농촌진흥청과 지방농촌진흥기관[5] 등에서 주로 수행되고 있으며, 산림, 수산, 검역 등의 분야는 국립산림과학원, 국립수산과학원, 농림수산검역검사본부에서 이루어지고 있다. 그리고 식품의 생산, 가공, 제조, 조리, 포장 등의 연구개발과 관련해서는 수많은 민간 기업이 참여하지만, 국가 기관으로는 한국식품연구원 및 농촌진흥청(국립농업과학원 농식품자원부)에서 한식 세계화 등을 추진하고 있다.

농식품 분야의 연구개발 성과 중 농촌진흥청의 국가 연구개발 사업을 통한 결과를 살펴보면, 정책제안, 영농활용 자료, 품종개발 및 산업재산권 출원, 논문게재 등의 결과물로 국민(농업인 및 농산업체 등)에게 제공하고 있다. 농촌진흥청의 농촌진흥사업 연보를 통하여 제시된 연구성과물의 공개 실적을 보면 아래 <표 4-1>과 같다.

---

1) "농작물재배업, 축산업, 임업 및 이들과 관련된 산업" 「농업·농촌 및 식품산업 기본법」
2) "식품을 생산·가공·제조·조리·포장·보관·수송 또는 판매하는 산업" 「농업·농촌 및 식품산업 기본법」
3) "농산물과 식품의 품종개량, 재배, 사육, 포획, 양식養殖, 채취, 운반, 가공, 상품 개발, 유통, 소비 등 생산 및 이용에 관련된 과학기술" 「농촌진흥청 농업기술실용화지원사업 운영규정」
4) 작물을 예로 들면, 경운, 시비, 재배, 수확, 저장 등의 일련에 과정에서 경운기 및 트랙터, 이앙기, 콤바인 등의 기계 분야를 비롯하여 온실, 식물공장이나 가축의 사육을 위한 축사 등의 시설설비, 정보통신, 스마트팜, 빅데이터 등 융·복합 기술에 이르기까지 다양함
5) 지방자치단체의 농업기술원(9개) 및 농업기술센터(157개) 등으로 구성

<표 4-1> 농촌진흥청 연구성과물 현황

연도	계[6]	정책 제안	영농 활용	품종 개발	산업 재산권 (출원)	기술 이전 (징수)	논문게재		
							소계	SCI	비SCI
2016	5,491	426	1,540	180	823	725	2,522	1,354	1,168
2015	5,480	477	1,573	202	904	332	2,324	971	1,353
2014	5,242	332	1,226	246	914	327	2,524	1,086	1,438
2013	5,565	325	1,313	231	1,052	691	2,644	995	1,649
비율[7]		7.2	**26.0**	**3.9**	**17.0**	–	**46.0**	–	–

출처 2017, 농촌진흥사업 연보

　농촌진흥청의 연구개발은 농업인 대상 보급용 연구 수행이라는 중요 역할을 갖고 있다. 이는 상기 표에서 높은 영농활용 및 논문게재 비율[8]로 확인할 수 있다. 하지만 연구결과의 산업현장 보급을 위해서는 높은 비율의 영농활용이나 논문 게재 등을 통한 연구의 질적 평가도 필요하겠지만 사업화와 직접적으로 연계되는 기술이전[9]을 고려할 때 연구개발 결과물로 지식재산(품종 및 산업재산권)의 확보는 무엇보다 중요하게 다루어져야 한다. 따라서 높은 사업화율 달성을 위해서는 연구개발 과정에서 영향력 있는 지식재산 확보를 염두하고 진행해야 할 것이다. 즉, 산업재산을 포함한 지식재산권을 확보할 필요가 있는 연구개발의 경우 연구를 끝낸 후 특허출원 등을 검토하는 연구자의 관행적 자세는 탈피해야 한다는 뜻이다. 연구개발 초기 단계에서부터 강한 지식재산 확보를 고려하여 IP-R&BD가 추진될 때 확보되는 성과물의 가치는 그렇지 않은 경우와 너무나도 대조적이기 때문이다.

2. 성과 활용에서 지식재산의 위치

　연구성과물의 활용 일례로 제시된 농촌진흥청의 농촌진흥사업 연보(<표 4-1>)를 다시 보면, 정책제안, 영농활용, 품종개발, 산업재산권(특허, 실용신안, 디자인 등), 논문게재 등

---

6) 연구성과물 "계"는 기술이전(징수)를 제외한 정책제안, 영농활용, 품종개발, 산업재산권 출원, 논문게재 소계의 합
7) 연구성과물 "비율"은 2013년~2016년 성과물별 합에서 각 성과물이 차지하는 비율임
8) 기업이나 대학의 경우 영농활용을 수행하지 않으며, 논문게재의 경우도 기업은 참여 어려움. 즉, 연구결과를 빠르게 공개하여 기술 보급에 초점을 맞춘 국가연구기관과 연구개발의 목적이 다름
9) 기술이전은 국가연구기관에서 연구성과의 사업화를 위해 가장 파급력 있는 사업 형태이며 특허(실용신안)나 디자인을 포함하는 산업재산권, 그리고 품종개발은 그 사업화의 핵심 도구가 됨

의 형태로 나열되어 있다. 그리고 이들 성과물은 사업화 단계에서 어떤 상태에 있느냐에 따라 그 활용범위가 크게 달라질 수 있다. 기초연구보다 사업화 관점에 초점이 맞추어진 연구과제의 경우, 연구결과의 사업화율을 높이기 위해서는 효율적으로 기술이전에 활용될 수 있는 도구로써 지식재산(IP)의 확보가 중요하다. 그것이 만약 특허를 비롯한 산업재산권이나 품종이라면 등록 가능성이 높아야 할 것이고, 등록될지라도 다른 연구성과물과 차별된 특징으로 기술이전율을 높이기 위한 배타적 권리범위 확보가 중요하다. 그 연구성과물이 만약 특허라면, 해당 특허기술을 제3자가 쉽게 회피하여 사용할 수 있는 권리범위로부터 벗어나야 한다. 자칫 잘못하면 출원·등록된 특허일지라도 종이특허[10]에 불과한 특허가 되기 때문이다.

그렇다면 국가연구기관 연구개발로 제시된 농촌진흥청의 결과물 사례에 초점을 맞추어 다시 설명하면, 먼저 '정책제안'은 농산업 현장에 일률적으로 기술 등이 전파될 수 있도록 시책을 제안하는 경우이다. '영농활용'은 기술적 가치 면에서 무게 있는 결과물은 아니지만 분야별 영농현장에 적용될 수 있는 경종, 재배 및 수확, 저장, 병·해충 방제 등 다양한 기술적 결과물이다. 따라서 학술지에 공개되는 '논문게재' 등과 함께 무상으로 보급되는 형태라고 볼 수 있으나 논문은 학술적 가치가 있다는 점에서 다르다. 하지만 '산업재산권' 및 '품종개발'[11]은 지식재산이라는 관점에서 연구 성과물을 사업화 도구로 활용할 수 있는 형태로서 그 가치가 다르다. 특히 특허는 농촌진흥청 산업재산권의 80% 이상을 차지하는데, 이는 출원 후 1년 6개월이 경과되면 특허법적 절차에 따라 공개가 이루어지며 그 공개범위는 전 세계이다. 따라서 공공연구기관의 "넓은 공개를 통한 기술의 빠른 확대 및 글로벌 시대의 기술보호 차원을 고려한다면 특허를 포함하는 산업재산권은 어떤 형태의 연구개발 성과물보다 성과 확산에 효과적이다"라고 할 수 있다. 그리고 이와 같은 산업재산권은 품종과 함께 배타적인 권리가 형성되므로 연구비의 회수뿐만 아니라 필요시 자국민에게 무상보급[12]의 선택적 실시도 가능하므로 국가 연구기관을 포함한 공공기관에서는 그 어떤 성과물의 형태보다 높게 고려되어야 할 것이다.

---

10) 등록된 특허이지만 권리를 전혀 주장할 수 없는 이빨 빠진 호랑이 격의 힘없는 특허를 일컬음. 즉 농산업체에 기술이전을 하였으나 특허의 권리 청구범위가 있으나마나한 경우를 일컬으며, 이와 같은 경우 제3자가 기술이전을 하지 않고 권리를 피하여 얼마든지 실시할 수 있는 상태가 됨

11) 국립종자원에 식물신품종보호나 식물특허 출원을 포함함

12) 국유특허는 등록 후 3년 이상 미활용으로 남아있을 시 무상 기술이전이 가능함

국가 연구개발을 통한 국유 산업재산권(상표 제외) 결과물의 기관별 보유현황[13]을 살펴보면, 전체 3,659건[14] 중 농촌진흥청 1,906건(52.1%), 국립산림과학원 305건(8.3%), 국립수산과학원 289건(7.9%), 농림수산검역검사본부 184건(5.0%), 그리고 기타 다양한 국가 연구기관에서 출원이 이루어졌다. 특히, 가장 많은 국유 산업재산권을 출원한 농촌진흥청의 분포를 살펴보면, 그 중 특허가 1,542건(80.9%), 실용신안 167건(8.8%), 디자인 127건(6.7%), 해외특허가 70건(3.7%)이다.

특허는 사업화의 배타적排他的 권리 형성을 위한 대표적인 산업재산권의 형태이다. 산업재산권은 특허를 비롯하여 실용신안, 디자인, 상표가 포함되나 국가 연구개발을 통한 국유 산업재산권에서 상표[15]는 기술의 상업적인 권리화 성격을 가지므로 국가 연구개발 성과물의 성과확산을 위한 항목에서 배제된다. 그리고 농식품 분야 연구 성과물의 배타적 권리는 산업재산권 및 품종개발[16]과 함께 저작물, 데이터베이스, 프로그램 등이 포함될 수 있다.

이와 같이 국가 연구개발의 성과물 활용 차원에서 사업화를 위한 지식재산의 위치는 매우 중요하다. 따라서 연구개발 결과의 사업화 활용률을 높이기 위하여 지식재산 접근을 좀 더 주요하게 다루도록 하겠다.

▶ 시사점

연구개발 성과물은 활용률이 높아야 한다. 그러기 위해서는 성과물이 그만큼의 가치를 갖추어야 하는데, 특허 및 품종을 포함한 지식재산권은 사업 추진을 위해 가장 가치있는 사업화 도구이다. 전반적으로 실시능이 없는 대학이나 공공연구기관에서는 연구개발을 통하여 무엇보다도 강한 지식재산권 확보를 위해 노력해야 한다.

공공연구기관은 농촌진흥청을 포함하여 각 분야에 기초연구 수행이라는 중요한 역할을 지니고 있다. 연구성과물 중 무상 보급되는 기술로 논문 외 영농활용 자료가 있다. 하지만 여전히 기술이전에서 파급효과가 큰 지식재산(산업재산권 및 품종개발)의 배타적 권리형성은 중요하며 지속적으로 강조되어야 할 것이다.

---

13) 출처) 특허청, 2014. 국유특허권 처분·관리 업무편람
14) 이들 국유 산업재산권에서 실시율은 16.5%이며(603건/3,659건*100), 그 실시 형태는 통상실시 601건, 전용실시 2건으로 구성됨(이 때 실시 건수 603건은 2013년까지 실시된 권리 건수이며, 각 권리마다 여러 건이 실시되더라도 1건으로 처리함)
15) 상표는 공공연구기관의 성과물에서 제외되기는 하였으나 농업인 및 농산업체에서는 내 제품의 자타 식별 차원에서 매우 중요한 배타적 권리가 됨
16) 연구성과물의 품종개발 형태는 농촌진흥청뿐만 아니라 국립산림과학원, 국립수산과학원에서도 이루어지고 있음

제2절 | 사업화를 고려한 연구개발

1. 기술수요조사

대학 및 공공연구기관에서 수행하는 국가 연구개발은 국제적 과학기술의 발전방향을 반영한 '중장기적 기술'과 기술수요조사가 반영된 '단기적 기술'로 나뉘어 구성된다. 미래 유망기술의 혁신적 흐름을 전망함과 동시에 우리의 현실을 고려하여 중장기 국가적 기술 방향을 마련하고, 반복적인 수요조사 결과를 바탕으로 단기적 과제를 선정함으로써 국가 연구개발이 추진된다.

기술 분야는 1) 정보·전자·통신, 2) 기계·설비, 3) 소재·공정, 4) 생명과학, 5) 자원·에너지, 6) 환경·지구과학으로 각 분야별 기술분류Technology tree[17]를 통하여 기술을 선정한다. 이때 기술은 그 기술의 원리나 학문 분야에 근거한 시드Seeds 및 사용 목적에 따른 요구 Needs에 따라 분류된다.

기술 분류를 완성한 후 기술 분야별로 우선 순위를 평가하게 된다. 분야별 우선순위는 기술수요조사 등의 내용을 기반으로 연구개발의 시급성, 경제적 파급효과를 묻는 중요도, 선진국 대비 기술 수준, 그리고 추진 시 어느 주체가 효과적으로 추진할 수 있는지에 대한 연구개발 추진 방법 등의 기준에 따라서 평가된다[18]. 그리고 기술수요조사를 바탕으로 수행 내용에 따라서 독창성(다른 기술에 의존하지 않는 신규성), 핵심성(어떤 제품을 생산할 때 없어서는 안 될 필수성), 혁신성(다수의 응용기술을 만들어 낼 수 있는 생산성)을 평가하며, 개발단계에 따라 기초연구에서부터 응용연구, 개발연구로 구분된다.

이와 같이 중요한 의미를 지니는 기술수요조사는 연구개발R&D의 효율성을 높이기 위해서 현장의 요구Needs를 충족시킬 수 있는 파급효과가 큰 기술이 지향되어야 한다. 해당 기술군의 흐름을 분석하고 현장에서 요구하는 기술을 정확히 파악하기 위해 기술수요조사가 요구된다. 이 때 분석과 조사는 미래의 변화를 고려해서 추진되어야 하며, 기술수요조사서에는 사업의 목표 및 개발내용, 연구개발 동향 및 파급효과, 기술의 시장동향 및 규모, 연구개발의 규모 및 추진체계, 기대효과 등이 제시되어야 한다.

---

17) 국가과학기술표준분류체계는 「과학기술기본법」에 따라 5년 주기로 국가과학기술심의회 심의를 거쳐 개정되며, 2018년은 1) 정보·전자·통신, 2) 기계·설비, 3) 소재·공정, 4) 생명과학, 5) 자원·에너지, 6) 환경·지구과학의 분야에 따라 대분류 33개, 중분류 371개, 소분류 2,898개 임
18) 참조) 과학기술정책연구원. 1993. 국가 연구개발 계획을 위한 기술 수요조사 및 예측. 과학기술정책동향

국가 연구개발 사업[19]은 「과학기술기본법」 제20조 및 시행령 제12조에서 '조사·분석·평가'를 계획하고 시행토록 하고 있으며, 동법에 따른 「국가연구개발사업의 관리 등에 관한 규정」 제5조에서 "정기적으로 기술수요조사[20]를 하고 그 결과를 반영하여 연구개발 과제를 발굴"하도록 제시하고 있다.

농식품 분야에 있어서도 농식품 산업 발전을 지향하면서 현장의 애로기술이 국가 연구개발 사업에 반영될 수 있도록 농산업 현장 밀착을 강화하고 있다. 연구결과의 활용성과 현장 고객 수요의 정확성을 높일 수 있는 연구개발 제안요청서 RFP^{Request for Proposal}가 만들어질 수 있도록 기술수요조사를 다양하게 추진하고 있다.

2. 사업화 연계 선행기술조사

대학이나 공공연구기관은 연구개발^{R&D} 추진 성과물이 갖게 될 사업화 성과를 고려해야 한다. 아무리 기술수요조사가 기술 요구 및 애로요인 분석 등 기술개발 프로그래밍을 통하여 선정된 과제일지라도 기술개발 결과물이 사업화 과정에서 유용하게 활용될 수 있도록 차별적 접근을 살펴야 한다. 최종 연구개발 결과물이 관련된 시장 및 기술 분야에 영향력 있게 제공되어져야 하기 때문이다.

기술사업화 프로세스는 단계에 따라 다양할 수 있다. 일반적으로 내가 가진 차별적 아이디어[21]에 대하여 시장 내 기여효과를 살피게 되고, 기술이전이나 사업화 과정에서 사업타당성을 검토하여 제품 출시를 통한 사업을 추진하게 된다. 이때 결과물을 통하여 실현되는 기술적 특징을 지식재산^{IP}으로 권리화하고, 사업화 가능성을 타진하기 위하여 시제품 개발 및 고객 검증^{Panel test} 등을 바탕으로 마케팅을 수행한다.

아무리 우수한 기술이라고 하더라도 사업화 단계에 적용되었을 때 생산이 어렵거나 제품화에 규제가 뒤따르는 등 여러 가지 문제점들이 발생되기 마련이다. 따라서 <그림 4-1>과 같이 기업뿐만 아니라 대학이나 연구기관에서는 시장성 및 사업타당성 등을 고려하여 사업화 전략 및 사업계획을 수립함으로 연구개발을 구체화하게 된다.

---

19) 중앙행정기관의 법령에 근거하여 연구개발과제를 특정하여 그 연구개발비의 전부 또는 일부를 출연하거나 공공기금 등으로 지원하는 과학기술 분야의 연구개발사업을 말함

20) 기술수요조사는 제안하는 기술의 개발목표 및 내용과 함께 ① 연구개발 동향 및 파급효과, ② 시장동향 및 보고, ③ 개발기간, 정부지원 규모 및 형태, ④ 연구개발 추진 체계 등이 포함되도록 하고 있음

21) 대학 및 연구기관의 경우, 연구개발 수행자는 선정된 RFP 과제의 기술분야에서 내 차별적인 아이디어를 제시함으로써 국가 등의 과제를 확보하게 되고, 그 후 일정 기간 연구개발을 수행함으로써 아이디어를 결과물에 반영시키게 됨

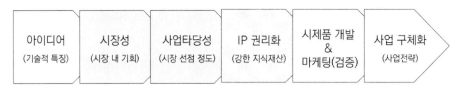

그림 4-1 사업화 프로세스

더 나아가 기업은 내가 가진 기술적 특징을 사업화에 적용하는 프로세스를 갖지만 내 아이디어뿐만 아니라 타인의 기술도 신제품 및 아이템의 사업화에 획기적으로 적용한다. 과감한 기술도입Outsourcing을 통한 사업추진이다. 따라서 <그림 4-1>을 기술개발 및 도입으로 나누어 <그림 4-2>와 같이 나타낼 수 있다.

국가 연구개발을 수행하는 대학이나 공공연구기관의 연구결과는 산업체 기술도입의 대상이 되며, 연구개발 단계에서부터 시장성 및 사업타당성 검토를 통하여 맞춤형 유망기술이 만들어지고, 이후 기술이전을 통하여 대기업 등 산업체에 효율적으로 제공되면서 빠르게 사업화에 기여할 수 있게 된다.

그림 4-2 기술도입을 통한 사업화 프로세스

상기와 같은 기술사업화 프로세스에서 중요한 것은 기술과 시장의 관계이다. 이는 기술사업화 과정에서 제아무리 우수한 기술이라도 사업을 성공적으로 이끌 것이라고 속단할 수 없다. 성공적인 사업화를 위해서는 중요하게 시장이, 더 나아가 사업화에 영향을 줄 수 있는 환경요인이 작용하기 때문이다. 기업에서는 이를 위하여 다양한 분석기법22)을 수행하기도 한다.

---

22) 제5장 〈표 5-3〉 "마케팅 분석 방법의 예"에서 설명 ☞ 예: 3C, SWOT, STP, 4P 외, STEEP, PEST NET, 5 Force, 7S, Value-chain 방법 등을 통하여 환경, 시장, 수요예측 등을 분석

기술지주회사[23]를 운영하는 경우를 제외하고 대부분의 대학이나 공공연구기관은 연구성과물에 대하여 직접 사업을 수행하지 않으므로 연구개발 결과물이 연구 단계에서 멈추지 않고 산업체의 현장으로 실용화되어 성과를 높일 수 있도록 기술을 제공하게 된다. 그때 제공되는 기술은 완성도뿐만 아니라 해당 분야에서 요구가 높고 사업화 효율이 큰 결과물이어야 할 것이다.

그렇다면 제공된 기술을 통하여 사업화 효율을 높이려면 어떤 상태일 때 기술적 가치가 갖추어졌다고 할 수 있을까? 대학이나 국가 연구개발 사업의 기술이전 및 사업화 수준 분석에서 사업화의 가장 중요한 핵심 도구는 특허를 포함한 지식재산권이다[24]. 즉, 연구개발의 사업화 효율성을 높이기 위해서는 기술의 확대 차원에서 지식재산권으로 보호되었을 때 그 파급효과가 크고 시장에서 유용하게 확대·적용이 가능하다. 왜냐하면 배타적 권리 형태를 갖추고 있을 때 기술이전이 가능하고, 해당 기술이 시장에서 안정적으로 정착되어 산업화가 이루어지기 때문이다. 따라서 사업화 프로세스를 위해서는 연구개발 초기 단계부터 시장에서 필요로 하는 기술에 대하여 강한 지식재산 확보를 위해 노력해야 한다.

한편 공공연구기관, 특히 국가 연구기관의 연구개발 성과는 기초 연구개발의 미션을 지니고 있어서 기업이나 대학과 다른 관점에서 바라봐야 한다. 농촌진흥청의 예를 들어 다시 설명하면 <표 4-1>에서 제시되었듯이, 농업인·농산업체 대상의 기초연구 수행과 보급 의무를 지닌다. 즉, 작물의 품종이나 병·해충 방제기술 등과 같이 매출을 발생시키는 사업화 측면에서 매력이 떨어져 기업이나 산업체에서는 R&D를 회피하는 분야이지만 농업 현장에서 필요한 기술이므로 국가 기관에서 정책제안이나 영농활용 등을 담당하는 것이다. 따라서 이와 같은 기초연구는 경제적 파급효과 차원에서 가치가 측정되어야 하며 국가 연구기관에서는 고유 미션으로서 기초 연구개발에 대한 가치를 지속적으로 높여갈 의무가 있다.

그리고 국가 연구개발의 또 다른 추진 방향은 기업 및 산업체로의 산업화 연구개발을 위한 매진이다. 연구개발 전문 기관으로서 깊이 있는 기술을 확보하여 넓은 시장 유통력을 확보하고 있는 기업 등 큰 산업체로 맞춤형 연구개발 기술이전을 추진하는 것이다. 그

---

23) 산학협력단 또는 연구기관이 보유하고 있는 기술의 사업화를 목적으로 특허 등의 기술을 출자하여 독자적인 신규 회사를 설립하거나 외부기업과 합작 조인트벤처 설립 또는 기존 기업의 지분을 인수하는 형태로 자회사를 설립, 사업화를 추진하는 전문 조직

24) 국가연구개발사업 기술이전사업화 제고 방안 연구. 2013. KISTEP

러기 위해서는 기업 및 산업체에서 요구하는 연구개발 성과물이 제공되어져야 한다. 기업으로 이전될 매력있는 사업화 성과를 달성하기 위해서는 수요조사와 함께 선행기술조사의 병행이 무엇보다 중요하다. 내가 추진하는 연구개발 분야에서 어떤 선행기술이 수행되었고 어떤 미래기술로 빠르게 변화하고 있는지! 그 속에서 내 연구개발이 어떤 방향으로 추진될 때 경쟁력 있는 강한 지식재산 성과물이 확보될 수 있는지를 전주기적으로 기술분석을 통해서 검토되어야 한다.

그렇다면 기업 및 산업체로의 기술이전 핵심도구인 강한 지식재산을 이끌기 위해서는 연구 초기단계에서부터 어떻게 접근해야 할까?

방향은 연구개발의 IP-R&BD 접근이다.

3. 강한 지식재산IP과 IP-R&BD 접근

대학 및 공공연구기관을 통한 국가 연구개발 사업은 '강한 특허' 성과 창출과 함께 활용률을 높이자는 요구가 많다. 강한 특허는 연구개발을 통한 지식재산 성과물의 한 형태이다. 즉, 강한 지식재산이 확보된 성과물로 기업 및 산업체에 기술이전이 잘되고 사업화 성공률을 높일 수 있도록 연구개발 성과물을 많이 내사는 것이다. 이를 위해서는 연구의 완성도가 높아야 하며, 결국은 시장에서 필요로 하는 기술이 연구개발을 통하여 이루어져야 한다.

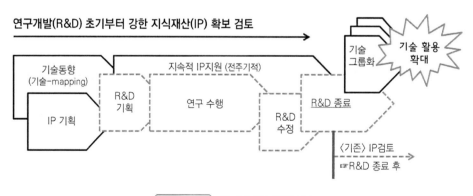

그림 4-3 IP-R&BD 프로세스

하지만 많은 연구개발 기관에서의 연구 절차는 <그림 4-3>에서 지식재산IP의 기획 및 기술동향 분석mapping 없이 "R&D 기획 > 연구수행 > R&D 수정 > R&D 종료"의 관행적 수행으로 'R&D 종료 후' 단계에서 "IP(지식재산) 검토"를 추진했다. 즉, 초기 및 전주기적 지식재산 검토를 배제하고, 단지 R&D 종료 후 특허 등 지식재산 출원 등을 검토해 왔는데, 이와 같은 절차에서 강한 지식재산 확보는 절대 불가능하다. 연구자가 오랜 기간을 몸담은 연구개발 분야라고 할지라도 기술동향 분석 및 지식재산 기획 없이 강한 지식재산 확보는 매우 취약할 수밖에 없다.

따라서 연구성과의 지식재산 활용을 확대하기 위해서는 연구개발 초기부터 강한 지식재산 확보를 위한 검토가 이루어져야 한다. 이것이 바로 IP-R&D[25] 및 IP-R&BD[26] 수행이다.

공공연구기관의 연구개발은 짧게는 1년부터 길게는 수년에 걸쳐 국가 연구기관 및 대학, 일부 기업의 참여로 이루어진다. 반면 연구개발 수행 이전의 지식재산 분석은 며칠에서 몇 주 정도의 기간을 거쳐 수행될 수 있으며, 이를 통하여 해당 연구개발이 향후 확보할 수 있는 지식재산의 권리범위 및 권리확보 방향 등을 가늠할 수 있다. 어떤 경우에는 중복 연구이거나 전혀 권리확보가 어려운 경우를 파악하여 회피방향을 추진할 수 있으며, 이와 같은 IP-R&D 및 IP-R&BD를 통해서 더 넓은 권리화 및 큰 사업적 파급효과를 가능케 하는 방향으로 이끌어나가는 것이다.

그렇다면 IP-R&BD를 위해서 연구 초기부터 어떻게 지식재산(IP) 및 사업화(B) 부분을 고려하며 진행해 나아갈 것인가? 일례로 농촌진흥청에서는 농업기술실용화재단을 통하여 「1실1변리사 제도」를 수행하고 있다. 이는 1개의 연구실[27]에 1명의 변리사를 매칭시켜 IP-R&BD를 추진하는 구조이다. 이때 변리사는 특허 전문가이지만 해당 연구실의 기술을 전공했기 때문에 사업화를 위하여 추진하는 연구실의 연구개발을 이해할 뿐만 아니라 <그림 4-3>과 같이 연구개발 초기에서부터 참여하여 기술전문가인 연구실 연구자들과 IP기획, 기술동향조사, 회피설계 및 IP확보 등 전주기적 IP-R&D를 수행하는 것이다. 특허 전문가인 전담변리사와 기술전문가인 연구자의 만남으로 해당 연구실의 강한 지식재산권을 확보하는 것이다.

---

25) IP-R&D는 특허(지식재산)를 연구개발R&D이 끝난 후 결과물로 여기던 기존 절차를 탈피하여 연구개발의 기획단계에서부터 특허정보를 적극 활용하여 강한 특허(핵심 또는 원천)를 창출함으로써 기술활용률 및 연구개발 효율성을 높이는 방안임(기업의 경우 특허 공세에 적극적으로 대응할 수 있는 방안 마련)

26) IP-R&BD는 IP-R&D 개념에 비즈니스(B) 관점을 추가 반영한 것으로 연구개발 기획단계부터 사업화를 체계적으로 반영하여 연구개발을 추진하는 시스템을 일컬음

27) 연구실 단위는 동일한 사업화 영역을 고려하여 같은 계통의 연구개발 카테고리를 묶은 단위이며, 약 5~10여 명의 연구원으로 구성됨

4. 시장 및 기술의 동향조사

기술은 빠르게 발전하고 시장을 변화시킨다. 기업의 기술이 적용된 제품은 시장에 출시되는데, 신제품의 경우 보통 시장에 나타나기 1~3년 전에 특허 등의 지식재산으로 공개된다. 따라서 사업화를 고려한 연구개발R&D 추진에 있어서 중요한 것은 먼저 지식재산 분석이다.

지식재산 분석은 연구자가 연구개발 수행을 통하여 확보할 수 있는 지식재산, 즉 향후 기술이전을 통하여 사업화에 핵심이 되는 강한 지식재산을 확보할 수 있는 방향을 미리 예측하는 것이다. 지식재산의 전반을 차지하는 산업재산권을 모니터링하기 위해서는 정부(특허청)에서 제공하는 대표적인 무료 검색 사이트로 키프리스(www.kipris.or.kr)를 활용할 수 있다.

새로운 연구를 수행하거나 기존 연구에 새로운 아이템을 접목시켜서 연구 방향을 설정했을 때 핵심이 되는 키워드 검색을 1차적으로 수행하여 선행연구 그룹의 다양한 정보를 파악하게 된다. 1차 정보로는 발명자, 출원인, 인용·피인용 기술, 국제특허분류(IPC)[28] 등이 있고, 이들의 조합을 통하여 확대 검색을 수행하면서 수행하고자 하는 기술의 선행기술을 파악할 뿐만 아니라 분석을 통하여 새로운 아이디어를 지득할 수 있다.

이외에 산업재산권 검색 프로그램으로 유료 사이트인 윕스온(WIPSON, www.wipson.com), 델피온(Delphion, www.delphion.com) 등이 있으며, 각국의 특허청 사이트[29]를 활용할 수 있다. 특히 윕스온은 우리나라 대표적인 유료 특허검색 DB로서 대학, 기업, 특허법인 등에서 널리 사용되고 있다. 침해 및 무효화, 해외출원 패밀리 및 동향, 시장동향 등 특허맵이나 양질의 데이터 가공에 편리하며, 3극 특허 중 특히 일본 특허검색 시 기계번역에 의한 한글전문검색이 가능하다.

<그림 4-4>는 키프리스KIPRIS와 함께 우리나라 대표 유료 사이트인 윕스온WIPSON의 사이트 접속 시 특허·실용신안, 디자인, 상표, 심판, 해외 특허 및 디자인 등을 검색할 수 있는 검색창의 한 부분이다.

---

28) 국제특허분류(IPCInternational Patent Classification)는 각국의 특허청에서 출원된 특허 및 실용신안을 국제 분류기준에 맞추어 분류해 놓은 코드이며, 모든 출원된 특허의 명세서 서지사항에 표기됨
29) 미국특허청(www.uspto.com), 일본특허청(www.jpo.go.jp), 유럽특허청 (http://ep.espacenet.com) 중국특허청(www.sipo.gov.cn) 등

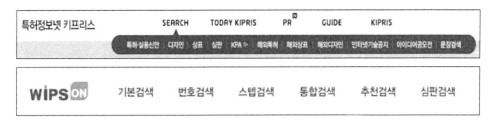

[그림 4-4] 키프리스(KIPRIS)와 윕스온(WIPSON)의 검색 창

산업재산권의 정보는 특허청 출원을 통한 서지사항[30] 정보와 함께 심사과정에서 나타나는 다양한 기술적 또는 권리부여 정보 등이 정형화된 형태로 제공되므로 기술예측 및 시계열적인 정보 분석이 가능하다. 이와 같은 산업재산권 검색을 통하여 아래 <표 4-2>와 같이 연구자가 수행하고자하는 연구의 아이템 관련 다양한 정보를 취득할 수 있다.

기술동향 분석은 큰 카테고리 범위에서 기술군에 대하여 수행되는 특허동향조사가 있고, 반대로 특정 기술의 선행기술을 파악하는 선행기술조사는 작은 단위로 수행될 수 있다. 즉, 선행기술조사는 중복연구 방지를 위하여 연구개발 과제가 이미 특허 등에 공개된 것인지를 조사하는 것을 말하며, 특허동향조사는 과거부터 현재까지의 기술동향 및 기술수준, 주요 연구개발 주체의 연구개발 동향 등을 파악하기 위하여 특허정보를 기술별로 조사·분석하는 것을 말한다(출처: 특허청 특허기술동향조사사업 운영규정 참조).

<표 4-2> 기술동향 분석 항목 및 파악 가능 정보

	분석 항목		파악 가능 정보
기술 정보	• 특허요지 • 출원인 및 권리기간	▶	• 기술개발 동향 • 핵심 및 위협 기술 • 융합기술(기술의 상관관계) • 기술분포 현황
권리 정보	• 권리범위 및 요지 • 특허일자 및 출원인(권리자) • 인용 및 피인용 특허 • 출원 국가별 정보	▶	• 권리범위 • 연구 수행을 통한 특허취득 및 침해 가능성 • 권리상태 및 기한
경영 정보	• 발명자/권리자 • 해외출원 국가 • 인용특허	▶	• 기업의 기술동향 • 시장참여 현황 및 기업 상관관계 • 연구관리 동향

---

30) 특허 등 출원된 산업재산권 명세서의 첫 장에 기록된 정보 사항

1) 선행기술조사

선행기술조사는 연구개발 단계에서 수행하는 특허조사로 연구자도 직접 수행할 수 있다. 기존에는 연구개발이 끝난 후 그 성과물을 특허로 출원하기에 앞서서 수행되는 경우가 많았다. 선행기술조사의 수행 시점은 매우 중요한데, 비록 작은 범위로 수행되더라도 연구개발 수행 전이나 그 과정에서 진행되는 경우 효과가 훨씬 크다. 왜냐하면 연구개발이 끝난 후 특허출원에 앞선 선행기술조사는 단지 특허성을 갖추는 용도로만 활용될 수 있다. 즉, 그 시점에서 선행자료가 검색되었다고 특허범위 확보를 위하여 다시 수년 전으로 연구개발을 되돌릴 수 없기 때문이다. 그리고 이와 같은 경우 특허를 등록시킨다고 하더라도 협소한 권리범위로 인하여 종이 특허로 전락될 가능성이 높다. 따라서 연구수행 전 또는 연구 수행에 맞추어 선행기술조사를 수행한다면 특허성[31]을 해치는 주요기술을 감안하여 연구를 수정하고 조사 결과를 통하여 강한특허를 위한 정보 확보도 가능할 것이다.

선행기술조사는 각 나라의 특허문헌뿐만 아니라 정기간행물 등에 게재된 논문이나 기타 비특허 문헌까지 포함하여 수행되며, 이 과정을 통하여 특허성 확보뿐만 아니라 기술이전 시 이전업체에게 권리범위 확보 등 좀 더 매력있는 사업화 기술로 자리하게 된다.

이와 같은 선행기술조사는 연구자가 일반적인 검색 능력을 갖추어 연구개발 단계에서 항시 수행할 수 있어야 한다. 아래 <표 4-3>은 선행기술조사보고서 양식으로 보통 전문가를 통해서 특허청 특허출원 전 단계에서 제시된다. 기업이나 기관에서 출원되는 해당 특허의 특허성을 보강하거나 해당 조직의 심의위원회[32]에서 출원 여부를 결정하는 데 활용된다. 연구수행 전이나 과정에서의 수행과는 거리가 멀다.

따라서 선행기술조사는 연구개발 수행 전이나 그 과정에서 진행될 경우 강한 지식재산권 확보에 큰 영향을 미치므로 "전문가의 선행기술조사보고서에 의지하기보다 연구자 스스로 연구개발 단계에서 어느 정도 깊이의 실시간 특허검색 능력을 갖추고 그 결과를 연구방향에 반영하는 경쟁력을 갖추는 것이 중요"하다.

---

31) 특허청은 심사(실체심사) 단계에서 특허 심사를 위하여 명세서의 적정 기재여부 및 선행기술조사를 수행하고 있음. 이때 특허청의 선행기술조사는 출원된 발명과 같거나 유사한 기술내용이 출원 전에 일반 공중에 공개되었는지의 여부 등을 조사하는 것으로 그 조사 결과를 기초로 출원된 발명의 특허성(신규성 및 진보성) 등을 판단함. 따라서 특허청 선행기술조사 및 등록 권리의 실용화 가능범위 확보를 고려하여 특허출원 전 내가 미리 선행기술조사를 수행하여 연구개발 방향을 잡고 대응하는 수행전략, 즉 IP-R&D 전략이 요구됨

32) 직무발명제도를 운영하는 조직이면 특허 등 무형자산의 형성이므로 그 출원 여부를 결정하는 심의위원회를 보통 운영함

선행기술조사에서 주요 사안은 선출원 특허 자료를 분석해서 현재 내가 추진하고 있는 연구방향 및 예상되는 연구결과와 비교함으로써 특허성 여부를 판단하는 것이다. 이와 같은 과정을 통하여 출원 시 특허가 등록될 수 있는지 여부를 뛰어넘어 넓은 권리를 확보할 수 있도록 연구개발 방향을 수정하고, 필요 시 전문가의 온·오프라인 컨설팅을 통하여 정확성을 높일 수 있다. <표 4-3>의 선행기술조사보고서에서 '관련 선행기술 문헌'이 제시되면서 앞서 PCT 출원의 국제조사보고서에서 제시된 X, Y, A 카테고리와 같이 본 발명과의 '관련도[33]'가 표기된다. 그리고 제시된 선행기술 대비 본 발명의 특허성 판단과 함께 출원 방향에 대한 최종 의견 및 권리확보를 위한 '독립청구항 초안'이 기록되게 된다.

<표 4-3> 일반적인 선행기술조사보고서 양식 및 내용

선행기술조사 수행자 정보 : 타 기관(특허사무소 등)에 요청하여 조사할 경우				
발명의 명칭				
발명자				
본 발명의 기술 내용	- 발명의 요지 : - 주요 구성 및 효과에 대하여 기재 :			
조사범위 및 방법				
조사범위	국내분류(IPC)		검색엔진	KIPRIS 등
	조사국가	□ 한국, □ 일본, □ 미국, □ 유럽, □ PCT, □ 기타		
검색식				
관련 선행기술 문헌				
번호1	선행문헌정보	출원인/저자	발명의 명칭	관련도
	출원·등록번호/저널명			
	〈선행기술분석〉			
	- 번호1(선행문헌)의 요약 : - 본 발명 대비 관련 개시 내용 :			
번호2	※ 관련 선행기술 문헌을 '번호1'과 같이 반복해서 기록			
최종 검토 의견				
1) 선행문헌 및 본 발명 대비 특허성 판단, 2) 특허출원 방향 제시				
주요 독립청구항 초안				
필수 구성요소 및 발명의 핵심 내용이 드러나는 정도로만 간략히 작성				
관련 사항				
공지예외주장 여부	공개일, 공개자료명 등		우선권주장 여부	기초 출원일 및 번호 등

33] '관련도'는 제시된 선행기술 대비 본원 발명의 특허성 관련 표시기호이며, X(제시된 문헌 만으로 본 발명의 신규성·진보성이 없다고 판단), Y(제시된 문헌과 다른 하나 이상의 문헌이 결합되었을 때 진보성이 없다고 인정), A(특허성을 해하는 특별한 관련성은 없으나 본 발명의 기술에 대한 내용을 포함) 등이 표기됨

다음은 연구자가 수행하고 있는 과제를 예로 들어 선출원 특허 검색 및 분석을 단계별로 검토한 것이다.

기술에 대한 특허검색의 키워드 선정은 명확하게 단어를 한정하여 그 동의어를 파악하고 기술을 포괄적으로 표현하는 상위 관련어와 세부기술에 대한 하위 관련어를 적절히 선정해야 한다. 선정 순서는 기술을 몇 개의 단어로 표현하여 핵심이 되는 필수적 구성요소로 단어를 배열하고 검색 연산자를 활용하여 적합한 키워드를 조합함으로써 검색을 수행한다. 그리고 그 검색 양에 따라 검색을 반복하면서 확장·축소를 통해 관련 기술들을 모으게 된다. 이때 검색식이 너무 넓으면 기술과 관련 없는 특허를 제거하는 노이즈 작업에 많은 시간이 소요되고, 반대로 너무 좁으면 검토되어야할 특허들이 빠져나가게 된다.

<그림 4-4>에서 제시한 키프리스KIPRIS와 윕스온WIPSON에서 자주 사용하는 검색 연산자를 정리하면 다음과 같다.

검색DB	AND1)	OR2)	NOT3)	절단기호4)	인접연산자5)
키프리스	*	+	*!	자동절단	^#
윕스온	and	or, space	not	*	adj# (순서) near# (배열)

1) 입력된 키워드 2개가 모두 포함된 검색 ☞ A*B   A and B
2) 입력된 키워드 중 1개라도 포함된 검색 ☞ A+B   A or B
3) 입력된 키워드 2개 중 1개는 반드시 포함되고 다른 한 개는 포함되지 않는 검색 ☞ A*!B   A not B
4) 입력된 키워드를 포함하는 단어의 검색 ☞ –   A*
5) 검색어 거리가 #단어 이하로 떨어져 있는 구문을 검색 ☞ A^2B
     A→B 순으로 단어 사이의 공백(Space) 수가 # 이하 구문 검색 ☞ A adj2 B
     A→B 또는 B→A 순으로 공백 수가 # 이하 검색 ☞ A near2 B

또한 특허 검색에서는 키워드 검색식 및 특허 코드를 함께 사용함으로써 검색된 특허들의 노이즈 제거와 동시에 정확성을 높일 수 있다. 특허 코드로는 IPCInternational Patent Classification 코드가 일반적으로 사용되며, 최근 2012년 미국특허청과 유럽특허청 주도로 개발된 CPCCooperative Patent Classification 코드를 적용할 수 있다.

IPC 코드는 유럽특허조약EPC에 따라 1968년 제1판이 발행된 후 현재 제8판이 사용 중이며 새롭게 출원된 특허에 대하여 각 특허청에서 IPC 분류코드를 섹션→클래스→서브클래스→메인그룹→서브그룹 순으로 기술을 분류하여 코드를 부여한다. 따라서 IPC 코드를 특허 검색 시 함께 사용함으로써 관련 특허문헌을 좀 더 정확하고 쉽게 검색할 수 있다.

IPC 코드[34]는 A(생활필수품), B(처리조작, 운수), C(화학, 야금), D(섬유, 지류), E(고정구조물), F(기계공학, 조명, 가열, 무기, 폭파), G(물리학), H(전기)까지 8개의 섹션으로 구성된다. 예를 들어 <그림 2-15> "감자 신품종 '탐나' 및 이의 육종방법" 명세서의 서지사항을 보면 IPC 코드는 "A01H 1/02", "A01H 5/00", "A23G 3/48" 3개가 부여되었다. 그중 A01H 1/02를 살펴보면 다음과 같은 의미로 분류된 것이다.

섹션	클래스	서브클래스	메인그룹	서브그룹
A	01	H	1	02
생활필수품	농업, 임업, 축산 등	식물의 육종처리, 증식	육종처리	교배의 방법, 인공수분

따라서 농업 분야의 식물 육종처리 및 증식에 대하여 기술을 분류하고 싶을 때 키워드 검색식에 A01H를 'AND' 조건으로 검색을 수행하면 찾고자 하는 검색 결과의 정확성을 높일 수 있다. 이는 검색 과정에서 핵심 또는 위협특허를 찾았을 때 특허 서지사항에 제시된 IPC 코드를 끌어내어 동일하게 검색식에 반영함으로써 전세계 관련 특허를 끌어오는 순서로 검색을 수행하는 방법도 효율적이다.

CPC 코드는 우리나라도 2015년 1월 이후 신규출원에 IPC 코드와 함께 부여하고 있으며, 키프리스와 윕스온에서 모두 사용할 수 있다. 이는 IPC 코드와 동일한 A~H 섹션에 Y 섹션이 추가되어 총 9개의 섹션으로 구성되었다. 그리고 세부 분류로 클래스, 서브클래스, 메일그룹, 서브그룹으로 총 25만개의 카테고리로 기술을 분류하고 있다.

이외에 특허 코드는 미국의 USPC 코드, 일본의 FI 및 F-term, 유럽의 ECLA 코드가 있으나 연구자에게는 일반적으로 사용하는 IPC 코드 및 CPC 코드의 사용을 추천한다.

다음은 연구자가 수행하고 있는 과제를 예로 들어 간단하게 선출원 특허 검색 및 분석을 단계별로 검토한 것이다.

아로니아Aronia는 최근 항산화 효과 및 시력증진, 항암 등 다양한 효과가 알려지면서 국내 많은 농가에서 재배가 급증하였다. 하지만 안토시아닌 등 특정 성분의 높은 함유율에도 불구하고 당도가 높지 않아 생과 및 가공용으로 적합하지 않은 문제점이 있었다.

---

34) 특허청(www.kipo.go.kr) → 분류코드/조회 → 국제특허분류코드에서 조회 가능함

와인을 연구하는 연구실에서는 이와 관련하여 "아로니아를 이용한 발효주 개발"이라는 새로운 연구개발을 수행하면서 연구과제를 확보하였다. 이와 같은 초기 단계에 어떻게 선행기술조사를 수행하고 그 결과를 분석하여 대응해 나아갈 것인가!

연구실에서는 와인 연구와 관련하여 발효용 미생물 뿐만 아니라 여러 가지 와인 제조기술을 보유하고 있다. 하지만 관행처럼 기존의 연구 틀에서 주성분을 단지 아로니아로 대체하여 연구를 수행하고 그 결과물을 특허로 출원할 계획이었다. 하지만 그 출원 결과는 권리 등록이 어렵거나 등록된다 할지라도 그 권리범위는 매우

협소할 것이다. 왜냐하면 점진적으로 알려지는 아로니아의 효과들이 기존 보유 기술과 합쳐진다고 할지라도 발명으로서의 진보성inventive step 거절을 극복하지 못할 가능성이 높다. 따라서 문헌 및 인터넷 공개 자료를 포함하는 선행기술조사를 통하여 '아로니아를 이용한 발효주 개발' 관련 기술이 무엇인지 검색 및 분석이 선행되어져야 할 것이다. 내 기술을 부가하여 어떤 방향으로 연구개발을 수행할 것인지 체계를 세우고 그에 따라 IP-R&BD를 수행할 때 기술이전 가능성이 높은 권리형성과 함께 사업화 가능성을 높일 수 있을 것이다.

와인 연구실에서는 새로운 작물로 아로니아를 특정하여 발효주 개발의 경우를 가정했는데, 다음과 같이 선행기술조사를 위한 강조가 필요하다.

❶ 기존 개발현황 대비 연구개발에 새롭게 부가될 요소를 고려한 분석이다. 여기서는 아로니아라는 작물 자체가 새로운 요소이며 기존 연구실에서의 발효물 대비 시장에서 누릴 수 있는 차별적인 효과분석이 요구된다.

❷ 제품 개발에 있어서 그 새로운 요소가 안고 있는 문제점을 파악하고, 그 해결을 위한 목적 설정이다. 만약 아로니아가 기존 음료 대비 안토시아닌 함량이 높은 건강적 특징이 있으나 와인 가공에 중요한 맛 선호도의 당도brix가 낮아서 소비자의 기호도에 문제가 있었다. 결국 당도 문제를 어떻게 해결하고 발효 특성 등을 살릴 것인가가 중요한 목적이 될 것이다.

❸ 목적을 달성하기 위한 연구개발 방향을 구성하고 그 구성에 대한 키워드Keyword 추출 및 검색식을 이용한 검색이다. 검색 범위는 특허뿐만 아니라 비특허 문헌까지 해당된다. 이때 검색식은 초벌 검색으로 데이타를 입수하여 발명의 필수 구성요소 및 목적·효과에 대한 키워드를 추출하고, 적합한 키워드를 두고 유의어를 확장해 가면서 단계적으로 검색식을 완성하게 된다.

❹ **검색 결과의 분석이다.** 특허동향조사와 같이 방대한 양이 아니므로 별도의 노이즈 제거 과정이 필요하지는 않겠지만, 내 연구개발의 예측되는 결과에 대한 주요 선행기술이 드러날 것이고, 이를 반영하여 연구개발 방향이 수정될 것이다.

키프리스KIPRIS 검색으로 예를 들어, 검색식[35]이 "(아로니아+aronia+쵸코베리+초코베리+ 쵸크베리+초크베리+chokeberry+베리+berry)*(와인+포도주+발효)*A23L"로 가정하여 간단 하게 국내검색을 수행하였을 때, 241건의 특허가 검색된다.

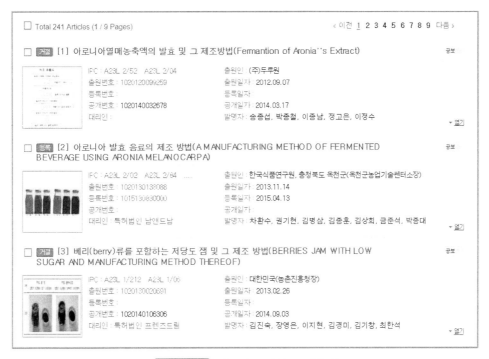

〔그림 4-5〕 아로니아 키워드 검색 예

이와 같은 검색은 순수하게 아로니아 및 베리(berry) 류에 대한 발효 또는 와인으로 한정한 것이며, 와인 제조의 연구개발에서 연구실의 특정기술이 적용될 것이다. 이때 다 양한 실험을 통하여 특정 기술을 바탕으로 아로니아 발효주의 예상했던 문제점이 해결된 다면 그 특정 기술은 특허를 확보하는 결정적인 구성요소가 될 것이다. 그리고 해당 기술

---

35) KIPRIS 검색 연산자 : 여기서 사용된 '+'는 OR 조건이며, "*"는 AND 조건임, "A23L"IPC 분류코드는 A21D(제 빵, 반죽 등) 등 일부 식품 관련 코드에 속하지 않는 식품, 식료품, 또는 비알코올성 음료 등을 한정함

을 이용한 아로니아 발효주 개발의 목표를 기준으로 권리범위 확장을 실시예[36]를 통해서 확대해나가야 한다.

선행기술조사를 통하여 연구방향을 잡고, 이를 바탕으로 연구를 수행하면 연구결과는 어느 정도 예상될 수 있겠으나 전혀 새로운 결과가 도출되기도 한다. 따라서 연구를 수행하면서 지속적인 검색이 연구자를 통하여 수반되어야 하며, 새롭게 도출된 부분에 대해서는 권리범위를 확장하거나 별도의 개량 출원을 시도할 수 있으므로 연구개발 과정에서 연구자의 선행자료 검색은 상시 수반되는 주요 사안이라고 할 수 있다. 왜냐하면 연구단계에서 수시로 요구되는 선행기술조사를 매번 특허전문가에게 요청할 수 없고 연구개발을 직접 수행하는 기술전문가의 시선에서 손쉽게 단계적으로 특허가 분류될 때 효과는 더욱 크다. 그 과정에서 특허전문가에게는 풀리지 않는 내용 분석이나 자문을 요구하는 방향이 효율적이라 할 것이다.

<그림 4-6>은 이와 같은 선행기술조사를 통하여 연구 초기의 IDEA발명으로 시작해서 선행기술을 파악하고 회피설계를 거치면서 최초의 권리를 점진적으로 확대해가는 과정을 도식화한 것이다.

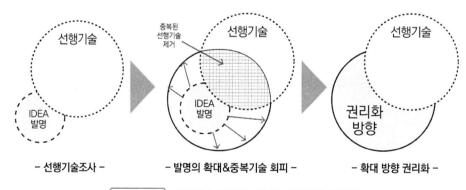

그림 4-6 선행기술 검색을 통한 권리확대 모식도

즉, 어떤 IDEA 발명이 있고 이를 연구 주제로 잡고자 할 때 선행기술을 검색하여 발명을 확대하면서 중복되는 부위를 제외하고 연구 방향을 잡게 된다. 결국 최초 IDEA 발

---

36) 특허청에서 해당 특허를 심사할 때 아무리 우수한 효과라고 하더라도 특허청 심사단계에서 심사관의 권리범위 허용 기준은 특허 명세서의 "발명의 설명"에서 실시예를 바탕으로 제시된 청구권리에 대해서만 권리를 인정함. 따라서 우수한 효과를 보이는 발명의 핵심 기술이 완성되면, 시장에서 그 기술이 적용될 수 있는 분야를 확대하여 그에 맞는 실시예 및 비교예를 통해 유사한 data 결과를 제시함으로써 강한 특허의 넓은 권리범위를 확보할 수 있어야 함

명은 확대된 방향까지 연구수행을 통하여 검증함으로써 최종 권리화 방향을 넓게 확보하게 된다. 또한 어떤 경우에는 불행히도 IDEA발명이 선행기술 속에 모두 포함되어 있는 경우도 있다. 이미 선행기술에 수행하고자 하는 기술적 요소가 모두 공개되어 있거나 쉽게 착상될 수 있는 조합으로 IDEA발명이 이루어질 수 있는 경우이다. 이와 같은 중복연구는 향후 특허를 출원한다고 하더라도 특허청 심사관의 거절극복이 어려운 경우이며, 더 불행한 것은 이를 모르고 몇 년에 걸쳐 중복으로 연구를 수행하는 경우이다.

대부분의 연구개발은 <그림 4-6>의 도식과 같이 선행기술과 중첩된 경우가 많다. 따라서 폭넓은 강한 특허의 창출을 위해서는 선행기술의 범위를 가급적 연구개발 초기에 정확하게 파악하고 발명의 권리범위를 확장해서 권리화 방향을 마련해가는 계획적 정비가 필요하다.

다음은 연구자의 연구개발 수행 단계에서 IP-R&BD의 지식재산(IP) 접근을 어떻게 할 것인지를 특허성 및 침해 등을 고려하여 판단한 가상의 사례이다.

사례 만약 국가 연구기관에서 다음과 같은 연구를 진행하고 있다고 가정하자. 연구자의 상황 판단을 끌어내기 위해서 실제 발생할 수 있는 문제를 제시하고자 하였으며, 이와 같은 경우 연구자는 지식재산에 대한 판단을 어떻게 할 것인지! 혹시 그냥 공동연구 과제이기 때문에 기존과 같이 R&D 종료 후 특허출원 등 지식재산을 고려할 것인지! 그 판단시점이 언제가 되는가는 매우 중요한 사안이 아닐 수 없다.

가정은 아래와 같다.

〈단계1〉	최근 국립농업과학원의 A연구원이 〈B기관〉과의 공동연구 과제에서 "땅콩 성분의 인체에 유익한 효과"를 검토하던 중,
〈단계2〉	(1년차)에서, 새싹 땅콩의 에탄올* 추출물의 레스베라트롤 성분이 다량 추출됨을 확인하였다. * 최대 추출조건 : 1:10(w/v)비율로 60℃에서 90min
〈단계3〉	그리고 in vitro 시험을 통하여 화장료 효과를 검토한 결과, 피부노화에 대한 방지 효과가 있음을 확인하고,
〈단계4〉	(2년차)에서, 임상시험 〈C 기관〉에 검증 시험을 의뢰하여 인체 in vivo 데이터를 추가로 확보하였다.

요즘 국가 연구기관은 연구개발R&D 과제를 선정하는 과정에서 선행기술조사 데이터를 요구한다. 하지만 이는 추진하고자 하는 전반적 연구에 대한 기초적 기술동향 자료이며, 실제 연구개발을 진행하다 보면 새로운 결과가 나오기 마련이다. 그와 같은 단계에서 연구개발 결과가 어떤 위치에 있는지에 대한 분석이 요구된다.

상기 가정에서도 마찬가지이다. <단계1>의 "땅콩 성분이 인체에 유익한 효과"에 대해서 IP-R&D를 중요하게 다루는 기관이라면 그 단계에서 선행기술조사를 통한 지식재산(IP) 현황을 확보하고 연구 방향을 잡았을 것이다. 하지만 이는 일부 과제에 대해서만 수행되는 현실이다.

중요한 IP분석은 <단계2>에서 새싹땅콩, 에탄올 추출조건, 레스베라트롤 성분과 <단계3>에서 *in vitro* 화장료 효과, 그 중에서도 피부노화에 대한 방지효과이며, <단계4>에서 *in vivo*의 검증이다.

연구개발 추진에 따른 <단계1>에서 <단계4>까지의 각 단계에서 지식재산(IP) 및 사업성(B)에 대한 분석 결과는 향후 추진될 연구개발 방향에 큰 영향을 줄 것이다. 하지만 이를 무시한 관행적인 연구개발은 단계적 지식재산 대응도 없이 진행되므로 선행자료에 무방비로 노출되어 실용화 과정에서 큰 타격을 입을 것이다. 예를 들면 임상시험인 <단계4>까지 2~3년의 막대한 연구비를 들여 과제를 마쳤는데, 이미 문헌이나 인터넷 등에 공지되었거나 시장에서 이미 활용가치가 떨어진 기술이라면 오랜 기간 투자한 연구개발에 미치는 타격은 매우 클 것이며, 실제 국가연구에서 종종 일어난다.

그렇다면 상기 <단계4>까지 진행된 상황에서 아래와 같은 상황을 추가로 가정해보자.

〈단계5〉	농촌진흥청(국립농업과학원, 발명자 A연구원 등)은 〈B기관〉과 공동출원으로 특허를 출원(출원일:2016.10.26)했다.
〈단계6〉	그 후, 〈D기업〉 및 〈E농산업체〉의 기술이전 요청에 따라 통상실시권 계약을 통해 실시권 이전을 수행했다.
〈단계7〉	그리고 이전업체 중 〈D기업〉은 새싹땅콩으로부터 추출한 레스베라트롤을 피부노화 방지 목적으로 화장품에 처방하여 제품을 출시함으로써 사업화에 성공하였다.

이와 같은 상황에서 <단계4> 이후에 선행기술조사를 통해서 자료를 분석하다가 다음의 <상황1>과 같이 <특허B> 또는 <특허C>가 검색된 상황이라면 농촌진흥청에서 출원한 특허의 등록 가능성은? 그리고 기술이전을 해간 <D기업>의 침해 여부는? 그리고 <상황2>와 같이 <논문D>가 검색되었을 때 등록가능성은?

〈상황1〉

〈단계4〉 이후에 선행기술조사를 실시하여 얻은 결과로, "땅콩 추출물을 포함하는 화장료 조성물"을 출원하여 일본에 등록된 선행 〈특허B〉가 검색되었으며, 등록된 특허의 내용에는 새싹이나 레스베라트롤에 대한 효과, 그리고 화장료 효과 중 피부노화에 대한 언급은 없었다. 〈특허B〉의 출원일은 1999년 12월 26일이었으며, 아직 권리가 유효한 상황이었다.

그리고 추가로 국내 농업회사법인(주)에서 출원(2012.08.29.)한 "레스베라트롤 함량이 증가된 땅콩나물 추출방법"의 선행 〈특허C〉가 추가로 검색되었으며, 땅콩에 레스베라트롤 유효성분의 함유 사실은 일반화된 상황이다.

❶ 먼저 〈B기관〉과 공동출원한 농촌진흥청 특허의 등록 가능성은?

<상황1>에서 <특허B>만 검색되었다고 판단했을 때, <단계5>의 출원특허는 등록 가능성이 높다고 볼 수 있다. 왜냐하면 땅콩으로부터의 레스베라트롤 추출물과 함께 추출 성분의 피부노화 효과에 대하여 특허성(신규 및 진보성)을 인정받기란 어렵지 않다고 판단되기 때문이다.

하지만 <특허C>가 검색되었고, 땅콩으로부터의 레스베라트롤 함유 사실이 일반화된 상황이라면, 새싹 추출 단계에서 특정 성분의 활력이 높다는 사실은 이미 널리 알려져 있다고 할 것이다. 그리고 <특허B>의 화장료 조성물에서 미백, 주름제거, 자외선차단의 기능을 포함하여 주름제거 효과를 끌어내기는 어렵지 않은 선택이라고 판단할 것이다. 따라서 신규성을 인정받을 수는 있겠으나 진보성을 자신하기는 어렵다.

결국 <단계2>나 <단계3>의 1년차 연구단계에서 연구개발 결과에 따른 IP분석이 병행되어 이루어졌다면, 향후 특허청 심사단계에서 선행문헌으로 제시될 <특허B> 및 <특허C>의 내용을 비교구Control로 두고 폭넓은 권리범위 확보를 위한 연구개발 설계가 1년차부터 탄탄하게 추진되었을 것이다. <단계4>의 큰 비용과 기간이 소요되는 임상시험도 그 결과에 맞추어 추진됨은 물론이다.

❷ 다음으로 〈D기업〉의 침해여부는?

이는 실제 매우 중요한 문제이다. 제6장 <그림 6-1>의 "등록 요건과 침해 요건의 차이점 주의"에서 제시하겠지만, <단계5>에서 출원하여 농진청 특허가 향후 등록된다고 할지라도 <특허B>의 권리범위에 포함될 수 있으므로 기술이전을 통하여 업業으로 실시하는 <D기업>은 등록특허를 그대로 실시하더라도 선출원된 <특허B>를 침해하는 꼴이 된다.

즉, <D기업>은 <단계5>의 특허에 충실하게 1)새싹 땅콩에서 에탄올로 추출한 레스베라트롤을 2)피부노화 방지용 제품에 사용했다고 하더라도 <특허B>의 권리범위가 "땅콩 추출물을 포함하는 화장료 조성물"로 "땅콩 추출물＋화장료 조성물"의 권리범위가 그대로 유효하다면, 1)은 여전히 땅콩 추출물에 포함되며, 2)의 피부노화 방지 역시 화장료 조성물에 해당되기 때문이다. 하지만 다행히 <특허B>가 대한민국에 진입되지 않고 일본에서만 등록되어 권리가 유지되는 특허라면 문제되지 않을 것이다.

그렇다면 <특허C>가 등록되었다면 어떨까? "레스베라트롤의 함량이 증가된 땅콩나물의 추출방법"으로 발명의 명칭과 같이 "땅콩나물"에 관한 권리로서 '추출방법' 등 권리범위의 필수구성 요소만 피하고 있으면 문제되지 않는다.

〈상황2〉
마찬가지로 <단계4> 이후에 얻은 결과로 "땅콩에서 헥산으로 레스베라트롤을 추출하여 피부미백 효과가 우수한 화장료 조성물"이 국내 〈논문D〉에 공개되었다.
논문 공개일은 2009년 10월 26일이었다.

❸ 이때 〈B기관〉과 공동출원한 농촌진흥청 특허의 등록여부는 어떨까?

심사단계에서 심사관이 거절이유로 상기 <논문D>를 제시했다고 가정하면, 논문에서는 레스베라트롤을 땅콩으로부터 헥산 유기용매를 이용하여 추출하는 방법이고 효과도 피부노화 방지가 아닌 피부미백에 효과이다.

먼저 등록 가능성 여부는, <논문D>에서의 헥산 추출 대비 에탄올 추출 및 피부노화 방지에 대한 효과의 차이이다. 즉, 통상의 지식을 가진 자가 예측하기 어려운 발명으로서 주장이 가능할 때 특허성을 인정받게 될 것이다. 하지만 이 역시 <상황1>에서와 같이 1년차 연구단계에서 선행기술조사가 이루어져 <논문D>가 발견되었다면 이를 대응한 연구개발 설계가 추진되었을 것이다.

여기까지 발생할 수 있는 다양한 사례를 가상으로 적용하여 연구개발 수행에 있어서 효율적 성과확보를 위한 IP-R&D 접근이 얼마나 중요한지를 파악하였다.

다음은 연구개발성과를 높이기 위하여 연구개발 수행에 앞서서 큰 규모로 기술군을 정해 놓고 수행되는 '특허동향조사'에 대하여 알아보도록 하겠다.

2) 특허동향조사

특허동향조사의 수행은 선행기술조사와 같이 연구자가 직접 진행하기보다 전문 검색기관 의뢰를 통하여 이루어지는 경우가 많다. 이는 2~3개월에 거쳐 수행되는 특허맵 사업이라고도 하며, 그 결과를 통하여 해당 분야의 연구개발 동향파악, 공백 기술분야 파악, 권리확보 방향 등을 분석하게 된다.

그 구성은 <그림 4-7>과 같은 절차로 진행된다.

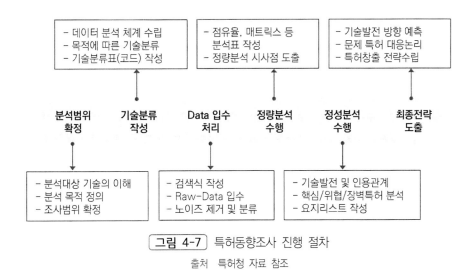

그림 4-7 특허동향조사 진행 절차

출처 특허청 자료 참조

❶ **분석범위 확정**은 조사를 하고자 하는 대상 기술을 이해하고 수행될 연구개발의 목적에 맞게 **기술의 분석범위를 확정하는 것이다.** 목적을 명확하게 정의하는 것은 특허동향조사의 방향을 잡는 매우 중요한 부분이다. 즉, 첫 단추의 역할을 하게 되므로 명확치 못한 목적으로 인하여 방향이 어긋나게 되면 돌이킬 수 없는 검색결과를 얻게 된다. 즉, 동향조사의 막바지에서 방향 설정이 잘못되어 처음 검색단계로 돌아가는 누를 범할 수 있기 때문이다.

❷ **기술분류 작성이다.** 조사를 통하여 얻어질 수많은 분량의 데이터를 어떻게 목적에 맞도록 분류할 것인지 체계를 갖추는 것이다. 즉, 정량 및 정성분석의 기반을 갖추는 것으로 연구자와 함께 충분한 협의가 이루어져야 한다.

❸ **검색 프로그램을 통한 데이터 입수 및 처리이다.** 기술적 Keyword, IPC 분류코드, 경쟁사 및 주요 발명자명 등의 검색어를 고려하여 검색식을 작성하게 된다. 이때 조사에서 검색식의 검색범위가 너무 좁을 경우 포함되어야 할 주요 특허가 빠져나갈 수 있으며, 반대

로 너무 넓은 분석 결과로 인하여 노이즈 제거에 과부하가 걸릴 수 있다. 단계적으로 검색식의 검색어를 확장해가며 신중하게 넓히고 좁히기를 조율해야 한다. 데이터는 특허뿐만 아니라 논문 및 제품 정보 등 다양할 수 있다. 그리고 입수된 Raw-Data는 노이즈 제거를 통하여 선별되며, 기술분류에 맞게 분류(처리)되게 된다.

❹ **정량분석 수행이다.** 데이터를 수평적으로 파악하여 양적 관계를 규명하는 분석 방법으로 특허정보의 서지적 데이터와 기술적 데이터를 근거로 출원건수, 출원인, 발명자, 기술분류 등의 다양한 요소들 조합을 통하여 통계적 분석을 수행하는 것이다.

❺ **정성분석 수행이다.** 특허정보 자료에 수록된 내용을 바탕으로 해당 특허가 포함하고 있는 기술 사상에 대한 실체적 분석을 수행하는 것으로 청구범위, 출원인 및 발명자 정보 등을 조합하여 기술발전 및 인과관계 등을 분석하는 것이다. 이를 통하여 핵심/위협/장벽특허 등을 선별, 분석하게 된다.

그리고 마지막으로 ❻ **최종전략 도출**이다. 정량 및 정성분석 등의 데이터를 토대로 기술의 발전방향을 예측하게 된다. 즉, 연구개발 추진에 있어서 조사 결과를 토대로 향후 수행하게 될 연구방향을 수정하고 향후 문제가 될 수 있는 위협특허에 대한 대응논리를 지속적으로 마련하면서 연구개발을 수행하게 된다. 이와 같이 IP를 기반으로 수행되는 연구개발(R&D)이 IP-R&D 수행이며, 시장 및 사업화 부분을 고려하여 추진 시 IP-R&BD 전략이라 일컫는다.

> 특허동향조사를 통하여 도마 위에 오른 주요 특허(예: 핵심/위협/장벽특허로 지목된 건들)는 향후 수행될 내 연구개발에 지속적으로 인과관계를 갖는다. 즉, 연구개발 결과의 특허출원에 있어서 등록을 저해할 선행기술로 등장할 것이고, 출원된 특허를 내가 또는 기술이전업체가 업※으로 실시하고자할 때 선등록 권리로써 침해의 경고장을 제시할 수 있다.
> 하지만 연구개발 초기에 적절한 IP-R&D 전략을 통하여 대응해나갈 시 향후 수행될 연구개발 방향에 더없이 좋은 정보 및 아이디어로 작용할 것이다.

사례 농촌진흥청에서 수행된 '인삼가공제품의 특허동향조사' 사례[37]를 통하여 특허동향조사의 이해를 돕고자 한다.

---

37) 2012년 농촌진흥청 국립원예특작과학원 인삼특작부에서 수행된 특허동향조사로 특허법인 ○○에서 수행된 과제를 참조

인삼을 소재로 가공과 관련된 연구는 국내 많은 기관에서 오랫동안 수행되어 왔다. 하지만 국내·외 연구동향을 체계적으로 분석하고 그 자료를 기초로 새로운 연구방향을 잡기 위한 분석은 없었다. 따라서 효율적 연구개발 수행을 위하여 특허동향조사를 수행하였고, 그 진행 절차는 앞서 설명된 순서에 따랐다.

먼저 대상 기술에 대한 분류 범위를 확정한 후 기술을 분류하였다. 대분류는 인삼 및 인삼사포닌으로 그 가공에 대하여 다양한 인체 질환 및 화장품 소재에 이르기까지 검색결과를 고려함으로써 중·소 분류의 범위를 잡았다. 이후 기술분류 및 필터링을 통하여 핵심 키워드를 추출하고 Raw Data를 토대로 노이즈 제거를 통해 정량 및 정성분석을 위한 유효특허[38]를 확정하게 된다.

먼저 <정량분석>이다.

우리나라KIPO와 중국SIPO 특허청을 포함한 3극 특허청(미국USPTO, 일본JPO, 유럽EPO)을 대상으로 주요시장국 분석을 진행한 것이다.

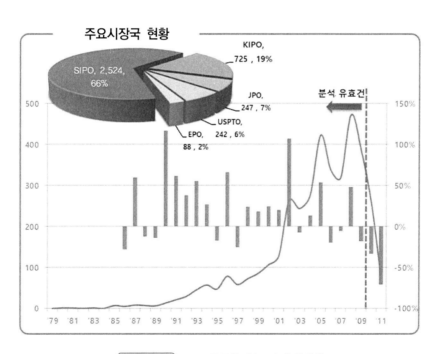

그림 4-8　주요 특허청 연도별 출원현황

---

38) 본 특허동향조사에서는 노이즈 제거를 통하여 4천여 건을 유효특허로 확정한 후 분석에 들어감

<그림 4-8>에서는 인삼 가공품과 관련하여 '주요 특허청의 연도별 출원현황'을 나타내고 있다. 특허 출원은 1980년대 초부터 이루어지기 시작하여 2000년도 이후에는 지속적으로 가파르게 증가하고 있음을 알 수 있다. 특히, 중국특허청(SIPO)이 2,524건으로 66%의 가장 많은 특허가 출원되었으며, 그 외 한국(KIPO) 19%, 일본(JPO) 7%, 미국(USPTO) 6%, 유럽(EPO) 2%의 각국 특허청 순서였다. 고려인삼(Korea Ginseng)®으로 우리나라가 인삼재배에서부터 가공까지 인삼 종주국에 대한 개념을 가지고 있으나 놀랍게도 중국특허청에 훨씬 많은 특허출원이 이루어지고 있음을 확인할 수 있다. 결국 인삼을 이용한 산업에서도 중국에서 많은 연구와 함께 독점배타적 권리가 형성되고 있다고 볼 수 있다. 그래프에서 '분석 유효건' 외 '09년~'11년은 본 특허동향조사 수행이 2011년 진행되었고, 특허의 미공개 기간(출원일로부터 1년 6개월)을 감안할 때 출원 건에 잡히지 않은 것일 뿐이다.

<표 4-4>는 '각 국의 특허청에 출원한 주요 출원인 현황'을 나타낸 것이다. 출원인 분석은 경쟁사 분석뿐만 아니라 활발한 연구를 추진하는 기관을 파악하는 데 유효하다. 한국특허청(KIPO)의 경우 태평양(66건) > KT&G(53건) > 경희대(21건) > 진생사이언스(13건) > 코리아나(12건) > 엘지생활건강(11건) > 건국대(11건) > CJ(8건) 등의 다출원 순서를 확인할 수 있다. 또한 태평양의 경우 국내뿐만 아니라 일본, 미국, 유럽으로도 다출원하여 인삼 가공제품과 관련해서 적어도 해외 사업을 추진하고 있음을 쉽게 유추할 수 있다.

<표 4-4> 각 국 특허청의 주요 출원인 현황

	건수		건수		건수		건수		건수
TIANJIN TASLY PHARMACEUTICAL(중국)	86	태평양(한국)	66	NOEVIR(일본)	20	태평양(한국)	13	태평양(한국)	8
BEIJING LUYUANQIUZHENG TECH. DEVELOPMENT(중국)	46	KT&G(한국)	53	태평양(한국)	12	Olalde Rangel(미국)	11	JAPAN SCIENCE & TECH(일본)	5
UNION XICHUANG PHARMACEUTICAL SCIENCE & TECH.(중국)	27	경희대(한국)	21	POLA CHEM IND(일본)	11	Liu, Yaguang(중국)	9	운화(한국)	3
BEIJING QIYUAN YIDE PHARMACEUTICALS RESEARCH CENTER(중국)	23	진생사이언스(한국)	13	KANEBO(일본)	10	C V Technologies (캐나다)	8	Boehringer Ingelheim (독일)	3
BEIJING QIYUAN YIDE DRUG INST.(중국)	19	코리아나(한국)	12	SHISEIDO(일본)	7	JAPAN SCIENCE & TECH.(일본)	5	Chi Yu-Fen(중국)	3
TIANJIN TASLY NATURAL MEDICINE RESEARCH & DEVELOPMENT(중국)	15	엘지생활건강(한국)	11	LION(일본)	6	The Daily Wellness(미국)	5	Liu, Yaguang(중국)	3
SHANDONG LUYE NATURAL DRUG R&D(중국)	12	건국대(한국)	11	TAISHO PHARMACEUT(일본)	6	Targeted Medical Pharma(미국)	4	SHISEIDO(일본)	3
TAIYI HEPU CHINESE MEDICINE INST.(중국)	12	CJ(한국)	8	JAPAN SCIENCE & TECH(일본)	5	Beijing Wonner Biotech(중국)	3	김송배(한국)	2
DALIAN INST. OF CHEMICAL PHYSICS(중국)	11	비타진(한국)	8	KAO CORP(일본)	5	SunTen Pharmaceutical(중국)	3	Beijing Wonner Biotech(중국)	2
QIYUAN YIDE MEDICINE INST.(중국)	11	메타볼랩(한국)	7	NONOGAWA SHOJI(일본)	5	SHISEIDO(일본)	3	C V Technologies (캐나다)	2

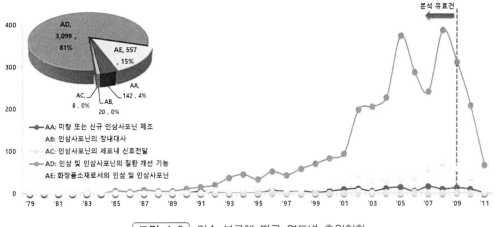

그림 4-9 기술 분류에 따른 연도별 출원현황

<그림 4-9>는 인삼 가공품의 '기술 분류에 따른 연도별 출원 현황'이다. 인삼사포닌 제조(AA)에서부터 화장품소재 인삼사포닌(AE) 등의 연도별 출원 현황을 보여주고 있다. 특히 '인삼사포닌 질환개선 기능(AD)'에 대한 출원이 81%를 차지하며 1990년대 초반부터 증가하기 시작하여 2000년대 이후에 급속하게 증가되고 있음을 확인할 수 있다. 다양한 종류의 진세노사이드와 그 기능을 이용한 질환개선 기술들이 출원 공개되었다. 그리고 이 기간에 많은 진세노사이드 등 인삼사포닌을 이용한 제품들이 시장에 경쟁하듯 쏟아졌다. 또한 '화장품소재로서의 인삼 및 인삼사포닌(AE)'의 특허출원 동향도 2000년대 초반부터 출원량이 새롭게 두각을 보이며 증가하였고 실제 화장품 시장에서 차별화된 고가의 진세노사이드 효능 광고와 함께 인삼 소재 화장품 제품군이 형성되었다.

<그림 4-10>은 '기술 분류에 따른 국가별 출원현황'으로 각 기술별AA~AE 다출원 5개국 특허청에서 많이 출원된 기술 분야를 나타내고 있다. 가장 많은 출원량을 보이고 있는 중국특허청SIPO에서 특히 '인삼 및 인삼사포닌의 질환 개선 기능(AD)' 분야에 출원2,263건이 많이 이루어졌고, 한국(KIPO), 일본(JPO), 미국(USPTO), 유럽(EPO) 특허청에서도 동일한 양상을 보이고 있다.

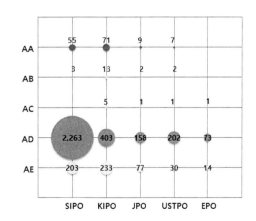

그림 4-10 기술 분류에 따른 국가별 출원현황

<그림 4-11>는 '주요 출원인의 국가별 출원 현황'이다. 인삼 관련 다출원 기업(또는 기관)에서 어떤 기술 분야의 출원을 많이 수행했는지에 대한 정량분석이다.

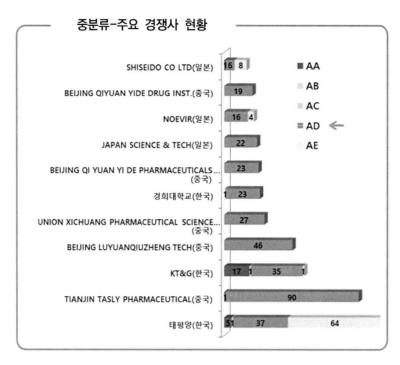

그림 4-11 주요 출원인의 국가별 출원 현황

기업으로서는 우리나라의 태평양(주)이 '화장품 소재로서의 인삼 및 인삼사포닌(AE)' 64건 및 '인삼 및 인삼사포닌의 질환 개선 기능(AD)' 37건에 관한 출원이 주를 이루고 있다. 중국의 Tianjin Tasly 제약(주)은 대부분 '인삼 및 인삼사포닌 질환 개선 기능(AD)' 기술 분야에 중점을 두고 있음을 확인할 수 있으며, KT&G(주)의 경우 '미량 또는 신규 인삼 사포닌 제조(AA)' 관련 연구가 수행되고 있다.

정량분석은 국가별 연구동향 및 주요 출원인의 연구 분야를 파악할 수 있다. 또한 출원인의 특정 국가로 출원동향을 살펴봄으로써 그 기술분야의 해외사업 진출을 고려하고 있음을 유추하게 된다. 상기 정량분석에서는 '인삼 및 인삼사포닌의 질환개선기능(AD)' 분야가 세계적인 관심 분야이며, 우리나라는 '미량 및 신규 인삼 사포닌 제조 분야(AA)' 및 '화장품 소재로써의 인삼 및 인삼사포닌(AE)' 분야에 큰 관심을 보이고 있다.

따라서 정량분석을 통하여 기술동향을 파악하고 연구개발 방향을 어떻게 잡을 것인가를 판단할 수 있게 된다. 왜냐하면 특허에 있어서 출원인(대기업 정보추출 가능) 정보는 해당 기술군으로 출원인의 미래 사업 방향을 제시하는 척도[39]이기 때문이다. 기업 및 산업체는 특정 시장으로 사업진출을 고려할 때 이미 많은 기술적 진보와 경쟁이 심하게 이루어지고 있는 기술군, 즉 레드오션Red Ocean[40] 분야로 진출하여 붙어볼 것인가 아니면 아직은 초기 단계이지만 향후 전망이 기대되는 기술군, 즉 블루오션Blue Ocean 분야의 시장으로 진출하여 새로운 시장을 창출할 것인가를 고민하게 된다.

대학 및 공공연구기관의 연구개발은 사업을 추진하는 기업 및 산업체로 기술이전을 통한 사업화에 초점을 맞추고 있다. 따라서 강한 지식재산 확보를 위한 IP-R&BD 추진에서 특허동향조사는 매우 중요한 위치를 차지한다.

다음은 <정성분석>이다.

정량분석이 특정 기술군에 대한 연도별 출원인 및 기술분야 등 동향을 살피는 단계라면, 정성분석은 유효특허 등의 내용을 바탕으로 한 실체적 분석이다. 기술 분석을 통하여 핵심/위협/장벽특허에 대한 분석이 이루어지며 이를 통해 대응방향까지 제시된다.

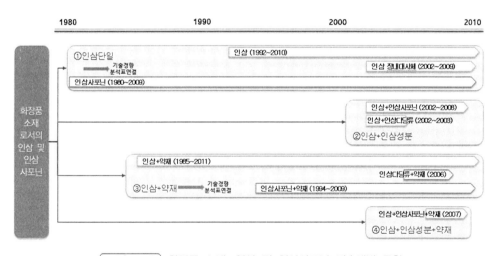

[그림 4-12] 화장품 소재, 인삼 및 인삼사포닌 기술개발 동향

---

39) 각 기업에서는 특허출원 전 기술을 공개하면 특허의 신규성Novelity이 없어지기 때문에 비밀기술Know-how이 아닌 이상 특허를 앞서서 출원하게 되며, 속지주의에 의한 배타적 권리를 위하여 사업을 하고자 하는 국가로 국내단계 진입을 수행하게 됨. 즉, 과거에 출원이 없던 국가로 대기업의 출원이 이루어진다는 것은 그 국가에 해당 기술로 사업을 염두하고 있다는 의미가 됨
40) 레드오션은 많은 경쟁자들이 비슷한 전략과 상품으로 경쟁하는 시장인 반면, 블루오션은 경쟁이 없는 독창적인 새로운 시장을 창출, 발전시킬 가능성이 있는 시장임

<그림 4-12>는 '화장품 소재로서의 인삼 및 인삼사포닌(AE)'에 대한 정량분석 결과를 토대로 특정 출원인의 특허에 초점을 맞춘 기술개발 동향을 분석한 것이다. 연구자가 화장품 소재 연구개발 방향을 검토하고자 할 때, AE 분야의 특정 출원인^{기업, 발명자 등} 및 그 기술동향 분석을 그림과 같이 분석할 수 있다.

상기 기업은 연구개발 흐름에서 인삼 성분의 화장품 소재로서 인삼 단일 성분을 기초로 시작해서 약재 혼합 효과에 대하여 화장품 기능개선을 규명하고자 시도하고 있음을 확인할 수 있다. 그리고 이를 통하여 출원인(기업)은 사업화를 추진했을 것이라 유추할 수 있다.

특허별 기술분석은 특허의 패밀리 분석[41]과 함께 각각의 특허를 분석하게 된다.

<표 4-5>는 매트릭스 분석이다.

<표 4-5> 인삼 단일성분에 따른 기능별 활용 현황

인삼단일 기술 중 사용된 인삼 성분		화장품 소재로서의 인삼 및 인삼 사포닌의 소분류									합계
		AEA	AEB	AEC	AED	AEE	AEF	AEG	AEH	AEI	
인삼		45	4	9	–	14	11	7	–	7	97
인삼사포닌	Ginsenoside Ra	–	–	–	–	–	–	–	–	–	–
	Ginsenoside Rb	2	2	–	–	–	1	–	1	3	9
	Ginsenoside Rc	–	2	–	–	1	–	–	1	–	4
	Ginsenoside Rd	–	1	–	–	1	1	–	1	–	4
	Ginsenoside Re	1	–	–	–	–	3	1	1	–	6
	Ginsenoside Rf	–	–	–	–	–	–	–	1	–	1
	Ginsenoside Rg	3	1	1	–	–	4	–	2	–	11
	Ginsenoside Rh	3	–	–	–	–	–	–	2	–	5
	특정하지 않음	6	–	–	–	2	5	–	–	–	13
인삼 장내 대사체		1	–	–	–	3	–	–	–	–	4
인삼 다당류		–	–	–	–	–	–	–	–	–	–
인삼 분획물		–	–	–	–	–	–	–	–	–	–
합계		55	10	10	–	19	20	8	9	10	141

본 매트릭스는 <그림 4-12>의 동일 출원인에 대한 인삼사포닌별 기술 분석이다. 이는 특정 출원인이 경쟁사이거나 타겟-마케팅을 통해서 기술이전을 추진하고자 하는 기업이든, 그 출원인의 기술을 기능별 소분류로 매트릭스 상에 펼쳐놓고 관심분야 및 공백기술 등을 파악함으로써 다양한 대응 전략을 펼칠 수 있다. <표 4-5>의 기능별 소분류는 다음과 같다.

---

41) 대상 핵심특허 기술과 연관된 다른 특허, 즉 우선권주장 및 진입국가를 달리한 선·후행 출원 등의 특허

AEA: 항산화, AEB: 항염증, AEC: 항진균,, AED: 콜라겐, 엘라스틴, AEE: 피부미백, AEF: 주름개선, AEG: 보습(히알루론산), AEH: 자외선차단, AEI: 탈모

상기 특정 출원인의 '화장품 소재로서 인삼 및 인삼사포닌(AE)' 기술을 화장 효과인 항산화, 항염증, 피부미백, 주름개선 등 어떤 목적으로 출원했는지 투자 방향을 분석할 수 있다. 즉, 매트릭스 분석을 통하여 주요 출원인의 연구현황 및 검토되지 않은 분야가 무엇인지를 확인함으로써 향후 연구개발을 통하여 '내가 확보할 수 있는 권리화 가능 부분'을 확인할 수 있다. 즉, 틈새 공략 또는 연구의 회피설계인 셈이다. 상기 출원인은 인삼 성분 기술로 항산화(AEA) > 주름개선(AEF) > 피부미백(AEE) 순으로 연구개발을 많이 진행하였고, 각 기능별 소분류 분야에 따른 진세노사이드Ginsenoside의 종류별 연구현황을 확인할 수 있다.

<표 4-6>은 인삼 성분에 다른 약재 성분과 혼합하여 특정 기능의 효과를 높인 발명으로 사포닌(또는 진세노사이드) 등의 인삼 성분과 함께 상승효과 등을 나타내는 약재 성분을 확인할 수 있다. 약재 성분으로 당귀(30%), 감초(21%), 알로에(16%), 백지, 황기, 천궁, 복령, 작약, 지황, 하수오 등의 다출원 순서이다. <표 4-5>와 같이 AEA(항산화) > AEF(주름개선) > AEE(피부미백) 순으로 인삼과 약재성분의 혼합효과 출원이 이루어진 것을 확인할 수 있다. 이때 각 출원에 대한 권리범위는 정성분석 단계에서 함께 분석되어야 한다.

<표 4-6> 인삼+약재 복합성분에 따른 기능별 활용 현황

인삼+약재 기술 중 사용된 인삼 성분/추가약재		화장품 소재로서의 인삼 및 인삼 사포닌의 소분류									합계
		AEA	AEB	AEC	AED	AEE	AEF	AEG	AEH	AEI	
③ 인삼+약재 중 인삼 성분으로 인삼 이용		125	10	18	2	61	78	38	7	35	374
인삼	당귀	31	1	7	–	20	29	10	2	15	115
	감초	27	3	6	–	15	19	5	2	2	79
	알로에	12	4	2	–	12	14	9	2	3	58
	백지	14	1	3	–	10	17	5	–	5	55
	황기	12	1	3	–	12	11	6	1	5	51
	천궁	12	1	1	–	11	9	8	–	6	48
	복령	15	–	3	–	9	6	6	1	2	42
	작약	6	–	3	–	17	6	5	–	5	42
	지황	14	–	–	–	5	7	6	1	5	38
	하수오	12	1	–	–	5	1	4	1	13	37
③ 인삼+약재 중 인삼 성분으로 인삼사포닌 이용		2	1	–	–	1	3	2	1	1	11

<그림 4-13> 및 <그림 4-14>는 AP업체(주)의 인삼 성분을 응용하여 항산화, 항염증, 항진균, 엘라스틴, 피부미백, 주름개선에 대한 각 기능별 출원한 핵심특허를 연도별로 제시하고 있다. 각각의 핵심 특허는 <표 4-2>에서 제시된 기술의 구성요소별 권리 정보를 심도 있게 파악함으로써 내가 진행하고자 하는 연구개발에 정보를 제공받을 수 있다. 또한 반대로 회피설계 시 위협특허가 되어 출원할 특허의 등록을 저지하는 선행문헌으로, 또는 나를 포함한 기술이전 업체의 실시에 침해 위험을 제공할 수 있다. 따라서 연구개발 정보를 내 연구에 수용하더라도 제6장 '실시권 및 분쟁 대응하기'에서 설명할 회피설계의 분쟁 위험성을 고려하여 안정적으로 검토되어야 할 것이다.

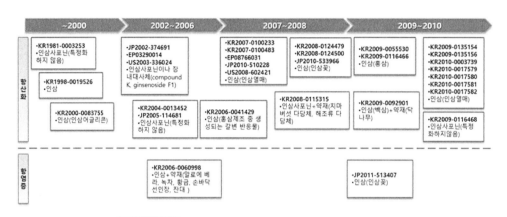

그림 4-13 인삼 효능성분의 항산화·항염증 효과 시험

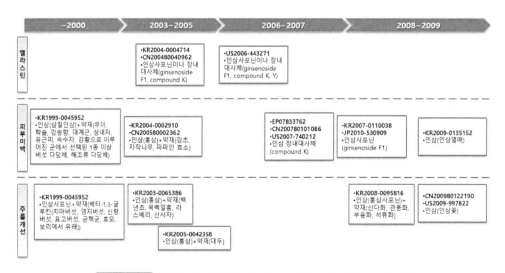

그림 4-14 인삼 효능성분의 엘라스틴·미백·주름개선 효과 시험

이와 같은 특허동향조사의 정량 및 정성분석을 단계적으로 수행하여 내가 또는 연구실에서 앞으로 추진하고자 하는 새로운 카테고리의 연구개발을 어떤 방향으로 이끌어가야 할지에 대한 그림을 미리 그리게 된다. 이것이 IP-R&BD에서 핵심인 IP-R&D이다.

특허동향조사를 통하여 연구개발을 시작하려는 현재의 시점에서 세계적으로 얼마만큼의 연구가 어떤 방향으로 진행되어 왔고 우리의 연구는 어느 위치에 있는지 지피지기적 분석이 필요하다. 이를 통하여 얻게 될 1) 중복연구의 배제, 2) 새로운 아이디어 지득, 3) 주요 특허 및 기업(기관) 분석을 통한 기술융합, 4) 연구목표 수정 등을 통한 강한 지식재산 획득방향 설계 등의 효과는 매우 크다. 즉, 특허동향조사의 수행 여부에 따른 연구개발(R&D)의 효과는 큰 차이를 보인다. 심한 경우 연구개발을 마치고 특허출원을 했는데, 이미 존재하거나 특허청 심사의 거절대응을 극복하지 못하는 경우가 허다할 수 있다. 설사 특허가 등록된다고 하더라도 권리범위가 매우 협소하여 기업 및 산업체로 기술이전에 의미가 없는 힘없는 특허, 즉 종이특허[42]에 불과한 경우가 많다.

현재 국가 연구개발 사업은 특허·기술동향 조사사업을 특허청 운영규정(훈령)인 「국가연구개발상업의 관리 등에 관한 규정」 제4조 제1항 및 제2항[43]에 두고 수행 중에 있다. 대학 및 공공연구기관 등에서는 이와 같은 사업에 참여하여 연구사업에 대한 특허·기술동향 조사를 수행하는 현상은 바람직하다. 이를 통하여 연구개발 사업의 추진에 앞서 기술동향조사 등을 통해 주요 특허를 파악하고 연구방향 및 권리화를 설계하면서 앞서 언급한 다양한 효과를 얻을 수 있기 때문이다.

5. 산업체(기업)의 C&D 전략 파고들기

많은 기업, 중견기업 이상의 산업체는 기술의 연구개발R&D을 통해서 신제품을 출시하고 제품을 업그레이드하며 시장을 선점해 나간다. 그리고 모든 산업분야에서 제3자의 우수한 기술은 필요에 의해 양도되거나 실시권이 이전되어 차별화된 제품으로 변신을 시도

---

42) 농산업체에 기술이전을 하였으나 특허의 권리 청구범위가 있으나마나한 경우를 일컬으며, 권리로써의 특허가 글로 표현되므로 권리석 힘을 발휘하지 못할 때 '종이'에 불과하다는 것에서 비롯됨. 이와 같은 경우 제3자가 기술이전을 하지 않고 권리를 피하여 얼마든지 실시할 수 있는 상태가 됨

43) 제4조(사전조사 및 기획) ① 중앙행정기관의 장은 국가연구개발사업을 추진하려는 경우에는 그 사업의 기술적·경제적 타당성 등에 대한 사전조사 또는 기획연구를 수행하여야 한다.〈개정 2013.2.22.〉② 중앙행정기관의 장은 제1항에 따른 사전조사 또는 기획연구를 하는 경우 국내외 특허 동향, 기술 동향, 표준화 동향 및 표준특허 동향을 조사하여야 함

해 왔다. 중요한 점은 현대의 정보화 시대에서 제품의 생명주기life cycle가 짧아지면서 많은 기업들은 처음부터 연구소 내부 역량으로 R&DResearch & Development 결과물을 취득하여 제품에 적용해서는 시장을 선점하기가 어렵다는 결론에 이르렀고, 이제는 외부 자원과의 협력을 통하여 혁신적인 제품을 개발한다는 C&DConneck & Development 전략을 강조하고 있다. 즉, C&D는 외부의 개인, 기업, 기관이 보유한 아이디어, 재능, 혁신적 자산 등을 지렛대 삼아 기업 내부의 R&D 역량과 결합Connect하여, 혁신적인 제품을 개발Development하는 전략이다.

따라서 대학이나 공공연구기관의 연구개발 결과물을 맵시있게 만들어서 C&D를 요구하는 기업으로 타켓 기술마케팅을 수행한다면 대기업 기술 연계를 통한 대량생산으로 사업화 성과를 크게 높일 수 있다.

연구소를 갖추고 있는 많은 기업들은 기간의 차이가 있을 뿐 <그림 4-15>와 같이 제품 출시를 위하여 자체 연구개발을 탐색(3~4년), 선행(1~2년), 출시(6개월) 과제로 나누어 수행한다.

기업의 '탐색과제'는 기술의 완성 시 시장 내 파급효과가 매우 클 것으로 판단되지만 연구개발의 완성을 위하여 3~4년의 오랜 기간이 요구되는

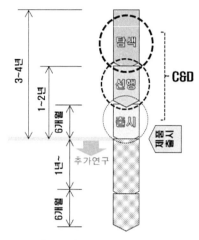

그림 4-15 기업의 단계별 연구와 C&D 전략

경우이며, '선행과제' 역시 '출시과제'(6개월 내) 대비 곧바로 제품출시가 불가하여 1~2년의 연구기간이 필요한 경우이다. 따라서 출시과제를 비롯하여 선행 및 탐색과제에 있어서 기업 Needs 맞춤형으로 추진된 대학 및 공공연구기관의 IP-R&BD 결과물은 더 크게 기업의 C&D 기술로 활용될 수 있게 된다. 연구개발에서 기업으로서는 오랜 기간과 노력이 수반되는 전문 연구기관의 기술을 C&D로 접목시킴으로 시장에 빠른 제품출시를 가능하게 한다. 기업으로서는 차별화된 연구개발 결과물을 컨셉화하여 해당 제품의 카테고리에 시장 선점효과[44]을 거두는 것이다.

---

44) 대표적으로 "에프킬라 효과"를 들 수 있는데, 국내 가정용 모기 살충 에어로졸의 최초 제품으로 소비자에게 처음으로 각인되어 그 이후 마켓에서 제품 구입 시, 다른 제품이 이후에 많이 출시되었는데도 불구하고, '에프킬라 주세요'라고 모기 살충 에어로졸 제품 구입 시 대표명사처럼 불리워지는 효과를 일컬음

사례 생활용품 및 화장품 분야 사업체인 국내 한 기업에서 C&D 전략의 기술 확보를 위하여 공개적으로 <표 4-7>과 같이 수요기술 전단지를 배포한 사례이다.

<표 4-7> C&D 요구기술 공개 내용

생활용품 기술	화장품 기술
• 부직포/극세사 응용 • 발모/양모 소재 • 섬유 구김 및 수축 방지 • 섬유/옷감 보호 및 복원 • 슬리밍(Slimming) 소재 • 악취 제거 • 천연 방부제 및 무방부 • 천연 살충제 • 천연 염모 소재 • 충치 예방 소재 • 치아 미백 • 표면처리(오염물 부착방지 등) • 항 알러지/바이러스 소재 • 향 발산 속도조절 • Foam Stamility Control	• 천연 색소 안정화 • 새로운 효능의 발효 소재 • 분체 분산 • 분체 표면처리 • 여드름/아토피 소재 • 유효 성분의 캡슐화 • 자외선 차단 소재(천연물 포함) • 천연 방부제 및 무방부 • 피부 미백 소재 • 피부 주름방지 소재 • 항산화/항염증/세포활성·재생 • 화장품 응용가능 의료기기 • 화장품 제형화 기술 • DDS 통한 유효 약물전달 • Hydrogel/Patch system

출처 A기업 공개자료

기업에서는 자체 기술과 비교하여 외부의 개선된 기술을 접목시킴으로써 새로운 신제품 및 업그레이드된 제품을 시장에 빨리 내놓고자 노력한다. 기술의 회전속도가 빨라지면서 빠른 포지셔닝을 통한 시장선점이 오히려 더 효과가 크므로 C&D 전략을 병행하는 것이다.

따라서 대기업의 요구 기술을 확보·이전함으로써 대학 및 공공연구기관의 연구 결과물이 제품에 적용되고, 많은 국민이 소비자 위치에서 진보된 기술이 적용된 제품을 누린다는 것은 결국은 소규모 다수의 기술이전을 뛰어넘는 연구개발 효과라고 할 것이다.

☞ 시사점

연구개발의 활용률을 높이려면 시장에서 요구하는 기술로서 사업화를 고려한 배타적 권리가 확보되어야 한다. 그러기 위해서는 기술수요조사, 선행기술조사 및 특허동향조사 등을 바탕으로 강한 지식재산 확보의 IP-R&BD 접근이 요구된다.

선행기술조사는 연구자가 직접 연구개발 과정에서 수행할 수 있어야 하며, 그 결과를 분석하여 연구개발 방향을 수정함으로써 연구개발 효과를 높일 수 있다.

새로운 카테고리의 접근을 위한 연구개발 추진 시, 특허동향조사의 정량·정성 분석을 이해하고, 연구개발 전략을 세울 수 있다.

공공연구기관은 기초연구의 무상제공 연구개발 결과물과 함께 사업화 기술에 대해서는 강한 지식재산이 확보될 수 있도록 연구개발 초기 단계에서부터 선행기술조사 및 특허동향조사를 통하여 사업적 파급효과를 높여야 한다.

기업의 사업화 과정에서 연구개발은 시장성 및 사업타당성을 고려하여 추진되며 지식재산(IP)의 권리화를 거쳐 제품개발이 이루어진다. 이때 기업은 직접 연구개발을 추진하기도 하지만 빠른 사업화를 위하여 필요 기술을 외부로부터 아웃소싱(〈그림4-2〉) 한다.

대학 및 공공연구기관은 기업의 아웃소싱 및 C&D 전략을 이해하고 맞춤형 IP-R&BD를 추진할 때 연구결과의 사업화에 빠르게 접근할 수 있다.

제5장

기술이전과 사업화
안목 넓히기

- 기술이전의 종류를 이해하고 계약의 주요사항을 알아본다.
- 연구개발 결과물과 사업화의 거리를 이해하고 대응방향을 살펴본다.
- 기술사업화의 성공률을 높이기 위한 마케팅 분석법을 이해한다.
- 기술사업화의 성공률을 높이기 위해 연구개발 결과의 모양새를 어떻게 갖출 것인지 판단한다.
- 기술사업화에서 위협요소를 이해하고 극복 방향을 알아본다.
- 기술사업화의 핵심도구로서 특허의 활용 및 강한 특허의 확보는 어떻게 할 것인지 사례를 통해서 판단할 수 있다.
  - (사례) 기술이전 시 청구범위 분석
  - (사례) 기업의 다수 & 소수 출원을 통한 진입장벽 구축
  - (사례) 특허의 홍보 수단 활용
  - (사례) 식물특허의 유의사항

제1절 │ 지식재산 권리의 기술이전

1. 기술이전이란?

기술은 '가치'를 포함한다.

개발된 기술이 그 분야에서 이미 알려진 기술이라면 논할 가치가 없다. 제1장의 지식재산 유·무형 분류(<표 1-1>)에서 재산적 가치로서 무형자산을 다루었지만, 가치 있는 기술이 어떤 형태를 취하고 있느냐는 중요하다. 왜냐하면 아무리 가치 있는 무형의 기술일지라도 법·제도나 비밀유지에 의해 보호받지 못하는 형태라면 사업화 적용에 배타성이 없으므로 그 가치에 큰 손상을 입기 때문이다.

「기술의 이전 및 사업화 촉진에 관한 법률[1]」(이하 '기촉법'이라 함)에서 '기술'이라 함은 '특허법 등 관련 법률에 따라 등록된 특허Patent, 실용신안Utility Model, 디자인Design 등과 이들의 기술이 집적된 자본재, 정보 등'이라고 명시하고 있다. 그리고 더 나아가면 신지식재산 및 자본재·정보 등의 비밀로 유지되는 노하우Know-how까지도 포함할 수 있을 것이다.

기촉법은 대학을 비롯하여 국가 연구개발 기관[2]뿐만 아니라 정부출연연구기관[3](이하

---

1) 제1조(목적) 공공연구기관에서 개발된 기술이 민간부문으로 이전되어 사업화되는 것을 촉진하고, 민간부문에서 개발된 기술이 원활히 거래되고 사업화될 수 있도록 관련 시책을 수립·추진함으로써 산업 전반의 기술경쟁력을 강화하여 국가경제의 발전에 이바지함을 목적으로 함

"출연(연)"이라 함) 등을 포함하는 "공공연구기관"의 기술을 민간부분에 이전하여 사업화를 촉진하기 위한 법률이며, '기술이전'을 다음과 같이 정의하고 있다.

> 기술이전(License)이란? 기술의 양도, 실시권 허락, 기술지도, 공동연구, 합작투자 또는 인수합병 등의 방법을 통하여 기술보유자(당해 기술을 처분할 권한이 있는 자를 포함)로부터 그 외의 자에게 이전하는 것이다.

이와 같은 기술이전은 그 목적이 이윤을 추구하는 기업과는 사뭇 다르다. 기업은 시장에 직접 제품을 판매하며 그 제품 시장에서 차별화된 기술로 시장점유율Market share을 장악하기 위해 기술을 개발하고 활용하게 된다. 즉, 독점배타적인 권리화를 위하여 기술을 법·제도로 보호하거나 비밀유지를 통한 노하우로 관리하게 된다. 하지만 대학이나 공공연구기관은 연구개발 결과의 기술을 효율적으로 질서[4] 있게 보급하고 빠르게 선순환될 수 있도록 공익을 위하여 노력한다. 그리고 공공연구기관 중 출연(연)은 민간부분으로의 기술이전 촉진을 위하여 TLOTechnology Licensing Organization를 설립하는 것이 일반이지만 이윤 창출을 위한 자회사 설립이 자유롭기 때문에 국가 연구개발 기관의 역할에서 좀 더 연구개발의 사업화까지 근접되어있다고 할 수 있다.

2. 실시권의 이전과 계약

1) 실시권의 이전

「특허」는 연구개발 기관의 연구성과를 기술이전의 도구tool로 활용하기 위한 가장 대표적인 형태이다. 특허는 특허청에 출원되어 심사과정을 거쳐 정식으로 등록공보가 이루어

---

2) 국·공립 연구기관 지칭(참조. 보통 "공공연구기관"이라 함은 국·공립연구기관, 출연(연), 특정 연구기관, 고등교육법에 따른 학교 등을 포함함)

3) 「정부출연연구기관 등의 설립·운영 및 육성에 관한 법률」과 「과학기술 분야 정부출연연구기관 등의 설립·운영 및 육성에 관한 법률」을 법적 근거로 하여 설립된 연구기관으로 경제·인문사회연구회(26개), 국가과학기술연구회(25개), 지방자치단체 출연(25개)으로 구성됨

4) 국가 연구개발 결과물이 지식재산 중 산업재산권(특허 등)으로 보호되지 않고 노출된다면 누구나 사용할 수는 있지만 관리되지 않아 기술적 가치를 잃을 것이고 우리 국민이 아닌 해외에서도 넘보는 팽개쳐진 기술에 불과할 것임. 하지만 국가 세금으로 연구개발된 기술을 특허 등으로 출원 시 공개제도에 의해 빠르게 기술시장에 알려지고 정당한 대가를 지불하여 국민(산업체)이 사용함으로써 연구개발 투자의 선순환 및 발명보상을 통한 연구개발 동기부여 등 효율적 질서가 정립될 것임

졌을 때 비로써 무형자산으로서의 권리를 확보하게 된다. 이와 같은 특허 권리를 스스로 자기실시自己實施하거나 양도 및 매각하는 경우는 기업의 경우이며, 국가 연구개발 기관은 실시권을 제3자에게 이전하게 된다.

먼저 기술을 가진 자를 기술보유자Licensor라 하고 기술을 이전받는 자를 기술이전자 Licensee라고 칭하자. 그리고 기술이전의 종류는 <그림 5-1> 및 <표 5-1>에서 보는 바와 같이 크게 제3자의 배제권이 있느냐 없느냐에 따라서 전용실시권과 통상실시권으로 크게 분류를 한다.

<그림 5-1>에서 특허권은 무형자산으로 유형자산과 똑같이 생각할 수 있다. 즉 건물 (부동산)이라고 간주했을 때 내 소유로 등기되어 있는 상태에서 그 건물을 제3자에게 양도하거나 매각, 담보설정이 가능하고, 또한 직접 내가 그 건물에서 살 수도 있다. 즉 자기실시를 할 수 있다는 의미이다. 하지만 실시권License을 제3자에게 허락하는 경우를 살펴보면 다음과 같다.

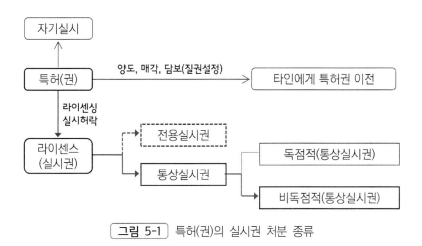

그림 5-1 특허(권)의 실시권 처분 종류

❶ 먼저 **전용실시권**Exclusive license이다. 이는 부동산 전세집의 경우와 같아서 건물은 집주인에게 소속되어 있지만 실시권을 허락한 기간에는 주인도 함부로 해당 건물 내에 출입할 수 없고, 기술이전자는 제3자의 출입을 철저하게 제한할 수 있다. 또한 전용실시권을 이전받은 기술이전자는 특허권자(집주인)의 동의를 통하여 그 권리범위 내에서 실시권의 일부를 다른 제3자에게 허용하는 재실시권sub-license을 검토할 수도 있다.

이와 같은 전용실시권은 경쟁자를 없애고 독점배타적인 권리를 시장에서 확보할 수 있기 때문에 기술이전자에게는 그만큼 높은 실시료Royaltee의 부담이 있을 수 있다. 그리고 이는 시장 점유율을 갖춘 중견기업 이상의 산업체에서 보통 요구하여 기술이전이 이루어지는 주요 형태이다.

❷ 다음은 **통상실시권**Non-exclusive license이다. 보통 국가 연구개발 기관에서 출원하는 특허 등의 산업재산권은 통상실시를 원칙으로 한다(공무원 직무발명의 처분·관리 및 보상 등에 관한 규정 제10조 1항). 이와 같은 통상실시의 일반적인 실시권 허용은 <표 5-1>의 '비독점적 통상실시권'의 형태를 갖는다. 이는 기술이전자(-see)의 제3자 배제권을 허용하지 않으며 기술보유자의 제3자 실시허락권은 지속적으로 허용 가능한 형태이다.

<표 5-1> 기술이전 실시권의 종류 및 권리 허용의 이해

기술이전 종류			권리의 한계		
			기술보유자의 자기실시1)	기술이전 받은자의 제3자 배제권	기술보유자의 제3자 실시허락권
실시권	전용실시권		불가	○	불가
	통상실시권	비독점적	가능	×	가능
		독점적 완전	불가	×	불가
		독점적 불완전	가능	×	불가

1) '기술보유자의 자기실시'는 국유특허를 생산하는 국가 연구개발 기관의 경우 해당되지 않음. 하지만 국가 연구개발 기관 외 출연(연), 기업 등의 공통적 이해가 필요하므로 실시권의 이해를 돕기 위해서 전체적인 종류와 허용관계를 상기 표에서 제시하였음.

이를 전용실시권과 같이 부동산으로 비추어 보았을 때, 일반적인 통상실시권(비독점적)은 찜질방을 예로 들 수 있다. 찜질방은 입장비(기술이전료)만 내면 사용할 수 있으며, 찜질방 주인은 지속적으로 다른 손님(제3자)에게 입장비를 받고 찜질방 사용을 허용할 수 있다. 하지만 찜질방을 이용하는 사용자(통상실시권을 받은 기술이전자)는 다른 손님이 들어오지 못하게 배타권Exclusive rights을 행세할 수 없으며(비독점), 찜질방 주인(기술보유자)의 출입 또한 제한할 수 없는 형태를 말한다.

통상실시권은 일반적인 '비독점적 통상실시권' 외에 별도로 '완전 독점적 통상실시권5)'이나 '불완전 독점적 통상실시권'도 있으나 국가 연구개발 기관은 라이센서(-sor)의

---

5) 통상실시권이지만, 제3자의 실시를 배제할 수 있는 권리만 주어지지 않을 뿐, 기술이전을 받은 자 외에 기술보유자特허권자의 실시분만 아니라 제3자의 실시까지 허락하지 않는 실시권으로 전용실시권과 크게 다르지 않음.

자기실시가 없으므로 여기서 별도로 다른 통상실시권의 설명은 생략하고 <표 5-1>로 가능하고자 한다.

기술 및 시장형성 등 다양한 요소를 고려하여 기술보유자나 기술이전자는 서로가 원하는 방식의 기술이전을 <표 5-1>과 같이 다양하게 요구하게 될 것이다. 이때 산업체가 기술보유자로써 이전을 한다면 많은 기술이전료를 우선적으로 제시할 것이지만, 국가 연구개발 기관 등 공공연구기관은 다르

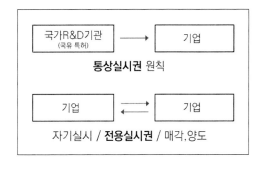

다. 먼저 공익적 차원에서 이전·보급을 통한 파급효과를 우선시하기 때문이다.

여기서는 공공연구기관 중 농촌진흥청을 포함한 정부운영 국가 연구개발 기관의 연구성과 활용에 대해서 좀 더 깊이 있게 살펴보고자 한다. 앞서 설명했듯이 국가 연구개발 기관의 연구성과물 처분(기술이전 등)은 '통상실시권 허락을 원칙'으로 수행하도록 「공무원 직무발명의 처분관리 및 보상 등에 관한 규정」에 규정되어 있다. 대부분의 산업체 간에 일반적으로 진행되는 전용실시권이나 매각·양도를 포함한 기술이전과는 많은 차이가 있다. 대학이나 출연연을 포함한 연구기관은 「기술의 이전 및 사업화 촉진에 관한 법률」 등에 따라 기술이전 활성화 추진을 강조할 뿐 별도로 기술이전 방법을 제한하지 않기 때문에 국가 연구기관과는 달리 전용실시 등의 처분이 가능하다. 따라서 기업과 같이 연구성과 확대 활용에 자유롭다고 하겠다.

특정 제품군의 시장을 확보하고 있는 대부분의 기업은 제품에 신기술 적용 시 기존에 없는 새로운 컨셉의 '독점배타적인 권리'의 기술을 적용시킨다. 따라서 C&D 활동 등을 통해 기술이전을 받을 때 '전용실시권'을 고집한다. 그래야만 확보된 시장의 제품군에 그들만의 색깔로 이전받은 기술을 적용시키기 때문이다.

국가 연구개발 기관의 '통상실시 원칙에 따른 기술이전 상황'을 살펴보면 아무리 우수한 성과물이라도 통상실시를 통하여 작은 몇 개의 벤처·소기업으로 기술이전이 성사되는 경우가 다반사다. 만약 우수한 성과물이 해당 기술 분야에서 국내뿐만 아니라 해외시장까지 유통력을 확보하고 있는 대기업으로 실용화가 추진된다면 국가 연구개발로서의 성과는 무엇이 더 효율적이라고 하겠는가? "기술 → 생산자(벤처·소기업 및 대기업) → 소비자(국민)"의 기술실용화 과정에서 봤을 때, 역량 있는 기업으로의 사업화 성과는 벤처·소기

업 대비 기술의 실용화 차원에서 수십~수백 배의 성과물을 생산할 것이고, 해당 기술의 뒤를 이은 후속 연구개발도 더 빠르게 궤도에 오를 것이다.

따라서 국가 연구개발 성과의 처분 원칙에 있어서 통상실시권 허락을 고수하더라도 연구 성과의 확대가 예상되는 성과물에 대해서는 역량 있는 기업이 참여할 수 있도록 독점배타적 권리의 전용실시를 확대할 필요가 있다. 이는 현대 산업의 무한경쟁 체제에서 국가 연구기관이 글로벌 경쟁력을 높일 뿐만 아니라 연구성과물의 사업화를 효율적으로 확대시키는 방향이기도 하다.

국가 연구개발 우수성과의 기업 참여 확대를 위해서는 무엇보다도 먼저 기업이 원하는 독점배타적 권리 형태의 기술이전이 성사될 수 있도록 제도적 규정이 뒷받침되어야 한다. 왜냐하면 현재 규정[6]은 "통상실시권을 받으려는 자가 없거나 특허청장이 특히 필요하다고 인정하는 경우"에만 전용실시권 등의 독점배타적 기술이전이 가능하도록 되어있다. 이를 위해서는 '처분의 원칙'(동령 제10조)에서 국가 연구개발 우수 결과물의 처분 절차에서 사업화를 확대시킬 수 있는 기업이 참여(경쟁입찰 방식)할 수 있도록 규정을 개정하는 방법 등을 고려할 수 있다. 그리고 전용실시 우수기술에 대해서는 연구기관 자체 선정위원회를 운영하는 방식일 수 있다.

최근 특허청 및 국가 연구개발 기관에서는 우수 연구개발 결과에 대하여 전용실시권 허락을 확대하고자 하는 움직임은 있었다. 하지만 "통상실시권을 받으려는 자가 없는" 국가 연구기관의 기술이란? 그래서 규정에는 명시되어 있지만 국유특허가 지금까지 전용실시권 설정이 없는 이유이다.

2) 계약

기술이전에서 실시권實施權 이전은 계약契約을 통해서 이루어진다. 이는 무형자산으로서 기술 권리의 크기, 전용실시권이냐 또는 통상실시권이냐의 여부, 기술보유자 및 기술이전자의 형편 등 여러 가지 상황에 따라 계약서 내용은 크게 달라진다. 국가 연구기관 직무발명은 일반적으로 갖추어져 있는 통상실시의 '실시권 설정 계약서' 틀에 맞추어 실시권의 범위(실시지역 포함) 및 실시 기간, 실시료, 재실시권[7] 및 개량발명에 대한 허락 여부,

---

6) 「공무원 직무발명의 처분·관리 및 보상에 관한 규정」 제10조(처분의 원칙)에서 국유특허권의 처분은 통상실시권의 허락을 원칙으로 한다. 다만, 통상실시권을 받으려는 자가 없거나 특허청장이 특히 필요하다고 인정하는 경우에는 국유특허권을 매각하거나 전용실시권을 설정할 수 있다 라고 제시됨

7) Sub-license로 전용실시권을 받은 기술이전자가 제3자에게 다시 실시권(또는 일부)을 주는 행위

권리의 유효성[8], 침해에 대한 규제 등의 조항으로 순차적 합의를 하게 된다. 하지만 계약을 이끌기 위해서 중요한 단계는 기술보유자-sor와 기술이전자-see 간의 협상協商이다.

출연연을 포함한 공공연구기관이나 대학의 경우, 기업으로 기술이전을 수행하기 위해서 내가 가지고 있는 연구개발 결과물의 이전 계약서에 각 조항을 두고 '밀고 당기기' 협상을 진행하게 된다. 이와 같은 협상은 연구개발 성과를 이전하는 일반적인 기술이전 상황을 포함하여 지식재산의 분쟁 상황에서도 발생되므로 지식재산 분야에서 매우 중요한 위치를 차지한다. 그리고 협상은 대학이나 공공연구기관이라도 갑甲과 을乙의 역지사지易地思之 차원에서 이해되어야 한다. 왜냐하면 연구개발 연구자나 기술이전 산업체라도 언제든지 제3자와 서로 다른 위치에서 분쟁에 휘말릴 수 있기 때문이다. 이와 같은 협상은 제6장 '실시권 및 분쟁 대응하기'에서 협상을 위한 전략 및 유의사항으로 다시 다루겠다.

여기서 다루는 계약은 기술보유자와 기술이전자 간의 관계이다. 국가 연구기관의 실시계약은 통상실시권을 두고 이루어지기 때문에 맞추어진 틀에 따른다고 할 수 있다. 계약에서 특히 까다롭게 대립될 수 있는 경우는 전용실시권 관점에서의 기술이전이다. 따라서 전용실시권을 포함한 배타적인 권리의 기술이전 시 검토되어야 할 계약의 주요사항을 검토하고자 한다.

❶ 먼저 **실시 권리의 독점권**獨占權 **부여 범위**이다. 이와 같은 범위는 대표적으로 「권리의 적용 분야」나 「지역」 등을 나누어 제시할 수 있다.

「권리의 적용 분야」에 있어서는 다음과 같다.

해당 특허가 기능성소재로서 일반식품, 건강기능식품, 의약 및 의약외품, 화장품 등에 다양하게 활용할 수 있는 넓은 권리범위가 확보된 원천기술이고 특허 포트폴리오[9]까지 구축하고 있는 매력 있는 기술이라고 가정하자. 이때 기술보유자(-sor)는 어느 범위까지 독점권을 줄 것인지 기술료 수익을 고려하여 전용실시 범위를 설정할 수 있다. 보통 국유특허라면 기술보유자(-sor, 국가)나 기술이전자(-see)는 권리의 적용분야를 나누지 않고 기술이전이 이루어지는 경우가 일반이다. 하지만 기술보유자가 이윤을 추구하는 기업이라면 시장에서의 기술매력도와 원천특허로서의 권리범위 등을 고려하여 기술료의 범위를 나누

---

8) 해당 특허의 등록유지 및 무효심결, 소송 사항 등 계약 기간 중에 발생할 수 있는 문제에 대한 법적대응 사안에 대하여 기술보유자甲와 기술이전자乙 간의 대응 의무 표기

9) 단일 출원인 또는 권리자의 단발적인 특허가 아닌 핵심특허를 중심으로 특허 집합을 형성하여 제3자의 회피설계를 어렵게 하는 특허전략 및 그 결과

어 제안할 것이고, 기술이전자는 현재의 제품 주력분야 외 시장의 확장 및 권리의 회피 가능성 등을 고려하여 이전 범위를 판단할 것이다. 즉, 현재 의약외품을 취급하는 기업체 이지만 매력적인 기술에 비해 기술료가 너무 부담이 된다면 의약외품[10] 외 유사 유통채널 인 의약품 범위까지만 전용실시권을 갖고 식품분야를 포기할 수도 있을 것이다. 이와 같 은 경우 기술보유자는 나머지 일반식품 및 건강기능식품 분야를 떼어서 본인이 실시하거 나 또 다른 제3자에게 다시 기술이전을 수행할 수 있다.

다음은 「지역」이다.

보통 국내 권리만 가지고 있다면 지역을 나누지 않지만, 특허의 권리가 해외의 주요 생산이 가능한 국가에 형성되어 있고 제품의 시장형성이 가능하다면 해외시장을 지역별 로 나누는 경우도 자주 등장한다.

다음 사진은 (주)LG생활건강의 치아미백제 제품으로 기존 제형대비 사용상의 편리성 을 통하여 새로운 시장을 만들었다. 자체 연구를 통하여 치과 병원에서 사용하는 불편한 '트레이 방식'을 탈피하고 편리하게 Dry-type의 치아미백 패치를 적용하는 획기적 발명을 달성하였다. 제품의 얇은 비닐포장 속에 필름은 건조된 상태이기 때문에 치아에 부착되기 전에는 사용자의 손에 달라붙지 않으므로 취급이 편리한 장점이 있다. 잠자기 전, 사진과 같이 치아에 붙였을 때 필름 속 건조 폴리머가 침(수분) 성분을 흡수하면서 강한 부착력 을 발휘하여 치아 표면에 달라붙게 된다. 그때 폴리머 속 미백제가 서서히 방출되면서 치

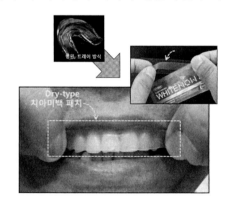

아미백 작용이 일어나므로 '편리하게 가정에서 도 치아 미백을 할 수 있다'는 차별적 특징으로 국내 신시장을 개척하게 되었다. (주)LG생활건 강은 발명의 효과 및 시장 구매력을 높이 평가 하고 치아미백제 발명을 미국, 일본, 유럽 등 다 수의 국가에 국제출원하였다. 그리고 발명의 특 성이 알려지면서 미국의 유명한 글로벌 회사로 기술이전 성과를 달성하였다.

이 때 (주)LG생활건강은 국내·외 자체 사업을 갖고 있으므로 해외시장을 지역별로 나 누어 전용실시권 계약을 실시할 수 있을 것이다. 예를 들면[11] 터키에 해외법인이 있다면

---

10) 실제 의약품 및 의약외품도 달리하여 의약품으로 약국 유통라인만 권리를 가져오고, 의약외품으로 슈퍼나 마트 유 통라인을 포기하는 경우도 있음

11) 기업의 영업비밀이며, 여기서는 만약의 예를 들어 지역별로 권리의 실시권을 이전할 수 있는 경우를 설명한 것 뿐임

국내와 터키는 (주)LG생활건강이 실시권을 갖을 것이고, 큰 시장 국가인 유럽은 향후 수출 가능성을 고려하여 공동 실시지역으로 방향을 정할 수 있다. 그리고 나머지 전세계 시장은 지역(국가)별 특허권 유무를 떠나 글로벌 시장을 갖고 있는 기술이전 기업에게 모든 실시권을 주는 형태로 지역을 분배할 수 있을 것이다.

❷ 적합한 **실시료의 산정**이다.

국유특허 등 공무원 직무발명에 대한 실시료 정산은 제7장에서 다루겠지만 경상기술료^{Running Royaltee}를 받는 것이 일반이다. 실시료는 보통 매출액 대비 3% 전후로 이루어지고 있으나 기능성소재 및 의약품의 경우 오랜 연구기간과 연구비 투자, 대체 불가한 효과 등을 고려하여 실시료 비율이 좀 더 높게 이루어지는 것이 마땅하다.

국유특허 이외의 대학이나 일반 공공연구기관의 기술이전 실시료는 선급료^{Initial royaltee}와 경상기술료를 함께 검토하는 것이 보통이다. 이때 쌍방의 입장에서 어느 것을 더 크게 가져갈 것인지를 고민하게 된다. 이는 여러 가지 정황을 고려하여 협상전략으로 삼겠지만, 다음과 같은 경우를 고려하여 판단할 수 있을 것이다.

먼저 기술을 이전받는 기술이전자(-see)가 큰 시장 점유율을 갖고 있는 기업의 경우이다. 이는 향후 시장확대 가능성에 따라 높은 매출발생이 예상되므로 기술보유자 입장에서 경상기술료를 크게 가져갈 것이며, 반대로 회사의 전망이 불안한 작은 산업체일 경우 반대로 선급료를 높게 받으려할 것이다. 그리고 해당 기술의 기술주기^{life cycle}가 짧을 경우나 기술의 특허 권리가 약할 경우 등에 대해서도 선급료를 우선시할 것이다.

대기업이 기술이전자인 경우, 대부분 전용실시 조건에서 선급료 방식을 요구하는 경우가 많다. 기술보유자와 기술이전자 간의 협상^{協商}이 요구되는 순간이다. 이때 협상 권리의 우수성과 장점을 고려하여 협상 상황에서 어떻게 밀고 당기기의 강약 조절을 한 것인지 지피지기^{知彼知己} 전략¹²⁾이 중요하다.

특히 국가 연구개발 결과물이 기술보급 성격이라면 낮은 실시료로 많은 국민이 활용하는 방향이 맞겠지만, 특정 기업을 상대로 타겟 마케팅^{target marketing} 조건이라면 전용 및 독점적 통상실시권을 비롯하여 그에 맞는 실시료 산정을 위한 협상 전략이 요구된다.

---

12) 협상에서 매우 중요. 국유특허의 경우 「공무원 직무발명의 처분관리 및 보상 등에 관한 규정」에 명시되어 일괄적으로 실시료가 산정되지만, 대학이나 출연(연) 등 매각 및 전용실시가 가능한 경우 협상을 통하여 실시료를 비롯한 기술이전의 전반적인 조건을 기술보유자^{Licensor}와 기술이전자^{Licensee}의 쌍방 여건을 미리 분석해서 상대에게 끌려가지 않고 계약을 성사시킬 수 있도록 전략적으로 대응해야 함

❸ 기술이전될 **특허(지식재산)의 완전성**이다.

특허에서 제시된 기술의 구성요소로 실시했을 때 그 목적을 달성할 수 있는지의 여부이며, 이와 같은 과정에서 제3자의 특허권을 침해하는지 여부도 함께 검토되어야 한다.

만약 목적 달성을 위하여 동일 출원인의 다른 특허권이 추가로 요구된다면 패키지로 기술을 묶어 기술이전을 검토할 수 있으며, 연구과정에서 제3자의 권리를 침해할 수 있는 권리를 파악하였다면 이에 대해서도 계약을 위한 협상 시 오픈해서 다루어져야 한다. 하지만 기술을 이전하는 기술보유자 입장에서 별도의 침해기술이 발견되지 않았더라도 이후에 이전기술의 실시에서 발생될 수도 있는 침해(<그림 6-1>)에 대해서까지 언급해가며 비침해나 그 책임 등을 보증할 필요는 없다. 이는 특히 공공연구기관의 연구자들에게 요구되는 주의사항이다.

❹ **재실시권**Sub-license**의 허락 여부**이다. 보통의 경우 전용실시권을 받은 기술이전자(-see)가 일정한 조건을 제시하여 제3자에게 재실시권을 허락할 수 있겠으나 이에 대해서는 기술보유자-sor가 계약을 통하여 그 여부를 조율할 수 있다. 이는 <표 5-1>과 같이 전용실시권에서만 가능한 경우이며, 통상실시에서는 기술이전자-see의 제3자에 대한 재실시권은 존재할 수 없다.

❺ **개량발명의 귀속 여부**이다.

기술보유자-sor는 개발된 기술에 대하여 기술이전자(-see)에게 계약을 통한 실시권을 허락하지만 지속 연구를 통하여 후속발명이 이루어졌을 때 동일 기술에 대하여 최초 기술이전 당시의 발명보다 개량Up-grade된 발명이 이루어지기 마련이다. 이와 같은 경우 국유특허의 통상실시 상황에서는 별도로 추가 기술이전을 수행하는 것이 보통이다. 하지만 출연(연)이나 기업의 경우 전용실시 등의 상황에서 최초 주요발명에 대한 실시권을 기술이전하면서 뒤따를 수 있는 개량발명에 대하여 최초 실시권 이전계약에 귀속시킨다는 계약을 요구하는 경우가 많다. 따라서 기술보유자의 기관 성격, 해당 기술의 향후 연구진행 등의 현황에 따라 귀속 여부를 결정해야 할 것이다.

❻ 기술이전 특허의 **거절결정이나 등록 무효 시 조치**

공공연구기관의 많은 특허는 출원과 동시에 홍보가 이루어지고 특허등록 전에 기술이전이 성사되는 경우가 많다. 그러다보니 연구개발을 통한 깊이 있는 연구라고 하더라도 최초의 넓은 권리범위가 심사과정에서 좁혀져 등록되는 경우가 대부분이다. 또한 심한 경우 심사과정에서 특허청의 거절이유를 극복하지 못하거나 등록 후 무효심판을 통해서 거절결정되는 경우도 발생될 수 있다. 이와 같은 경우에도 마찬가지로 기술보유자는 내 기술의 권리유지 및 가능성에 대하여 기술이전자에게 보증^{Guarentee}적 요건을 남겨서는 안된다. 예를 들어 특허등록을 책임진다거나 등록 가능성이 높다는 전제의 계약체결이다.

❼ 이외에 기타 체크사항으로 **제3자의 특허권 침해가 발생**할 경우 기술보유자의 대응의무 등이 있을 수 있으며, 이는 제7장 '실시권과 분쟁 대응하기'의 ○○도청 사례에서 설명하겠다. 이는 기술을 보유한 이윤 추구 목적으로 일반 기업에서 취하는 강력 대응과 상반되며, 사례에서는 기술보급 목적의 취지에서 침해를 멈추고 기술이전을 받아 사용할 수 있도록 유도하는 것이 공공기관으로서 적합한 대응방향이라 하겠다.

3. 기술이전 및 사업화의 거리^{Gap}

연구개발은 연구(R)^{Research} 기능뿐만 아니라 개발(D)^{Development}까지 포함한다. 즉 연구에서 끝나지 않고 시제품 등의 개발 단계까지 진행함으로써 실용화를 전제로 한 연구이다. 그 과정에서 연구개발 성과물로서 기술이전의 대표적 도구인 특허^{Patent}를 확보하게 된다.

기술이전을 통한 사업화 과정에 있어서 개별 기술의 기술성숙도인 TRL[13]^{Technology} $^{Readiness\ Level}$ 단계를 두고 있는데, 연구개발자와 기술이전업체의 기술완성도에 대한 인식 격차를 해소하기 위하여 TRL 단계를 명시하고자 한다.

TRL 단계별 정의를 보면 <표 5-2>와 같다.

TRL은 연구개발 단계 대비 정량적인 평가기준 설정으로 사업성과와 연계하여 객관적 지표로 활용되고 있다. 중요한 것은 출원하여 등록 가능한 특허임에도 불구하고 TRL 2단계에 머문다는 사실이다. 물론 기술 분야별 특허출원의 깊이가 다를 수 있지만 실제 특허성^{Patentability}을 좌우하는 신규성^{Novelty} 및 진보성$^{Inventive\ step}$의 확보는 아이디어 단계에서도 가능하다고 제시하고 있다. 따라서 연구(R)를 통하여 등록 가능한 기술을 특허출원한다고 할지라도 개발(D)에 대한 배려 깊은 진척이 이루어지지 않는다면 실용화(사업화)와 분명히 거리^{Gap}가 있을 수밖에 없다.

---

13) TRL$^{Technical\ Readiness\ Level}$은 미국 NASA에서 우주산업의 기술투자 위협도 관리를 목적으로 1989년 처음 도입한 이래, 핵심요소기술의 성숙도에 따른 객관적이고 일관성 있는 자료로 현재 널리 활용하게 됨(출처: ETRI 자료 참조)

＜표 5-2＞ 연구개발 단계 대비 TRL 단계별 정의[14]

연구개발 단계		TRL 단계	단계별 내용
기초 연구	1	기본 원리 발견	기초이론 정립단계
	2	기술 개념과 적용분야의 확립	기술개발 개념 정립 및 아이디어에 대한 특허출원 가능 단계
응용 연구	3	분석과 실험을 통한 기술개념 검증	실험실 환경에서 기본성능 검증 및 개발하려는 부품 시스템 설계 확보
	4	연구실 환경에서의 워킹모델 개발	시험샘플을 제작하여 핵심 성능에 대한 평가 완료
	5	유사 환경에서의 워킹모델 검증	실험실 시제품 제작 및 성능 평가의 완료단계로 목 표성능 달성
개발 연구	6	유사 환경에서의 프로토타입 개발	파일롯 규모의 시제품 제작 및 평가완료 단계(공인 인증기관 성적서)
	7	실제 환경에서 데모	실제 환경에서 성능검증 이루어짐 (파일롯Pilot 시제품을 현장 평가)
	8	상용제품 시험평가 및 신뢰성 검증	표준화 및 인허가 취득 단계
실용화	9	상용제품 생산	본격적인 양산 및 사업화 지원

상기 ＜표 5-2＞를 놓고 판단할 때, 특허출원으로부터 응용연구(TRL 3-4-5) 및 개발연구(TRL 6-7-8) 단계를 거쳐야만 실용화 단계에 이르게 된다. 특히 이를 대학이나 공공연구기관 연구개발 결과물(특허 등)의 경우를 놓고 봤을 때 기술이전을 위해 출원된 특허출원의 위치에 의심을 가질 수밖에 없다. 이는 바로 앞서 설명한 바와 같이 연구(R)뿐만 아니라 개발(D) 범위까지 포함하므로 아이디어 단계에서의 특허출원과는 다르다고 할 것이다. 즉, 국가 연구개발을 통한 특허출원은 아이디어 단계에서 발전되어 TRL 응용연구(3-4-5)의 상당 부분과 개발연구(6-7-8)의 일부까지를 포함해야 한다.

＜그림 5-2＞는 대학이나 공공연구기관의 특허출원 대비 기업에서 수행되는 일반적인 특허출원 전략을 제시하고 있다.

---

14) 출처) https://itec.etri.re.kr, 한국전자통신연구원(ETRI) 기술이전 홈페이지

- 국가 연구개발 기관은 RFP 제안을 통하여 대학 등과 협업으로 과제를 확보하고 연구비를 받은 후 1~2년 과제수행을 통해서 한두 건의 특허를 출원하는 경우가 일반적임
- 하지만 기업은 RFP 과제와 무관하게 사업방향 여건을 고려하여 아래 그림과 같이 아이디어 단계에서부터 권리를 선점하기 위해 특허를 출원하는 경향이 높음.

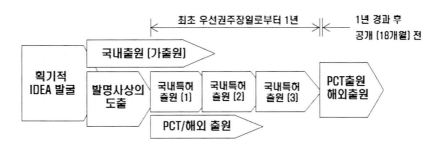

→ 기업은 아이디어 단계에서 선출원주의 상황이 요구될 때[15], 가출원이 이루어지고, 발명사상 도출과 함께 국내 특허출원[(1)~(3)]을 1년 내 단계적으로 다수 출원을 진행. 또한 빠른 해외권리 확보가 요구될 시 PCT/해외 출원을 동시에 진행하거나 우선권주장(1년) 기간 내 출원된 일련의 다수 출원을 하나로 묶어서 PCT/해외출원을 진행하는 경우가 일반적임.

그림 5-2 국가 연구개발 기관과 기업의 특허출원 차이점

따라서 <표 5-2>의 연구개발 단계대비 TRL 정의는 기술적 상황이나 성숙도에 따라 다르겠지만 기업의 연구개발 프로세스에 더 가깝다고 할 수 있다. 또한 대학이나 공공연구기관의 특허 등 연구결과물이 아무리 응용연구(TRL 3-4-5)를 포함하거나 개발연구(TRL 6-7-8)의 일부까지를 포함한다고 하더라도 여전히 실용화까지는 거리가 있을 수밖에 없다. 이는 대학이나 공공연구기관 연구개발의 연구·개발자(발명자)가 사업화까지 R&D를 고려해야하는 이유이다.

무형자산으로써 특허 등의 기술이전에 대하여 앞서 설명된 TRL 기술성숙도를 고려했을 때 사업화 단계에서 다음과 같은 명제가 성립된다.

특허의 "기술이전技術移轉은 사업화事業化를 위한 시작일 뿐이다"

---

15) 제3자가 먼저 특허를 출원하게 될 경우 특허권을 빼앗기므로 발명의 최소 구성만을 갖추어 가출원이 필요한 경우 (예: 제3자와 회의 자리에서 발명 아이디어가 착안되었을 경우)를 일컬음

개발된 특허가 기술이전이 되었더라도 사업화 단계에서 실용화 가능성을 높이기 위해서는 기술 개발자인 발명자(연구자)의 적극적인 관심이 지속적으로 요구된다. 이는 실험실 조건이나 소량 적용을 통해 완성된 발명이기 때문에 기술이전 후에도 현장이나 대량생산 체제를 거쳐 실용화되는 과정에서 예상치 못한 문제는 발생되기 마련이다. 그리고 도출된 문제점은 연구자의 발명 과정에서 유추된 바 있었던 해결 가능한 사안이거나 특허 명세서에 표현되지 않은 노하우Know-how일 가능성이 높다.

따라서 이전된 기술이 사업화되는 과정에서 발생되는 문제 해결을 위해서는 발명자의 협조는 필수적이며, 이들 문제해결을 통하여 빠른 실용화와 이루어지고, 더불어 더 진보된 개량발명으로 연계되어야 할 것이다. 하지만 발명자의 협조에도 불구하고 이전된 기술이 사업화 과정에서 대량 생산체제로 근접하지 못하고 실패하는 이유는 무엇일까?

연구개발의 결과는 매우 다양하게 도출된다.

기계, 전자, 장치, 설비, 섬유, 화학, 고분자, 세라믹, 바이오, 유전자(프로브, 프라이머 포함), 신품종, 천연물, 식품처방 등의 기술 분야 및 그 기술의 융·복합 등으로 기술을 분류하더라도 그 각각의 기술은 물질 자체 외에 방법 및 용도에 이르기까지 매우 다양하다.

결국은 연구개발 결과물을 특허로 출원하여 특허청 심사과정을 거쳐 특허성(신규성·진보성)을 인정받고 등록된다고 하더라도 기술 분야마다 기술이전을 통하여 발명을 빠르게 실용화할 수 있는 기술이 있는가하면 TRL 기술성숙도에서 제시되었듯이 TRL 초기 단계의 기술인 경우 사업화 진행 과정에서 포기되는 경우도 많다.

그렇다면 국가 연구개발 성과물의 기술이전을 통한 사업화 성공률을 높이기 위해서는 어떻게 해야 할까? 연구개발을 추진하는 연구·개발자가 기술사업화를 이해하고, 사업화 촉진을 고려한 기술의 모양새 갖추기를 어떻게 할 것인지 등의 설계가 연구개발 단계에서 부터 요구된다. 기술 사업화의 원천이 되는 특허 등 기술 확보의 담당자로서 관행적 연구개발이 아닌 시장을 고려한 R&BD를 추진할 때 그 결과물의 기술이전 및 사업화 단계에서 그 기술의 가치를 달리할 것이기 때문이다.

기업과 대학, 공공연구기관의 위치에서 기술 보유자가 제3자에게 기술의 실시권을 이전하는 기술이전의 종류를 이해한다(〈그림 5-1〉, 〈표 5-1〉).

기술이전 계약에서는 실시권의 범위(권리의 적용 분야, 지역 등), 적합한 실시료 산정, 이전 기술의 완전성, 재실시권의 허락, 개량발명의 귀속, 이전 기술의 법적상태 변화 및 제3자의 권리침해 시 대응 등 발생 가능한 핵심 내용이 다루어져야 한다.

국가 연구개발(R&D) 성과물은 연구(Research)를 통한 특허출원과 개발(Development)의 시제품 개발까지 달성하여 기술이전을 수행하지만 실용화(기술을 대량으로 적용하여 상용제품 생산) 단계의 기술성숙도(TRL) 비교 시(〈표 5-2〉), 여전히 초기 단계인 경우가 많으므로 기술제공자의 지속적인 관심이 필요하다.

제2절 | 사업화 성공률 높이기

1. 기술사업화란?

동일한 제품군이 즐비한 시장에서 가볍게 소비자의 손이 가는 제품들은 홍보를 통해 이미 알려졌거나 그 사용에 의한 경험치일 것이다. 새로운 편리나 호기심으로 관심을 끄는 신新제형이 아닌 이상 제품이 소비자에게 선택받기란 쉽지 않다. 따라서 소비자의 선택을 사로잡기 위해서는 제품의 컨셉이 두드러지게 차별화되지 않으면 안 된다. 그와 같은 차별적 컨셉을 살릴 수 있는 기술을 기업(산업체)에서는 지속적으로 요구하고 있다. 결국은 시장조사를 통하여 소비자의 요구를 파악하고 그 해결을 위한 차별적 기술을 연구·개발하는 것이 연구자의 역할이고 사업화 성공에 전반적으로 영향을 준다고 할 것이다.

기술사업화技術事業化는 기술을 이전해간 기업이 해당 기술을 이용하여 제품의 개발, 생산, 판매를 수행하거나 그 제조공정에서의 기술을 향상시키는 과정이다. 이전된 기술이 성공적으로 사업화되기 위해서는 사업화의 주체가 되는 기술이전 업체에서 이전된 기술을 포함한 적절한 사업화 방향이 마련되어 있어야 한다.

농식품 산업체의 경우, 대부분 영세하며, 기술사업화의 초기 단계에서 사업화 전략, 경험 등이 부족할 뿐만 아니라 사업화를 추진하는 과정에서 사업화 자금 등의 단계별 어려움을 겪는다.

기술이전 업체의 사업화 접근은 마케팅 전략과 사업화를 위한 비즈니스 모델 분석이 마련되어야 한다. 이전 기술이 아무리 훌륭한 차별적 컨셉을 갖추고 있다 하더라도 사업화 방향 및 분석이 준비되어 있지 않으면 안된다. 즉, 시장 포지셔닝Positioning을 위한 차별적 기술이라고 할지라도 사업화 성공률을 높이기 위해서는 상황에 맞는 기업의 사업화 능력이 요구된다. 예를 들면 차별화 컨셉의 기술이 독점배타성이나 그 권리의 크기, 발명의 핵심요소에 대한 대체 불가성, 원료 및 기술의 공급 문제, 허가 절차 등을 갖추더라도 기술사업화 단계에서 산업체는 마케팅 분석 및 비즈니스 모델 전략 등을 고려하여 기술사업화를 추진해 나가야 한다.

<표 5-3> 마케팅 분석 방법의 예

구분	구성 및 내용
3C분석	고객(Competition), 자사(Competence), 경쟁사(Customer)
	정량·정성 데이터를 바탕으로 3C를 구분하여 분석
SWOT분석	강점(Strength), 약점(Weakness), 기회(Opportunity), 위협(Treaty)
	외부·내부 환경으로 나누어 강점은 살리고 약점은 보완하며 경쟁사 대비 시장 경쟁력을 확보하기 위한 기회 및 위협 요인을 분석
STP전략	시장세분화(Segmentation), 표적시장 설정(Targeting), 소비자 인식(Positioning)
	마케팅 전략의 핵심으로, 소비자 행동에 근거하여 시장을 세분화하고 표적시장에 맞게 제품을 포지셔닝하는 접근 전략
4P분석	제품(Production), 가격(Price), 판촉(Promotion), 유통(Place)
	STP의 포지셔닝(P) 목표달성을 위하여 4P 전략을 세우는 분석

❶ 먼저 **마케팅 분석**이다.

시장진입의 초기 단계에 수행하는 시장분석 전략으로는 정량적 조사(전화, 우편, 개인 면접)나 정성적 조사(심층면접 및 표적집단조사인 FGI^Focus Group Interview16))로 접근하여 사업화에 대한 객관적 자료를 수집·분석할 수도 있다. 조사된 데이터를 바탕으로 <표 5-3>과 같이 보통 3C분석, SWOT분석, STP전략, 4P분석 등을 순차적으로 수행할 수 있다.

<표 5-3>은 그 결과를 토대로 실행 전략을 수립하지만 마케팅 분석방법은 일정하게 정해져 있는 것은 아니다. 사업화 성공률을 높이기 위하여 시장 및 소비자가 요구하는 방향이 무엇인지에 대한 분석이 요구되며 기술사업화 과정에서 수행되는 절차이다. 하지만 그 분석결과는 연구·개발 단계에서 IP-R&[B]D의 Business 부분으로 중요하게 반영될 부분이다. 여기서는 마케팅 분석의 종류 및 그 구성만을 간단하게 열거했다.

❷ 다음은 **비즈니스 모델**을 통한 전략이다.

어떻게 기업(산업체)이 가치를 창출하고 획득할 것인가를 논리적으로 정립하기 위하여

---

16) FGI^Focus Group Interview 분석(표적집단조사)은 정성조사의 대표적 방법으로 진행자^Moderator가 5~7명의 조사 대상자들을 FGI룸에 모아놓고 자연스러운 분위기의 토론을 통하여 정량조사(정해진 질문의 설문)에서 얻을 수 없는 내면에 의견을 도출해 냄. 따라서 많은 표본을 대상으로 결과의 수치(유의차 등) 검증이 가능한 객관적 정량조사(질문중심)의 보완을 위하여 주관적 정성조사(반응중심)가 수행되거나 기타 아이디어 창출, 신제품의 장·단점 및 성능 파악, 테스트 마켓 등의 목적으로 FGI가 사용되기도 함. (*FGI는 목적 달성을 위하여 사전조사를 통한 진행자의 이해가 필요하며, 토론 시 진행과정을 녹화·기록하여 분석 수행)

사업 전개 시 필요한 구성요소를 모아놓고 상호관계를 모델화시킴으로서 사업화 성공 가능성을 높이는 전략이다. 그 종류로는 5-force 모델이나 9블럭 캔버스 모델이 있다.

먼저 5-force 모델[17]은 기업 간 경쟁의 본질에서 산업의 경쟁력을 결정하는 요인을 파악하기 위하여 경쟁의 강도와 잠재적 수익성을 파악한 마이클 포터의 모델이다.

<표 5-4> 경쟁 강도에 따른 수익구조

경쟁강도	독점 산업	과점 산업	완전경쟁 산업
경쟁자 수	없음	소수	다수
산업 수익성	높음	중간	낮음

그 구성요소는 1) 잠재적 진출 기업의 위협, 2) 기존 기업 간의 경쟁, 3) 대체품의 위협, 4) 공급자의 교섭력, 5) 구매자의 교섭력이며, 사업 전략을 수립하기 위하여 산업구조를 분석하고 경쟁기업의 특성과 능력을 분석함으로써 산업 내 경쟁강도를 통한 수익성을 <표 5-4>와 같이 결정하게 된다. 따라서 대체 불가한 기술적 컨셉이 뛰어나고 5-force의 구성요소를 높은 경쟁강도로 만족시킬 때 사업화 성공률은 높아진다.

다음으로 9블럭 캔버스 모델[18]이다. 나인 블록의 각각의 요소[19]는 <그림 5-3>에서 보듯이 고객 세그먼트Customer segment, 가치제안Value proposition, 유통/채널Channels, 고객관계 Customer relationships, 수익원Revenue streams, 핵심자원Key resources, 핵심활동Key activities, 파트너십 Key partners, 비용구조Cost structure로 구성된다. 수익성 있는 아이템 발굴을 위하여 핵심이 되는 주요 사업 요소를 도식화함으로써 구성원들이 같은 목표를 가지고 힘을 끌어 모으는 방식의 전개 방법이다. 각 블록들이 유기적으로 연결되고 기업의 가치가 채널을 통해 고객에게 전달됨으로써 수익 창출과 고객과의 관계가 어떻게 맺어지는지를 <그림 5-3>과 같은 구성으로 한눈에 제시된다.

---

17) 출처) "마이클 포터의 전략이란 무엇인가" 2008.01. http://gojump0713.blog.me/140047633002

18) 출처) Alexander Osterwalder. 2010.07. Business Model Innovation

19) (고객 세그먼트) 사업 아이템의 고객이 누구인지를 세분화 시킴. (가치제안) 세그먼트된 고객에게 제공할 가치(새로움, 성능, 사회적 가치 등)를 기술함. (유통/채널) 제품을 어떤 경로로 홍보하고 판매할 것인지 기술(예: 직영매장, 농협하나로, 로컬푸드, 농협온라인 유통 등). (고객관계) 고객유지 방법. (수익원) 수익흐름을 통해서 어떤 부분에서 수익이 창출되는지를 파악, (핵심자원) 할당사업에 필요한 핵심역량 중 현재 가지고 있는 인적·물적·지적 재무 자원 등 파악, (핵심활동) 사업수행과 관련된 활동 기술, (핵심파트너) 나의 부족한 자원을 보완할 수 있는 핵심 파트너 기술, (비용구조) 소요되는 고정비를 반영한 전제 비용을 산정

캔버스 모델의 왼쪽 부분은 어떤 자원과 활동을 통하여 어떻게 가치를 만들어 내는가를 제시하고 있으며, 오른쪽은 어떤 채널 및 고객과의 관계를 통하여 만들어진 가치를 고객에게 전달하고 어떻게 수익이 창출되는지로 구성된다.

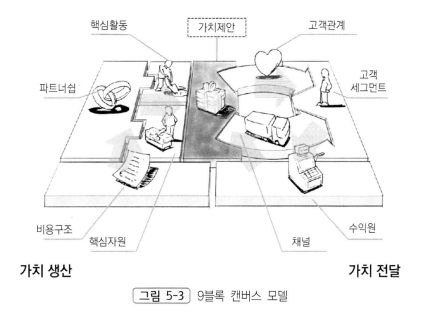

그림 5-3 9블록 캔버스 모델

이와 같은 9블럭 캔버스 모델은 주요 사업 요소별로 진행될 사업을 디자인 및 평가하여 원활하게 기능을 할 수 있도록 유도할 수 있다. 또한 사업의 이해 증진을 목적으로 사용될 수 있다.

산업체는 '기술을 중심으로' 마케팅 분석 및 비즈니스 모델 전략을 통하여 성공적인 기술사업화 방향을 설계하게 된다. 따라서 기술이전을 통한 「배타적인 권리」의 차별적 컨셉을 확보하고 기술사업화를 추진해 나갈 수 있도록 강한 특허의 연계가 중요하다.

산업체는 핵심 기술을 스크리닝하고 이전받고자 하며, 국가 연구개발 기관의 연구자는 기술이전이 기술사업화의 시작인 점을 감안하여 이전된 기술이 성공적으로 사업화될 수 있도록 강한 지식재산 성과물과 함께 지속적인 관심과 협조가 필요하다.

특히, 농식품 산업체의 경우 타 산업과 비교 시 마케팅 전략 및 비즈니스 모델 분석 등을 통한 사업화 접근력이 떨어지므로 농촌진흥청 등 농촌진흥기관의 국가 연구개발 담당자는 TRL의 응용연구 및 개발연구 단계까지 연구개발 추진을 통하여 기술성숙도를 높일 필요가 있다. 이는 국가 연구개발 결과물의 사업화 가능성을 높이기 위하여 기관과 연계되어 있는 실용화 전문기관(TLO 조직 등)과 함께 핵심기술의 기술이전 후에도 지속적인 관심 및 사업화 지원사업으로 기술이전 농산업체의 기술사업화에 관심을 가져야 하는 이유이다.

2. 사업화 모양새 갖추기

대학이나 공공연구기관의 연구개발 기술은 다양한 경로를 통하여 기업이나 산업체에 보급된다. 특별히 공공연구기관의 성공적인 사업화(실용화) 성과는 두 가지 관점에서 바라볼 수 있다.

먼저 연구개발 기술이 다수의 작은 단위 산업체로 기술이전 또는 보급되어 현장에서 해당 기술을 직접 활용하는 형태이다. 만약 농업기술이라면 영세한 농산업체 단위로 기술이전이 많이 이루어지고 있으며, 특히 무상의 기술이전이나 영농활용 목적의 보급도 이에 해당된다고 할 수 있다. 예를 들어 작물의 신품종이나 병해충 방제기술 등의 기술은 기술사업화의 대형성과를 위하여 차일피일 기다릴 것이 아니라, 현장으로 빠르게 보급될 수 있도록 해야 한다. 이는 농촌진흥청을 비롯하여 농촌진흥기관의 기본적인 역할과도 관련되며 그 경제적 파급효과는 기술이전료 수익과 상관없이 매우 크다고 할 수 있다.

다른 하나는 공공연구기관 연구개발 기술의 장점을 살려 대량 생산이 가능한 기업 등 큰 산업체로 기술을 이전시켜 많은 생산이 이루어지고, 그 산물을 많은 국민이 수요자 위치에서 사용함으로써 혜택을 누리게 하는 것이다. 이와 같은 경우 해당 기술의 소재가 농업인의 1차 생산 및 2차 가공을 통하여 생산될 시 대량 생산에 필요한 소재의 공급이 농가 및 농산업체를 통하여 이루어지므로 결국은 농산업체와 기업의 경제 활성화로 선순환적 구조를 기대할 수 있다.

따라서, 농업적 국가 연구개발 결과물의 실용화를 확대하기 위하여 방향을 굳이 나눈다면, 농업인 대상의 영농활용을 포함하는 다수 농산업체 대상의 기술보급技術普及과 사업화 가능성이 높은 소수 기업으로의 대량생산大量生産 연계방향이 효율적일 수 있겠다.

여기서는 작은단위 산업체로의 기술보급보다 국가연구기관에서 현재 미흡한 대량생산 연계방향으로의 기술이전에 초점을 맞추어 「사업화 모양새 갖추기」를 다루고자 한다. 이는 시장논리로서 기술을 이전받아 대량생산 가능성 및 유통체계를 가진 중견기업 이상의 대기업으로 기술이전이 성사될 시 실용화 효과가 더 크다고 전제하고 접근하는 것이다. 이와 같은 연구개발 결과물의 기술소개 및 기술이전 접근은 보통 타겟 마케팅Target-marketing을 통해서 접근할 수 있다.

타겟 마케팅을 위해서는 개발 기술의 모양새가 제대로 갖추어져야 한다. 기술의 모양새는 대표적으로 기술 성숙(완성)도, 시장 매력도, 배타권 권리의 유무, 법적 규제, 기술의 수명주기 등을 들 수 있다.

❶ 먼저 **기술의 성숙도(완성도)**를 보면 다음과 같다.

연구개발 결과물의 실용화는 제품의 생산 단계에서 기술을 제품에 바로 적용하여 시장에 내놓을 수 있는지의 여부가 매우 중요하다. 왜냐하면 연구개발의 범위는 연구를 통한 결과물이 개발 부분까지 포함되어 시생산 부분을 포함한다고 앞서 서술하였으나, 기술 분야에 따라 해당 기술의 효능·효과만을 실험실 조건in vitro에서 확인하고 결과물(특허 등)을 내놓는 경우가 많기 때문이다.

기술을 적용한 사업화의 길은 기술마다 다를 수 있고 간단하지도 않다. 더구나 농산업과 관련된 연구는 기술이전 업체가 영세하기 때문에 기술성숙도는 더 중요하다. 대학이나 공공연구기관의 연구개발에 있어서 특히 기능성 소재 및 용도의 연구개발은 여러 전임상·임상의 단계적 요건으로 기술성숙도가 더욱 떨어짐을 <그림 5-4>에서 볼 수 있다.

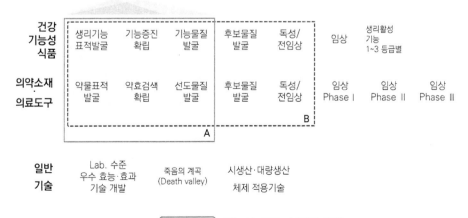

그림 5-4 기능성 용도 실용화 절차

건강기능성식품이나 의약소재 기술(의료도구 포함)의 경우, 기능성 소재를 기능성 제품으로 적용하기 위해서는 그림에서와 같이 독성/전임상 및 임상시험을 거쳐서 과학적으로 해당 소재의 유효성과 함께 인체 안전성을 거쳐야 하며 그 과정에는 많은 기간과 노력이 소요된다. 물론 효능을 나타내는 약물이나 생리기능 물질을 단지 컨셉으로 제품에 극량을 적용할 수도 있다. 하지만 기능성 제품으로 표출[20]시키기 위해서는 전임상·임상 시험을 거쳐 사업화로 이끌어야 하며, 추진 가능한 업체로의 연계가 필요하다.

농산업의 국내 최대 연구기관인 농촌진흥청의 경우, 건강기능성식품이나 의약소재(의료도구 포함) 개발기술은 <그림 5-4>에서 대부분 A 단계까지 수행되며 기능성 물질의 원료표준화를 거쳐 효능·효과를 확인하는 단계에 그친다. 그리고 좀 더 연구가 진행된 소수의 기술은 해당 후보물질에 대하여 독성 및 전임상 시험을 거쳐 B 단계까지 진행되는 경우도 일부에 그친다.

반면 일반기술의 경우 실험실 수준에서 효능·효과를 밝힌 기술의 경우 시생산 및 대량생산(양산) 체제를 갖추기 위해서는 그 사이에 '죽음의 계곡' 등 기술과 실용화 간에 거리Gap가 존재할 수 있다. 따라서 이를 극복할 수 있는 대응 없이는 실용화에 실패하거나 기술이전 업체에 손실을 입힐 수 있기 때문에 여전히 기술의 완성도에 대한 문제점이 존재할 수 있다.

❷ 시장 매력도이다.

사업화 모양새를 갖추기 위해 기술성숙(완성)도 만큼이나 중요한 요소이다. 아무리 기술성숙도가 높다고 하더라도 시장 매력도가 낮으면 기술로서 의미가 없다. 시장 매력도는 앞서 기술사업화에서 설명한 제품 컨셉의 마케팅 분석이나 비즈니스모델과 같은 맥락에서 관심을 갖고 살펴볼 수 있다.

한편, 기존 제품과 비교하여 획기적으로 차별적인 컨셉을 이끌 수 있는 기술이라면 기술완성도가 낮더라도 시장매력도가 높기 때문에 기술 사업화 가능성이 크다고 말할 수 있다. 실제 시장에서 완성되지 않은 기술이더라도 그 매력도가 높은 기술이라면 기업에서 기술이전하여 그 곳에서 추가 연구개발을 통하여 사업화 단계를 밟을 수 있기 때문이다.

---

20) 제품 내용물에 포함된 기능성 소재의 효능·효과를 제품 홍보에 사용하기 위해서는 반드시 전임상·임상 단계를 거쳐 인체에 안정성 및 유효성을 식약처에 제시해서 허가를 받아야 함. 그렇지 않은 경우 관행적으로 극량을 사용하는 경우도 있으나 인체안전성은 여전히 해결되지 않은 상황이며, 유효성에 대해서는 직접적으로 제품홍보에 표출시킬 수 없음

❸ 배타적 권리의 유무이다.

아무리 우수한 차별적 컨셉의 기술이 있다고 하더라도 제3자의 복사^{Copy}를 방지할 수 있는 배타적 권리가 없다면 의미가 없다. 그리고 권리가 있다면 얼마나 크고 넓은지에 따른 권리행사 여부가 중요하다. 즉, 회피설계 및 대체가 가능한 권리범위를 지닌 지식재산(특허 등)이라면 또한 의미가 없기 때문이다.

대학이나 공공연구기관의 연구개발 결과물은 직접 사업화를 하지 않고 그 배타적 권리를 제3자에게 이전한다. 특히 공공연구기관의 경우 일반적으로 빠른 실시를 통한 상용화를 목적으로 특허 출원과 동시에 홍보를 통하여 기술이전을 진행하는 경우가 많다. 제3자의 실시를 금지함으로써 권리자만 사용하여 시장을 독점하고자 하는 기업 등의 특허출원과는 크게 다르다.

하지만 기술이전이라도 권리를 회피하여 실시할 수 있는 경우라면 결국은 그 특허는 배타적 권리가 협소하여 기술이전을 통한 실시권 허락이 의미없는 경우가 되고 만다. 따라서 연구개발 담당자는 기술이전을 통하여 사업화로 연계될 수 있는 유효한 결과물(특허 등)을 산출할 수 있도록 노력해야 한다.

❹ 기술의 수명주기^{Life-cycle} **장·단^{長·短}**이다.

과학이 발전하고 기업 간 시장 경쟁이 치열해지면서 기술의 수명은 단축되었다. 시장에 도입된 기술은 효용이나 성과가 기존의 경쟁기술과의 상호작용을 통해 제품과 유사한 "도입-성장-성숙-쇠퇴기"의 패턴을 갖는다. 하지만 제품과 달리 기술의 수명주기는 S-Curve[21]를 그리는데, 초기에는 완만한 기울기를 갖다가 어느 시점을 거치면서 급속하게 성장하여 근본적 한계점에 도달할 때까지 계속 성장한다. 이때 내 기술의 유효수명 주기를 고려해야 한다. 특허를 출원한 경우 남아있는 권리기간도 중요하며, 시장에서 빠른 대체기술이 나오거나 유행을 타는 기술이라면 사업화 수명주기에 영향을 주게 된다.

❺ 법·규제에 따른 제품화 문제해결 여부이다.

이전받은 기술이 완성도가 높아서 제품에 바로 기술을 적용할 수 있는 상황이라고 하더라도 제품을 시장에 내놓기 위해서 법적인 규제(식약처 허가 등)가 있다면 사업화 추진에 문제가 된다.

---

21) 출처) 정보통신산업진흥원. 제품 및 기술 수명 주기 활용 동향(이진희 외 3)
　　 http://semantics.kisti.re.kr/technical_reports/pdf/nipa/012.pdf

예를 들어 연구개발 결과가 천연추출물이고 적용분야가 건강기능성 식품이나 신약 등의 소재라면 식품의약품안전처 등의 허가를 득하기 위한 오랜 절차를 거쳐야 한다. 건강기능성식품의 경우, 인체에 유용한 기능성원료로 제품에 사용하고자 한다면 그에 맞는 효능·효과를 위하여 건강유지 및 증진에 도움이 되는 생체조절기능 등에 대한 과학적 근거를 평가받아야 한다. 또한 의약(의료소재)의 경우에는 임상시험기관(CRO)[22] 등을 통한 약물의 특성에서부터 시작하여 전임상·임상 연구가 이루어져야 한다. 따라서 실용화를 위하여 법적 규제를 해결해야 하는 상황에 놓인 기술[23]이고 규제를 해결하지 못한다면 사업화를 위한 방향을 또 다르게 고민해봐야 할 것이다.

❻ 이외에 사업화를 위한 모양새 갖추기에서 하나 더 추가를 한다면 **스토리텔링**Story-telling **마케팅**[24]의 가능성 여부이다.

소비자들은 제품을 사지만 같은 제품군에 스토리가 있는 제품으로 손이 간다. 바로 그 내용으로 마음이 움직이는데, 이를 이용한 마케팅이 감성마케팅이다. 이와 같은 스토리텔링 마케팅은 기술이전 산업체의 역할이며 몫이지만 이전되는 기술과 묶어서 연구개발 결과와 연계시킬 수 있다면 기술은 또 다른 모양새를 갖추는 효과를 얻게 될 것이다.

이 외에도 사업화의 성공을 이끌기 위한 기술의 모양새는 상황에 따라 여러 가지 검토 사안이 있을 것이다. 기술의 타겟-마케팅을 추진해 나아갈 때 기술마다 특성이 다르고 각 기술이 적용될 제품에 대한 시장형성의 흐름마저도 각양각색인 상황에서 사업화를 위한 모양새를 어떻게 갖출 것인지 고려되어야 할 것이다. 기술을 만들어가는 연구개발 단계에서 또는 R&BD나 IP-R&BD를 추진하는 단계에서부터라면 그 사업화 성공 가능성은 더욱 크게 좌우되기 때문이다.

---

22) Contract Research Organization. 임상시험 수탁기관(회사)

23) (하지만) 효능·효과가 뛰어나거나 시장 매력도가 높고 배타적 권리를 넓게 형성하는 등 장점이 큰 기술이라면 후속 (전)임상 연구가 지속적으로 이어질 가능성 있음. 즉, 다른 기술분야 대비 기술성숙도의 개발연구TRL 6-7-8 단계를 달성하는데 많은 기간과 비용이 소비되더라도 지속적인 Post-R&BD로 연계되는 경우이며 이들 기술이 실용화 될 시 사회적·경제적인 효과가 일반 기술 대비 월등히 높은 경우임

24) 스토리텔링 마케팅 사례 : "일본 슴格 사과" ☞ 1991년 일본의 사과 산지로 유명한 아오모리현에 풍으로 2/3 이상의 사과가 떨어져 주민을 망연자실 시켰으나 떨어지지 않은 사과로 눈을 돌려 "태풍에도 떨어지지 않는 사과"의 이야기를 입혀서 "슴格" 사과로 10배나 높은 가격에도 불티나게 팔려 평년대비 3배나 높은 수익을 올린 사례로 유명함 (사진 출처. 더굿북, https://brunch.co.kr/@bookfit/1257)

3. 기술평가 및 사업타당성평가의 활용

「기술평가」는 내가 가진 기술의 가치Value를 평가Valuation하는 것으로, 그 결과를 목적에 맞는 용도로 활용할 수 있다. 사업화 성공률을 높이기 위해서 기업 등 기술이전을 통해 실시實施를 하는 산업체에 그 평가결과를 홍보하는 경우가 일반이지만, 더 넓게는 자금조달, 인증취득, M&A, 정책지원 등 다양한 용도로 활용할 수 있다.

기술평가에서 '기술'이란 법률적 보호에 따라 출원 또는 등록된 특허, 실용신안, 디자인, 식물신품종 등 해당 기술이 집적된 자본재, 기술에 관한 정보 등을 일컫는다. 그리고 '기술평가'란 "사업화를 통하여 발생할 수 있는 기술의 경제적 가치를 <금액> 및 <등급> 등으로 표현한 것"이다[25]. 이와 같은 기술평가는 평가될 수 있는 아이템이 존재한다면 연구개발사업의 시작 전부터 연구개발 종료 후의 결과물을 추가 대상으로 전주기 시점에서 적절한 순간에 수행할 수 있다.

기술평가의 종류로는 기술가치평가, 사업타당성평가(또는 경제성 평가), 기술성평가 등이 있다. 기술평가의 정의에서 일반적으로 <금액>은 '기술가치평가'에 의해서 평가되고, 기술이전, 자금지원결정, M&A, 현물출자, 소송 참고 등의 용도로 활용된다. 그리고 <등급>은 '사업타당성평가[26]' 및 '기술성평가[27]' 등을 통해서 평가되며, 사업타당성평가 결과는 자금지원결정, 투자·보증, 입주기업선정용 등으로 활용된다.

여기서는 평가 종류 중 '기술가치평가'에 대하여 좀 더 자세히 살펴보고자 한다.

기술은 평가되지 않았을 때 그 기술의 가치를 말할 수 없다. 기술가치평가는 해당 기술에 대하여 현재 시행되고 있거나 장래에 수행될 기술의 가치를 평가Valuation하여 금액으로 산정한 것이다. 평가 방법은 <표 5-5>와 같다.

상기 평가법 중, <시장접근법>은 비교 가능한 평가대상 자산이 활발하게 거래되고 있는 시장과 함께 과거의 거래 사례들 중 비교 가능한 사례가 존재해야 한다. 또한 거래가격 정보의 접근이 용이하면서 독립 당사자 간의 거래에서 활용된다. 하지만 신뢰도가 높은 방법임에도 불구하고 시장 여건의 미성숙으로 사례가 미흡하여 적용이 어려운 경우가 많다.

---

25) 참조)「기술의 이전 및 사업화 촉진에 관한 법률」제2조 제4호, 기술신용보증기금법 제28조에서는 "기술과 관련된 기술성·시장성·사업성 등을 종합적으로 평가하여 금액·등급·의견 또는 점수 등으로 표시하는 것"이라 정의함

26) 사업화의 결과로 얻어지는 수익이 투입되는 비용을 비교·분석하여 사업을 수행할 경제적 타당성 또는 재무적 타당성이 있는지 여부를 평가하는 것

27) 기술의 성능분석 및 경쟁기술과의 비교를 통해 우수성을 등급으로 평가

<표 5-5> 기술가치평가 접근법

구분	내용
시장접근법	대상 기술과 동일 또는 유사한 기술이 활성시장에서 거래된 가치에 근거하여 비교분석을 통하여 상대적인 가치를 산정
	시장가치 = 매매사례가격 * 변동요인 * 변동요인은 거래시점의 시장성가격수준, 기술잔여기간, 시장점유율, 대체기술 가능성 등
비용접근법	대상 기술을 개발하는데 투입된 비용을 기초로 기술의 가치를 산정하거나 동일한 경제적 효익을 가지고 있는 기술을 개발하거나 구입하는 원가를 추정하여 가치를 산정
	적정시장 가치 = 개발투하 총 비용 - 가치하락요소 * 가치하락요소는 물리적·기능적·경제적 감가
수익접근법	대상 기술 자산의 수익창출 능력에 기반한 기법으로 경제적 수명기간 동안 기술사업화로 인하여 발생될 미래 경제적 이익을 적정 할인율을 적용하여 현재가치로 환산
	기술의 가치 = $\sum_{t=1}^{n} \frac{FCF_t}{(1+r)^t}$ * 기술기여도　　* n : 기술의 경제적 수명 　　* FCF : 여유현금흐름　　* r : 할인율 * 기술기여도를 포함하여 4개의 핵심 변수로 구성
로열티공제법	제3자로부터 라이선스 되었다면 지급할 로열티를 부담하지 않음으로서 절감될 수 있는 로열티 지불액을 추정하여 현재가치로 환산

<비용접근법>은 기술개발의 투입된 비용에서 각종 제반 소요비용을 기초로 기술을 평가하는 방법이다. 총 소요 비용에는 인원의 급여 및 보상, 원재료비, 연구 간접비, 실험기자재 구입비, 평가비, 시험생산의 소요비용 등이 해당되며, 시간 경과에 따른 가치하락 요인을 가감하므로 투입비용에 따른 정확한 비용을 산출한다는 장점은 있다. 하지만 기술의 경제적 가치에 영향을 미치는 요인은 배제되었기 때문에 기술의 효용성을 포함하는 자산적 가치를 포함하지 못하는 접근법이다.

반면 <수익접근법>은 할인율을 적용하지만 기술을 이용하여 발생하는 추가적인 현금흐름을 추정하여 기술의 가치를 평가하게 된다. 따라서 기술의 수익창출 능력을 자본화함으로써 자산으로서 기술의 시장가치, 즉 경제적으로 취할 수 있는 이익을 현재가치의 합계로 평가한다. 이는 공정 시장가치를 구체화한다는 장점이 있으며 다른 평가법에 비해 많이 활용된다.

이외에 <로열티공제법>[28]과 <현금흐름할인법, DCF>[29] 등이 있으나 여기서는 종류만 제시하도록 하겠다.

기술가치평가 중 <수익접근법>의 절차[30]를 대표적으로 살펴보면 <그림 5-5>와 같다.

그림 5-5 수익접근법에 의한 기술가치평가 절차

예비평가Screening나 정성적 사업타당성 평가Assessment 후 기술성·권리성·시장성·사업성 분석 자료를 바탕으로 정량적 가치평가Valuation를 수행하게 된다. 그리고 그 결과를 토대로 기술의 가치를 단계적으로 추정하게 된다. <표 5-5>의 산식($\sum_{t=1}^{n}\frac{FCF_t}{(1+r)^t}$ · 기술기여도)에서도 제시한

---

28) 기술거래시장에서 비교 가능한 기술거래 로열티 자료가 다수 존재하여야 함. 자료가 미흡한 경우 업종별 로열티 통계(예: 한국산업기술진흥원에서 수집된 거래사례 463건을 12개 업종으로 분류하여 제공)를 활용하며, 이때 로열티에 영향을 미치는 요인(기술의 권리적·기술적·시장적 속성과 연계)을 반영하여 최종 로열티를 산출함. "기술가치 =(매출액*비교기술의 로열티)의 현재가치 * (1-세율) * 조정계수"을 산식으로 함

29) DCF Discounted Cash Flow methods, 미래에 얻을 수 있는 미래 순현금흐름Free Cash Flow의 기대치를 해당 현금흐름이 갖고 있는 위험수준을 반영하는 할인율로 현가화하여 순현재가치Net Present Value를 구하고, 이를 총 발행 주식수로 나누어 1주당 장래기대이익으로 기업이 가질 수 있는 장래수익률을 산정하는 방법임. 미래 순현금흐름은 기업에 투자한 주주와 채권자들에게 배분 가능한 현금흐름을 의미하며, M&A거래 등에서 국제적으로 광범위하게 사용됨(회사의 재무적 결과를 바탕으로 계속기업을 전제하여 해당기업의 위험을 반영한 평가임)

30) 참조) 기술가치평가 실무가이드. 28p. 2014. 산업통상자원부.

바와 같이 가치산정을 위하여 기술의 경제적 수명[31], 여유 현금흐름[32], 할인율[33], 기술기여도[34]에 대한 추정이 필요하며, 이를 적용함으로써 미래의 경제적 이익을 현재 가치로 환산하게 된다.

정량적 가치평가에 바탕이 되는 4개의 분석을 좀 더 구체적으로 설명하고자 하며 이는 각 분야의 전문가를 통해서 이루어진다. 각각의 분석 내용을 살펴보면, 1) 기술성 분석은 기술의 적용제품을 정의하고, 기술개발 동향 및 경쟁(대체 포함) 기술 현황, 경쟁기술 대비 기술수준(우위성, 첨단성, 독창성 등), 기술 활용성 및 파급효과 등을 평가한다. 2) 권리성 분석은 권리의 안정성, 권리범위의 광협 정도, 제품 적용여부 등을 분석하며 시장에서 독점적 지위 확보와 경쟁사로부터 사업의 보호 강도가 어느 정도인지를 파악한다. 이때 철저한 선행기술조사를 기반으로 하며, 특허권의 무효가능성을 함께 검토하기도 한다. 특허권의 권리 안정성이 높고 권리범위가 넓으며 포트폴리오가 확보되어 있는 경우 기술의 경제적 수명, 기술기여도, 할인율 등에 긍정적으로 영향을 미치며, 로열티공제법의 로열티를 조정하는 지표에도 매우 긍정적 영향을 미친다. 3) 시장성 분석은 대상기술 적용 제품이 속한 시장의 환경 및 경쟁 분석으로 적용 제품의 시장경쟁력을 평가하는 것이다. 대상 기술 시장의 산업 특성과 환경, 시장구조, 제품현황, 시장진입장벽, 관련 정책 등을 살피며, 경쟁구조와 시장지위 확보 가능성을 분석한 후 그에 대한 전문가의 의견을 제시하게 된다. 마지막으로 4) 사업성 분석은 대상기술을 활용하여 생산되는 제품의 가격 및 품질경쟁력, 매출전망, 현금흐름 등 사업전망 전반에 관하여 평가하는 절차로 기술성, 권리성, 시장성 분석을 기반으로 사업의 수익창출 가능성을 종합적으로 판단하여 사업화 기반역량, 제품 경쟁력, 매출추정 및 수익분석을 수행한다.

「사업타당성평가」는 신규로 사업화를 추진하거나 추진 중인 사업의 투자를 확대하고자할 때 해당 아이템의 기술성 및 사업타당성을 사전에 평가하는 것이다. 대상은 기술뿐만 아니라 사업 아이디어까지 다양할 수 있다. 대학이나 연구기관 등의 연구결과를 통한 특정 기술에 대하여 투자의 요구수익률을 확보할 수 있는가, 즉 기술 등을 사업 추진 시

---

31) 기술 수명은 분야마다 다름. 특정 기술은 시간이 지나면서 다른 우수한 기술로 경쟁우위를 잃거나 대체되는 상황에 놓임. 그 시점을 해당 기술의 경제적 수명으로 평가에 적용. 기술의 경제적 수명 시기는 특허인용수명 지수 통계를 모형으로 활용하고 있음. 만약 모형에 의한 수명 이전에 특허권이 만료된다면 만료되는 시점을 기술의 수명으로 봄.

32) Free Cash Flow(FCF), 기업이 영업활동을 통해 기술의 경제적 수명기간동안 유입되는 총현금흐름에서 유출되는 총현금흐름을 차감한 금액. 〈산식〉 "현금흐름=영업이익(매출액-매출원가-판관비-법인세)+감가상각비-자본적 지출-운전자본 증감"

33) 평가 대상기술을 이용한 기술사업화 과정에 내재된 다양한 위험(기술위험, 시장위험, 사업위험 등을 분석)을 반영하여 경제적 수명기간 동안 창출된 미래 현금흐름을 현재가치로 전환할 때 할인율을 적용하여 환원하게 됨

34) 영업 주체가 창출한 총 수익에서 해당 기술이 경제적 이익에 기여한 부분을 의미함

경제성이 있는가에 대한 분석이다. 따라서 계획하고 있는 사업의 성공 가능성이 어느 정도인지를 분석하고 평가한다는 점에서 그 사업의 바탕이 되는 대학이나 공공연구기관의 기술을 대입시켜서 수행될 수 있다.

사업타당성평가는 분석 결과를 통하여 성공 가능성이 낮은 투자를 회피함으로써 막대한 자본의 손실을 막고 사업의 성공 확률을 높일 수 있다. 또한 사업자 또는 기술이전 업체는 미래 위험 상황에 대비할 수 있는 전략정보를 확보함으로써 사업 전반을 파악할 수 있는 계기가 된다.

사업타당성평가의 절차[35]는 예비조사를 통하여 소요자본, 필요한 전문지식, 앞으로의 전망, 법적 제한 등을 검토하고, 본 조사를 수행하게 된다. 본 조사에서는 선정된 아이템에 대하여 <표 5-6>과 같은 주요 항목의 평가를 단계적으로 수행하게 된다.

<표 5-6> 사업타당성평가 분석항목

구분	내용
사업수행능력	기업가로서의 적성과 자질, 사업과의 적합도 평가
시장성	시장환경, 경쟁상태, 시장진입 가능성 등
기술성	제품의 생산가능성, 품질, 성능 및 하자여부, 기존제품에 대한 비교우위, 생산시설, 원재료 조달 등
경제성	적정수익률 확보여부 판단을 위한 투자수익 및 손익분기점, 자본조달 구조 및 비용, 인력 구성 계획 등
위험성	사업의 위험성

사업화 성공률을 높이기 위해서 경쟁력 있는 연구개발이 중요하지만, 그 효과를 높이기 위해서는 연구개발 전·후 단계에서 IP-R&BD 목적의 활동도 연구자는 고려해야 한다. 연구개발 전 단계에서는 제4장에서 소개한 기술·특허 동향조사가 적극 활용되어야 하고, 후에는 연구개발 결과에 대한 기술가치평가와 함께 사업타당성평가 등을 적절하게 활용하여 기술이전 기업의 사업화 성공률을 높이는 것이다.

대학 및 공공연구기관의 연구개발 결과물을 기술평가를 통하여 그 기술의 가치를 사업화에 활용하고자 한다면 어떻게 접근해야 할까? 기술평가는 그 한계점으로 신뢰도 및 수용성, 거래시장의 미성숙 등 여러 요인을 지적(국가지식재산위원회, 2013)하고 있다. 하지만 그와 같은 불완전한 요인은 점진적으로 보완되고 개선되면서 기술평가의 활용분야

35] 출처) http://elearning.kocw.net/document/ep6_Feasibility%20analysis.pdf

는 확대되고 있다. 가치를 모르는 기술이 평가됨으로 그 결과를 기술거래 및 협상에 활용되거나 사업화 방향을 구체화한다는 점에서 매력이다. 따라서 국가 연구개발 사업에 있어서 기술평가를 적절히 활용함으로써 연구개발의 사업화 활용률을 높일 필요가 있다.

기술평가는 연구자의 입장에서 내가 개발한 기술의 가치를 산정함으로써 효율적으로 기술을 이전하기 위하여 수행할 수 있으며, 기술을 이전해간 업체에서는 자체 기업의 사업화 역량과 함께 보유한 기술을 평가함으로써 기술금융 등을 연계하여 사업화 성공을 높이는 전략으로 활용할 수 있다.

그 기술의 가치와 연계하여 활용될 수 있는 방향은, 먼저 무형자산으로 해당 산업분야에서 그 기술이 가진 배타적권리의 영향력을 금액으로 환산했을 때 그 파급력으로 전달된다. 이와 같이 평가된 기술의 가치는 대학이나 공공연구기관에서 기술 홍보와 함께 기술이전을 수행할 때 이전업체와 이전료 협상에 사용될 수 있다. 그리고 기업이 소유한 경우라면 국가로부터의 지원사업 수주 시 조건 확보나 기술을 담보로 한 금융기관의 대출, 주식 및 회사채 등 금융시장 조달, 정부의 출연 보조금, 기금 융자금, 창투사 투자 등 그 활용범위는 다양하게 점점 증가하고 있다.

4. 기술마케팅의 접근

연구·개발된 기술과 산업화의 거리는 분명히 존재한다. 이는 미래 예측이 어려운 상황에서 기업 또는 산업체의 유망사업 탐색 시 어려움이기도 하다. 마찬가지로 대학 및 공공연구기관의 연구개발 기술이 산업체에 미래 유망기술로 적용되기 위해서는 역지사지易地思之로 산업체의 소구점을 감안하여 연구개발 수행단계에 반영되어야 함은 아무리 강조해도 지나치지 않다. 이는 연구자가 우선적으로 고민할 부분이며 또한 그 결과물을 어떤 전략으로 기술마케팅을 수행할 것인지에 대해서는 기술이전 및 가술사업화 전문가가 기술이전기관TLO과 함께 고려할 부분이다.

불확실성에서 혁신적 기회를 어떻게 찾을 것인가? 이것은 신제품 개발 전략에 있어서 지속적으로 고민되는 사항이다. 왜냐하면 신제품 개발을 통하여 시장에서 성공모델을 창출하려면 기능면에서 경쟁사 제품 대비 차별적이면서도 성능이 우수해야 하고 제품의 시장 및 컨셉이 시대적 흐름이나 문화와 적합하게 어우러질 때 소비자의 마음을 움직여서 시장에서 포지셔닝Positioning이 가능해질 것이다. 제품 개발에 대한 이해 및 문화와 적합하게 어우러질 때 시장 및 소비자의 중심에 설 수 있기 때문이다. 따라서 타겟으로 수행될 연구개발 결과물의 기술마케팅은 해당 기업 및 산업체의 현황과 제품군의 시장을 정확하게 읽고 접근해야 한다.

대학 및 공공연구기관 연구개발 결과물은 대부분 배타적 권리를 가진 지식재산권, 특히 특허의 형태를 갖추고 있다. 모양새 있는 특허를 사업화가 가능한 기업으로 이전하여 업체의 잠재력과 결합됨으로써 대량 생산을 통하여 성공적으로 시장에서 자리매김할 수 있도록 그 가능성을 보고 기술마케팅을 펼쳐야 한다.

기술마케팅[36] 절차는 <그림 5-6>[37]과 같다.

기술을 개발한 국가 연구개발 기관의 기술이전기관TLO이나 기술을 이전받아 사업화를 추진하는 조직에서 동일하게 시장 포지셔닝을 고려하여 아래 그림과 같은 기술마케팅을 추진 또는 수렴할 수 있을 것이다.

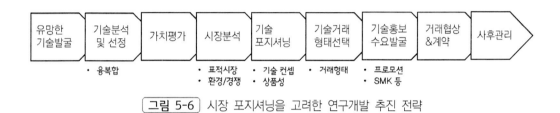

[그림 5-6] 시장 포지셔닝을 고려한 연구개발 추진 전략

이를 통하여 조직의 목적을 충족시켜야 하며, 대상기술, 수요자, 경로, 가격(가치), 기술컨셉(포지셔닝), 홍보 등의 결정을 통하여 거래가 이루어진다. 기술마케팅은 신규 사업의 추진 또는 제품 확충을 도모하는 기술수요자에게 보유기술 제공을 통하여 기술사용 가치를 높임으로써 기술보유자와 수요자의 가치창출을 도모하기 위해 기획 - 판촉 - 판매하는 기술이전 활동이다. 따라서 기술마케팅 전략이 중요한데, 연구개발 결과물을 이전해가는 기업에서의 기술 가치를 우선적으로 고려하여 마케팅 활동을 수행해야 할 것이다. 이와 같은 기술마케팅은 매스Mass 마케팅과 타켓Target 마케팅으로 나눌 수 있다. '매스 마케팅'은 다중 채널을 이용하여 여러 소비자에게 기술을 소개하는 방식이라면, '타켓 마케팅'은 해당 기술을 이전하여 사업화를 크게 성사시킬 수 있는 산업체를 골라서 기획 - 판촉 - 판매 활동을 벌이는 것이다.

---

36) 마케팅Marketing이라 함은 제품이 개발된 후 판매 촉진을 위하여 이뤄지는 마케팅이 일반적이나 국가 연구개발 기관 등 연구개발 결과물인 기술이 특허 등으로 권리화를 거쳐 제품개발 조직으로 이전될 수 있도록 기획-판촉-판매하는 행위에 대해서는 기술마케팅이라 함

37) 출처) 기술마케팅. 서상혁 외 2인. 한국산업기술재단

5. 기술의 사업화 지원 프로그램

사업화 지원 프로그램은 국가 연구개발을 기술이전한 업체로 지원이 한정되는 경우가 있는가하면 모든 국민이 소정의 요건을 갖추었을 때 누구나 받을 수 있는 경우 등 다양하다.

산업체의 경우 신기술을 이전받아 사업화를 추진하는 과정에서 기술의 발전주기는 기술의 산업화와 시장진입을 통한 사회적 산업화로 나눌 수 있다.

<그림 5-7>은 연구개발 결과물이 산업체로 기술 이전되어 사업화 초기에서 성장단계까지 일련의 과정에서 겪게 되는 '죽음의 계곡'과 '다윈의 바다'를 표현한 것이다. 농산업체 등 기술이전 산업체로 이전된 기술이 산업화에 성공할 수 있도록 다양한 지원사업이 단계에 따라 적용될 수 있으며 기술이전 업체는 적절한 지원사업을 연계시켜 사업화 과정에서의 위협을 극복할 필요가 있다.

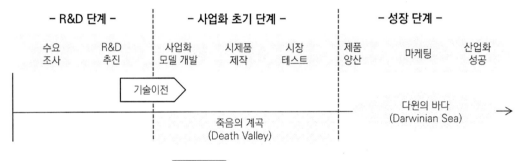

그림 5-7 산업화 단계에서의 위협

그 중에서 먼저 기술의 산업화에 대표적으로 겪는 죽음의 계곡(Death valley)[38]은 벤처 등 작은 기업, 특히 농산업체의 기술 사업화 과정에서 상업화에 내재된 위험이나 불확실성으로 겪는 좌절과 위기의 기간이라고 할 수 있다. 이는 기술이전을 수행하여 사업화를 추진하는 중소·벤처 업체의 경우, 대부분 사업화 위협 요인은 시제품 개발 등의 자금부족이며, 사업화 초기의 자금부족 현상을 해결하기 위하여 시제품 제작 지원(연구개발 성과 사업화지원)을 돌아볼 수 있다.

다음으로 시제품 제작에는 성공했으나 해당 제품이 시장에서 경쟁력을 갖추지 못해서 다윈의 바다(Darwinian Sea)[39]에서 잡혀먹거나 죽는 경우가 다반사인데, 이는 기술 외적인

---

38) 생명체를 거의 찾아볼 수 없는 미국 네바다주의 황량한 땅으로 한여름 최고 기온은 50℃에 달하며 연간 강수량은 거의 제로인 곳을 지칭하나, 연구개발 결과물의 사업화 과정에서 기술이전 이후 양산화까지의 어려운 과정을 일컬음

경영적 요인이며 차별적 이전기술 등의 아이템을 가지고 다윈의 바다를 건널 수 있도록 양산체제를 지원하는 시장진입 경쟁력 강화사업을 검토할 수 있을 것이다.

이와 같은 자금지원 외에 사업화전략의 경험이 부족한 업체가 많으므로 산업체 R&D 사업화 기획지원, 판로개척·마케팅 지원, 기술제품의 해외유통 시장진출 지원 등 다양한 정부 지원사업의 운용을 활용할 수 있다.

> ### ▶ 시사점
>
> 사업화 성공률을 높이기 위해서 마케팅 분석(3C, SWOT, STP, 4P 등의 방법, 〈표 5-3〉)을 실시하며, 이는 연구개발 단계의 아이디어에서부터 그 결과물의 기술이전 단계까지 시기 및 상황에 맞춰 선택적으로 실시할 수 있다.
>
> 특정 기술이나 그 기술이 포함된 제품이 시장에 명확하게 포지셔닝Positioning되기 위해서는 적절한 사업 아이템의 차별성이 요구되며, 5-force 및 9블럭 캔버스 등의 비즈니스모델 분석을 통하여 사업화 성공 가능성을 높일 수 있다.
> - 마케팅 분석 및 비즈니스모델 분석은 사업화 성공률을 높이기 위한 기업 입장에서 필요하지만, 특히 각 연구기관의 기술이전조직(TLO)이 기술개발자와 함께 전략적으로 대응할 때 사업화 성공률은 더욱 높아질 것이다.
>
> 공공연구기관이나 대학의 경우 연구결과물의 기술이전을 통한 사업화율을 높이기 위해서 그 대상 기술의 모양새를 잘 갖추어야 한다. 따라서 해당 기술의 성숙도, 시장 매력도, 배타적 권리의 정도, 시행에 따른 법적 규제의 여부, 기술 수명 등의 검토가 요구된다.
>
> 연구 성과물인 기술에 대하여 '기술평가'를 통해서 기술의 가치를 파악하고 평가 결과를 홍보마케팅, 자금조달 등 다양한 목적으로 활용할 수 있고, '사업타당성 평가'를 통해서 기술이전 기업의 사업화 성공률을 높일 수 있다.
>
> 기술 마케팅은 기술 수요자에게 보유기술을 제공하여 가치를 높이는 행위로서 기술의 특징에 따라 매스Mass 및 타겟Target 마케팅을 구분하여 기획-판촉-판매 행위를 추진하게 된다.
>
> 기술 사업화 과정에서 많은 중소·벤처 기업은 사업화 초기에 죽음의 계곡Death Valley과 성장단계에서 다윈의 바다Darwininan Sea 등의 위협(〈그림 5-7〉)을 겪게 되며, 정부에서는 이들의 극복을 위하여 다양한 사업화 지원을 추진하고 있다.

---

39) 악어 떼와 해파리가 득실대서 수영하기 어려운 호주 북부의 해변을 말하며, 죽음의 계곡Death Valley을 지나서 닥치는 과정으로 시장에 갓 나온 신제품이 일정한 수익을 내거나 하나의 산업으로 성장하기 위해서는 다윈의 바다를 헤엄치듯 기존 제품 혹은 기술들과 치열한 경쟁을 거쳐야하는 과정을 일컬음

제3절 | 연구자의 지식재산 안목 넓히기

1. 강한 기술 만들기

강한 기술이란 연구개발 결과물이 산업화에서 경쟁력 있게 활용될 수 있는 강한 지식재산, 강한 특허라고 제4장에서 서술한 바 있다. 돈 되는 강한 특허를 만들기 위해서는 높은 가치를 지닌 기술로서 타인이 모방할 수 없는 독점적 지위와 함께 기술수명이 짧지 않아야 한다. 강한 기술(특허)은 결국 경제적 파급효과가 큰 특허이며 강한 특허가 되기 위해서는 오른쪽 그림[40]과 같은 조건이 요구된다.

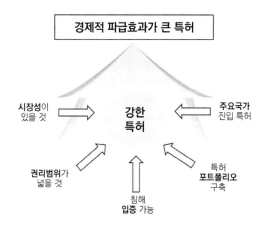

무엇보다도 돈 되는 특허가 되기 위해서 가장 중요한 조건은 시장성 여부이다. 기술적으로 우수한 특허라고 하더라도 기업의 기술이전을 포함해서 산업 발전에 영향을 주는지를 판단해야 한다. 결국은 강한 기술(특허)이 경제적 파급효과 차원에서 다뤄질 필요가 있다. 특히 대학이나 공공연구기관의 연구개발 결과물이 이에 포함된다. 강한 특허는 일반적으로 넓은 권리범위를 갖추어야 하며, 제3자의 실시에 대한 침해 입증이 가능해야 하고, 권리를 회피하지 못하도록 특허 포트폴리오Portfolio[41]를 구축하고 있을 때 강한 특허로서 역할을 하게 된다. 또한 국내뿐만 아니라 글로벌 시장을 갖는 기술에 대해서는 해외 주요 국가에서 권리행사가 가능한 상태여야 한다.

이와 같은 강한 특허 전략은 기업을 비롯한 대학, 공공연구기관이 다함께 추진할 연구개발 방향이다. 하지만 국가 및 공공연구기관의 연구개발 방향은 반드시 사업화 성공만을 맹목적으로 추진하지는 않는다. 산업발전을 위하여 기업에서 요구하는 기술뿐만 아니라 기초연구 및 현장에서 공익적으로 요구되는 다양한 기술 개발을 추진하기 때문이다. 농식

---

40) 출처) 특허청·한국발명진흥회 편저. '지식재산의 이해 2018. p.118, 박문각.

41) 아무리 훌륭한 기술의 특허 기술이라도 하나의 출원 특허가 가지는 배타적 공격·방어의 역할은 제3자의 회피설계로부터 취약할 수밖에 없음. 따라서 우발적인 출원이 아닌 특허맵Patent Map 분석을 통하여 핵심 특허를 기준으로 2차, 3차적인 특허장벽 포트폴리오를 구축하게 됨

품 분야의 경우 농산업 발전과 농산업 현장의 복지향상을 위해 추진되는 연구도 같은 맥락이다. 따라서 '강한 특허'는 결국은 '돈이 되는 특허'를 포함하여 '경제적 파급효과가 큰 특허'로서 넓은 범위로 이해할 필요가 있다.

여기서는 대학이나 공공연구기관, 그리고 기업이 요구하는 기술 개발 차원에서 산업적으로 성공을 거두기 위해서 어떻게 접근할 것인지 연구자의 연구개발 방향을 고민하고자 한다.

어떤 차별적 컨셉Concept으로 접근해야 할 것인가! 그리고 이와 같은 컨셉을 어떻게 기술마케팅[42] 활동을 통하여 소비자에게 알릴 것인가! 물론 기술마케팅은 기술이전기관TLO에서 고민할 일이라고 생각하겠지만 제4장(지식재산의 활용도 높이기)에서 강조했듯이 IP-R&BD는 연구의 초기단계에서부터 이루어져야만 강한 기술로서 기술마케팅에서 힘 있게 활용될 수 있다. 그렇다면 기술마케팅에서 힘 있게 사용될 수 있는 강한 기술이란 연구자의 연구결과물이 어떤 상태에 있을 때를 말하는 것일까?

이는 실제 기술마케팅 현장에서 내가 가진 기술을 상대에게 소개할 때 무엇에 중점을 두고 얼마나 자신 있게 소개할 수 있느냐라고 보면 쉬울 것이다. 그러기 위해서는 해당 기술을 요구하는 소비자를 찾아서 마케팅을 해야겠지만 그것은 기술이 만들어진 이후의 문제이다.

강한 기술을 만드는 과정에서 무엇보다도 중요한 것은 그와 같은 기술마케팅 현장에서 소비자가 원하는 기술인지의 여부이다. 즉, 소비자가 얼마나 필요로 했던 기술이었는지 또는 생각하지 못했던 변화가 얼마나 매력적인지 등에 따라 기술마케팅의 현장 분위기가 달라질 것이다. 결국은 이와 같은 상황을 가늠할 때 강한 기술의 여부는 연구자의 연구개발 수행 단계에서 얼마나 사업성(B)Business를 고려하는가로 귀착될 것이다.

다음으로 중요한 강한 기술의 요소는 무엇일까!

앞서 설명한 마케팅 분석의 STP 및 4P 등 시장분석을 통하여 R&BD를 수행하였고, 소비자가 원하는 사업성 높은 기술을 개발했다고 하더라도 강한 기술은 특허와 같은 권리확보가 함께 구비된 상태이어야 한다. 여기서 권리확보는 다양한 보호제도 하에서 해당 기술이 누릴 수 있는 권리범위를 얼마나 넓게 확보하고 있느냐의 여부인 것이다. 기업은 나만의 제품이 시장에서 포지셔닝되어 오랫동안 군림하길 원한다. 따라서 연구자가 사업

---

42) 여기서 '기술마케팅'은 제품 판매를 높이기 위한 일반적 '마케팅'과는 구분되지만, 기술이나 제품에 대한 대상만 다르지 기술에 대한 판매를 높이기 위한 목적이라고 할 때 동일하다고 볼 수 있음

성을 고려한 R&BD를 수행함에 있어서 먼저 우선적으로 수반 또는 병행되어야 할 사항이 지식재산Intellectual Properties에 대한 분석이며, IP-R&D가 중요한 이유이다.

따라서 이제는 연구자의 안목을 기존의 연구개발R&D 개념에서 IP-R&BD로 바꾸어 추진되어야하는 이유이다.

2. 기술 사업화와 지식재산(특허)

기술의 사업화를 위해서 중요한 것은 제2절의 '사업화 모양새 갖추기'에서 설명했다. 여기서는 지식재산과 사업화의 관계를 중심으로 그 사례를 통해서 제품 내 담고 있는 지식재산의 중요성을 이해하고자 한다.

다양한 형태의 지식재산을 산업현장에서 어떻게 활용하고, 어떤 형태일 때 사업화에서 기술이 제대로 활용될 수 있는지를 파악할 수 있다. 또한 그를 통해서 연구자가 연구개발 단계에서 무엇을 핵심으로 다뤄야하는지! 아울러 그 결과가 제품 내에 어떻게 표현될 때 진가를 발휘하는지! 등을 고려하게 될 것이다.

1) 지식재산의 맵시

개발되는 기술은 어떤 기술이든 실용화를 목적으로 한다. 공공연구기관의 연구개발 기술은 곧바로 현장에서 무상으로 활용될 수 있도록 제공되기도 하지만 지식재산권의 형태로 기술이 이전되어 사업화로 힘 있게 적용될 때 연구를 통해 개발된 기술의 가치는 더욱 빛날 것이다.

그렇다면 기술이 어떤 지식재산의 형태에 있어야 가능할까!

국가 연구개발 기관, 특히 농촌진흥청 및 지방농촌진흥기관과 같은 농업 연구기관에서 창출되는 기술의 이전 형태는 특허나 디자인, 식물신품종이 일반적이다. 그리고 특별한 경우 상표가 포함될 수 있으나 이는 제품 간의 식별 및 생산·소비자 간의 신용과 관련된 경우이므로 기술실용화와는 거리가 있다. 앞서 제시된 바와 같이 국내 산업재산권의 연도별 출원 현황(<그림 3-5>)을 보더라도 그 중 특허 출원이 기술을 표현하는 지식재산의 가장 일반적인 표현 방식이라 할 수 있다. 물론 두 번째로 상표가 그 뒤를 따르지만 식별 및 신용의 표현인 상표는 국가 연구개발 기관보다 개인 및 기업에 의해 대부분의 출원이 이루어진다고 볼 수 있다.

그렇다면 기술을 특허로 표현했을 때 어떤 상태로 제시되어야 지식재산의 맵시 차원에서 그 가치를 더할 수 있을까! 이를 위하여 연구자는 연구개발 단계에서 그 형태를 예상하고 만들어갈 때 목적달성에 다가설 것이다. 마찬가지로 IP-R&BD 차원에서의 접근이다.

특허로 출원되어 청구되는 권리(다수의 청구항)는 특허청의 심사단계를 거치면서 심사관에 의해 제시된 선행 자료들과 부딪히며 그 권리범위는 조율된다. 그 과정에서 발명자가 특허로 공개하는 새롭고 진보된 발명의 양만큼 권리가 주어질 것이고, 결국 심사를 거쳐 최종 등록되는 청구범위가 최종 특허의 배타적 권리가 된다. 따라서 등록될 수 있는 권리의 범위가 어느 정도이고 시장에서 힘을 발휘할 수 있는지를 미리 가늠하며 기술적 맵시를 갖춰나가야 할 것이다.

사례 아래는 가정용 살충제로서 회향 추출물을 이용한 위생해충 기피제 특허이며 권리축소로 기술이전이 진행되지 않은 사례이다. 특허를 출원한 출원인은 연구결과를 통하여 출원 당시 아래와 같이 넓은 권리를 청구했다.

⟨**청구항 1**⟩ 회향(F. vulgare) 열매의 추출물을 포함하는 위생해충 기피제.

⟨**청구항 2**⟩ 제1항에 있어서, 상기 추출물은 회향유(fennel oil) 또는 회향열매의 메탄올 조추출물인 것을 특징으로 하는 위생해충 기피제.

⟨**청구항 3**⟩ 제1항에 있어서, 상기 추출물은 펜촌((+)-fenchone), 및 옥타데세노익산 ((E)-9-octadecenoic acid)으로 이루어진 군으로부터 1종 이상 선택하는 것을 특징으로 하는 위생해충 기피제.

⟨**청구항 4**⟩ 제1항에 있어서, 상기 기피제가 메탄올 추출물 65 중량% 내지 70 중량% 또는 35 중량% 내지 40 중량%의 회양유, 15 중량% 내지 20 중량%의 펜촌 또는 30 중량% 내지 35 중량%의 옥타데세노익산을 포함하는 것을 특징으로 하는 위생해충 기피제.

⟨**청구항 5**⟩ 제1항에 있어서, 상기 위생해충은 모기성충인 것을 특징으로 하는 위생해충 기피제.

⟨**청구항 6**⟩ 펜촌 모핵화합물, 및 옥타데세노익산 모핵화합물로 이루어지는 군으로부터 1종 이상 선택되어지는 화합물을 포함하는 위생해충 기피제.

공개된 특허의 권리범위를 살펴보면, <청구항 1>에서부터 특허출원을 통한 기술 공개의 대가로 "회향 열매 추출물을 활용하는 모든 위생해충 기피제"에 대하여 권리를 갖겠다고 제시했다.

당시 국내 한 대기업에서는 본 발명을 기술이전 받아서 가정용 살충제 제품군에 독점적으로 실시하고자 계획했다. 단지 공개된 넓은 권리범위만을 보고 기술이전을 통하여 신사업을 펼치고자 검토한 상황이었다. 하지만 해당 기업 특허팀의 선행자료 검토를 거치면서 특허청 심사에서 상당한 권리범위가 축소될 수 있다는 결론과 함께 추진하려던 기술이전은 잠시 보류되었다.

이후 본 특허는 오른쪽 표의 특허청 통합행정정보에서 보듯이 심사단계에서 몇 차례의 거절이유(의견제출통지서) 대응을 거치게 되었다. 즉, 출원인은 거절이유를 극복하기 위하여 「명세서 등 보정서」에서 권리를 조율해가면서 「의견서」를 통하여 권리확보에 대한 타당성을 주장하였고 어렵게 최종 등록결정을 이루어냈다.

특허청 통합행정정보 상의 첫 의견제출통지서(2002.12.09.)에서 제시된 거절이유들 중 진보성 거절(특허법 제29조 제2항)과 관련된 내용은 아래와 같다.

번호	서류명	접수/발송일자
1	특허출원서	2000.07.05
2	전자문서첨부서류제출서	2000.07.06
3	선행기술조사의뢰서	2002.07.16
4	선행기술조사보고서	2002.08.20
5	의견제출통지서	2002.12.09
6	명세서 등 보정서	2003.01.29
7	의견서	2003.01.29
8	의견제출통지서	2003.03.03
9	명세서 등 보정서	2003.04.11
10	의견서	2003.04.11
11	의견제출통지서	2003.07.10
12	분할출원서	2003.09.05
13	명세서 등 보정서	2003.09.05
14	의견서	2003.09.05
15	등록결정서	2003.11.03
16	설정등록	2003.11.18

본 원의 특허청구범위 제1항 내지 제3항은 특허청구범위에 기재된 바를 요지로 하고 회향열매에서 추출된 펜촌 또는 옥타데세노익산을 유효성분으로 하는 모기 기피제를 특징으로 하는 것이나, 본 원의 출원 전에 공지된 국내 공개특허공보 제2000-19496호(2000,4,15)에 기재된 회향 등의 정유성분을 이용한 방충제 조성물에 관한 기술과 대비하여 보면, 본원발명과 인용발명이 회향의 추출물을 이용한 방충제라는 데서 기본적인 기술구성이 동일하고 다만 구체적인 적용에 있어 미차가 있으나 이는 당업자가 필요에 따라 임의적으로 선택할 수 있는 것으로 이에 따른 구성의 곤란성이 인정되지 아니하며, 발명의 목적과 효과에 있어서도 인용발명으로부터 당연히 예기될 수 있는 정도에 불과한 것이므로 본원발명이 속하는 기술분야에서 통상의 지식을 가진 자가 상기 인용발명에 기재된 기술로부터 쉽게 발명할 수 있는 것으로 인정됩니다.

이와 같은 거절이유를 극복하기 위하여 대응 과정에서 출원인은 본 발명을 기초로 「분할출원」을 수행함으로써 등록결정을 추가로 달성했다. 하지만 아무리 등록된 특허라고 하더라도 중요한 사항은 등록특허의 수^懶보다도 등록된 특허(지식재산)의 권리범위이다.

본 출원의 최종 등록결정된 권리범위는 아래와 같다.

〈청구항 1〉 회향(F. vulgare) 열매의 메탄올 추출물, 회향유 및 회향열매 메탄올 추출물의 헥산 분획으로 이루어진 군으로부터 선택된 회향 열매 추출물을 유효성분으로 포함하는 모기 기피제.

〈청구항 2〉 (삭제)

〈청구항 3〉 제 1항에 있어서, 상기 회향 열매 추출물은 펜촌 또는 옥타데세노익산을 포함하는 것인 모기 기피제.

〈청구항 4〉 (삭제)

〈청구항 5〉 (삭제)

〈청구항 6〉 (삭제)

권리범위를 살펴보면 〈청구항 1〉과 〈청구항 3〉만 남겨두고 나머지 항을 삭제하였다. 〈청구항 1〉의 필수구성요소에는 〈청구항 2〉의 내용인 메탄올 추출 및 헥산 분획 조건을 한정하였고, 위생해충도 많은 해충의 종류 중 모기로만 제한할 수밖에 없었다. 즉, 최초의 "회향 열매의 추출물을 포함하는 위생해충 기피제"에서 해당 추출조건과 해충 종류를 한정함으로써 권리범위가 축소된 셈이다. 그리고 「분할출원」된 특허의 권리범위는 아래와 같다.

〈청구항 1〉 펜촌 또는 옥타데세노익산을 유효성분으로 포함하는 모기 기피제.

〈청구항 2〉 제 1항에 있어서, 상기 펜촌 또는 옥타데세노익산은 회향 열매의 메탄올 추출물, 회향유 및 회 향열매 메탄올 추출물의 헥산 분획으로 이루어진 군으로부터 선택되는 회향 열매 추출물에 포함된 것인 모기 기피제.

이는 분할출원의 등록된 권리범위도 본 출원 등록특허의 〈청구항 3〉과 비교했을 때 권리범위는 확대되지 못했다. 따라서 상기 등록된 분할출원의 등록 가치는 본 출원의 등록 권리와 차이가 없으며, 등록특허로서 큰 의미가 없다할 것이다. 현재 상기 "회향 메탄올 추출물 함유 모기 기피제" 관련 두 등록특허는 등록료 납부 포기로 소멸된 상태이다.

연구개발자는 연구개발 기획이나 추진 단계에서 성공적 사업화를 위하여, 먼저 선행자료를 검토하고 향후 예상되는 연구개발 결과를 가늠함으로써, 어떤 사업 방향으로 권리 확보를 추진해갈 것인지 IP-R&BD 관점에서 지식재산의 맵시를 잡아가는 것은 중요하다. 기술을 보유하고 기술이전을 수행하는 입장에서 기술을 이전해 갈 업체의 사업화에 맞는 권리 확보는 특히 중요하다.

사례 다음은 연구개발 결과의 핵심이 되는 권리 사항 중, 청구범위에서 무엇을 먼저 주요 권리로 청구하느냐에 따라 그 권리범위가 달라지는 경우이다.

특허 출원(등록 10-1277754호)된 "꿀벌응애류 방제용 훈증제 조성물 및 그 훈증제 조성물을 이용한 훈증제 제조방법"는 양봉농가에 고질적 해충으로 알려진 꿀벌에 기생하는 응애[43]를 효과적으로 방제하기 위하여 발명한 조성물 및 제조방법 특허이다.

벌bee은 개미와 함께 대표적인 사회성 곤충이다. 꿀벌 honeybee은 사람에게 익충으로 역할을 톡톡히 하는데, 먼저는 벌꿀을 제공해주고 다음으로 작물의 화분매개 역할이다. 이와 같은 꿀벌이 응애mite에 감염되면 그 피해는 막대한데, 감염된 응애 제거를 위하여 함부로 살충제를 살포할 수 없다. 왜냐하면 사람이 먹는 꿀을 생산하기 때문에 인

꿀벌응애

체에 해로운 화학적 살충제를 꿀벌이 모여 있는 벌통에 살포한다는 것은 실질적으로 불가능하다. 오른쪽 사진[44]은 꿀벌 표면에 붙어 있는 꿀벌응애를 보여주고 있으며, 이는 순식간에 벌통 전체로 퍼져서 꿀벌 유충에게까지 전염되고 결국은 봉세약화 및 채밀량 감소 (30~46%)로 이어진다.

등록된 특허는 꿀벌 응애 방제를 위한 발명이다. 그리고 그 목적 달성을 위하여 화학적 살충제가 아닌 천연오일을 사용한다는 훈증 조성물 발명과 함께 그 조성물을 면실끈에 처리하는 방법 발명이다. 아래 그림은 훈증 조성물 및 면실끈을 이용한 처리 방법을 보여주고 있다.

훈증 조성물로는 미네랄 오일, 리모넨[45], 티몰, 벌꿀 및 밀납을 포함하며, 추가로 진피

43] 꿀벌에 기생하는 응애로 국내에는 꿀벌응애(Varroa destructor)와 중국가시응애(Tropilaelaps clareae)가 알려져 있으며, 꿀벌의 유충 번데기 및 성충에 기생하면서 체액을 빨아먹어 심하게 봉군을 약화시킴
44] 출처) http://animal.memozee.com/view.php?tid=2&did=13743&lang=kr
45] 리모넨은 그림에서 빠졌으나 특허의 청구범위에서 필수구성요소로 제시됨

가루를 더 포함할 수 있다. 또한 이들 처리를 면실끈에 함침시킴으로써 꿀벌응애류 방제용 훈증제를 제시하고 있다.

| 미네랄오일 | 티몰 | 벌꿀 | 밀납 | 진피가루 | 면실끈 훈증제 |

이와 같은 방제용 조성물을 오른쪽 그림 (a)와 같이 벌통 상단 벌집틀_{소광대} 위에 올려놓으면, 사회성 곤충의 독특한 행동학적 반응이 나타나게 된다. 즉, 그림 (b)와 같이 꿀벌들이 방제 조성물이 함침된 면실끈을 이물질로 인지하고 사회성 곤충 특유의 협동으로 벌통의 유일한 외부 통로인 벌통

아래 출입구로 끌어내게 된다. 이 과정에서 꿀벌은 면실끈에 처리된 응애 방제 조성물에 가깝게 접촉되거나 노출되고, 꿀벌 표면에 붙어있는 작은 응애는 서서히 제거된다.

그렇다면 본 발명의 핵심이 되는 부분은 '훈증 조성물'일까! 아니면 그 조성물을 함침시켜 방제하는 '면실끈 방법'일까! 특허에서의 권리범위는 제3자의 회피설계를 고려해야 한다. 「훈증 조성물」과 「면실끈 방법」에 대하여 권리를 넓게 확보할 수 있는 부분을 핵심으로 청구항이 단계적으로 작성되어야 제3자의 회피설계를 막고 기술이전 효과를 높일 수 있다.

등록된 청구 권리범위는 아래와 같다.

〈청구항 1〉 미네랄 오일, 리모넨, 티몰, 벌꿀 및 밀납을 포함하는 꿀벌응애류 방제용 훈증제 조성물

〈청구항 2〉 제1항에 있어서, 상기 미네랄 오일 30~60 중량%, 상기 리모넨 3~5 중량%, 상기 티몰 3~5 중량%, 상기 벌꿀 20~40 중량% 및 상기 밀납 20~40 중량%로 조성되는, 꿀벌응애류 방제용 훈증제 조성물.

〈청구항 3〉 제1항 또는 제2항의 훈증제 조성물을 함유하는 면실끈으로 구성되는, 꿀벌응애류 방제용 훈증제.

〈청구항 4〉 제3항에 있어서, 상기 훈증제 조성물을 함유하는 면실끈에 도포되는 진피가루를 더 포함하는 꿀벌응애류 방제용 훈증제.

〈청구항 5〉 제4항에 있어서, 상기 미네랄 오일의 총 중량에 대하여 25 중량%의 상기 진피가루가 도포되는, 꿀벌응애류 방제용 훈증제.

〈청구항 6〉 미네랄 오일 30~60 중량%, 리모넨 3~5 중량%, 티몰 3~5 중량%, 벌꿀 20~40 중량% 및 밀납 20~40 중량%를 혼합하여 혼합물을 조성하는 단계; 상기 혼합물을 80~90℃의 물에서 중탕하여 녹이는 단계; 및 상기 혼합물이 녹은 물에 면실끈을 침지시키는 단계; 를 포함하는 꿀벌응애류 방제용 훈증제의 제조방법.

〈청구항 7〉 제6항에 있어서, 상기 혼합물이 녹은 물을 흡수한 면실끈에 진피가루를 도포하는 단계를 더 포함하는, 꿀벌응애류 방제용 훈증제의 제조방법.

본 발명은 3개의 독립항(청구항 1, 3, 6)으로 권리범위는 〈청구항 1〉의 훈증제조성물에 집약되어 있다. 미네랄 오일을 용매로 리모넨과 티몰이 주요 방제 성분이고 벌꿀과 밀납이 제형화에 역할을 하게 된다면 5개 성분은 필수구성 요소가 되는 것이다. 즉, 〈표 6-1〉에서 설명하겠지만, 제3자가 5개의 구성성분 중에 하나라도 제외시켜 실시한다면 본 발명을 회피하는 것이 된다.

만약 다음과 같은 전제가 성립된다면 청구항을 어떻게 제시하는 것이 좋을까! 본 발명은 선행자료 및 실험 데이터를 감안하여 청구된 것이며, 가정을 위한 조건일 뿐이다.

구분	전제 조건
〈전제1〉	미네랄 오일이 미취이고 용제로서 최적이지만, 다른 용제로 대체 가능하다면?
〈전제2〉	리모넨과 티몰 오일이 꿀벌응애 제거에 탁월하지만, 시너지 효과가 없다면?
〈전제3〉	벌꿀이나 밀납을 사용하지 않아도 제형화가 가능하다면?
〈전제4〉	훈증제 조성물에 있어서 면실끈을 이용하는 방법이 발명에 가장 큰 성과라면?

〈전제1〉의 경우라면 미네랄 오일은 독립항에서 제외하고 〈청구항 4〉의 진피가루와 같이 종속항에서 권리주장을 할 것이다.

〈전제2〉의 경우는 시너지 효과가 없는 경우이므로 리모넨과 티몰이 각각 방제효과가 있다면 두 성분은 'AND'가 아닌 'OR'조건으로 두 오일 중 어떤 오일을 선택해도 권리에 포함되도록 청구해야 한다.

〈전제3〉의 경우, 각각의 벌꿀 및 밀납이 훈증제 조성물의 제형화에 반드시 필요한 성분이 아니라면 이 역시도 필수구성 요소로 두 성분을 함께 둘 필요는 없다.

<전제4>의 면실끈은 꿀벌응애뿐만 아니라 꿀벌 및 벌집틀에 발생되는 곰팡이 등의 병 방제에도 훈증역할이 효과적이라면 <청구항 3>과 같이 '제1항 또는 제2항의 종속항으로 두지 않고' 면실끈을 독립항으로 권리를 청구하는 것이 맞다. 즉, 면실끈을 이용하되 꿀벌의 병이나 해충 방제에 두루 권리범위가 미치도록 청구항을 제시하는 것이다.

<전제4>의 청구항 예시는 다음과 같다.

먼저 <청구항1>에서 "면실끈을 이용하여 꿀벌의 질병 또는 해충을 방제하는 방법 및 그의 조성물"로 제시하고, <청구항2> 이하에서 "면실끈에 대하여 그 재질 및 특성"을, 그리고 그 외 청구항에서 질병 또는 해충의 방제성분 종류 및 함량 등에 대하여 종속할 것이다.

하지만 이는 연구자에게 청구항의 기재에 따른 권리확보 단계를 설명하기 위한 조건별 전제일 뿐이다. 제형화를 위하여 밀납 또는 벌꿀이 반드시 필요하고 상기 용제의 가용화를 위한 용매로써 미네랄 오일이 대체될 수 없는 상황이라면 상기 특허와 같이 청구하는 것도 의미가 있을 것이다.

2) 제품 출시 전 산업재산권 무장

산업재산권은 지식재산 중 특허, 실용신안, 상표, 디자인을 포함한다. 제품을 새롭게 출시한다는 것은 기업의 입장에서 어떤 차별화된 제품을 시장에 선보이는 것이며, 기업은 출시 전에 산업재산권 등으로 제품의 차별적 기술을 우선적으로 보호하고자 방법을 강구하게 된다.

사례 아래는 국내 기업의 화장품 제품이다. 피부의 노화방지 처방을 발명하여 특허를, 그 효과를 제품명에 담아 상표를 출원했다. 그리고 고가 브랜드로 시장 포지셔닝 Positioning과 함께 제3자의 복사를 방지시키기 위하여 용기 형상에 대한 디자인까지 출원을 진행했다.

먼저 <특허>는 한약재 성분 등 노화방지(주름제거 효과 등)와 관련하여 많은 권리를 확보하였으며, <상표>는 환유고(環幼膏)로 등록(40-0681560호, 제3류)하여 '어릴적 피부로 돌아가게 하는 고약'의 뜻으로 The history of 후(The history of 后) 상표(40-0647351호, 제3류)의 서브브랜드[46]로 활용하였다. 그리고 <디자인>도

등록(30-0676459호, )시켜 위 사진[47]과 같은 제품을 출시하였다.

기업에서는 하나의 제품을 출시하면서 해당 신제품 카테고리의 시장을 선점하고 제3자의 복사나 추종을 방지하기 위하여 차별화된 제품을 다양한 권리로 무장시킨다. 이와 같은 산업재산권 출원을 통한 제품 보호는 대기업으로 갈수록 더 중요하게 다루어지고 있으며, 많은 산업군이 시장개방과 함께 글로벌화 되면서 권리보호의 중요성은 더욱 강조되고 있다.

따라서 연구자의 연구개발 결과물은 산업재산권을 포함한 다양한 지식재산으로 표현되는데, 기업을 포함한 농산업체에서 기존 제품군과 차별화된 시장성 있는 연구개발이 추진될 때, 수요자기술이전 업체가 더 큰 매력을 갖게 되고 원활한 사업화가 추진될 것이다. 그래서 연구자의 맵시를 갖춘 연구개발 결과물이 중요하다.

3) 기술의 진입장벽 구축

새로운 기술을 그 분야에 처음으로 도입할 때 유사기술이 그 분야에 없으므로 권리범위는 넓고 강할 수 있다. 원천특허가 되기 때문이다. 따라서 원천특허 하나만으로도 제3자의 실시를 저해할 수 있는 능력이 있다고 할 수 있으나 강한 특허가 되기 위해서는 아무리 원천특허라고 하더라도 특허 포트폴리오를 추진함으로써 진입장벽[48] 구축이 요구된다.

사례 오른쪽 제품은 죽염을 활용한 M사의 치약 제품이다. 제품 출시와 함께 특허를 출원하여 20년 이상 독점배타적 권리를 단 하나의 출원 특허로 행사하였으며, 지금은 '죽염'이라는 컨셉 자체가 소비자 층으로부터 M사를 떠올릴 만큼 주지저명한 제품이 되었다. 따라서 현재는 이미 특허권 기간이 만료되어 소멸된 상태인데도 불구하고 경쟁사가 쉽게 죽염 처방의 제품을 내기가 어렵거나 '죽염'상표의 주지저명성으로 제3자가 유사상표를 사용할 수 없는 시장 분위기[49]를 조성했다고 할 수 있다. 즉 소수의

---

46) 서브브랜드Sub-brand : 브랜드 확장을 위하여 신제품 자체의 새로운 명칭을 사용하기보다 기존 알려진 모 브랜드(Parent-brand)에 추가적인 하위 네이밍을 사용하여 모 브랜드를 더욱 알림과 동시에 모 브랜드의 명성을 이어받게 됨(예: 죽염치약 → 죽염 우르덱스 치약, 죽염 비누 등)

47) 출처) 엘지생활건강 홈페이지(http://www.lgcare.com)

48) 경쟁에서 이기거나 경쟁 자체를 회피하기 위한 노력이며, 제3자가 새로운 기술의 특허권을 회피한 진입을 막을 수 있도록 핵심특허 주변으로 잠재적 보완 특허 장벽을 높임으로 해당 기술의 시장 독점 기반을 만드는 것을 뜻함

49) 제3자가 '죽염' 유사상표를 이용할 경우, 저명성으로 오인·혼동에 따른 불공정거래 가능성 높음

특허로 진입장벽을 구축한 사례이다.

하지만 반대로 비슷한 선행자료가 있거나 후발 연구의 경우 하나의 기술에 대한 진입장벽을 구축하는 데 여러 개의 특허출원이 필요한 경우가 있다. 보통의 경우 몇 개의 특허로 수행될 수 있으나 어떤 경우에는 수십 개의 특허로 보호될 수 있다. 즉, 다수의 특허로 진입장벽을 구축한 사례이다.

사례 앞에 죽염을 이용한 치약과 마찬가지로 M사에서는 치아 미백을 위한 제품의 시장 선점을 위하여 <그림 5-8>과 같이 많은 특허를 출원하였다. 즉, 치아 미백과 관련해서는 유추할 수 있는 유사한 실시가 이루어졌거나 문헌 등에서 제시된 바가 있을 시 하나의 획기적인 발명만으로 회피 불가한 강한 권리를 확보하지 못하는 경우가 많다. 따라서 진입장벽을 구축하기 위해서는 앞서 설명되었듯이 특허 포트폴리오Portfolio를 구축하는 것이다. 핵심 특허를 중심으로 2차, 3차 방어벽을 구축하고 해외 출원이 요구되는 기술을 묶어서 PCT 출원을 진행함으로써 진입장벽을 구축한 사례이다.

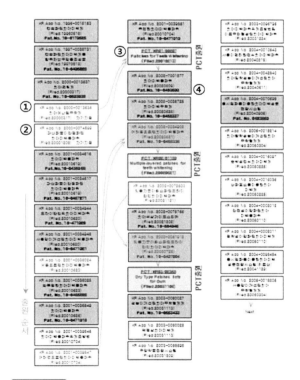

그림 5-8　M사 국내·외 출원 특허 Family Tree(38건)

* Blind 처리를 위하여 각 출원 특허정보의 글씨 선명도를 약하게 함

<그림 5-8>은 M사가 치아미백 기술에 대한 제3자의 회피설계를 막기 위하여 국내·외 출원한 특허를 시간 경과에 따라 나열한 것이다. 지속적인 연구개발 추진과 함께 진입장벽 목적의 출원이 이루어지고, 영향력이 있는 특허는 우선권 주장을 통하여 해외사업을 고려한 PCT 출원을 진행하였다.

결국 M사는 국내 구강 분야에 치약, 칫솔뿐만 아니라 치아 미백까지 토탈케어를 위하여 과감한 투자를 추진하였고, 치아미백패치 기술의 진입장벽 권리 일부는 글로벌 기업에 높은 실시료를 받고 기술이전하는 성과를 달성했다.

<그림 5-8>의 Family Tree에서 M사는 38건의 특허를 출원했으며 그 중 ④번 특허는 "치아미백용패취" 기술의 주요 특허로서 ①번과 ②번 특허를 우선권주장으로 ③번 PCT 국제출원을 진행하였고, 다시 우리나라에 국내단계로 진입하여 등록(10-0403699호)된 것이다.

<그림 5-9>는 ④번 특허의 서지정보이다. 우리나라 진입 이외에도 브라질, 캐나다, 중국, 일본, 멕시코, 미국, 베트남, 그리고 유럽단계를 지정하고 있음을 알 수 있으며, 치아미백 시장이 가능하다고 판단하여 각 나라들로 국내단계를 추진한 것이다.

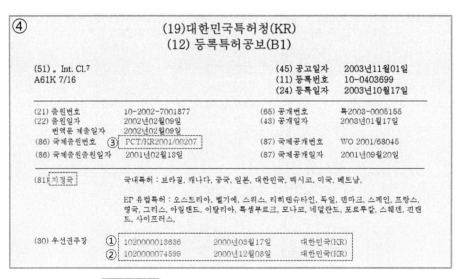

그림 5-9) M사 PCT 출원 후 국내단계 진입 특허

4) 홍보 수단으로서 특허의 활용

특허의 활용 목적은 다양하다. 업業으로 실시實施를 하는 기업의 입장에서 보면 대표적

으로 시장에서 독점배타적 권리이다. 즉, 나만 사용하고 다른 제3자는 못쓰게 함으로써 시장을 독점하겠다는 것이다. 그리고 기술이전을 통한 실시료 수익의 이유도 있겠지만 어떤 경우 아래와 같이 홍보 수단으로 출원 특허가 활용되는 경우도 있다. 이는 중소·벤처의 제품 포장에서 쉽게 볼 수 있다. 내 제품은 다른 유사제품과 다르게 특허받은 무엇인가 특별함이 있다는 것을 소비자들에게 알리게 된다. 즉, 일부 권리를 통한 배타적 특성도 있겠지만, 홍보수단으로 역할이 크다.

사례 오른쪽 그림은 특정 지방의 유명한 빵, 튀김소보로 제품이다. 이 제품의 높은 인지도는 그 지역뿐만 아니라 널리 홍보되어서 기차역을 이용하는 여행객들이 역내 매장에서 그림과 같이 길게 줄을 서서 빵을 구매할 정도이다. 물론 이와 같이 튀김소보로 제품이 널리 알려지기까지는 제품의 맛뿐만 아니라 여러 이유가 있었을 것이며 홍보는 단기간에 이루어진 것은 아닐 것이다. 그리고 그들 이유 중에서 등록특허는 홍보 효과에 한 몫 했을 것이다.

튀김소보로 등록특허의 청구항은 5개이며 그 중 <청구항 1>은 다음과 같다.

튀김 소보로 빵의 제조방법에 있어서,

1) 강력분 밀가루 1000 중량부와, 2) 설탕 200~300 중량부와, 3) 소금 10~20 중량부와, 4) 버터 140~160 중량부와, 5) 이스트 20~30 중량부와, 6) 팽창제 4~6 중량부와, 7) 계란 180~220 중량부와, 8) 우유 180~220 중량부와, 9) 물 140~160 중량부와, 10) 샤워종 140~160 중량부를 혼합하여 반죽하여 반죽물을 제조하는 반죽물 제조단계와;
11) 아몬드 70~90 중량부와, 12) 박력분 밀가루 500~700 중량부와, 13) 베이킹파우더 10~15 중량부와, 14) 설탕 270~330 중량부와, 15) 계란 140~180 중량부를 혼합하여 반죽하여 고물을 제조하는 고물 제조단계와;
상기 반죽물을 발효시키는 1차 발효단계와;
상기 발효된 반죽물에 고물을 첨가한 뒤 발효시키는 2차 발효단계와;
2차 발효단계를 거친 반죽물을 튀기는 튀김단계; 를 포함하여 구성된,
튀김 소보로 빵의 제조방법.

등록특허의 권리범위를 분석해보면,

튀김소보로 빵의 제조방법에 있어서, 청구항 속의 구성요소는 계란 140~180 중량부 까지 무려 15가지이며, 반죽물 제조단계, 고물 제조단계, 1차 발효단계, 2차 발효단계, 그

리고 튀김단계까지 단계적으로 거치면서 모든 15개의 구성요소를 함량(중량부)의 범위만큼 포함하고 있을 때 권리주장이 가능한 등록특허이다.

이와 같은 권리범위가 만약 "제시된 15개의 구성요소 + 각각의 함량 범위 + 제조단계"로서 튀김 소보로를 만드는 데 없어서는 안될 필수적 구성요소라면 권리범위는 좁다고 말할 수 없을 것이다. 하지만 이어서 소개할 <표 6-1>의 침해의 유형에서 보듯이 제시된 청구항의 많은 구성요소는 결국 그 권리범위를 더욱 좁히는 결과[50]를 낳는다.

따라서 튀김소보로 빵에 있어서 상기 등록특허는 제3자의 동일한 실시를 방어하는 역할을 기대하기보다, 소보로 빵을 알리는 홍보 수단으로서의 역할이 컸을 것이다. 즉, 특허의 역할 중에 홍보 역시 하나의 중요 역할인 것이다.

5) 발명과 발견의 차이점, 그리고 권리확보

지식재산을 설명하면서 제1장에서 발명發明을 정의했고, 발견發見은 발명이 될 수 없음을 설명한 바 있다. 하지만 농업에서는 발견을 발명으로 보호받거나 식물신품종의 경우 품종출원으로 보호를 받을 수 있다. 따라서 연구자는 발견을 발명으로 착각하여 잘못 출원을 진행하지 않도록 접근 방향을 명확히 해야 한다. 발견 자체가 발명이 될 수는 없으나 발견을 식물신품종 또는 특허로 보호받을 수 있는 방향을 그 절차와 함께 연구자는 미리 이해할 필요가 있다.

사례 다음 사례는 식물 특허의 경우이다. 건물중Dry weight이 매우 높은 식물체를 국내에서 발견한 후, 이에 대한 분석을 과학적으로 추진하였고 그 결과를 활용해서 식물특허 출원을 수행했다. 이 때 알려지지 않은 식물체의 분자생물학적 분석 데이터는 학술적 가치로 의미가 있을 수 있다. 하지만 특허출원은 신규성 및 진보성을 갖추어야 한다. 특히 발견은 이미 세상에 존재했던 무엇인가를 찾아낸 것이므로 신규성新規性의 결격사유에 해당된다.

아래 <그림 5-10>은 발견된 식물체 캘러스[51]를 기탁기관에 수탁하고 분석 염색체 data를 특허 청구범위로 특허출원을 진행한 것이다.

---

50) 다기재협범위多記載狹範圍의 원칙. 청구범위의 구성요소가 많이 포함될수록 제3자가 권리를 회피할 가능성이 높아지며 권리범위가 협소해짐(제6장, 〈표 6-1〉에서 설명)

51) 캘러스Callus는 식물 줄기세포라고도 하며, 식물에 상처가 났을 때 그 주변에 상처를 덮는 분열조직임. 식물 분열조직에서 분화되지 않은 캘러스 세포를 분리하여 생장조절물질(오옥신, 사이토키닌 등)을 첨가해서 배양할 수 있음

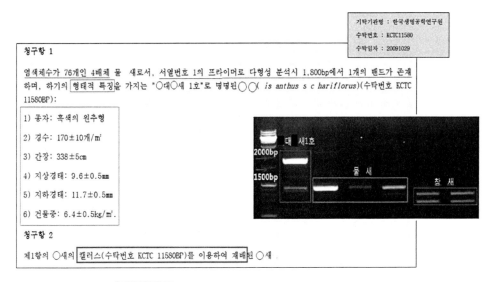

기탁기관명 : 한국생명공학연구원
수탁번호 : KCTC11580
수탁일자 : 20091029

청구항 1

염색체수가 76개인 4배체 물 새로서, 서열번호 1의 프라이머로 다형성 분석시 1,800bp에서 1개의 밴드가 존재하며, 하기의 형태적 특징을 가지는 "○대○새 1호"로 명명된○○(is anthus s c hariflorus)(수탁번호 KCTC 11580BP):

1) 종자: 흑색의 원추형
2) 경수: 170±10개/㎡
3) 간장: 338±5cm
4) 지상경태: 9.6±0.5㎜
5) 지하경태: 11.7±0.5㎜
6) 건물중: 6.4±0.5kg/㎡.

청구항 2

제1항의 ○새의 캘러스(수탁번호 KCTC 11580BP)를 이용하여 재배된 ○새.

그림 5-10 발견 식물체를 특허출원한 권리청구 사항

청구된 권리의 내용을 보면 염색체수가 76개인 4배체 특성과 전기영동을 통하여 형성되는 근연종 식물과의 밴드 차이점과 함께 종자, 경수, 간장, 지상·지하경태 및 건물중 등 형태적인 특징을 제시하였다. 특허청 거절이유를 보면, 다른 근연종에 비해 생육량이 우수한 생태종으로 "자연에서 존재하는 것을 단순히 발견한 것이므로, 특허를 받을 수 없다"라고 아래와 같이 제시하고 있다.

상기 "○대○새 1호"로 명명된 ○새는 '위도 35° 00′53.72″N, 경도 126° 32′52.17″E에서 발견한 다른 ○새 중에 비해 생육량이 우수한 물○새 군락'의 생태종인바, 자연에서 존재하는 것을 단순히 발견한 것이므로, 특허법 제29조 제1항 본문 규정의 '산업상 이용할 수 있는 발명'이 아니므로 특허받을 수 없습니다.

해당 특허는 2년 동안의 긴 특허청 거절 대응을 거친 후 등록이 결정되었는데, 권리범위는 제시된 형태적 특징을 가진 식물체의 판별 방법(청구항 1)과 그와 같은 특징의 캘러스 형성 방법(청구항 2)으로 한정되어졌다. 결국은 권리에 핵심이 되는 해당 발견 식물체에 대한 권리범위는 확보하지 못했다.

새로운 식물 품종에 대한 권리보호는 <표 2-6>에서 제시한 바와 같이 식물신품종보호법 및 특허법에 의해 보호를 받을 수 있다. 만약 본 건물중이 높은 발견 식물체에 대해서 특허법적으로 식물 자체에 대한 권리보호는 신규성 위배로 어렵겠지만 식물신품종 보호

제도에 따라 구별Distinctness되는 식물 자체의 특성을 고정하기 위하여 어떤 노력을 기울이고 그 내용을 바탕으로 국립종자원에 품종출원을 진행했다면 그 식물 자체에 대한 품종보호는 가능할 수 있었을 것이다.

> ▶️ **시사점**
>
> IP-R&BD를 통하여 연구개발R&D이 추진될 때 사업화 성공률(실용화율)이 높은 강한 기술이 만들어 진다.
>
> 〈사례13〉 '기술이전 시 청구범위 분석'에서는 공개 특허의 넓은 권리가 결국은 좁게 등록되었고, 이에 대한 기업의 반응을 살펴보았다. 즉, 기술이전 단계에서 기술보유자Licensor나 기술이전자Licensee의 양쪽 입장에서 연구개발 결과물을 어떻게 마련하고 대응할 것인가를 감안할 수 있다.
>
> 〈사례14〉 '꿀벌응애류 방제용 훈증제의 청구범위 작성'에서는 기술개발자의 연구 결과물에 대한 특허 출원 시 대리인(변리사)이 간과할 수 있는 권리범위를 살피고, 청구항(독립항과 종속항)에서 필수구성요소를 적절히 배치함으로써 청구범위 확대 방향을 제시하고 있다.
>
> 〈사례15〉 '기업의 제품 출시 전 산업재산권 무장'에서는 하나의 제품이 시장에 나오기 전 제3자의 추종을 막기 위해 특허, 상표, 디자인 등을 출원함으로써 방어벽을 쌓고 제품의 차별점을 알리는 기업의 사례를 들었다.
> 공공연구기관의 연구결과물은 많은 중소·벤처 대상이든 전국 시장을 확보하는 대기업을 타깃으로 하든지 맞춤형 연구개발 추진을 통한 실용화로 기술 확산이 요구된다.
>
> 〈사례16〉 '발견된 식물체의 특허출원'은 농식품 분야의 식물신품종으로서 발명이 아닌 발견이다. 즉, 특허의 요건인 "자연법칙을 이용한 기술적 사상의 창작으로 고도화" 부분에 있어서 창작(신규성)이라고 할 수 없으므로 일부 거절이 이루어졌고, 품종출원(국립종자원)에서 품종의 형질 고정을 위한 노력으로 등록을 다투어볼 필요가 있었다.
>
> 특허 등 지식재산권은 특정 차별적 기술의 진입장벽 구축을 위해 소수의 강력한 특허로〈사례18, 죽염치약〉, 또는 다수의 특허로〈사례19, 치아미백패치〉 제3자(경쟁사 등)의 방어벽을 구축할 수 있으나, 그와 함께 기업의 이미지 홍보 수단〈사례17, 튀김소보로〉 역할도 있다.

제6장

실시권 및 **분쟁**
대응하기

- 특허청 심사에 따른 권리범위 확보 과정에서 의견·보정서 대응의 중요성을 이해한다.
- 공공연구기관 권리행사의 방향은 기업과 성격이 다르다!
- 자타(自他)의 권리로부터 침해여부 판단 절차를 알아본다.
- 권리확보(특허출원) 및 실시 단계에서 회피설계를 알아본다.
- 특허, 디자인, 상표의 분쟁 사례를 통해 사업에서 지식재산의 중요성을 이해한다.
  - (사례) 침해소송에 뒤따르는 무효심판과 권리범위확인심판
  - (사례) 디자인의 회피설계
  - (사례) 상표의 침해 판단과 대법원 판례
- 협상은 자타(自他)의 입장에서 판단하고 준비해야 한다.

제1절 | 권리와 실시

1. 실시권과 실시의 범위

지식재산권Intellectual properties은 무형자산Intangible asset의 한 형태로서 산업재산권(특허, 실용신안, 상표, 디자인)과 저작권 외 신지식재산을 더 포함한다. 이때 실시권實施權이란 형성된 권리의 실시이며, 그 권리는 법法이나 제도制度가 마련되어 있을 때 형성된다고 할 수 있다. 따라서 다양한 종류의 지식재산이 존재한다고 하더라도 법이나 제도의 테두리에서 보호될 수 있는 형태만이 해당 법률에 의해 권리가 형성된다.

전통적 지식재산으로 분류되는 산업재산권특허·실용신안·상표·디자인 및 저작권은 오래 전부터 관련 법에 의해 권리의 형성이 가능했다. 그리고 국가마다 다르지만 특히 농식품 분야의 신지식재산 중에서도 식물신품종은 특별법 형태의 식물신품종보호법으로, 지리적표시는 농산물품질관리법의 한 형태로 보호를 받을 수 있음을 설명하였다. 그러나 유전자원이나 전통지식, 향토자원의 경우는 기존의 법으로 보호가 어려우며, 최근 국가 간 협약[1] 등의 다양한 움직임을 통하여 상호 보호방향[2]이 검토되고 있다.

---

1) 생물다양성협약(CBD, Convetion of Biological Diversity)을 통한 접근과 이익공유(ABS, Access Benefit Sharing) 및 국가간 자유무역협정FTA 등을 통하여 이루어짐
2) 제3장 제4절 '신지식재산'에서 제시하였으며, 국가 간의 상호 보호이지 개인이나 단체(지리적표시의 경우 단체 허용)가 소유할 수 있는 권리의 보호 성격은 여전히 아님. 즉, 전통지식의 경우 전통적으로 내려오는 치료방법이나 의약처방 등이 해당되며 오래 전부터 구전이나 기록물 등을 통하여 그 지방이나 지역에 사용되어 온 지식이기 때문에 특허적으로 볼 때 신규성이 없으므로 어떤 특정인(단체)에게 권리를 부여하지는 않음. 반면 지리적표시의 경우 상표

그렇다면 법의 테두리 안에서 권리가 형성되려면 그 권리 범위는 어느 정도이고 어떤 상태에서 '권리가 적용된다'라고 할 수 있을까? 이에 대하여 먼저 특허를 토대로 살펴보겠다.

만약 특허를 출원했다고 하면 출원된 특허는 권리가 부여되었다고 할 수 있나! 특허권 Patent rights이란 특허가 출원된 국가에서 특허청 심사관의 심사를 거쳐 등록되었을 때 비로서 그 청구범위Claim에 표기된 '문자해석'에 준하여 권리가 형성된다. 그리고 그 해석은 명세서에서 발명의 설명 및 도면, 등록 경위 등을 참작하여 이루어지게 된다. 따라서 출원된 상태[3]에서는 특허권을 행세할 수 없으며 그 권리범위도 심사단계[4]를 거치면서 정확하게 정해지게 된다.

사례 다음은 기업에서의 권리범위 축소에 따른 침해대응 포기의 사례이다. A사는 국내 주방세제 시장을 선도하는 기업으로 피부에 부드러운 안심 설거지 컨셉으로 특허출원과 함께 새로운 주방용 세제를 출시하였다(오른쪽 그림). 시간이 지나면서 신제품은 가정 주부들의 관심을 사로잡았다. 주방세제에 사용할 수 있는 특정 성분[5]으로 인하여 쌀뜨물과 같은 우유빛 색깔을 나타낸 세제는 기존 계면활성제 위주의 세제에 비해 눈으로 보기에도 마일드해 보였고, 시장에서의 반응은 매우 좋았다.

<쌀뜨물 주방세제>

하지만 얼마 지나지 않아 경쟁사에서는 동일한 우유빛 쌀뜨물 제품을 출시하였다. A사에서는 출원된 특허의 권리범위를 믿고 경쟁사에게 '특허 침해 및 사용 중지' 내용의 경고장을 보내기에 이르렀다. 당시 A사에서는 '출원 특허'로 충분히 경쟁사의 제품 실시를 막을 수 있을 것이라고 판단한 것이다.

에서의 지리적표시단체표장이나 지리적표시증명표장과 함께 해당지역의 특정 조건을 갖춘 단체에게 권리를 부여하고 있음

3) 등록되기 전 공개(출원일로부터 1년 6개월)된 상태에서는 권리의 형성은 아니나, 보상금청구권은 발생됨. 즉, 제3자의 침해행위가 있을 시 경고장을 보내어 침해금지를 요청할 수 있으며, 향후 특허 등록 시 그 실시 기간에 대한 침해 보상금을 받을 수 있음

4) 특허의 경우 빠른 권리를 확보하고 권리행사를 할 수 있도록 특허청은 '우선심사 제도'를 두고 있으며, 우선심사 청구 시 3내지 6개월 내 권리확보 여부 및 청구범위가 결정됨. 우선심사를 청구하면 국유특허가 아닌 경우 그에 대한 비용(약 70여 만원)이 추가적으로 발생됨. 우선심사 청구는 권리를 빠르게 확보할 수 있으나 경쟁사 입장에서의 등록여부 및 권리범위 축소에 따른 대응 등 양면적인 장단점이 있을 수 있음

5) 식약처에서 주방세제로 허락하는 "글리세린 지방산 에스테르" 성분으로 주방세제의 색깔을 우유빛과 같이 뿌옇게 만들어주며 피부에 마일드한 성분임

앞서서도 언급했듯이, 출원 명세서의 권리범위는 특허청 심사 단계를 거치면서 확정되는 것이다. '출원할 때' A사의 11개 청구항 중 대표적으로 청구1항의 권리범위는 다음과 같았다.

〈청구1항〉

[화학식 1]

a) 하기 화학식 1의 글리세린 지방산 에스테르를 포함하고;

b) 음이온 계면활성제, 양쪽성 계면활성제, 및 비이온 계면활성 중에서 선택된 1종 이상을 포함하고;

c) 잔량의 물을 포함하는 주방용 액체 세제 조성물:

$$H_2C-OOC-R^1$$
$$HC-OOC-R^2$$
$$H_2C-OOC-R^3$$

상기 식에서,

R¹, R², 및 R³는 각각 독립적으로 서로 같거나 다른 것으로, 탄소수 9~25의 포화 또는 불포화 탄화수소 사슬기, 벤질기, 히드록시 에틸기, 및 에틸렌옥사이드기 또는 프로필렌 옥사이드기의 반복 단위가 1~20개인 알킬렌옥사이드기로 이루어진 군으로부터 선택된 것임.

그 이후 심사단계에서 A사 특허는 심사단계에서 거절이유서를 받았고, 심사관의 거절 내용은 다음과 같다.

특허청 의견제출통지서

〈구체적인 거절이유〉

이 출원의 특허청구범위의 청구항 제1항 내지 제3항, 제6항 내지 제11항에 기재된 발명은 그 출원 전에 이 발명이 속하는 기술분야에서 통상의 지식을 가진 자가 〈아래〉에 지적한 것에 의하여 쉽게 발명할 수 있는 것이므로 특허법 제29조제2항(진보성 없음)에 따라 특허를 받을 수 없습니다.

〈아래〉

인용발명 : 일본공개특허 평5-98287호(1993.04.20)

1-1. (중략) 그 출원 전에 공개된 상기 인용발명은

(a) 음이온성 계면활성제 1~40중량%,

(b) 에틸렌 옥시드 부가형 비이온성계면활성제 및/또는 지방산 알칸올아미드 1~20중량% 및

(c) 지방산 잔기의 탄소수가 16~24이며, 모노글리세라이드의 함유율이 75중량% 이상인 글리세린 지방산 에스테르 1~20중량%를 함유하는 유액상 경질표면 세제 조성물에 관한 것입니다.

이 출원 제1항 발명은 인용발명과 비교해보면 글리세린 지방산 에스테르, 음이온성 계면활성제, 비이온 계면활성제와 잔량의 물을 포함하는 구성이 동일하고, 글리세린 지방산 에스테르의 기재로부터 글리세린의 일반적인 형태인 화학식1을 도출하는 것에 어려움도 없으며 인용발명의 세제제도 식기, 조리기구 등에 적용하는 용도의 세제 조성물이므로 당업자가 인용발명으로부터 쉽게 발명할 수 있는 것입니다. ~(이하 생략)~

심사관은 선행 문헌으로 인용발명, 일본공개특허 평5[6]-98287호를 제시하면서 이미 동일 용도의 세제 조성물로 글리세린 지방산 에스테르를 제시하고 있고, 따라서 쉽게 발명할 수 있으므로 진보성이 없다는 이유(특허법 제29조 2항)로 거절한 것이다.

A사는 이와 같은 거절이유를 극복하기 위해서 출원 시의 권리범위를 좁혀서 등록을 유도할 수밖에 없는 상황이었다. 또한 극복을 위한 방법으로 심사관이 거절이유의 내용들 중에서 심사관이 특허성이 있다고 인정해 준 항목을 청구 1항에 한정하여 권리를 좁히는 것도 특허등록을 쉽게 유도하는 방법[7]이기도 했다.

결국 아래 의견서와 같이 A사는 심사관이 인정해준 청구4항을 청구1항에 한정하면서 인용발명과 구별되는 효과를 제시하는 의견서를 냈다.

의견(답변, 소명)서

~(중략)~

Ⅱ. 보정 내용

상기 의견제출통지서의 거절이유를 해소하기 위하여, 본원발명의 특허청구범위 제1항은 ~(중략)~ 청구항 제4항에 기재된 바에 기초하여, a) 글리세린 지방산 에스테르의 바람직한 범위로 추가 한정하는 보정을 하였으며, 이러한 보정에 따라 특허청구범위 제4항을 삭제 보정하고 ~ (중략)~

Ⅲ. 진보성 거절이유에 대한 의견

심사관께서는 의견제출통지서에서 본원발명의 특허청구범위 제1항 내지 제3항, 제6항 내지 제11항에 기재된 발명이 일본공개특허 평5-98287호 (이하, '인용발명'이라 함)에 의하여 진보성이 인정되지 않는다고 지적하였습니다.

그러나, 본원발명과 인용발명은 액상 세제 조성물이라는 점에서 일견 유사한 것으로 보이기도 합니다만, 각 발명에서 글리세린 지방산 에스테르의 구제적인 성분 및 그에 따른 물성개선 효과의 현저함이 전혀 상이합니다. ~(중략)~

본원발명은 특정의 글리세린 지방산 에스테르를 도입하여 오염 제거능이 우수하고, 피부에 대한 자극이 적으며, 생분해도가 우수한 불투명한 주방용 액체 세제 조성물에 관한 것으로, 인용발명에서는 일반적인 글리세린 지방산 에스테르를 포함하는 유액상 세제 조성물이 기재되어 있

---

6) 일본 특허의 경우, 서기와 일본 연호를 함께 사용하며, 일본 연호는 일왕 소화(昭和, S)와 헤이세이(平成, H) 시대를 구분하여 소화(S)는 1926년, 평성(H)은 1989년을 1년으로 계산함. 따라서 평5(평성5)는 서기로 1993년이 되며, 소화로는 68년이 됨

7) (만약 그렇지 않는다면) 인용발명과 구별되는 효능·효과를 명세서 내 발명의 설명에 제시된 내용 안에서 강조하면서 거절을 극복해야 하는데, 그 어떤 방법도 없을 경우 거절결정을 벗어나기는 어려움(☞ 신규사항 추가는 불가)

을 뿐, 본원발명에서와 같은 특정의 글리세린 지방산 에스테르를 포함한 액체 세제 조성물 및 그에 따른 우수한 효과에 대한 구체적인 언급은 전혀 없습니다. ~(중략)~

특히, 동일자로 제출한 보정서에 나타낸 바와 같이, 본원발명의 특허청구범위 제1항을 상기 인용발명으로부터 **진보성이 인정되는 제4항의 글리세린 지방산 에스테르의 구체적인 범위로 추가 한정하여**[8], 본원발명의 주방용 액체 조성물이 구성 및 그에 따른 효과 측면에서 <u>인용발명과 좀 더 명확히 구별되도록 하였으므로</u>, 이에 대한 거절이유는 모두 해소된 것으로 생각됩니다. 따라서, 상기 거절이유를 거두어 주시기 바랍니다.

A사는 청구범위를 보정하고 의견서를 함께 제출함으로써 특허청의 특허등록을 유도해 낼 수 있었다. 본 발명의 보정되어 등록된 청구1항의 권리범위는 아래와 같다.

〈청구1항〉 - 심사 후, 등록된 10개 청구항 중 독립 청구1항

a) 하기 화학식 1의 <u>글리세린 지방산 에스테르</u>를 포함하고;
b) 음이온 계면활성제, 양쪽성 계면활성제, 및 비이온 계면활성 중에서 선택된 1종 이상을 포함하고;
c) 잔량의 물을 포함하는 주방용 액체 세제 조성물:

[화학식 1]

$$H_2C-OOC-R^1$$
$$HC-OOC-R^2$$
$$H_2C-OOC-R^3$$

상기 식에서,
R^1, R^2, 및 R^3는 각각 독립적으로 서로 같거나 다른 것으로, 탄소수 9~25의 포화 또는 불포화 탄화수소 사슬기, 벤질기, 히드록시 에틸기, 및 에틸렌옥사이드기 또는 프로필렌 옥사이드기의 반복 단위가 1~20개인 알킬렌옥사이드기로 이루어진 군으로부터 선택된 것이며,
상기 a) 글리세린 지방산 에스테르는 상기 화학식 1의
R^1, R^2, 및 R^3 중 '<u>두개가</u>' 탄소수 9~25의 포화 또는 불포화 탄화수소 사슬기인 비이온성 계면활성제;
R^1, R^2, 및 R^3 '<u>모두가</u>' 탄소수 9~25의 포화 또는 불포화 탄화수소 사슬기인 비이온성 계면활성제;

최초 출원 시 청구1항에서 화학식 1의 R1, R2, 및 R3 중 "①각각에 대해서, ②두 개에 대해서, 그리고 ③모두에 대해서 탄소수 9~25의 포화 또는 불포화 탄화수소 사슬기인 비이온 계면활성제"를 한정하지 않았다. 즉 ①, ②, ③ 모두 권리범위에 있었다. 하지만 심사관이 제시한 거절이유를 극복하기 위해서 인용발명 대비 진보성 있는 내용을 제시해

---

8) 의견서에서 이와 같이 특허 등록을 위한 출원인의 진술은 특허 등록에 도움이 되지만, 반대로 등록된 권리를 행사하는 상황에서는 명확한 〈금반언의 요소〉를 남기는 경우가 됨

야했고, 결국 R1, R2, 및 R3 중 심사관이 인정해준 제4항[9]의 바람직하게는 "두개가" 및 더욱 바람직하게는 "모두가" 부분을 한정할 수밖에 없었다.

A사는 쌀뜨물 우유빛 주방용 액체세제 조성물에 대해서 글리세린 지방산 에스테르 성분의 화학식 성분에 대해서 <u>두 개 또는 세 개 모두 탄소수 9~25개의 포화 또는 불포화 탄화수소 사슬기인 비이온계명활성제를 사용하는 경우까지만</u> 권리범위가 형성되었다.

하지만 문제는 탄소수 9~25개의 포화 또는 불포화탄화수소 사슬기인 비이온계명활성제가 <u>화학식 1의 R1, R2, 및 R3 중 '한 사슬에만 위치해도' 우유빛 쌀뜨물의 효과가 있다</u>는 것이다. 결국은 "경쟁사나 제3자에게 쌀뜨물 특허의 회피 방향을 열어놓게 된 꼴"이 되었고, 이와 같은 실험적 사실을 A사의 특허전략팀에서는 연구개발자로부터 공유하지 못한 채 경고장을 보낸 것이다. 이후 A사는 경고장 답변에 대하여 반박하지 못했고, 배타적 권리의 연구결과를 제3자와 공유하는 상황이 만들어진 것이다.

> 지식재산은 출원 후 등록되었을 때 무형자산으로서 권리가 형성된다. 특히 특허의 경우 심사과정을 거치면서 등록되더라도 그 과정에서 권리범위가 축소될 수 있으므로, 연구자는 출원 후 등록 경위에 따른 발명의 권리범위 상황을 명확히 이해해야 한다.

특허 이외에 실용신안, 상표, 디자인 등의 산업재산권(특허청)과 농식품분야 식물신품종(국립종자원), 지리적표시(국립농산물품질관리원)는 모두 특허와 유사하게 해당기관 심사를 거쳐 등록되었을 경우 배타적 권리가 형성된다. 하지만 그와 달리 저작권Copy rights은 창작물을 만든 저작자의 권리이므로 창작의 주체 및 시기만 입증할 수 있다면 등록 절차 없이 권리가 형성되는 차이점이 있다.

한편, 위에서 함께 언급한 식물신품종의 경우는 다른 산업재산권과 달리 '임시보호제도[10]'가 마련되어 출원공개가 이루어진 품종에 대해, 조건부로 출원과 동시에 임시보호권이 발생되는 권리발생의 시기적 차이점이 있다고 할 수 있다.

---

9) 〈청구4항〉 제1항에 있어서, 상기 a) 글리세린 지방산 에스테르는 상기 화학식 1의 R1, R2, 및 R3 중 두개가 탄소수 9~25의 포화 또는 불포화 탄화수소 사슬기인 비이온 계면활성제; R1, R2, 및 R3 모두가 탄소수 9~25의 포화 또는 불포화 탄화수소 사슬기인 비이온 계면활성제; 및 그의 혼합물로 이루어진 군으로부터 선택된 것인 주방용 액체세제 조성물

10) 제3장 재2절(신지식재산), 식물신품종의 보호에서 제시. 품종의 경우 특허와 달리 출원 공개일로부터 해당 품종에 대하여 실시의 독점 권리를 부여함

권리에 대한 실시의 범위는 특허를 포함한 산업재산권의 경우 생산, 사용, 양도, 대여 또는 수입하거나 그 물건의 양도 또는 대여의 청약(전시 포함)을 하는 행위를 포함하며, 식물신품종의 경우 증식, 생산, 조제, 양도, 대여, 수출, 수입, 청약 등으로 제품 및 품종이 권리의 범위 내에서 이들 행위의 어떤 실시가 이루어진다면 권리를 침해하는 것이 된다. 단 이때 실시행위라 하면 '업業으로 실시實施'하는 경우이며, 예외적으로 식물신품종의 경우 자가채종[11]을 위한 행위는 특별히 농부권이라는 농업의 오랜 관행으로 보고 식물신품종보호법의 침해에 예외로 적용된다.

2. 해외출원과 권리의 관계

권리의 형성은 연구개발 결과를 출원하여 특허청 심사 과정을 거쳐 등록된 국가에서만 그 청구범위만큼 권리가 형성된다(속지주의[12]). 즉, 국내에만 특허를 출원하여 권리를 형성했다면 그 권리는 국내에서만 유효하게 특허권을 주장할 수 있다. 따라서 이러한 경우 공개[13]된 내 특허를 보고 일본에서 누군가 제품을 생산한 후 일본 내에서 수익을 올리고 인근 국가인 중국으로 수출해서 수익을 창출한다고 해도 내 특허는 국내에만 권리주장이 가능한 상태이므로 어떠한 제재도 가하지 못한다. 하지만 누군가가 일본에서 생산한 해당 제품을 국내에서 수입한다면 생산만 일본에서 했을 뿐 국내에서의 수입업자는 국내 권리의 침해를 구성하는 것이다. 왜냐하면 특허의 실시에서 생산을 제외한 사용, 양도, 대여 또는 수입하거나 그 물건의 양도 또는 대여의 청약 등 어느 하나의 행위라도 실시에 해당하기 때문이다. 이 경우는 수입 및 사용에 직접적으로 해당되는 침해이다.

따라서 연구개발 결과가 글로벌 차원에서 실시될 가능성이 높거나 보호되어야 할 중요한 발명이라면 속지주의 등을 고려하여 시장 가능성이 높은 국가로 기간[14] 내 해외출원

---

11) 종자에 대한 자가채종은 농부권을 인정한다는 것인데, 농부권의 핵심 내용은 상업적 활용과 상관없이 농부 스스로가 채종하여 수확, 소비할 목적의 종자에 대해서는 실시의 범위에서 제외시키는 것임. 이와 같은 자가채종 권리는 오랜 농업의 관행이며, '농부도 육종가다'라는 말이 만들어질 정도임

12) 제3장 제5절 '해외 권리의 확보'에서 제시. 속지주의屬地主義란, 해당 국가의 영역 내의 법을 적용한다는 의미. 각국의 특허는 서로 독립적으로 효력이 발생하며, 해당 국가에 특허권 등을 획득하고자 할 때 그 나라에 출원이 이루어져야 함

13) 특허의 공개시기는 출원인(발명자)이 스스로 공개(홍보 및 보도자료 등의 행위)하지 않는 한 최초 출원일로부터 1년 6개월이며, 그 전에는 절대 공개되지 않음

14) 최초 출원일로부터 1년이 국제우선권주장을 통한 해외출원 기간임. 만약 출원 후 1년이 지났을 경우 우선권주장은 안되지만 특허법에서의 공개기간인 1년 6개월까지 별도의 출원은 가능함. 이때 최초 출원일로 출원일 소급은 불가함

을 진행하여야 할 것이다. 이 때 해외출원 기간을 놓치는 경우 해외 국가에 출원을 하고 싶어도 못하는 상황이 발생되므로 연구자라면 특허 사무소 등 어느 누군가가 챙겨주기보다 해외 전략 국가로의 진입기간(최초 출원일로부터 1년 또는 출원 전 자기공개가 있는 경우 자기공개일로부터 1년)을 반드시 연구자 스스로 체크하고 있어야 한다.

3. 공공연구기관 연구개발 결과물의 실시

대학이나 공공연구기관의 연구개발 결과물을 각 기관에서 직접 실시하는 경우는 드물다. 대부분의 결과물을 모든 국민이 이용할 수 있도록 공개하고, 특허 등의 지식재산은 통상 및 전용실시 조건으로 내어놓게 된다. 즉, 연구개발 결과물의 제공은 현장활용 자료 및 보고서 등 다양한 형태일 수 있으며, 특허는 그 중의 한 형태인 셈이다. 따라서 특허 출원을 통하여 형성된 권리의 실시는 일반 기업의 이윤을 창출하기 위한 목적과는 사뭇 다르다. 이는 연구결과 공개 및 권리보호 차원으로 나누어 생각할 때 그 목적이 명확히 구분된다.

먼저 연구결과의 공개 차원에서 살펴볼 때, 공공연구기관 연구개발은 많은 국민이 사용할 수 있도록 특허라는 빠른 공개 수단[15]을 이용하는 것이며, 통상실시를 통하여 시장질서 유지 및 정당한 실시의 대가를 받음으로서 해당 기술분야의 산업발전에 기여하게 된다. 이는 기업의 특허출원이 나(기업)만 실시하고 경쟁사가 따라오지 못하도록 하는 공격·방어 수단이나 이윤 창출의 기술이전 목적과는 크게 다르며, 또한 기업의 경우 특허기술이 제품을 통하여 기술이 드러나지 않을 경우[16] 특허출원을 하지 않고 비밀로 유지한다는 점에서도 그 차이를 알 수 있다. 국가 연구기관의 연구개발은 특별한 경우[17] 외에는 연구결과의 비밀유지는 없기 때문이다.

---

15) 특허는 논문 투고 및 보고서, 영농활용 등의 공개 수단과 비교할 때 일관된 기술공개서 형식(서지사항, 발명의 명칭, 발명의 설명에서 목적, 구성, 효과의 구성, 청구범위, 요약서, 도면 순으로 일관된 형태로 출원)으로 빠르고 신속하게 널리 공개된다는 장점이 있음

16) 제품에 적용된 기술이 육안이나 어떤 고급기술의 분석을 통하여 가까운 시일 내에 분석될 수 있는 경우라면 특허출원을 통하여 20년의 배타적 권리를 보유할 것이나 그렇지 않은 경우 노하우의 비밀로 유지

17) 국가 연구개발 성과가 보안과제로 분류된 경우나 국제공동연구 협약 등에서 정한 경우(국가연구개발사업의 관리 등에 관한 규정 제18조)

다음으로 권리보호 차원이다. 만약 공공연구기관에서 특허출원을 수행하지 않을 경우 해외 경쟁사 및 개인 권리자가 기술을 독점함으로써 우리나라 국민이 해당 기술을 사용하지 못하는 경우도 고려될 수 있다. 따라서 기초기반 연구에서부터 R&D 결과물을 특허로 출원하여 국내 업체에 기술을 제공 및 이전함으로써 다양하게 현장에서 사용하고 빠른 산업발전을 유도하는 효과도 있다.

공공연구기관의 연구결과물 중, 국유 및 지자체 특허의 실시와 관련하여 기술이전을 통한 실시의 조건 및 절차는 제7장의 '직무발명 효과 높이기'에서 설명하고 있다. 이때 특허는 공공적 성격으로 형성된 무형자산 권리이며, 무상이든 유상이든 실시권을 국가나 지자체로부터 기술이전을 받아서 사용하게 된다. 하지만 기술이전을 수행하지 않은 제3자가 실시할 경우 해당 권리를 침해하는 것이 된다. 만약 이와 같이 제3자가 침해를 구성할 경우 권리자인 국가(또는 지방자치단체)는 시장질서 유지를 위하여 일반적인 침해와 차별적으로 대응할 필요가 있다. 즉, 대한민국 국민인 제3자의 국유특허 침해이므로 일반적인 소송[18] 절차의 적극적인 침해대응보다는 실시를 받아가도록 미온적 대응의 유도가 요구된다. 이를 아래의 사례에서 살펴보고자 한다.

사례 본 사례는 ○○도청에서 천연 추출물을 이용한 식물바이러스 방제를 개발하였고, 을(乙) 업체에 기술이전을 수행하였으나 실시권이 없는 제3자가 침해하는 사건이 발생되었고, 이에 대하여 대응한 사례이다.

사건의 경과는 다음과 같다.

〈경과1〉 갑甲인 ○○도와 도 내 국립대학교는 공동으로 천연 추출물의 특정성분 A가 식물바이러스 방제에 효과가 있음을 확인하고 특허를 출원하여 등록을 받았으며, 이후 을乙이라는 업체에 기술이전을 수행함

〈경과2〉 을乙 업체는 이전 기술을 이용하여 국내에 식물바이러스 방제제 제품을 출시하여 판매하여 왔는데, 병丙이라는 업체에서 특정성분 A와 유사한 성분 A'을 포함하여 동일한 용도의 제품을 판매하고 있다는 사실을 알고, 을乙 업체는 병丙 업체에 대하여 경고장 발송 및 손해배상 청구 등 강력하게 대응해줄 것을 갑甲인 ○○도에 요청함

〈경과3〉 갑甲은 정밀분석을 통하여 병丙 업체의 제품에 포함된 식물바이러스 방제제가 동일한 특정성분 A를 함유하고 있고, 보유 특허의 권리범위를 침해하고 있음을 확인함

---

18) 침해금지, 손해배상, 신용회복 청구의 소 및 가처분 등의 행위

이와 같은 경우 갑甲인 ○○도청은 어떻게 대응해야 할까?

먼저 계약 조건을 살펴보면, ○○도청뿐만 아니라 대부분의 지방자치단체가 특허청의 국유특허19)와 유사하게 기술이전 계약을 맺고 있으며, 「특허권의 침해」에 대한 항목에서 "특허권의 침해에 대한 통지를 받은 경우 특허를 침해한 자에 대하여 침해 금지에 필요한 조치를 취하여야 한다"라고 명시하고 있다.

○○도청은 경고장 발송을 통하여 보유하고 있는 특허권을 병丙 업체가 침해하고 있음을 확인시키고 이에 대하여 상대측이 인정했을 때 그동안의 실시에 대한 실시 정산과 함께 향후 사용에 대하여 동일하게 통상실시 계약을 유도할 필요가 있다.

이때 을乙 업체는 전용이 아닌 통상실시권을 받아간 상황이므로 제3자의 실시에 대하여 권리를 행사할 수 없고, 단지 자체 실시에 대한 권리만을 이전 받은 것이므로 특허권자인 갑甲에게 권리를 행사할 수 있도록 요구하는 수밖에 없다. 따라서 갑甲의 경우 계약서에 준하여 침해 금지에 대한 조치를 성실히 수행하여야 하며 그 조치는 지방자치단체 역할에 맞게 침해실시를 멈추고 통상실시를 받아가도록 유도하는 것이 바람직하다 할 것이다. 그러나 만약 병丙 업체가 지속적으로 통상실시권을 받지 않고 침해행위를 지속할 경우 통상실시의 형편성을 감안하여 침해대응을 이행해야 한다.

> ▶ 시사점
>
> 지식재산 중 보호 장치(법률 및 규정)가 있는 경우, 등록되었을 때 비로소 자산으로 권리가 형성되는 것이며, 특허의 경우 특허청 심사과정에서 최초 출원 당시의 청구항이 축소될 수 있으므로 권리범위 수정 및 해석에 주의가 요구된다. 또한 심사관의 거절 대응을 위해 권리범위가 축소된 「보정서」 및 그에 대한 의견을 「의견서」에 진술하게 되는데, 이때 "특허등록 v.s. 권리행사"를 고려하여 〈금반언적 요소〉를 남기지 않도록 유의해야 한다.
>
> 지식재산의 해외출원은 속지주의 및 조약우선권주장 등을 위해 기간이 중요하다. 특히, 특허(실용신안), 디자인, 상표와 식물신품종의 경우 권리를 행사하고자 하는 국가로의 출원이 이루어져야 하며, 이때 기술마다 진입 가능한 기간을 반드시 체크해야 한다.
>
> 국가 및 지자체의 연구개발 결과물에 대해서는 「공무원 직무발명의 처분·관리 및 보상 등에 관한 규정」을 준용하거나 참조하고 있으며, 무형자산이 등록되었을 때 기술이전 없이 업業으로 실시實施하는 국내 업체에 대해서 적극적 침해 소송이 아닌 기술이전 유도 방향으로 유인할 필요가 있다.

---

19) 농진청 등 국가연구기관의 출원 특허는 등록되면 국유특허로 특허청에서 관리하게 됨

제2절 | 권리와 분쟁

1. 기술이전과 침해 관계

대부분의 대학이나 공공연구기관은 연구개발 기술을 직접 실시하지 않고, 기업(산업체) 등으로 기술이 빠르게 보급될 수 있도록 공개한다. 특허의 경우도 마찬가지로 출원 후 공개(1년 6개월)[20] 이전이라도 빨리 알릴 필요가 있을 때 보도자료 등을 통하여 홍보가 이루어진다. 따라서 특허 등록 전 기술이전이 많이 수행되는데, 이와 같은 과정에서 기술이전된 특허는 출원 당시의 최초 청구범위에서 특허청 심사단계를 거치면서 좁혀지거나 때로는 심사관의 거절을 극복하지 못하고 거절결정되는 경우도 종종 발생한다.

따라서 등록 전 특허를 기술이전할 때에는 특허청 심사관의 심사 방향을 가늠할 수 없는 상황이므로 기술이전 업체에게 향후에 결정될 등록 여부를 보증해서는 안된다. 또한 연구자의 출원 특허가 특허청 심사를 통하여 등록된 이후에라도 기술이전된 특허를 실시함에 있어서 또 다른 제3자의 특허권에 대하여 침해되지 않는다고 확신할 수도 없다. 이와 같은 경우를 <그림 6-1>을 들어 설명하면 다음과 같다.

그림과 같이 특허 출원 진행에 따라 ① '특허로 출원 후 등록'과 기술이전 업체가 이전된 기술을 이용하여 제품을 출시하는 ② '제품으로 실시할 경우'로 구분하여 볼 수 있다.

[그림 6-1] 등록 요건과 침해 상황의 차이점 주의

먼저, 특허출원은 선행자료(예: 선등록 권리자, 제3자)의 특허권리(A+B)를 회피하여 새로운 효능의 C를 붙였고(A+B+C), 이로 인하여 기존 A+B 성분에 비해 새로운 효과를

---

20) 출원 내용이 출원 후 외부에 공개되지 않는 기간으로 출원인이 개량발명을 할 수 있도록 법적으로 보호해주는 기간 (《그림 2-3》에서 설명)

보이는 발명을 완성한 것이다. 따라서 이는 심사단계에서 기존의 A+B에 C를 붙임으로 특허의 신규성Novelty이 인정되고, 높은 효과에 따라 진보성Inventive step을 인정받은 특허는 선등록 권리가 있더라도 A+B+C에 대한 등록을 받게 될 것이다.

하지만 특허 등록과 제품 실시에 따른 침해는 별개의 문제이다. 이와 같은 경우 "이용저촉관계[21]"가 성립되는 경우로서, 등록된 특허 견지에서 A+B 권리는 단지 공개된 선행문헌이 아닌 선등록 권리일 경우, A+B+C를 실시하는 기술이전 업체의 실시는 선등록된 A+B 권리자의 권리를 실시하는 경우이며, 결국 A+B 권리를 침해하는 것이 된다.

일반적으로 많은 경우 연구자들은 학회 등 다양한 학습활동을 통하여 아이템을 지득한 후 연구개발을 수행한다. 그리고 그 결과를 특허 출원하면서 선행자료(선등록 권리)에 대한 정확한 권리분석을 수행하지 못하는 경우가 있다. 따라서 기술이전 단계에서 기술을 이전해가는 산업체에게 혹시나 발생할 수 있는 이전기술의 실시에 있어서, 제3자의 선등록 권리에 안전하다거나 비침해를 장담한다는 것은 위험하다. 물론 선행자료인 A+B가 단지 문헌에 불과하거나 유지되고 있는 권리가 아니라면 전혀 문제되지 않는다.

상기의 이용저촉관계를 포함하여 대학이나 공공연구기관 등에서 확보한 등록권리를 제3자가 기술이전 없이 실시할 경우 연구자는 침해 여부를 간단히 판단할 수 있는 식견을 가지고 있어야 한다. 향후 전문가의 판단을 구하더라도 현장 접촉은 먼저 연구자를 통해서 이루어지기 때문이다. 따라서 다음은 침해여부에 대한 연구자의 안목을 갖추기 위하여 구체적으로 상황판단과 사례를 들어 살펴보도록 하겠다.

2. 침해의 판단 및 회피설계

지식재산권에서 특허에 대한 침해판단을 대표로 설명하겠다.

특허권자는 업業으로 그 특허발명의 실시實施할 권리를 독점하게 된다(특허법 제97조). 앞서 설명한 것처럼 '업으로'의 범주는 유상이나 무상을 구분하지 않고 사업적인 실시를 의미하며 개인적인 목적의 실시는 배제된다. 그리고 특허권의 실시 형태는 ① 물건 발명의 경우 그 물건을 생산, 사용, 양도, 대여 또는 수입하거나 그 물건의 양도 또는 대여의 청약(전시 포함)을 하는 행위이며, ② 방법 발명의 경우 그 방법을 사용하는 행위, ③ 물

---

21) 특허권자라고 하더라도 선원의 권리가 있고 내 특허의 일부가 선원의 권리를 실시하는 경우 이용·저촉 관계에 놓이며, 이때 실시를 위해서는 선원 권리자의 실시 허락을 받아야 함. 이때 협의가 이루어지지 않을 경우 특허권자(또는 기술이전을 통한 실시권자)는 선원 권리자를 상대로 통상실시권 허여심판을 청구할 수 있도록 함

건을 생산하는 방법의 발명(제법발명)인 경우 그 방법을 사용하는 행위 외에 그 방법에 의하여 생산한 물건을 사용, 양도, 대여 또는 수입하거나 그 물건의 양도 또는 대여의 청약을 하는 행위까지 포함한다.

특허권의 독점은 특허권자와 정당한 권원(실시권)을 가진 자만이 실시할 수 있으며 그렇지 않은 자가 특허권을 권리자의 허락 없이 청구된 권리의 범위 내에서 업業으로 실시實施할 경우 특허권의 침해[22]로 판단하게 된다. 이때 실시는 특허가 존속되는 국가에서 청구범위에 기재된 발명과 동일하거나 균등한 발명을 실시할 때 성립되며, 연구 또는 시험을 위한 특허발명의 실시는 예외적으로 침해에 포함시키지 않는다(특허법 제96조 제1항 제1호).

등록특허의 청구범위에 법적 의미는 글로 기재된 사항에 의해 정해지는데, 이 때 문맥 그대로를 고려하여 침해 여부를 판단하고, 명세서 내 발명의 설명[23] 및 출원경과[24]를 참작하게 된다. 청구범위에 기재된 문언文言 자체와 침해 대상물을 비교하였을 때 침해 대상물이 청구범위에 기재된 내용(구성요소)을 그대로 포함하고 있을 경우 침해를 구성하는 것이며, 침해를 피하기 위하여 그 구성을 빼거나 추가 또는 변형시킴으로 제품설계를 하게 된다. 침해의 유형에는 여러 가지가 있을 수 있으며 그 종류를 살펴보면 아래 <표 6-1>과 같다.

<표 6-1> 침해의 유형

침해 유형	특허발명	침해행위		침해성립 여부
문언침해	A+B+C	A+B+C	▷	인정
균등침해	A+B+C	A+B+C'	▷	판단 요구(!)
이용침해	A+B+C	A+B+C+D	▷	인정
생략침해	A+B+C	A+B	▷	부정적 경향
불완전이용침해	A+B+C	A+B+D	▷	부정적 경향
우회침해	A+B+C	A+B'+B+C	▷	인정

---

22) 특허 침해는 직접적인 침해와 침해의 예비 단계로서 그대로 방치하면 침해로 이어질 개연성이 높은 예비적 행위의 간접침해도 해당됨
23) 발명의 설명 참작의 원칙으로 청구범위 만으로 침해 여부를 판단할 수 없을 시 명세서 내 발명의 설명 내용을 참작하게 됨
24) 출원경과 참작의 원칙(금반언의 원칙)은 침해여부 판단 시 권리범위를 한정함에 있어서 해당 특허의 등록을 위해 국내·외 심사단계에서 취한 출원인의 대응 내용을 참작하게 됨

특허 발명의 구성요소가 A+B+C라고 했을 때, 문언침해, 이용침해, 우회침해의 경우 특허의 A+B+C 요소를 모두 그대로 포함하고 있기 때문에 직접 침해가 된다. 즉, 다른 어떤 요소를 더 포함하더라도 직접침해가 되는 것이다. 하지만 A+B+C로 구성된 청구범위의 요소에서 하나라도 제외시켜 실시를 할 경우 침해가 아니다(생략침해, 불완전이용침해). 따라서 특허를 출원할 때 청구범위의 구성요소는 발명의 목적을 이루기 위한 '최소한의 구성'[25]으로부터 확대할 필요가 있다.

<표 6-1>의 침해에서 문제는 '균등침해' 유형이다. A+B+C의 구성에서 C와 C'과 같이 유사한 형태의 경우인데, 이와 같은 경우 침해를 구성하는지 여부에 대한 판단이 최근 많은 분쟁 및 소송으로 불거지는 이유이다. 그리고 이와 같은 경우 균등침해의 여부는 아래 <그림 6-2>와 같은 절차를 통하여 판단하게 된다.

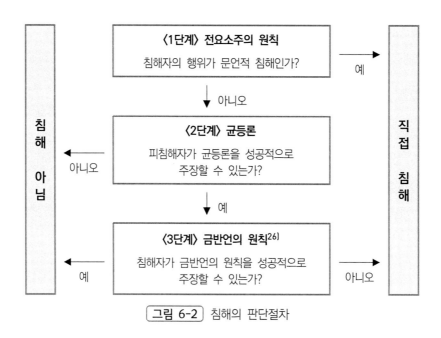

그림 6-2 침해의 판단절차

<1단계> 침해 대상물이 특허 청구범위의 구성요소를 모두 포함하는지에 대한 전요소주의 원칙All Element Rule이다. 모든 요소가 침해제품에 포함되어 있는 경우 전요소주의에 의

---

25) 청구범위 '다기재 협의多記載狹範圍의 법칙'으로 청구범위의 구성요소가 많이 포함될수록 제3자가 권리를 회피할 가능성이 높아지며 권리범위가 협소해짐. 즉, 강한 특허로써의 역할을 못하게 됨

26) 금반언의 원칙File Wrapper Estopell은 침해자가 비침해를 주장하기 위하여 출원에서부터 등록까지의 과정을 분석함으로써 제시하게 됨 (= 출원경과 참작의 원칙)

한 문언침해로서 직접 침해가 되며, '구성요소 완비의 법칙'이라고도 한다. 이때 청구범위의 해석은 발명의 설명 및 도면 등을 참작하여 이루어진다.

<2단계> 모든 구성요소와 정확하게 일치하지 않더라도 통상의 지식을 가진 자의 위치에서 동일성 여부를 판단하는 균등론Doctrine of Equivalent 절차이다. 이때 균등물의 판단 요건은 다음과 같다.

①당해 특허발명과 침해 대상물의 기술적 사상 내지 과제의 해결원리가 동일한지, ②침해 대상물의 치환된 구성요소가 특허발명의 구성 요소와 실질적으로 동일한 작용효과를 나타내는지, ③치환이 통상의 지식을 가진 자에게 당연한지, ④침해 대상물이 당해 특허발명의 출원 시에 이미 공지된 기술이거나 그로부터 그 발명이 속하는 기술분야에서 통상의 지식을 가진 자가 쉽게 도출해낼 수 없는 것인지, ⑤출원 절차를 통하여 침해 대상물의 치환된 구성요소가 청구범위로부터 의식적으로 제외되는 등 특단의 사정이 없는지를 통해서 판단하게 된다.

그리고 <3단계> 특허청 심사과정에서 특허 출원인이 특허청 심사관의 거절을 극복하고자 출원된 권리범위를 수정 또는 일부 포기함으로써 최초의 권리범위를 제한하는 흔적을 의견 및 보정서에 남기는 경우 이미 포기한 권리범위를 원안으로 다시 주장할 수 없다는 금반언(禁反言)의 원칙File Wrapper Estopell 절차를 통해서 침해여부를 판단하는 것이다. 이는 권리범위를 종래 기술의 영역까지 확장해서는 안된다는 선행기술에 의한 제한과 함께 선행기술 극복을 위해 의식적으로 청구범위를 한정한 보정까지 권리범위를 확장해서는 안된다는 보정에 대한 제한으로 '출원경과참작의 원칙'이라고도 한다.

당해 특허발명과 침해 대상물의 단계적 판단에서, <1단계>의 침해는 무조건 직접 침해가 된다. <1단계>에서 직접 침해가 아닌 경우 <2단계>의 균등론을 검토하게 되는데, 균등론 범주에 들지 않을 경우 침해가 아닌 것으로 결정된다. 하지만 균등론 범주에 들어올 경우, <3단계>는 침해 대상물의 침해자가 주장을 하는 단계로 넘어가게 된다. 이는 당해 특허권자가 '특허를 등록시키는 과정에서 금반언적 요소를 남기지 않았나'를 살피게 된다. 이때 침해자가 금반언을 주장할 수 있으면 권리범위에 포함되지 않으므로 비침해이지만, 그렇지 않은 경우 그대로 균등론이 유지되어 침해로 결정되는 것이다.

사례 예를 들어 설명해보도록 하겠다.

먼저 세계적으로 유명한 균등론의 대표적인 사례로 미국 연방 대법원 판례(Hilton Davis

사건, 62F.3d.1512)이다. 아래 <표 6-2>는 특허권자인 Hiton Davis사(H사)와 침해 제기된 실시업체 Warner-Jenkinson사(W사)의 특허 권리와 실시제품의 비교이다.

<표 6-2> H사 특허와 W사 실시제품의 비교

	선행자료[27]	H사 특허		W사
		최초 청구항	등록 청구항	실시제품
1)	5~15Å	5~15Å	5~15Å	5~15Å
2)	25~200 psig	200~400 psig	200~400 psig	200~500 psig
3)	pH 10~14	한정 안함	pH 6~9[28]	pH 5

〈염료〉

1) 필터용 다공질 박판의 기공크기 / 2) 박판 통과시 압력 / 3) 박판 통과시 pH 조건

한외여과Ultrafiltration법을 이용하여 염료를 제조하는 H사는 미국특허 USP. 4,560,746 호[29]를 보유하고 있었는데, 이 특허권의 청구범위는 심사과정 중 pH 6.0~9.0으로 보정되었고, 한편 동종업체인 W사는 pH가 5.0인 조건에서 반응하는 한외여과 공정을 개발하여 상업화하였다. 이에 H사는 1991년 W사를 제소하였고, 지방법원 배심원은 청구범위의 전 요소주의 원칙에는 해당하지 않지만, 균등론에 의하여 특허권을 침해한다고 판결하였다. 즉, 실시하는 pH 5.0이 H사의 보정된 권리범위인 pH 6.0~9.0 범위에는 해당하지 않지만 통상의 지식을 가진 자라면 누구든지 쉽게 pH 5.0까지 회피해서 실시할 수 있기 때문에 권리범위를 균등론 범주 안에서 침해로 확대 해석되어야 한다는 판결이었다.

이후 W사는 상기 판결에 불복하여 연방순회법원으로 상소를 하면서 심사경과의 pH 범위 한정인 '금반언의 원칙'을 주장하였다. 하지만 연방순회법원에서는 H사의 pH 6.0에 대한 임계적 보정이유가 특별히 없었으며, 금반언 주장이 불가하다는 이유로 원고(W사)의 주장을 기각함으로써 특허권자인 H사의 손을 들어서 W사의 균등론 침해로 결정을 내렸다.

여기서 상황에 따라 산업체는 특허권자 또는 침해자가 될 수 있다. 따라서 '회피설계' 사례를 좀 더 중점적으로 살펴보고 넘어가고자 한다.

---

27) H사 특허 출원 전 알려진 자료로 특허청 심사단계에서 선행(인용)문헌으로 사용됨
28) H사는 특허청 심사과정에서 선행자료 대비 박막 통과시 압력(200~400 psig) 만으로 특허성신규 및 진보성을 인정받지 못하여 최초 청구항에서 pH조건을 6~9로 한정함으로써 등록받은 것이며, 선행자료의 pH 10~14의 알카리 조건을 회피하기 위함이지, 산성 조건의 pH 6 이하에 대한 임계적 보정 이유는 특별히 없었음
29) 염료의 정제방법을 기존의 '염석법Salting out'에서 '한외여과Ultrafiltration'으로 개선한 특허

회피설계는 업으로 실시하는 산업체의 입장에서 살펴볼 때, 공개된 특허가 갖출 특허 범위나 등록된 특허권의 청구범위를 정확하게 해석하고 수행되어야 한다. 자칫 잘못하면 침해를 구성하여 막대한 피해보상을 해야하기 때문이다. <그림 6-2>에서 설명된 전요소주의 원칙이나 균등론, 금반언의 원칙을 충분히 고려하지 않으면 안된다. 이는 역지사지易地思之로 대학이나 공공연구기관의 연구자 입장에서 제3자(산업체 등)가 회피설계를 할 수 없도록 강한 특허권을 확보해야 한다는 의미이기도 하다. 만약 회피할 수 없는 강한 특허일 때 기업은 기술이전을 적극적으로 요청해 올 것이고 사업화율은 더욱 높아질 것이다.

아래의 [회피설계 1]은 생활용품 방향제의 사례이며, [회피설계 2]는 농기계 장치에 대한 사례이다.

사례 [회피설계 1]

방향제의 회피설계는 겔Gel 타입의 제품이다. 실시 업체인 B사는 오른쪽 그림과 같은 A사의 수성겔 제품(자료: gmarket.co.kr)을 입수한 후 유사한 기능의 제품출시를 위하여 검토 단계에 돌입하였다. 먼저 B사는 해당 제품과 관련된 정보를 검색해서 특허를 확인[30]했고, 그 권리범위는 다음과 같았다.

〈등록 청구1항〉 다음의 단계를 포함하는 수성겔의 제조방법:

(a) 수성겔 총 중량에 대하여 1.0~3.0 중량%이고, 분자량 50,000~300,000인 [젤라틴]을 팽윤 및 용해하여 겔화제 용액을 수득하는 단계;

(b) 수성겔 총 중량에 대하여 **0.1~1.0 중량%**이고, 분자량 100,000~200,000인 **[이소부틸렌 말레산 무수 공중합체]**를 용해하여 겔 가교제 용액을 수득하는 단계;

(c) 용제에 향료, 탈취제, 방부제, pH조정제, 염료 및 그의 혼합물로 구성된 군으로부터 선택되는 보조 성분을 용해하여 보조성분 용액을 수득하는 단계;

(d) 상기 (a)의 겔화제 용액에 상기 (c)의 보조성분 용액을 첨가하는 단계; 및

(e) 상기 (d)의 혼합물에 상기 (b)의 겔 가교제 용액을 첨가하고 겔화시키는 단계.

후발주자인 B사는 A사의 특허 권리범위를 고려하여 수성겔 방향제를 회피 설계하는 과정에서 다음과 같은 상황을 파악하였다.

---

30) 대한민국 등록 제10-0480954호(발명의 명칭: 우수한 온도 안정성, 투명성 및 장식성을 갖는 수성 겔의 제조방법 및 그로부터 제조된 수성겔)

상황 ❶과 ❷를 고려했을 때 B사는 A사의 특허를 회피하여 실시하기가 매우 어려운 상황이었으며, 이와 같은 경우 마지막으로 할 수 있는 방법은 A특허의 등록 과정에서 금반언禁反言적 요소가 있는지 여부를 살피는 것이었다. 왜냐하면 A사의 특허에서 제시된 젤라틴의 1.0~3.0 중량% 및 이소부틸렌 말레산 무수 공중합체의 0.1~3.0 중량% 범위, 또는 각각의 제시된 분자량 범위를 근소하게 벗어난 수치에서 제품을 개발할 경우 균등론 해석에 의해 침해로 판정될 가능성이 높았기 때문이었다.

결국 B사는 특허청의 금반언적 요소 확인 단계에서 다음과 같은 내용을 확인할 수 있었다. 먼저, A사 특허의 등록 전 최초 출원 시 청구범위는 아래와 같았다.

〈최초 청구1항〉 다음의 단계를 포함하는 수성겔의 제조방법:
(a) 수성겔 총 중량에 대하여 1.0~3.0 중량%의 [젤라틴]을 팽윤 및 용해하여 겔화제 용액을 수득하는 단계;
(b) 수성겔 총 중량에 대하여 0.1~1.0 중량%의 [이소부틸렌 말레산 무수 공중합체]를 용해하여 겔 가교제 용액을 수득하는 단계;
(c) 용제에 보조 성분을 용해하여 보조성분 용액을 수득하는 단계;
(d) 상기 (a)의 겔화제 용액에 상기 (c)의 보조성분 용액을 첨가하는 단계; 및
(e) 상기 (d)의 혼합물에 상기 (b)의 겔 가교제 용액을 첨가하고 겔화시키는 단계.

즉, A사의 등록 청구항을 보면 (a)젤라틴과 (b)이소부틸렌 말레산 무수 공중합체의 분자량을 각각 한정하였으며, ©보조성분을 "향료, 탈취제, 방부제, pH조정제, 염료 및 그의 혼합물로부터 구성된 군으로부터 선택되는 것"으로 한정되었음을 확인할 수 있었다.

이는 특허청 심사관으로부터 심사 과정에서 A특허 출원 전 어떤 선행자료가 이미 있었고 그로 인해 특허의 진보성 없음에 대한 지적을 받았음을 유추할 수 있었다. 따라서 A특허의 출원이력file wrapper을 살펴볼 필요가 있었다.

다음은 A특허의 심사과정에서 심사관으로부터 받은 거절이유에 대한 의견제출통지서이다.

내용을 보면 심사관은 A사의 특허출원 전 이미 공지된 일본특허(공개공보 2000-135280호)가 존재하였으며 그 내용에 이소부틸렌 말레산 무수 공중합체와 젤라틴을 혼합한 수성겔 조성물이 제시되었다. 그리고 해당 기술분야의 통상의 지식을 가진 자가 쉽게 발명을 할 수 있으므로 A사의 특허는 진보성이 없다(특허법 제29조 제2항 규정)는 이유로 '의견제출통지서'를 보낸 것이다.

특허청
의견제출통지서

A특허 출원의 특허청구범위에 기재된 발명은 <u>그 출원 전에 이 발명이 속하는 기술분야에서 통상의 지식을 가진 자가</u> <아래>에 지적한 것에 의하여 용이하게 발명할 수 있는 것이므로 **특허법 제29조 제2항의 규정**(진보성 없음)에 의하여 특허를 받을 수 없습니다.

< 아 래 >

○ (중략)... A특허는 수성 겔 제조방법에 관한 것으로 [젤라틴]을 이용한 겔화제에 향료, 탈취제 등 보조성분을 첨가하고 [이소부틸렌 말레산 무수 공중합체]를 용해한 겔 가교제와 혼합하는 것을 특징으로 하고 있으나......

○ A특허의 출원 전에 공지된 **일본특허(공개공보 2000-135280호)**에 기재된 [이소부틸렌 말레산 무수 공중합체]와 [젤라틴]의 혼합용액에 향료, 탈취제, 방부제 등의 보조성분을 첨가한 후 겔화시켜 얻는 다루기 쉽고......

○ A특허는 공지된 일본특허와 기본적인 기술구성이 동일함을 알 수 있고, 다만 구성비율에 있어서 미차가 있으나 이는 수치범위의 최적화에 불과한 것으로 이에 따른 구성의 차별성이 인정되지 아니하며, 발명의 효과에 있어서도 투명성, 열 안정성, 휘산성 등의 향상 효과에 대하여 <u>일본특허로부터 당연히 예측될 수 있는 정도에 불과한 것이므로</u>......

○ 따라서, **A특허는 수성겔 제조 기술분야에서 통상의 지식을 가진 자가 출원 전에 공지된 일본특허에 기재된 기술로부터 용이하게 발명할 수 있는 것으로 인정됨**...... (중략)......

결국 A사는 특허청의 의견제출통지서에 따른 거절을 극복하기 위하여 아래와 같은 의견서를 제시함으로써 최초의 권리범위를 좁히는 보정을 수행한 것이다. 결국 등록을 위하여 금반언 요소를 남긴 경우인데, 그 내용은 다음과 같다.

○ (중략).....우리 특허(A특허)에서 사용되는 [젤라틴]의 적합한 분자량은 50,000-300,000으로서, 일본특허에서 개시하고 있는 젤라틴 분자량인 3,000-30,000과는 명백히 다르며,

○ 우리 특허(A특허)는 [이소부틸렌 말레산 무수 공중합체]의 적합한 분자량을 100,000-200,000으로 특정하고 있으나, 일본특허는 1,000-5,000,000으로 광범위하게 기재하고 있어, 우리특허에서 사용되는 분자량의 범위를 일본특허로부터 용이하게 선택할 수 있을 정도라고 판단되지 않고,

○ 우리 특허(A특허)는 수성 겔 총 중량에 대하여 **특히** 1.0-3.0 중량%의 [젤라틴] 및 0.1-1.0 중량%의 [이소부틸렌 무수 말레산 공중합체]를 사용하지만, **일본특허는 수성 겔 총 중량에 대한 [젤라틴] 및 [이소부틸렌 말레산 무수 공중합체]의 함량에 대하여는 특히 한정하고 있지 않습니다**....(중략)...

A사는 일본특허에서 제시된 이소부틸렌 말레산 무수 공중합체와 젤라틴 성분이 '분자량' 및 수성겔 총 중량에서 '함량'이 발명의 목적을 달성하기 위하여 서로 다르며, 따라서 A특허의 진보성이 있다는 내용의 선처를 구함으로써 등록결정을 이끌어 냈다. 이는 **제시된 각 성분의 분자량 및 함량에 대한 임계적 수치를 벗어나는 실시에 대하여 균등론적 확대 해석에 대한 권리를 갖지 않겠다**는 금반언 요소인 것이다.

그렇다면 B사에서는 A사의 금반언적 흠결을 이용하여 두 성분에 대한 분자량 및 함량의 임계적 수치한정을 벗어나는 회피 실시를 설계할 수 있었을 것이다. 물론 앞서 설명한 미국 연방 대법원의 판례(Hilton Davis 사건)를 유의하여 여전히 균등론의 유효성(예: pH5)이 살아있는지 여부를 주의할 필요도 있었다. 그렇다면 실제 위와 같은 상황에서 아래와 같이 성상 안정 가능한 회피설계를 통하여 B사가 제품을 출시한다면 권리의 침해로부터 자유로울 수 있을까?

(a) 감잎, 진피, 및 팔각향의 복합식물추출물 0.5 내지 3.0 중량%
(b) 젤라틴(분자량 100,000) 1.5 내지 3.0 중량%
(c) **이소부틸렌 말레산 무수 공중합체**(분자량 150,000) **1.5 내지 3.0 중량%**
(d) 향료, 방부제 등 보조성분
(e) 잔량의 물을 포함하는 것을 특징으로 하는 수성겔 방향제 조성물

실시 내용을 보면 A사의 등록된 청구항 대비 주요 성분인 젤라틴과 이소부틸렌 말레산 무수 공중합체를 포함하고 있고, 보조성분 역시 열거된 종류에서 선택되었다. 이에 대하여 앞서 살펴본 <그림 6-2>의 침해 판단절차에 따라서 살펴보았다. A사의 특허와 B사

의 제품에 따른 필수구성요소를 나열해보면 <그림 6-3>과 같다.

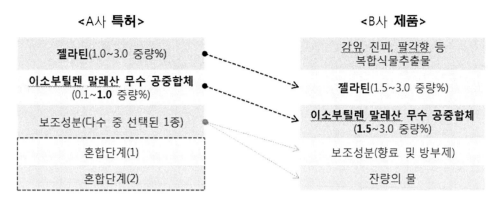

그림 6-3 A사 권리와 B사 제품의 침해여부 분석

이때 A사 특허의 혼합단계(1) 및 혼합단계(2)는 수성겔을 안정하게 만들기 위해서는 피할 수 없는 과정이므로 B사의 제품도 동일한 단계로 실시해야 한다. 따라서 본 비교에서는 제외시켰다. 또한 "감잎, 진피, 팔각향 등 복합식품추출물"의 추가는 <표 6-1>에서 '이용침해' 유형의 추가된 'D'이므로 비침해에 영향을 주지 못하는 구성요소이다.

먼저 1단계의 전요소주의 원칙All Element Rule을 살폈을 때, A사 특허의 젤라틴, 이소부틸렌 말레산 무수 공중합체, 그리고 보조성분을 B사 제품에서는 모두 포함하고 있다. 하지만 '이소부틸렌 말레산 무수 공중합체의 함량이 A사 특허의 0.1~1.0 중량%를 벗어나는 1.5~3.0 중량%이므로' 전요소주의의 문언침해에 의한 직접침해는 벗어난다.

따라서 2단계의 균등론Doctrine of Equivalent을 살펴보면, 젤라틴은 A사 특허의 함량 범위 내에 포함되며, 이소부틸렌 말레산 무수 공중합체의 경우 특허에서 제시된 0.1~1.0 중량%의 수치를 벗어나서 1.5 중량% 이상을 사용하고 있는데, 이에 대한 균등론 해석이 관건이 된다.

이때 판단 기준은 B사의 1.5~ 중량% 이소부틸렌 말레산 무수 공중합체의 실시가 A사 특허의 상한 임계치인 ~1.0 중량%를 벗어나기 위한 치환자명성이 존재하는지의 여부이다. 이는 만약 B사의 실시가 근소한 범위인 1.1~ 중량% 등의 범위를 사용한다면 10%~ 정도의 차이이므로 균등론적 침해 범주에 당연히 들어온다고 할 수 있다. 하지만 1.5~ 중량%의 경우 50%~ 의 차이와 함께 3단계의 금반언의 원칙File Wrapper Estopell 요소가 A사의 특허등록 과정에 존재한다는 점이다. 앞서 제시된 특허청의 의견제출통지서 및 그에 대응한 의견서에서 이소부틸렌 말레산 무수 공중합체의 함량을 0.1~1.0 중량%로 권리범위 한 정을 확인한 바 있다.

따라서 B사의 특허팀 담당자는 회피설계를 위하여 이소부틸렌 말레산 무수 공중합체 를 1.5~ 중량%를 사용한다면 A사의 특허 권리범위로부터 자유로울 수 있다고 판단해 주 었다.

공공연구기관의 연구개발은 특허를 직접 실시하지 않으므로 앞서 설명된 미국 연방대 법원 판례와 같이 특허 등 지식재산 소송에 휘말릴 가능성은 크지 않다. 하지만 R&D결과 를 이전해 간 농식품·농산업체는 소송으로부터 자유롭지 않기 때문에 기술을 이전하는 연구자 입장에서 지속적인 관심이 필요하다. 먼저는 <그림 6-1>과 같이 연구자의 연구개 발 결과물인 특허기술의 구성요소가 다른 권리화된 타인의 권리를 포함하고 있는지 여부 를 기본적으로 살펴야 할 것이다. 또 다른 한편으로는 연구자의 국가 연구개발 특허 기술 이 강한 특허로서 넓은 권리범위를 확보할 수 있도록 관심을 기울여야 할 것이다. 즉, '실 시를 하는 침해자의 입장'과 '권리를 행사하는 권리자의 입장'을 함께 살펴야 한다.

연구개발 결과물인 내 기술이 특허로 출원되어 세상에 알려지면 배타적 기술로서 일 정 기간 역할을 할 것이고 이후 또 다른 제3자의 발전적 연구에 의해 잠식되어서 기술은 순환되기 마련이다. 따라서 연구자는 출원되는 특허가 시장성이 있으면서 제3자가 쉽게 회피하지 못하는 넓은 권리범위로 오랫동안 유지될 수 있도록 대응하는 것이 중요하다.

사례 [회피설계 2]

다음 사례는 사료작물 재배 농가에서 작물 파종이나 월동 후 재배지를 진압[31]할 때 사용하는 농기계 장치에 관한 것이다. 발명은 기존 진압장치에 비해 넓은 면적을 단시간 에 진압할 수 있으며 이동시 접은 상태에서 바퀴를 이용하여 운반이 용이하다는 특징이 있다. 즉, 도로 파손이나 소음 등의 문제없이 도로 주행이 가능할 뿐만 아니라 단시간에 넓은 면적을 진압함으로써 작업 능률이 우수한 접이식 진압장치(Folded Roller, 대한민국 출원 제10-2010-0046065호)[32]이다.

---

31) 월동기간을 거치며 추위로 인하여 작물의 생육상태가 매우 불안정하게 되고 또한 언 땅이 풀리는 기간 서릿발 피 해를 방지하기 위해 토양진압_{들뜬 공간을 눌러서 다져줌} 작업이 필요함. 즉 진압을 통하여 작물 뿌리의 활력을 부여함으로 생육을 촉진시키기 위한 작업임

32) 상기 접이식 진압장치 특허(10-2010-0046065호)는 3개의 접이식 진압용 롤러를 포함하여 프레임 구조물을 지 면으로부터 들어 올리거나 내려주는 기능이 추가되어 바퀴의 간섭 없이 진압작업이 가능하고 또한 바퀴 만으로 도 로운행 등 효과를 강조함으로 특허등록을 유도하였음

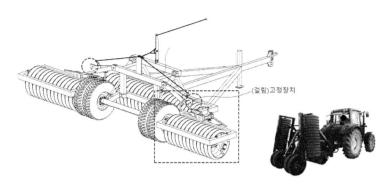

그림 6-4 출원특허 대표도면 및 이동 시 접이상태

출처　대동테크

　　하지만 특허는 <그림 6-4>와 같이 권리범위에서 양쪽의 진압롤러를 들어올려 '(걸림)고정장치'를 이용, 고정시키는 부분이 특허 청구범위의 필수구성요소로 청구되어 있다. 즉, 이와 같은 청구범위는 동일한 효과를 갖는 접이식 구조의 진압롤러를 양쪽에 사용하더라도 '(걸림)고정장치'를 사용하지 않는 제3자의 회피설계 실시에 대하여 권리를 주장할 수 없게 된다.

　　이는 실제 상기 접이식 진압장치를 회피하여 개발된 제품에서 회피설계 상황을 살펴볼 수 있다. 양쪽의 진압롤러를 유압장치 등의 힘으로 90°이상 둔각 상태까지 접어 올려 안쪽으로 기울일 때 이동 중의 롤러는 '(걸림)고정장치' 없이도 받침대에 얹혀져 유압장치의 밀어주는 역할과 더불어 고정되는 효과가 있다(사진: 인터넷 www.○○농업기계.kr). 따라서 앞서 제시된 특

허의 '(걸림)고정장치'가 불필요하므로 기술이전을 통해서 실시권을 허락받을 필요가 없게 된다.

　　이와 같은 경우 특허를 이전받은 업체로서는 기술이전의 가치가 떨어질 것이며, 회피설계를 통하여 (걸림)고정장치를 없애고 추가적인 신기능을 부여하여 개량된 진압기를 제시할 시 특허의 시장 가치는 더욱 퇴색될 것이다.

다시 설명하면 특허를 출원할 당시 후발주자가 권리범위를 쉽게 회피하여 실시할 수 없도록 강한 특허[33]를 출원하는 것은 매우 중요하다. 이는 특허로 출원된 내 기술의 영향력이 해당 기술 분야에서 넓은 배타적 권리를 형성함으로써 오랜 기간 동안 힘 있는 특허로 유지될 수 있도록 전략적으로 대응할 필요가 있다.

3. 침해의 대응

1) 특허심판과 소송의 개요

특허나 상표를 포함하는 산업재산권과 저작권, 식물신품종 등 법·제도적 테두리를 통해서 보호되는 지식재산은 권리權利가 형성되고 그 권리를 제3자가 권리자의 허락 없이 업業으로 실시實施를 했을 때 법적인 침해에 해당된다. 식물신품종의 경우도 종자산업법에서 육성자의 권리보호를 위하여 별도의 식물신품종보호법을 제정·발효하면서 침해에 대한 법률적 보호[34]를 강화시켰고, 기존의 특허법 준용 관계를 명확히 규정하였다. 여기서는 특허를 비롯한 산업재산권의 침해에 대한 심판과 소송으로 사례를 들어 연구자의 이해를 돕고자 한다.

먼저 <심판審判>에 대하여 설명하면, 심판이란 발명特許이나 고안實用新案, 미적 디자인 또는 상표 등 특허청 심사관의 거절결정에 대하여 불복하고자 하는 경우나 제3자로부터 대항을 받아 영업에 지장이 있는 경우 특허심판원[35]에 심판을 청구하게 된다. 심판의 종류는 크게 심사관 처분에 불복하여 청구하는, 청구인만 존재하는 결정계와 이미 설정된 권리에 대하여 당사자 간의 분쟁으로 불거진 당사자계 심판으로 나뉘며, 그 종류는 <표 6-3>과 같다.

심판 절차는 심판청구에 따라 심판번호 및 담당심판관이 지정되고 방식심사를 거쳐 본안심리가 진행하게 된다. 그리고 결정계 심판은 특허청 원결정을 취소하거나 심판청구를 기각한다는 심결을 내리고, 당사자계 심판은 원고·피고간 답변서 및 변박서를 제출하게 되며 필요 시 구두심리를 진행함으로써 쟁점이 정리되면 심판장은 심결을 내리게 된다.

---

33) 강한특허란 권리성·사업성·기술성에서 높은 가치가 있는 특허라 할 수 있으며, 저자의 또 다른 해석으로는 "출원된 특허가 넓은 배타적 권리無效可能性 낮음를 갖고, 시장창출 가능성이 높으면서, 동시에 오랜 기간동안 회피설계를 차단시켜 시장에서 활용될 수 있는 차별적 기술의 발명"으로 정의함

34) 식물신품종보호법에서는 제6절(품종보호권자의 보호), 제7절(심판), 제8절(재심 및 소송)을 두고 품종보호권에 대한 보호를 강력하게 추진하고 있음

35) 특허심판원은 대전에 소재하며, 특허청 연계 기관으로 특허 등 산업재산권 관련 분쟁을 1차적으로 심리 판단하는 기관

<표 6-3> 심판의 종류[36]

구분		내용
결정계	거절결정 불복심판	특허 출원에 대하여 심사관으로부터 거절결정을 받은 경우 그 위법성을 주장하면서 거절결정의 취소를 구하는 심판 심판 청구 후 거절결정을 내린 심사관에게 재심사를 청구할 수 있음('심사전치'라고 함)
	정정심판	청구범위의 감축, 오기의 정정, 불명확한 내용의 석명으로 3가지 경우에 한하여 청구 가능 무효심판 진행 중에 주로 청구됨(선진국 중 일본만 채택)
당사자계	무효심판	등록된 권리가 무효 사유를 가지고 있을 때 수행 이해관계인 청구 가능(→ 침해소송 시, 특허권 대항을 받은 자로부터 보통 청구됨) 특허무효심결 시 특허권은 처음부터 없었던 것으로 간주됨
	권리범위 확인심판	분쟁 대상물이 특허권의 권리범위에 속하는지 여부를 구하는 심판(→ 침해소송 시, 기술전문가로 구성된 심판관의 공적 확인으로 법원에 객관적 판단기준 제공) 적극적 권리범위확인심판: 특허권자 심결 청구 소극적 권리범위확인심판: 특허권 대항을 받은 자가 청구
	통상실시권 허여심판	선·후 출원 권리자 간의 이용저촉관계(〈그림 6-1〉에서 설명)에 있을 시, 특허권 간의 실시 조정으로 통상실시권을 허여해주도록 심판 청구 정당한 이유없이 실시허락을 하지 않는 경우임 청구인은 특허권자 및 전용/통상 실시권자

<특허 소송_{訴訟}>은 특허심판원의 심결 또는 결정에 대하여 불복하고자 하는 경우 이를 해설하기 위한 절차로 '특허침해소송'과 '심결취소소송'이 있다.

특허침해소송은 특허권 등 산업재산권을 제3자가 허락 없이 제조, 판매, 사용 등의 실시 행위에 대하여 제기되며, 종류로는 침해금지청구소송[37], 손해배상청구소송[38], 부당이득 반환소송[39], 신용회복청구소송[40] 등으로 구성된다. 소송의 진행은 민사소송과 형사소송으

---

36) 표에서 제시된 종류 외, 특허권/상표권의 존속기간연장등록무효심판, 정정무효심판이 더 있음

37) 지식재산권 침해를 이유로 침해행위 금지 또는 예방을 구하는 소송으로 특허권자 또는 전용실시권자가 자기의 권리를 침해한 자 또는 침해할 우려가 있는 자에 대하여 침해의 금지 및 예방을 청구하게 됨. 이때 침해행위를 조성한 물건의 폐기, 침해행위에 제공된 설비의 제거 등을 동시에 청구할 수 있음

38) 고의 또는 과실로 타인의 특허를 침해하여 손해를 가한 자에게 손해배상을 청구하는 소송이며, 〈손해배상 청구의 요건〉은 특허권의 침해가 있고, 침해행위가 고의 또는 과실에 의한 것이어야 하며, 권리자에게 손해가 발생하여야 하고, 침해행위와 손해 사이에 인과관계가 있어야 함. 〈손해배상액 산정 방법〉은 ①침해자의 판매량×특허권자의 단위당 이익, ②침해자의 이익액을 특허권자의 손해액으로 추정, ③실시료 상당액을 손해의 액으로 추정, ④손해액을 증명하기 곤란한 경우 변론 전체의 취지 및 증거조사의 결과에 기초하여 상당한 손해액을 인정하는 경우가 있음

39) 특허침해로 이익을 얻고 타인에게 손해를 가한 때 부당이득에 대한 반환 책임을 청구하는 소송으로 침해자의 과실을 요건으로 하며, 특허침해소송의 불법행위와 거의 차이가 없음

40) 고의 또는 과실에 의하여 특허권(전용실시권)을 침해함으로써 특허권자(전용실시권자)의 업무상의 신용을 실추하게 한 경우, 손해배상과 함께 신용회복에 필요한 조치를 청구하는 소송으로 침해가 있었다는 객관적 사실(판결의 주요 내용 등)의 게재를 명하는 경우가 보통임

로 진행되며, 보통 민·형사상 조치로서의 소訴를 제기하기 전에 경고장警告狀을 송부함으로써 침해자의 고의[41] 또는 과실을 추정하게 된다. 경고장을 받은 자는 전문가의 견해를 구하는 절차가 필요하며, 만약 권리자의 권리를 침해할 경우 향후 권리를 침해하지 않겠다는 회신과 함께 기술이전 등을 통하여 정당한 실시의 조치가 필요하다. 하지만 침해가 아니라고 판단할 경우, <그림 6-7>의 방향제 사례와 같이

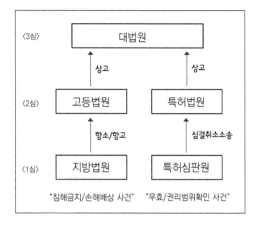

특허심판원에 (소극적)권리범위확인심판과 무효심판을 청구하여 대응할 수 있다.

일반적인 특허침해소송은 위 그림과 같이 지방법원(1심) → 고등법원(2심) → 대법원(3심)을 거치게 된다. 그리고 심결취소소송은 1심 격인 특허심판원의 심결 또는 결정을 불복하고자 하는 경우 2심인 특허법원에 취소를 제기하는 불복 절차이다. 만약 특허심판원의 심결 또는 결정에 대하여 일정기간(심결등본 송달 후 30일) 이내에 특허법원에 소송을 제기하지 않으면 그 심결은 그대로 확정된다.

<그림 6-6>의 기저귀 소송은 심결취소소송에 이어서 특허침해소송이 진행된 국내의 대표적 화학·생명공학 분야의 분쟁 사례이다.

2) 특허의 분쟁 사례

특허 등 지식재산 침해 시 분쟁구조는 권리자와 침해자 간의 대응관계이다. 권리자가 침해에 대한 경고장을 보내면 이에 대한 반박문으로 침해자는 응대하게 되며 더 나아가 가처분[42]이나 소송을 제기함으로써 장기적인 소송에 돌입하거나 그 과정에서 협상을 통해 화해하게 된다.

---

41) 특허권 등의 '고의' 침해에 대해서는 형사적 처벌이 가능하며, 형사적 조치는 피해자(권리자)의 고소가 있어야 처벌할 수 있음

42) 소송은 많은 시간이 소요되므로 그 기간 동안 권리의 대상이 되는 계쟁물의 현상변경이 있을 시 권리자는 손해를 입을 수 있음. 따라서 권리자의 가처분 신청이 있을 시 법원에서는 '계쟁물의 집행보전'에 대한 가처분 여부를 판단하게 됨. 예를 들어 중소기업의 경우 어떤 침해 의심 제품에 대하여 가처분이 받아들여질 시 당해연도 사업 중지로 회사가 도산할 수 있음. 따라서 법원에서는 가처분 여부에 소극적인 반응을 보이기도 함

그렇다면 이와 같은 침해를 어떻게 대응할 것인가? 내가 권리자가 될 수도 있고, 그 반대의 침해자가 될 수도 있다. 이는 대학이나 공공연구기관에서 연구를 하는 연구자 입장에서도 기술이전 업체(농산업체 등) 편에 선다면 양자의 입장에서 모두 가능한 일이다. 물론 앞서 설명했듯이[43] 국유특허의 경우 침해자(국유특허를 기술이전 받지 않고 실시한 자)가 권리를 침해한 것이 명확하다면 통상실시 원칙을 감안하여 대상 국유특허를 이전받을 수 있도록 먼저 선처를 해주고 대응하는 절차가 필요할 것이다.

그럼, 특허 침해 시 양자의 입장에서 그 대응방법을 검토해보도록 하겠다. 특허권의 침해에 대한 성립 요건은 '특허+권'의 용어대로 특허를 출원만 해놓은 상황에서 권리權利라고 할 수 없다. 무형자산으로서 특허청 심사를 거쳐 등록되었을 때 비로서 침해자에게 정당하게 권리행사를 할 수 있게 되며, 이때 권리범위에 해당하는 "청구범위 해석"을 통하여 침해 여부를 가리게 된다. 따라서 발명 특허의 기술은 출원인에 의한 별도의 공개행위가 없는 한 법적 절차에 따라 출원한 날로부터 1년 6개월이 경과되어야 공개가 되고, 특허청 심사를 거쳐 등록되기까지 일정 기간이 소요된다. 따라서 일반 기업의 경우 누군가가 내 특허의 권리를 침해하고 있다고 판단되면 권리를 행사하기 위하여 우선심사를 특허청에 신청하거나 상황에 따라 침해에 대한 손해배상액을 늘리기 위하여 전략적으로 늦장 대응을 하기도 한다. 또한 특허의 공개는 제3자에게 내 출원 특허의 주지 여부와 상관없이 모든 자연인에게 공개된 것으로 보기 때문에 등록 전 침해자에게 서면으로 경고장을 송부할 수 있다. 이와 같은 경우 특허는 아직 등록되지는 않았지만 향후 권리가 형성된다면 경고장을 보낸 날로부터 등록시기까지의 침해 실시에 대하여 보상금청구권[44]이 발생되게 된다. 따라서 특허의 공개 전 누군가가 내 특허를 침해하고 있을 때 상대에게 경고장을 보내기 위해서 조기공개[45]를 수행하는 경우도 있다.

국유특허의 경우 특허를 출원한 후 기술의 빠른 실용화를 위해 별도로 특허청에 조기공개를 신청하지 않더라도 특허법 절차에 따른 특허공개(출원일로부터 1년 6개월) 이전에 빠른 기술이전을 실시하거나 보도자료 등 홍보를 통하여 공개가 이루어지는 경우가 많다.

---

43) ○○도청의 "천연 추출물을 이용한 식물바이러스 방제제"
44) 보상금청구권은 법의 기준으로 해당 특허가 공개되어 있어야 발생하며, 침해에 대한 보상금을 청구할 수 있는 권리로서 경고장을 보낸 날로부터 등록된 날까지의 기간을 산정하게 됨. 이때 손해액은 통상적으로 받을 수 있는 금액에 상당하는 금액을 보상금으로 지급 청구할 수 있음
45) 특허의 조기공개 신청은 출원과 동시에도 가능하며 별도에 수수료는 없음. 유의점은 조기공개를 한다고 해서 특허의 심사 또는 등록이 조기에 이루어지지는 않음

그렇다면 침해 대응에 대하여 권리자와 침해자의 입장에서 특허와 디자인, 그리고 상표의 사례를 들어 상황에 따라 살펴보도록 하겠다.

침해에 대한 대응 절차는 먼저 경고장을 받게 되면 침해여부를 판단함으로써 대응전략을 수립하게 된다. 완전한 침해에 해당된다면 협상을 통하여 실시계약을 체결할 것이며, 싸워서 승산이 있다면 권리범위확인심판[46] 및 무효심판[47]을 동시에 진행하며 소송에 대응하게 될 것이다.

사례 [분쟁사례 1]

국내에서도 침해판단 사례는 매우 많이 발생하고 있으며, 크게 불거진 판례의 한 예를 들어보면 무려 13년 간의 싸움인 기저귀Diaper 특허소송 사례가 있다.

특허[48]는 용변이 새지 않도록 기저귀 안쪽에 붙인 '샘 방지용 날개(플랩)'의 재질에 대한 권리로 침해여부의 싸움에서 수백억 원 대의 손해배상액이 오가며 대법원까지 올라갔다.

다국적 기업인 미국의 Kimberly-Clark사가 특허권자[49]로 국내 기저귀 생산기업 3개사[50]를 상대로 침해소송을 제기(당시 L사의 침해 보상액만 해도 1심에서 566억이었음) 하였으며, 결국 오랜 싸움 끝에 침해가 인정되지 않아 국내 기업

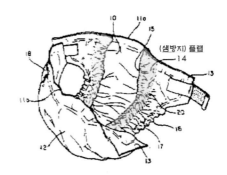

그림 6-5 Kimberly-Clark사 특허의 구성요소

---

46) 등록된 상대의 특허 권리범위에 내 실시제품(가호발명)이 침해를 구성하는지 판단하는 비권리자가 원고인 '소극적' 권리범위확인심판과 권리자가 상대의 실시제품이 내 특허의 권리범위에 해당되는지를 구하는 '적극적' 권리범위확인심판이 있음. 즉, 적극적권리범위확인심판은 승소했을 때 소송 진행에 큰 도움을 주게 됨

47) 상대의 등록된 특허가 심사관의 1인 직권심사 과정에서 거절결정의 흠결이 있음을 선행자료 분석을 통하여 확보한 후, 결정계 심판으로 특허청을 상대로 제소함

48) 대한민국 등록 제10-0062865호 (발명의 명칭: 탄성 처리된 측면 포켓이 있는 일회용 기저귀)

49) 특허권자의 권리범위는 무효심판 과정을 거치면서 전체 청구항 중 한 항만 유지되고 모두 거절되었음. **유지된 청구 2항은 거절된 청구1항** 『유체 투과성 라이너(10)와, 이 라이너(10)과 인접한 유체 불투과성 배킹(12) 사이에 위치하는 흡수 매트릭스(19), 기저귀(D)의 제1 및 제2단부로 형성되고, 이들 단부 중의 하나 이상에 기저귀를 착용시킬 때에 유아의 허리 둘레에 기저귀를 고정시키기 위한 체결 수단(18)을 갖는 허리부(11a, 11b), 상기 단부들에 대해 중앙에 위치하는 가랑이부, 각각 이 가랑이부에 대해 횡방향으로 대응하면서 가랑이부로부터 외측으로 위치하는, 대칭이고 서로 상반되게 배치된 탄성 처리된 2개의 다리부 및 각각의 단부 방향으로 연장되는 2개의 플랩(14)을 갖는 것을 특징으로 하는 일회용 기저귀』의 **종속항으로 『제1항에 있어서, 플랩(14)이 유체 투과성인 것을 특징으로 하는 기저귀(10)』를 청구하고 있음**

50) 2001년 소송 판결에서 1심 재판부는 LG생활건강 측에만 566억여 원을 배상하라며 원고 승소판결을 낸 바 있으며, ㈜대한펄프, ㈜쌍용제지도 막대한 손해배상 청구액으로 함께 소송에 연루됨

의 승소로 끝났다. 하지만 당시의 소송은 국내 산업에 많은 시사점을 준 바 있다. 단 한 개의 청구항(2항)이 등록되어 기업에 엄청난 영향을 주었으니 말이다. 물론 대기업이 아닌 중견기업이 만약 패소하였다면 회사의 사활이 걸린 문제가 아닐 수 없었을 것이다.

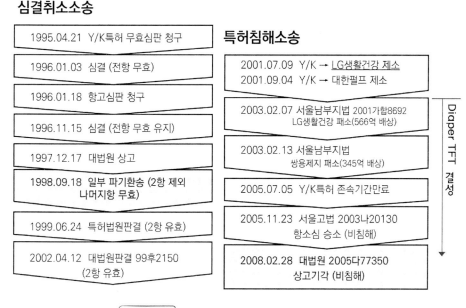

심결취소소송

| 1995.04.21 Y/K특허 무효심판 청구 |
| 1996.01.03 심결 (전항 무효) |
| 1996.01.18 항고심판 청구 |
| 1996.11.15 심결 (전항 무효 유지) |
| 1997.12.17 대법원 상고 |
| 1998.09.18 일부 파기환송 (2항 제외 나머지항 무효) |
| 1999.06.24 특허법원판결 (2항 유효) |
| 2002.04.12 대법원판결 99후2150 (2항 유효) |

특허침해소송

| 2001.07.09 Y/K → LG생활건강 제소 / 2001.09.04 Y/K → 대한펄프 제소 |
| 2003.02.07 서울남부지법 2001가합8692 LG생활건강 패소(566억 배상) |
| 2003.02.13 서울남부지법 쌍용제지 패소(345억 배상) |
| 2005.07.05 Y/K특허 존속기간만료 |
| 2005.11.23 서울고법 2003나20130 항소심 승소 (비침해) |
| 2008.02.28 대법원 2005다77350 상고기각 (비침해) |

Diaper TFT 결성

그림 6-6 LG생활건강 승소 기저귀 소송 절차

<그림 6-6>을 보면 특허권자의 특허가 심결취소소송에서 대법원까지 올라가 승소하면서 살아남은 단 하나의 청구2항 권리로 3개사에게 특허침해소송을 제기하게 된다. 그 이후 침해자의 입장에서 서울남부지방법원(1심)과 서울고등법원(2심), 그리고 대법원(3심)에 대응을 하면서 비침해를 이끄는 오랜기간의 소송일지를 간략하게 제시하고 있다.

이와 같은 침해판단은 반드시 소송단계에서만 다루어지지는 않는다. 왜냐하면 기업의 제품개발 단계에서도 시장에서 전혀 색다른 컨셉의 제품이 출시되었을 때 해당 제품을 구입하여 빠른 시간 내에 따라하거나 벤치마킹Benchmarking을 수행하면서 수시로 다루어지기 때문이다. 이때 먼저 해당 제품의 특성을 분석하고 특허를 검색하여 문언침해, 균등론 및 금반언적 요소를 단계적으로 검토하면서 향후에 빚어질 문제 등을 충분히 고려하여 회피설계를 추진해야 한다. 특히 기업의 경우 만약에 불거질 회피 불가의 경우를 대비하여 침해 시 직접 기술을 이전받거나 새로운 컨셉의 기술을 도입하는 등 해당 제품군의 시장 확보를 위해 정확하게 대처해야 한다.

다음은 심판 및 소송연계 대응 사례를 살펴보기 위하여 방향제 장치특허를 살펴보고자
한다.

<그림 6-7>은 특허의 <해부도> 및 가열체의 <사시도>를 보여주고 있다. 전원을 연결
할 시 가열체 속에 위치하는 발열체(링PTC)가 100℃ 이상의 높은 열을 발생시킨다. 이때
뜨거운 열은 열전도성 환체에 전달됨으로서 가열체 중앙에 삽입되는 방향용기의 심지를
달구어서 심지 내 흡입된 방향성분을 공중으로 휘산시키는 원리이다. 이때 본 특허의 중
요한 핵심요소는 발열체의 열을 열전도성 환체에 전달시키는 효율에 있어서 **평탄부가 마련
되어 발열체(링PTC)를 열전도성 환체에 면착**시킨다는 점이다. 만약 평탄부가 마련되지 않는
환체라면 디스크 형태의 발열체는 둥근 환체에 접촉 면적이 매우 적어서 열 전달 효율은
떨어질 것이다.

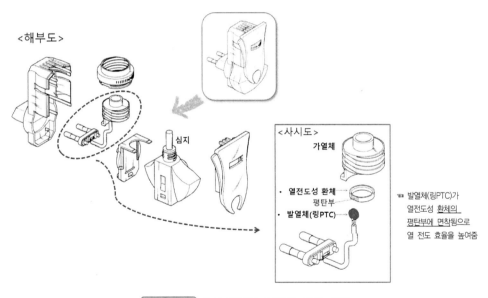

그림 6-7 K사 방향제 특허의 핵심 사항

특허를 출원한 K사는 특허가 세상에 알려지기 전 동일한 기술이 접목된 제품을 세상
에 출시하여 전기를 이용한 가열식 방향제 제품의 시장을 국내에서 처음 개척하였다. 한
편 국내 방향제 시장에 참여하고 있는 L사에서는 새롭게 출시된 제품에 관심을 가졌으며
이미 유사한 전기 방향제 제품이 유럽(프랑스) 시장에도 존재한다고 판단하여 K가 특허를

출원했는지도 모르고 동일한 구조의 전기 방향 제품을 후발주자로 국내 시장에 참여하게 되었다.

L사로서는 K사의 출원 특허가 공개되기 전이므로 그 출원 여부를 알 수 없었다. 또한 K사로서는 경고장 역시 특허공개 후 취할 수 있는 행동이므로 초기에는 어떠한 대응도 없었다. 후발주자인 L사의 동일제형 제품이 출시된 후, K사의 특허는 공개되었다. 그리고 K사는 바로 L사를 대상으로 침해중지에 대한 경고장을 발송한 것이다.

하지만 L사는 전기방향제 제품이 이미 유럽에 있었다는 점에 착안하여 당시에 크게 대응을 하지 않았다. 뒤이어 K사의 특허는 등록되었고, 얼마 후 침해소송을 위한 소장을 보내면서 <그림 6-8>과 같이 본격적인 분쟁에 돌입하게 된 것이다.

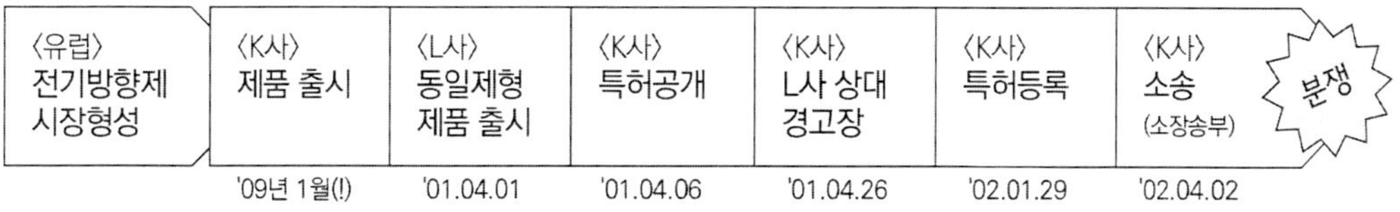

〈유럽〉 전기방향제 시장형성	〈K사〉 제품 출시	〈L사〉 동일제형 제품 출시	〈K사〉 특허공개	〈K사〉 L사 상대 경고장	〈K사〉 특허등록	〈K사〉 소송 (소장송부)	분쟁
	'09년 1월(!)	'01.04.01	'01.04.06	'01.04.26	'02.01.29	'02.04.02	

그림 6-8 분쟁진행 추정 절차

경고장 내용은 "귀사(L사)의 전기방향제는 우리 K사의 특허를 침해하고 있다"라는 내용이었고, L사의 연구개발 담당자는 그와 같은 경고를 이미 유럽시장에 유사 제형이 존재하였기 때문에 특허성 결격을 예상하며 여전히 심각하게 받아들이지 않았던 것이다.

하지만 시간이 경과되고 특허가 등록되면서 K사는 무형자산의 침해에 대한 주장을 지방법원의 소장 송부를 통하여 본격적으로 칼을 뽑아들었고, 그제서야 L사는 등록된 특허의 무효가능성 및 침해여부를 파악하기 위하여 뒤늦게 특허분석을 추진하게 된 것이다.

L사 특허팀은 먼저 K사의 전기방향제 특허에 대한 등록 경위를 살펴보고 연구개발 담당자의 말처럼 이미 유럽에서의 사용예가 있기 때문에 등록권리의 무효화를 위한 선행 자료(특허를 비롯한 문헌, 인터넷 정보 등) 및 실시제품이 쉽게 확보될 것이라 판단했다. 그리고 동시에 K사의 침해소송 소장에 대하여 비침해 주장을 위한 답변서 준비를 했다.

하지만 특허분석 결과, 등록된 다수의 청구항들 중에서 위협적인 권리는 청구항 5 였다. 다른 청구항은 유럽의 선행 실시로부터 무효화가 가능하다고 판단되었으나 앞서 설명된 특허의 특징과 같이 '열전도성 환체의 일측에 평탄부를 구성하여 발열체(링PTC)를 면착시킴으로 열전도 효율을 높인다'는 특징은 어떤 선행자료 및 실시제품도 무효화시킬 수 있는 근거를 마련하기가 쉽지 않았다.

〈청구항 5〉 청구항 4에 있어서, 상기 열전도성 환체의 일측에 평탄부를 형성하여, 이의 평탄부에 상기 발열체의 외주가 면착되도록 함을 특징으로 하는 액체 가열 휘발식 전기 발향기

이와 같은 법원에서의 특허소송에 이어서 양 경쟁사는 특허심판원에 서로 다른 특허 심판을 진행시켰다.

먼저 K사는 L사의 실시제품이 자신들의 권리를 침해한다고 판단하였고, L사를 상대로 아래와 같은 「적극적권리범위확인심판」을 청구하였다.

심급구분	특허심판원	심판종류	권리범위확인(적극적)
심판번호	2003100000783(2003당783)	심판청구일자	2003.04.22
심판청구항수	12	심판상태	확정
사건의 표시	특허등록 제 324105호 권리범위확인(적극적)심판		
청구의 취지	1. (가)호 발명의 사진 및 그 설명서에 기재된 발향기는 특허 제0324105호 발명의 권리범위에 속한다. 2 심판비용은 피청구인의 부담으로 한다. 라는 판결을 구합니다.		

그리고 반대로 L사에서는 K사가 청구한 법원의 침해금지소송을 대응하면서 동시에 소송의 기반이 되는 등록특허(무형자산)를 무효화시키기 위하여 아래와 같이 「무효심판」을 청구하였다.

심급구분	특허심판원	심판종류	무효
심판번호	2003100000869(2003당869)	심판청구일자	2003.04.30
심판청구항수	12	심판상태	확정
사건의 표시	특허등록 제 324105호 무효심판		
청구의 취지	"특허 제324,105호 발명의 특허청구의 범위 청구항 1내지 청구항 12는 이를 무효로 한다. 심판비용은 피심판 청구인의 부담으로 한다."라는 심결을 구함.		

이로써 하나의 무형자산인 등록특허에 대하여 하나의 소송과 두 건의 심판이 함께 진행되는 양상이 되었다. 특허 하나가 각 기업의 사업에 엄청난 영향을 주는 중대한 상황으로 발전한 것이다.

시간이 경과될수록 L사의 특허팀 분석은 청구항 5의 취소가 불가능하다는 판단에 이르렀다. 왜냐하면 전기방향제 제품과 전반적 원리에 대해서는 이미 K사의 특허출원 전부터 유럽 시장에서 사용되고 있었기 때문에 쉽게 자료를 구할 수 있었다. 하지만 K사 특허의 청구항 5, 즉 열전도성 환체의 일측을 발열체 외주가 면착되도록 한 부분에 대해서는

무효화시킬 수 있는 출원 전 문헌이나 자료, 또는 제품을 유럽 등 어디에서도 찾을 수 없었던 것이다. 그리고 L사는 환체의 면착 기술을 동일한 목적과 제형의 제품에 사용하고 있었기에 그 부담감은 더욱 컸다. 왜냐하면 무효심판을 통하여 출원 전 선행자료를 제시함으로써 특허를 무효화시키지 못한다면 L사의 실시는 특허 침해이며 K사의 승리로 돌아갈 확률이 명확했기 때문이다.

이와 같은 상황에서 L사에게 행운이 찾아왔다.

L사는 K사의 공개된 특허에서 석연치 않은 점이 있음을 감지하였다. 특허가 공개된 후 받게 된 경고장은 유럽의 실시사례가 있다고 판단했기 때문에 가볍게 간과한 바 있고, 그 후 침해소송의 소장을 받으면서 자체 특허팀을 통해 정식으로 침해분석을 진행하여 청구항 5의 위협을 뒤늦게 분석했던 터였다. L사 특허팀은 뒤늦게 공개된 특허의 청구항 5로 인해 어려움을 겪는 상황에서 위협 특허의 공개일을 보았고 출원일을 확인했을 때, 특허 출원이 제품출시 이전에 이루어졌는지에 대한 의문을 갖게 된 것이다. <그림 6-9>는 K사의 특허 출원이 제품 출시의 전·후 중 어디 시점인지를 나타낸 그림이다.

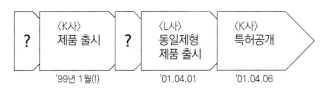

그림 6-9 L사 특허의 신규성 관련 출원시점 쟁점화

특허 출원은 신규성Novelty 기준 때문에 스스로의 공개를 포함하여 모든 공개행위 이전에 이루어져야 한다. 즉, 현상은 K사의 2011년 4월 6일 공개(특허 출원일로부터 1년 6개월 경과 시 공개공보가 이루어짐)된 특허에 명세서를 살폈을 때 출원일이 1999년 9월 28일로 서지사항에 기록되어 있었던 것이다. 그렇다면 K사 제품의 출시가 특허출원에 앞서서 이루어졌다는 것인데, 이를 규명한다면 K사의 등록특허는 얼마든지 절차상 '신규성 없음(특허법 제29조 1항 규정)'으로 무효화가 가능하다는 결론을 도출할 수 있었던 것이다.

따라서 L사는 무효심판 및 소송에서 특허출원 전 먼저 제품을 출시했다는 사실을 입증하기 위해 근거자료 입수를 착수했다. 전국 영업망을 갖고 있는 기업이므로 이를 통해 제품확보를 추진한

것이다. 그리고 어렵게 시골의 작은 슈퍼에서 포장박스에 출시 정보((Lot.번호 및 제조 연/월/일)가 찍혀 있는 제품을 찾아냈고, 신문기사 등의 근거자료와 함께 심판원에 제출했다. 그리고 아래와 같은 심판 소결로 무효심판을 승리로 이끌게 된 것이다.

> 이상에서 살펴본 바와 같이 상기 "_____"이라는 상품명의 제품은 이 건 발명이 출원(1999.9.28.)되기 전인 1999년 1월부터 국내에서 실시된 발명이라 할 것이어서, 이건 발명은 특허법 제29조 제1항의 규정에 위배 되어 잘못 특허 된 것으로 같은 법 제133조 제1항의 규정에 의하여 무효 됨을 면할 수 없다 하겠다.

법원에서 진행 중이던 침해소송도 무효심판 결과가 적용되어 소송의 핵심 무형자산인 해당특허가 처음부터 존재하지 않았던 것으로 정리됨으로써 자연스럽게 기각 처리되었다.

본 사례를 통해서 특허 출원에 대한 중요한 메시지를 깨달을 수 있다. 먼저는 기술이 개발되더라도 어떤 상황에서든 공개 전 특허출원이 수행되어야 한다. 이는 최근 공지예외 주장의 시기적 기간을 확대하는 법 개정(특허법 30조, 2015.7.29)이 시행되었더라도 <그림 3-2>나 해외출원 등을 고려할 때 여전히 주의가 요구된다. 그리고 신제품의 후발주자로서 특허를 경시한 연구개발자의 자세이다.

L사는 제품 출시 당시 K사의 특허를 발견하지 못했지만, 또한 특허가 공개된 후에도 유럽시장에 이미 유통되어왔던 제품이라고 늑장 대응하여 사업에 큰 오점을 남길 뻔했다.

3) 디자인의 분쟁 사례

디자인은 앞서 설명한 바와 같이 물품에 대한 보호 수단으로 그들은 형상, 모양, 색채 등의 결합으로 시각을 통하여 미감美感을 일으키는 것이다. 다음은 이와 같은 디자인을 보호하기 위하여 출원 후 등록된 권리와 제3자의 회피설계에서 빚어진 분쟁 사례이다.

사례 해외의 한 글로벌 업체(P사)에서는 기능성화장품의 새로운 제형으로 넓은 권리 보호를 위하여 다수의 특허와 디자인을 국내까지 보완적으로 출원하였고, 그 후 국내기업 (F사)으로 기술이전을 추진하면서 마찰이 빚어진 경우이다.

화장품 유효성분의 흡수력을 높이기 위해서 피부를 도체로 얼굴에 제품을 붙였을 때 전류가 양극(+)에서 음극(-)으로 흐르는 이온토포레시스iontophoresis 원리에 따른 기능성분의 피부침투량 증대 기술이며, 기술의 핵심은 휨성이 있는 페이퍼(종이)전지Paper battery이다. 화장품의 기능성 원액을 페이퍼전지의 (+)극 방향 부위에 몇 방울 떨어뜨리고 제품을 얼굴의 눈 밑에 붙

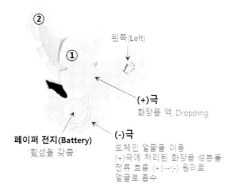

이게 되면 페이퍼전지 상단의 (+)극이 하단의 음극(-)과 피부에 의해 연결되는 원리이다. 그리고 전류의 영향으로 (+)극 방향에 떨어진 기능성 원액의 유효성분이 피부로 침투되는 것이다. 화장품의 유효성분은 보통 피부장벽에 의해 화장품을 바른다고 해도 매우 적은 유효성분이 피부 속으로 침투되지만 이온토포레시스 원리를 이용할 경우 훨씬 많은 양의 성분이 그 장벽을 뚫고 피부 속으로 이동하게 된다.

기존에는 이와 같은 원리를 이용하기 위해서는 크기가 큰 장비가 요구되었으나 제품 내 휨성Flexiblility을 갖춘 페이퍼 전지를 적용함으로써 간단하고 편리하게 이온토포레시스 원리를 사용할 수 있게 된 것이다.

<표 6-4> P사의 디자인 및 특허 출원현황

구분		내용	
특허[51]	전지	한국 10-1998-7004711호, 한국 10-1999-7011665호	
	패치	한국 10-2004-7006029호, 한국 10-2004-7005747호	
디자인[52]	전지	한국 30-2004-0010706호 등 16건 출원	(예) 사시도
	패치	한국 30-2004-0010701호 등 5건 출원	(예) 사시도

51) 페이퍼 형태의 전지(battery) 및 전지가 적용된 패치(patch) 특징을 특허로 출원함
52) 페이퍼 형태의 전지가 가질 수 있는 형태 및 전지가 적용된 패치가 가질 수 있는 형태를 디자인으로 출원함

해외 글로벌 회사인 P사[53]는 페이퍼 전지를 화장품 패치에 적용하는 기술에 대하여 제3자의 추종을 막고자 '페이퍼 전지' 및 '그 전지가 적용된 미용 패치patch 제형'에 대한 다수의 특허 및 디자인을 <표 6-4>와 같이 출원하였다.

P사에서 출원한 '전지 디자인' 16건은 <표 6-4>에서 사시도와 같이 둥근 모양의 전지에서부터 와 같이 다양한 모양으로, 그리고 '패치 디자인'의 경우도 마찬가지로 5건을 국내에 출원하였다.

휨성을 지닌 종이 두께의 페이퍼 전지는 <그림 6-10>과 같이 미용 패치 내부에 장착되는 분해도를 보여주고 있다. 앞서 설명한 바와 같이 (+)극에 기능성 화장품 용액을 몇 방울 떨어뜨린 후 얼굴에 패치를 붙이면 얼굴 피부가 도체 역할을 함으로써 전류의 흐름(+극 → -극)이 연결되고 (+)극에 점적된 화장료의 기능성 성분이 피부로 침투되는 원리이다.

얼굴에 붙혀진 패치의 상태

<출처> P사 디자인 출원
(한국 30-2004-0010701호)

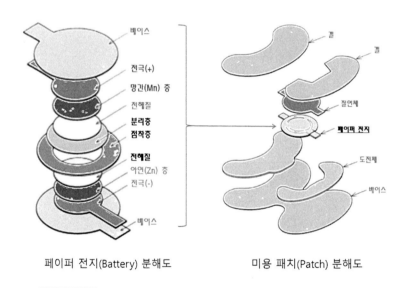

베이스
전극(+)
망간(Mn) 층
전해질
분리층
점착층
전해질
아연(Zn) 층
전극(-)
베이스

겔
겔
절연제
페이퍼 전지
도전제
베이스

페이퍼 전지(Battery) 분해도   미용 패치(Patch) 분해도

그림 6-10 페이퍼 전지 및 그 전지가 적용된 미용 패치 분해도[54]

---

53) 화장품 신 제형으로 우리나라 시장 진출을 위하여 특허청에 다수의 특허 및 디자인을 출원함
54) 본 분해도는 파워페이퍼 社에서 출원한 디자인을 편집하였음 → 전지(Battery) 디자인(한국출원 30-2004-0010706호), 패치(Patch) 디자인(한국출원 30-2004-0010701호)

국내기업인 F사는 C&D 전략을 통해 P사의 디자인 및 특허 등의 기술을 이전 받아 새로운 신제품을 출시하고자 추진하였다. 하지만 기술이전 과정에서 이전료Royaltee 부분의 협상이 결렬되었고, F사는 제품개발 과정에서 P사의 권리에 대한 한계점 및 회피안을 찾게 되었다. 물론 P사의 경우, 권리를 보호하기 위해서 특허뿐만 아니라 디자인 등 다수의 출원을 병행함으로써 제3자의 추종을 저지하고자 노력하였음을 짐작할 수 있다.

새로운 신제품 카테고리에 진입시 형성될 지식재산 권리가 해당 제품군에 대한 진입 장벽을 구축할 수 있는지의 여부는 매우 중요하다. 즉, 내가 출원한 권리를 통하여 제3자의 회피설계 가능성이 신중하게 고려되었어야 한다. 하지만 P사의 출원 및 등록권리들은 신제품에 대한 진입장벽을 구축하기에 미약했고 회피설계의 허점을 안고 있었다.

실제 국내에 등록된 P사의 패치 디자인을 놓고 보았을 때 유사여부 판단을 겹쳐 봄으로써 <그림 6-11>과 같이 회피설계한 F사 패치 디자인의 비유사를 확인할 수 있다.

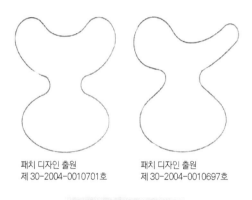

패치 디자인 출원
제 30-2004-0010701호

패치 디자인 출원
제 30-2004-0010697호

회피설계

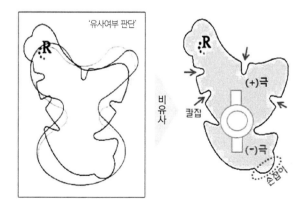

그림 6-11 패치 디자인의 비유사 및 회피설계 분석

디자인이라 함은 물품의 형상, 모양, 색채 등의 결합으로 시각을 통하여 미감을 불러 일으키는 것이다. 따라서 디자인의 유사 여부에 따른 침해의 판단 기준은 그 외관을 전체적으로 대비함으로써 보는 사람으로 하여금 심미감審美感이 상이하게 느껴지는지에 대한 여부라고 할 수 있다. <그림 6-11>과 같이 P사에서 출원·등록된 디자인과 그 디자인을 회피 설계한 F사의 패치 디자인을 겹쳐서 관찰해 보았을 때 소비자의 입장에서 심미감 고려시 외관이 다르다고 판단될 것이다. 또한 F사의 회피설계 디자인은 실제 동양인의 광대뼈 특성을 고려하여 패치의 주위에 칼집을 둠으로써 굴곡진 얼굴에 잘 붙게 설계하였고, 사용 전 후에 얼굴 표면으로부터 패치를 떼기 편리하게 손잡이를 두었다. 따라서 단순한 디자인 권리 회피를 위한 변경이 아니라 기능을 발전시켰으므로 P사의 디자인 권리로부터 멀리 벗어난 디자인이라 할 것이다. 결국 F사는 P사의 다수 전지 및 패치 디자인에 대한 회피설계와 함께 자체 개발을 완성하여 제품을 출시하기에 이르렀다.

하지만 문제는 전혀 예상치 못한 곳에서 발생했다. P사는 F사와 기술이전을 검토하는 과정에서 샘플을 제시하면서 맺은 MTA(Material Transfer Agreement) 계약위반을 경고장으로 제시한 것이다. 그리고 고민 끝에 F사는 계약위반[55]을 우려하여 출시된 제품을 한달도 지나지 않아 개발 및 판매철수라는 결정을 내려야만 했다.

상기 글로벌 회사인 P사의 전지 및 패치 디자인은 출원 후 국내에 등록까지 이루어졌으나 몇 년 후 결국 권리를 모두 포기(연차료 불납)하게 되었다. 왜냐하면 디자인 사례만을 두고 봤을 때 <그림 6-11>과 같이 제3자의 권리회피가 쉽게 이루어졌고, 회피설계가 가능한 디자인에 대하여 더 이상 권리를 유지할 필요가 없다는 이유로 포기했을 것이다.

4) 상표의 분쟁 사례

상표Trademark는 자기 상품을 타인의 상품과 식별하기 위하여 사용하는 표장으로 등록불가 요건(<표 3-4>) 등 상표권을 위해서 식별력을 갖추어야 함을 설명한 바 있다. 상표는 농산업체나 기업 등에서 출원이 이루어지고 국가 연구개발 결과물과는 거리가 있어서 비중 있게 다루지는 않았다. 하지만 등록된 타인의 상표에 대한 침해가 영농현장에서도 발생될 수 있으므로 상표침해의 판단과 사례를 간단히 다루고자 한다.

---

55) 기업기밀에 해당될 수 있으므로 관련내용은 기재하지 않음

상표의 침해 판단은 이미 등록된 타인의 상표와 내가 쓰는 상표 등 대비되는 두 개의 상표가 서로 동일하지 않더라도 외관(시각적), 칭호(청각적), 관념(의미) 측면에서 유사하고 이를 동일 또는 유사 상품에 사용하는 경우이다. 이때 거래 통념상 소비자에게 상품 출처의 혼돈을 일으킬 염려가 있고 상표 침해를 구성하는 경우이다.

\<표 6-5\> 상표의 침해 판단 요소

구분	혼돈의 예	
외관	TYRE PLUS ↔ TIRE PLUS	KOLON ↔ KOULONG
칭호	POCA CHIP ↔ POTACHIP	MYPROCEL ↔ MYPRODOL
관념	임금 ↔ 王, KING	평화 ↔ PEACE

출처 한국특허정보원

외관·칭호·관념 중 어느 하나가 유사하더라도 다른 구성요소가 현저히 달라 전체적으로 상품 출처가 명확히 구별될 때는 그 두 상표가 유사하지 않은 것으로 판단될 수 있다. \<표 6-5\>는 외관, 칭호, 관념에 따른 혼돈의 예이다.

사례　본 사례는 '리엔' 등록상표의 상표권자인 ㈜LG생활건강(이하 "甲")이 '리엔케이' 또는 '리:엔케이' 표상을 사용하는 ㈜웅진코웨이(이하 "乙")를 상대로 상표권침해금지 등을 청구한 국내의 유명한 상표분쟁이다.

아래 甲의 '리엔' 헤어케어 제품(샴푸, 린스, 트리트먼트 등)과 乙의 'Re:NK' 화장품으로 제품을 구매하는 소비자라면 甲과 乙의 상황에 접했을 때 어떻게 판단될까! 상표의 침해 판단에서 제시한 바와 같이 외관·칭호·관념을 놓고 판단했을 때 'Re:NK'가 상표 '리엔'을 침해하는지의 여부이다.

5년 여의 긴 분쟁에서 최종 대법원 판결 (2014.6.26, 선고, 2012다12849)은 상표권자인 甲의 손을 들어주었다. 판시에서 등록상표의 상표권자인 甲은 '리엔케이' 또는 '리:엔케이' 표장을 사용하는 乙의 사용표장 중 리엔 또는 리:엔 부분을 독립해서 자타自他 상품을 식별할 수 있는 구성 부분으로 거래될 수 있고, 그 경우 등

록상표와 '호칭'이 동일하여 상품출처에서 오인·혼동을 일으키게 할 염려가 크므로, 乙의
사용표장이 甲의 등록상표와 유사하다고 판결을 내렸다.

甲의 헤어케어 등 제03류로 등록된 상표의 서지사항은 아래와 같다.

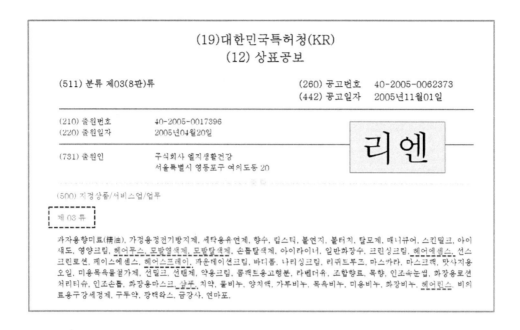

분쟁의 경위를 살펴보면, 甲은 등록상표를 샴푸 등 헤어케어 시장에서 '리엔(⬤)'브랜
드로 높인 인지도[56]를 가진 상황이었다. 이후 乙은 '리엔케이(Re:NK)'를 화장품에 사용하
였고, 甲은 乙을 상대로 상표권 침해금지 소송을 제기(제1심, 서울중앙지법)하여 승소[57]하
였다.

하지만 당시 웅진코웨이 측은 영문 'Re:NK'를 위주로 사용하고 제품의 종류도 甲의
헤어케어 제품과 다른 화장품 제품인데다가 유통채널도 방문판매이므로 문제되지 않는다
는 판단에 항소를 하였고, 그 결과 2심에서는 乙의 고법 승소(서울고법 민사4부)[58]를 가져
왔다.

---

56) 당시(2010.09), '리엔' 제품군의 TV, 라디오, 잡지 등 광고비로 약 140억 지출
57) 〈주문〉 "유사한 상품에 함께 사용될 경우 상품출처에 오인·혼동이 발생할 수 있는 유사한 표장"
58) 〈주문〉 "전체적, 객관적으로 관찰할 때 외관과 호칭이 서로 다르고 주된 소비자의 나이와 성별 및 소비동기가 다르
므로 일반 소비자나 거래자에게 상품의 출처에 관한 오인·혼동을 일으킬 염려 없음"

이에 대하여 다시 甲은 대법원에 상고함으로써 최종 대법원 판결은 다음과 같이 결론이 났다.

리:엔케이(Re:NK)의 후단부 2음절, '케이'는 간단하고 흔한 표장인 영문자 'K'의 국문음역과 같아 부가적인 표현에 불과한 것으로 인식될 수 있다. 따라서 '리:엔'이 독립하여 자타 상품을 식별할 수 있는 구성부분으로 상품출처에 오인·혼동의 염려가 있음을 그대로 인정했다. 결국 원심판결(서울고법 2011나40146)을 파기하고, 사건을 서울고등법원으로 환송시킴으로 "리엔 vs 리엔케이의 5년 상표분쟁에서 LG측 승리"로 손을 들어준 것이다.

그렇다면 대법원 판결이 난지 오래인데, 시중에서 아직도 乙의 'Re:NK' 제품을 볼 수 있다. 이는 어찌된 상황일까! 甲의 상표 권리는 그대로 살아있고, 최종 대법원 판결에서 甲의 승소로 매듭되었음에도 乙 제품이 시중에 유통된다는 것은 침해에 대한 보상과 함께 그 이후의 판매에 대한 실시료를 甲에게 지출한다는 의미이다.

간단한 하나의 상표에 힘은 이렇게 상황에 따라 막강하며 이를 잘못 경시했다가는 지나친 대가를 치루는 상황이 올 수 있음을 시사한다. 따라서 농산업체 등 영농 현장에서 상표에 대한 주의점을 적절하게 전파해야 할 상황도 간과해서는 안 될 것이다.

4. 협상

협상은 기술의 이전 단계에서 기술보유자-sor 및 기술이전자-see 사이에 이루어지는 기술이전 단계의 협상協商을 포함하여 다양한 상황에서 이루어진다. 특히 대학 및 공공연구기관의 경우 기술이전을 위한 실시권 설정 계약을 위해 협상이 진행되는데, 이에 대해서는 제5장(기술이전과 사업화 안목 넓히기)의 '계약'에서 간단하게 설명한 바 있다. 실시권 설정 계약을 위해 기술이전료(실시료) 외 특히 전용실시권 설정 시 실시권의 범위, 실시기간, 재실시권 및 개량발명에 대한 허락 여부 등을 함께 결정하게 된다. 여기서는 무형자산의 침해가 이루어졌을 때 원고와 피고 간의 이루어지는 협상을 함께 검토하고자 한다.

특허 등 등록권리는 무형자산이다. 따라서 제3자가 등록된 특허를 특허권자의 허락 없이 실시했을 때 자산의 침해이므로 분쟁으로 이어질 수 있다. 이때 무형자산은 침해 여부가 명료한 유형자산과 달리 침해관계에 대한 분석이 요구된다. 또한 해당 무형자산이 적법하게 등록된 권리인지에 대한 검토도 필요하다.

무형자산에 대한 침해가 이루어졌을 때 권리자 및 침해자는 소송을 진행하기 전부터 분쟁의 전주기적 상황에서 협상을 위한 추진 전략이 수행되어야 한다. 협상 단계에서 추진전략 및 준비사항 등을 간단히 언급하면 다음과 같다.

구분	내용
추진 전략	상대방 입장에 대한 이해知彼知己, 논리적 근거, 창조적 대안, 신뢰형성, 지구력 & 결단력, 협상의 결렬 상황을 대비한 돌파구 등
준비 사항	쌍방특허/매출분석, 전략수립(협상 Speed 등), 협상 단계별 책임자 고려
고려 요소	협상 및 소송의 효율성, 협상력, 전체 매출 대비 해당제품의 상대적 비중, 향후 매출 예측, 최악의 시나리오, 특허 포트폴리오, 타 경쟁사 현황 등

권리자와 침해자 간의 대응에 있어서 협상은 침해 여부의 판단이 애매모호할 때 더욱 두드러지게 요구될 수 있다. 해당 권리가 강하냐 약하냐에 따라 쌍방에서 취하는 태도가 달라질 수 있는데, 침해소송에서의 대응전략을 먼저 권리자 및 침해자 각자의 입장에서 강한특허, 보통특허 그리고 약한특허로 나누어 <표 6-6>과 같이 정리를 할 수 있다.

<표 6-6> 권리자와 침해자의 권리강도에 따른 대응 자세

	권리자	침해자
강한 특허	• 특허 명세서 제대로 작성 → 명확한 청구범위 제시 • 기술의 진보성 명확히 드러냄 • 원천기술 확보 ⇒ 형사/민사 모두 제기하여 강하게 나감	• 조기에 협상이 유리하며, 안되면 무효심판 청구
보통 특허	• 민사소송 제기 후 유연하게 대처 (정정심판 청구, 협의 등)	• 무효심판 제기 후 소송진행
약한 특허	• 무효 사유가 명백해도 가능 • 소송(승소 불명확) 보다 통상실시료를 저렴하게 접근[59] • 상대방도 조속히 분쟁해결 유리 ⇒ 경고장 발송, 원만한 협의가 최선	• 협상 진행(무료 통상실시권 요구) • (소극적)권리범위확인심판·무효심판 제기로 경고 • 무효 가능성이 커도 통상실시가 저렴하면 조속히 협의하는 것이 유리(분쟁비용 큼)

---

59) 상대가 무효심판을 고집하면 무료 통상실시 설정도 고려(계약 시 무효사유 내용 및 무료 통상실시 등의 비밀유지 필요)

소송이 진행되면 유연한 대처를 통한 영리한 접근방식이 요구된다. 필요하면 시간 끌기, 현장점검 등 협상에서 상대에게 들키지 않도록 전략적으로 대응해야 한다. 이때 상대의 전략에 끌려들지 말아야 하며 가장 유력한 소수(2~3개)의 증거를 중심으로 싸우는 것이 유리하다.

앞서 설명된 방향제 등록특허(<그림 6-7>)의 경우를 다시 살펴보면, K사는 강한 태도로 침해소송과 함께 (적극적)권리범위확인심판을 청구했다. 그리고 L사도 마찬가지로 무효심판을 청구함으로써 강하게 맞대응하는 태도를 보였으나 사실 L사의 경우 K사의 특허가 출원 전 공개의 무효 사유를 갖지 않았다면 강한특허(청구항 5) 앞에 엄청난 침해보상의 사태가 빚어질 수 있는 상황이었다. 즉, 무효 사유가 없었다면 K사의 강한특허 앞에 L사는 침해자로써 조기협상의 태도를 취해야만 했을 것이다.

대학이나 공공연구기관의 연구개발 결과물은 앞서 설명했듯이 연구기관에서 직접 실시하지 않는다. 개발된 우수한 기술을 국내 산업체 등으로 빠르게 보급하여 실용화될 수 있도록 노력할 뿐이다. 그리고 그와 같은 과정에서 연구결과물이 특허 등의 무형자산일 때 실시권을 산업체에 이전하게 되는데, 이를 실시하는 과정에서 일부 권리의 침해 및 분쟁 관계가 발생될 수 있다.

농촌진흥청, 지방농촌진흥기관 등 농식품 분야의 연구개발 기술을 포함하여 국가 연구기관의 경우 특히 산업체로 통상실시권 이전 원칙[60]에 의해 기술이전이 이루어지고 있는데, 실제 발생되었던 문제들의 상황을 고려하여 주의사항을 검토해보면 다음과 같다. 이는 대학의 경우도 마찬가지다.

❶ 가장 일반적으로 **기술이전을 받지 않은 업체가 특허기술을 실시**하는 경우이다. 가끔 업체에서는 국가 기술이기 때문에 솜방망이 처벌을 염두하고 쉽게 간과하여 실시하겠다는 의지이지만 이는 국가 무형자산에 대한 침해이므로 봐주기가 아닌 엄격한 관리가 요구된다. 이와 같은 경우 본장 제1절(권리와 실시)의 ○○도청의 사례와 같이 권리에 대한 침해 여부를 분석하고 침해 시 기술이전을 받아서 실시할 수 있도록 유도해야 한다.

❷ 국가 연구개발 추진이 **제3자의 원천발명이 존재하는 가운데 개량발명이 완성된 경우**[그림 6-1]이다. 이때 국가 연구개발 개량기술은 원천기술 대비 신규·진보성을 확보해서 등록될

---

60) 공무원 직무발명의 처분·관리 및 보상등에 관한 규정 제10조. 국가 연구개발의 국유특허권은 통상실시를 원칙으로 하나, 최근 농촌진흥청의 특정 기술분야에서는 일부 등록된 특허(국유자산으로 특허청 관리이며 농업기술실용화재단 위탁)에 대하여 전용실시 이전이 이루어지기도 함

수 있으며, 해당 기술을 이전한 업체의 실시가 제3자의 원천발명 권리를 침해하는 상황이 발생할 수 있다. 이와 같은 경우 우선적으로 연구자가 연구개발 단계에서 원천발명의 존재여부를 파악하고 기술이전 시 이전업체에 상황을 전달하여야 하겠으나 연구자는 기술이전 시, 원천기술의 유무 파악이 되지 않는 상황에서, 업체의 실시에 따른 침해 여부의 책임성 확약은 위험하므로 삼가해야 할 것이다.

❸ 국가 연구개발 수행 과정에서 **제3자가 자신의 기술이라고 생각하는 공개기술을 발전시켜 연구개발 결과에 일부 반영했을 때 발생되는 문제**이다. 이는 연구과제 검토나 협조적 현장 컨설팅 과정에서부터 일어날 수 있다. 즉, 연구자는 현장에서 논의된 해당 기술을 '일반적 기술'로 판단하고 그 기술을 바탕으로 더 발전시켜서 새로운 결과를 국가 연구개발로 특허출원 했을 때이다. '일반적 기술'이라고 생각했던 기술을 제3자는 자신의 기술을 연구자가 도용했다고 문제를 제기할 수 있기 때문이다.

따라서 이와 같은 경우 초기 검토 단계에서부터 해당 기술이 일반적 기술인지 여부 및 보호 가치를 상호 명확하게 결정하고 연구개발 연구자가 계승하는 데 문제없도록 해야 한다. 이는 공공기관 등의 연구자로서 문제발생 시 언론 등에 노출된다는 점을 감안할 때 '진정한 발명자로서의 진위여부'와 관계없이 제3자가 '일방적으로 기술을 도용당했다'라는 언론플레이로 인하여 연구자가 피해를 보는 경우가 많기 때문에 각별한 주의가 요구된다.

❹ 다음으로 **공동 연구에 따른 권리귀속 관계**이다. 연구자의 발명은 직무발명에 해당되며 권리자(출원인으로 법인 또는 자연인)와 발명자의 권리행사에 따른 정확한 이해를 통하여 공동연구자 및 해당 기관(산업체 포함)을 어떤 위치에 둘 것인지를 결정해야 한다. 이는 공동연구 수행 전 계약 등으로 명확하게 결정했을 때 향후 발생될 수 있는 권리관계 문제점을 미연에 방지할 수 있다.

이외에도 침해 및 분쟁이 다양한 상황에서 발생될 수 있으며, 중요한 것은 문제 발생을 미연에 방지하는 것이 우선이다. 그 이후에 발생된 문제는 협상을 어떤 방향으로 이끌고 갈 것인지에 대한 전략이 필요하다. 이를 위해서는 무엇보다 지피지기知彼知己를 명확히 해야 한다. 상대뿐만 아니라 나를 정확하게 파악했을 때 대응 전략이 나온다. 내가 취할 수 있는 권리를 포함하여 상대의 무효화 가능성, 침해여부, 대응전략 등 단계적으로 상황을 분석하여 협상에 임해야 할 것이다. 이와 같은 협상은 특허 등의 침해관계 대응에서부터 기술이전을 위한 가격 결정에 이르기까지 다양한 목적에서 이루어진다.

국가 연구개발 기관의 연구개발과 달리 기업에서의 특허 권리는 독점배타적 위치 확보에 목적이 크다. 특허권을 이용하여 출원인인 기업이 시장 내 실시권을 확보하는 것이 대기업의 특허출원 이유이다. 하지만 우수한 발명이 완성되었으나 마케팅 능력 부족이나 시장 판로가 미비한 중소기업의 경우 <그림 6-12>의 사례와 같이 규모 있는 기업에 기술이전을 수행함으로써 높은 수익을 창출하고자 시도하기도 한다. 이는 연구개발만 수행하여 기술을 보급하는 국가 연구개발 기관도 같은 사업화 입장에서 취할 수 있는 상황이기도 하다. 어떤 방향으로 연구개발을 추진하여 강하면서 맵시 있게 결과를 도출할 것인가, 그리고 성공적인 사업화로 연계시킬 것인가 생각해 볼 문제이다.

사례 아래는 어느 벤처기업의 우수한 기술을 이전하는 과정에서 빚어진 대기업의 지피지기 협상전략 사례이다.

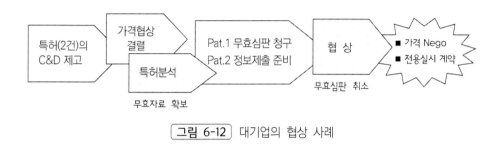

[그림 6-12] 대기업의 협상 사례

R사는 대학 내 바이오 벤처기업으로 특정 추출 단백질(이하 "효소")이 피부세포 노화방지에 효과가 뛰어남을 확인하고 생활용품(Pat.1, 탈모 및 발모효과) 및 화장품(Pat.2, 피부상태 개선)에 대한 두 개의 용도발명을 완성, 특허출원하였다. 당시에 한 건은 이미 등록된 상황이었고 나머지는 공개된 상태에서 특허청 심사 대기 단계에 있었다.

S사는 자체 연구개발 기반을 갖춘 상황에서 다른 기업들과 같이 C&D[61] 그룹을 운영하였고, 외부의 우수한 기술을 탐색하던 중 R사의 기술을 발굴함으로써 기술이전을 추진하고자 시도한 것이다. 해당 원료를 이용하여 관련 제품군의 시장을 창출하는 데 시장력이 약한 R사로서는 좋은 기회였고 S사로 기술이전을 통하여 수익을 창출하고자 가격협상에 들어갔다. 하지만 R사에서 제시한 원료 가격이 너무 높은 관계로 협상은 결렬되었고, S사에서는 이와 같은 단계에서 해당 특허에 대한 분석에 돌입하였다. 이유는 무효 사유를 확보함으로써 저렴한 가격으로 재협상을 추진하기 위한 목적이었다.

---

61) Connect & Development : 제품 개발을 자체 내의 연구개발에만 의지하기보다 외부의 우수한 기술을 기술이전하여 빠르게 제품개발을 추진함으로써 시장 선점Positioning을 추진하기 위한 목적이 있음

특허청 심사는 심사관 1인 직권으로 추진하여 특허 요건을 확인 후 등록 결정을 하게 된다. 따라서 권리범위가 좁혀지는 상황을 포함하여 아무리 등록된 특허라도 무효심판으로부터 완벽하게 자유롭지 못한 경우가 있다.

이후 S사는 R사의 특허(Pat.1, 2)에 대한 무효 가능한 선행자료를 확보하기에 이르렀다. S사는 전담 특허법인에 무효화 감정서를 마련하였고, 먼저 등록된 생활용품 특허(Pat.1)에 대하여 무효심판[62]을 청구한 것이다.

S사는 무효심판을 통하여 R사의 특허를 무효시킨다면 자유롭게 그 효소를 사용할 수 있다. 하지만 그렇게 된다면 시장에서 S사와 같은 마케팅력을 가진 경쟁사에서도 동일하게 효소를 사용할 수 있기 때문에 R사의 특허를 무효화시킬 이유는 전혀 없다. 단지 저렴한 가격으로 협상을 성사시켜 배타적 권리를 확보하는 데 그 목적이 있었던 것이다.

결국 R사는 S사의 협상전략에 끌려 협상이 이루어졌고, S사는 무효심판을 취소함으로써 전용실시를 통한 두 특허의 배타적 권리를 저렴한 가격에 확보하게 되었다. 결국 효소를 활용한 S사의 생활용품(샴푸, 린스 등) 및 화장품의 차별적 고가 신제품의 조건을 확보한 것이다.

국내 중견기업 이상의 규모를 가진 대기업이라면 대부분 특허팀을 구성하거나 전담 대리인(변리사 등)과 연계되어 있다. <그림 6-12>는 가격협상에 대한 하나의 사례일 뿐이지만, 국가 연구개발 기관에서의 우수한 연구개발 결과물이 다양한 협상 상황에서 강한특허로 자리하기 위해서는 흔들리지 않는 권리확보가 중요하다. 또한 S사와 같은 대기업의 다양한 협상에도 더 높은 위치에서 대응하여 실용화를 이룰 수 있도록 강력한 연구개발 결과물을 창출하는 것이 중요하다.

---

62) 무효심판은 등록된 특허에 대하여 이루어지는 절차로 청구 후 원고가 심판을 취하할 시 청구 이유에 대한 자료가 공개되지 않으며 처음부터 없었던 것이 됨. 하지만 공개 특허에 대해서는 무효를 위한 선행자료를 '정보제출'할 시 해당특허(Pat.2)에 붙여서 심사관에게 전달되어 특허등록에 영향을 주며, 그 자료는 이후 등록된 특허(Pat.1)에도 영향을 주게됨. 따라서 S사에서는 Pat.1 등록특허에 대해서만 무효심판을 청구한 상태에서 R사에 권고함으로써 원하는 가격대의 협상을 추진함

🔎 시사점

특허의 등록은 특허성의 신규성^{Novelty} 및 진보성^{Inventive Step}에 따른다. 이때 선등록 권리자의 특허를 침해하는 상황(〈그림 6-1〉)이 형성될 수 있으므로 등록된 내 권리를 실시할 시 제3자의 선등록 권리가 있는지 여부는 기본적으로 확인되어야할 것이다.

권리범위 분석을 통한 침해의 유형을 이해하고, 침해 판단절차(〈그림 6-2〉로서 1) 전요소주의의 원칙, 2) 균등론, 3) 금반언의 원칙을 이해하여야 한다.

Hilton Davis 사건(〈표 6-2〉)은 균등론^{Doctrine of Equivalent}의 세계적 대표사례이며, 기저귀 소송(〈그림 6-3〉, 〈그림 6-4〉)은 글로벌 기업(Kimberly-Clark사)을 상대로 한 국내 화학업계의 대표 사례로서 한 건의 특허 침해는 그 대응과정에서 침해 기업에 막대한 영향을 미칠 수 있다.

특허의 회피설계는 등록 명세서 상의 청구범위에 따른 균등론을 포함하는 문헌적 해석뿐만 아니라 특허청의 출원 경과(출원 시 출원국가 특허청의 등록 과정 상 내용 포함)를 분석하여 대응해야 한다. 따라서 특허의 권리 형성은 내 것과 남의 것일 때에 따라 다르므로 自他 입장에서 고려해야 한다(사례: 수셀겔 방향제, 〈그림 6-6〉 진압장치).

특허(〈그림 6-7〉, 링PTC 방향제 등), 디자인(〈표 6-3〉, 페이퍼 전지 등), 상표(리엔 v.s. Re:NK)의 침해 대응 사례를 통해 지식재산의 중요성을 이해한다.

협상은 다양한 상황에서 진행된다. 〈그림 6-12〉의 대기업 협상전략은 대기업에서 중소기업의 특허를 적절한 실시료로 전용실시하고자 전략적으로 진행한 사례이다. 특허는 특허청 심사관의 1인 직권으로 심사되기 때문에 등록된 권리라도 무효심판에 노출될 수 있으며, 보통 무효심판이나 침해소송 시 침해 여부의 판단을 위해 '적극적 또는 소극적 권리범위 확인심판'이 함께 진행되기도 한다. 그리고 협상 사례를 고려하여 기술이전에 핵심도구가 되는 지식재산권은 외풍에 흔들리지 않도록 강하게 확보되어야 할 것이다.

제7장
직무발명 효과 높이기

.

제1절 | 직무발명의 이해

1. 연구개발과 직무발명 현황

최근 직무발명에 대해서는 대학이나 공공연구기관, 기업 등 그 관리에 대해서 어떤 기관이든 주의를 기울여 관리하고 있다. 공공부문 직무발명을 살펴보면, 국가 연구개발 사업[1]은 중앙행정기관이 법령에 근거하여 과제를 특정하고 그 연구개발비의 전부 또는 일부를 출연하거나 공공기금 등으로 지원하는 국가기술 분야의 사업이다. 이 사업은 공공연구기관을 포함하여 대학 및 기업까지 참여해서 수행된다. 그 과정에서 특허 등을 포함한 연구개발의 무형적 성과는 개별성과를 개발한 연구기관 단독 소유로 하며, 복수 연구기관이 공동으로 개발한 경우 공동소유[2]로 한다. 이때 주관 연구기관이 국가 연구기관(농촌진흥청이나 농립축산검역본부 등)인 경우 그 소유권은 국가(국유특허)로 귀속되며, 지방자치단체 소속의 기관(농업기술원 및 농업기술센터 등)의 경우 그 지자체가 소유하게 된다.

여기서 국가 연구개발 사업의 연구결과물이 그 소속기관에 귀속이 되는 부분은 직무발명일 때를 일컫는 것이지 자유발명일 경우는 그렇지 않다. 따라서 무엇이 직무발명이고 자유발명인지? 직무발명의 제도적 추진 목적 및 규정은 무엇이며 그와 관련된 전반 사항을 검토할 필요가 있다. 또한 국가 연구개발 사업을 수행하는 연구자로서의 자세와 방향은 무엇인지 검토되어야 할 것이다.

---

[1] '국가연구개발사업의 관리 등에 관한 규정(2014.11.28. 일부개정)' 참조
[2] 단, 공동연구를 통한 공동소유권은 특정기간 연구사업을 수행하기 전 계약을 맺었을 경우 그 조건에 따라 달라질 수 있음

먼저 직무발명[3]은 고용계약에 의해 기관이나 기업(사용자)에서 일하는 연구자(종업원)가 직무수행 과정에서 개발한 발명을 뜻한다. 아울러 직무발명제도란 종업원이 개발한 직무발명을 사용자에게 승계·소유[4]하도록 고용계약 등에 의해 유도하고, 사용자는 종업원에게는 그 발명에 대한 정당한 보상을 해주는 제도를 말한다.

21세기 지식기반 사회로 접어들면서 핵심·원천기술의 확보가 중요해지고 지식재산의 확보는 기술 경쟁력을 가늠하는 척도가 되었다. 이에 따라 국가나 기업의 생존·발전에 대한 전략적 가치가 중요해지면서 특허기술이나 노하우 등이 외부로 반출되지 않고 지속가능한 산업발전의 틀로 자리하기 위해서는 그에 맞는 적절한 대우가 요구된다.

<그림 7-1>은 '15년 특허청[5]에서 수행한 국내 주요 기관의 직무발명 운영현황이다. 기업 전체인 41.7%에 비해 대학·공공기관의 운영현황이 절대적으로 높았으며, 정부출연(연)의 경우 자체 직무발명 보상규정을 만들어서 100% 운영하고 있다.

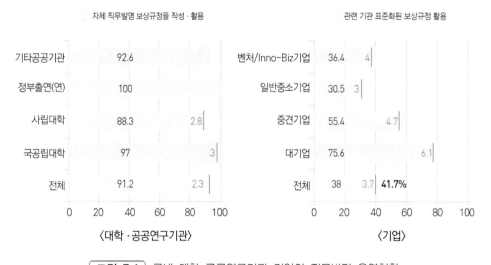

[그림 7-1] 국내 대학·공공연구기관·기업의 직무발명 운영현황

---

3) 발명진흥법 상의 직무발명이란? 종업원, 법인의 임원 또는 공무원(이하 "종업원등"이라 한다)이 그 직무에 관하여 발명한 것이 성질상 사용자·법인 또는 국가나 지방자치단체(이하 "사용자등"이라 한다)의 업무 범위에 속하고 그 발명을 하게 된 행위가 종업원 등의 현재 또는 과거의 직무에 속하는 발명을 말한다(제2조 2항)
4) 직무발명 조건에서 국유특허의 사용자는 국가가 되며, 대학(산학협력단 관리), 기업 등 연구자가 속한 조직에게 승계하여 소유권을 넘기게 됨
5) 출처) 공공분야 직무발명보상제도 합리화 방안 연구 최종보고서 (특허청. 2015., 특허법인 다래)

우리나라 기업의 10년 전 직무발명 운영은 19.2%에 불과했다[6]. 정부는 당시 저조한 직무발명 운영을 높이기 위하여 특허법 상의 직무발명 사안을 발명진흥법에 통합하여 <그림 7-2>와 같이 개정하였고, 공무원 직무발명 처분보상금의 경우 기술이전료의 10~30%에서 50%로 증액하였다. 또한 직무발명경진대회나 지역순회설명회 등을 진행하면서 공무원(공공연구기관)뿐만 아니라 중소기업 등에도 직무발명의 제도적 활성화가 안착될 수 있도록 노력을 기울임으로써 현재와 같은 운영현황에 도달한 것이라 생각된다. 하지만 여전히 선진국에 비해서는 미흡한 상황이며 기업에서도 완전한 제도운영이 요구된다.

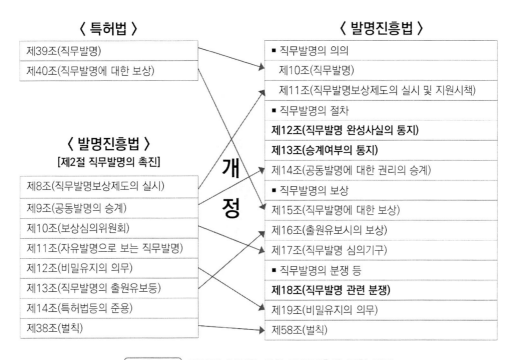

〈 특허법 〉
- 제39조(직무발명)
- 제40조(직무발명에 대한 보상)

〈 발명진흥법 〉
[제2절 직무발명의 촉진]
- 제8조(직무발명보상제도의 실시)
- 제9조(공동발명의 승계)
- 제10조(보상심의위원회)
- 제11조(자유발명으로 보는 직무발명)
- 제12조(비밀유지의 의무)
- 제13조(직무발명의 출원유보등)
- 제14조(특허법등의 준용)
- 제38조(벌칙)

개정

〈 발명진흥법 〉
- ▪ 직무발명의 의의
- 제10조(직무발명)
- 제11조(직무발명보상제도의 실시 및 지원시책)
- ▪ 직무발명의 절차
- **제12조(직무발명 완성사실의 통지)**
- **제13조(승계여부의 통지)**
- 제14조(공동발명에 대한 권리의 승계)
- ▪ 직무발명의 보상
- 제15조(직무발명에 대한 보상)
- 제16조(출원유보시의 보상)
- 제17조(직무발명 심의기구)
- ▪ 직무발명의 분쟁 등
- **제18조(직무발명 관련 분쟁)**
- 제19조(비밀유지의 의무)
- 제58조(벌칙)

그림 7-2 | 제도적 안착을 위한 발명진흥법 통합 관리

발명진흥법에서는 특허법 내용을 포함하면서 직무발명 완성사실의 통지(제12조), 승계여부의 통지(제13조), 직무발명 관련 분쟁(제18조) 항목을 더 두었다. 이는 직무발명의 제도화를 확대시키면서 직무발명과 자유발명을 더 명확히 하고 사회적으로 약자 위치인 종업원을 두텁게 보호하기 위한 목적도 있다할 것이다.

---

6) 근거: '14.7. 특허청 조사. 당시('02년) 일본의 직무발명 운영현황은 62.1% 였음

직무발명제도는 발명을 장려하기 위한 사용자와 종업원(발명자) 간 쌍방의 투자이고 인센티브이다. 이때 사용자는 국가나 지방자치단체, 대학, 기업이 되고, 종업원(발명자)은 회사 직원이나 공무원(중앙 또는 지방)이 된다. 사용자는 종업원의 발명에 대한 귀속관계를 명확히 해서 발명 활동을 직·간접적으로 지원함으로써 직무발명을 안정적으로 수행할 수 있도록 기반을 마련해준다. 그리고 종업원의 개발기술에 대한 권리를 귀속하고 동시에 종업원이 정당한 보상을 받을 수 있도록 직무발명 제도를 통하여 발명의욕을 고취시키는 것이다. <그림 7-3>은 지식재산의 선순환 시스템을 보여주고 있다.

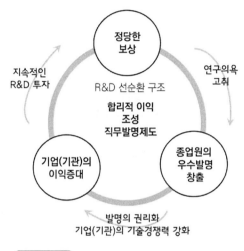

그림 7-3 사용자와 종업원의 역할과 관계

이는 종업원과 사용자, 양자의 입장에서 보면 직무발명제도의 기반 하에 원활한 연구 분위기가 조성됨으로써 종업원은 훌륭한 발명을 성취할 것이고, 사용자(대학, 기업 또는 국가)는 발명의 독점적 권리를 취득하여 이익을 증대시킬 것이다. 지속적인 연구개발[R&D] 투자와 정당한 보상을 제공함으로써 기업·연구소·대학 등 지식창조의 발전적인 선순환 시스템구축에 바탕이 되고 있다.

2. 직무발명의 취지와 요건

직무발명의 궁극적인 목적은 특허제도를 국가에서 장려하는 이유(제1장 제1절 설명)와 마찬가지로 결국은 국가의 산업발전이다. 이와 같은 목적을 이루기 위하여 발명을 장려하고 직무발명 제도를 통하여 종업원을 보호하는 데 취지가 있는 것이다.

직무발명의 요건은 다음과 같다.

❶ **종업원의 발명에 속하여야 한다.** 이때 종업원은 사용자와 고용관계에 있으며 노무제공 사실관계만 있으면 성립된다. 타인의 사업에 종사하는 자로 종업원, 법인의 임원, 공무원을 지칭하고, 상근·비상근을 묻지 않으며, 촉탁지원이나 임시직원도 포함하나 고용관계는 반드시 있어야 한다. 즉, 사용자로부터 보수를 지급받고 있는지 여부가 중요하며 사용자의 요구에 응해 업무수행을 담당하는 직책이어야 한다.

❷ **종업원의 발명이 성질상 사용자 등의 업무범위에 속해야 한다.** 사용자는 타인을 고용하는 개인, 법인, 국가나 지방자치단체를 지칭하며, 업무범위는 사용자가 수행하는 사업범위로 법인의 경우 그 정관을 기초로 해석한다.

❸ **발명을 하게 된 시기가 종업원 등의 현재 또는 과거의 직무에 속해야 한다.** 종업원의 직무는 발명의 의도 여부와 관계없이 직무발명의 성립은 인정되나 발명을 하는 것이 종업원의 직무가 아닌 경우에는 직무발명에 해당하지 않는다. 또한 이는 특허출원 시기가 아니라 발명을 하게 된 시기이다. 발명을 착상하고 완성하기까지가 주요 관건이다.

예를 들어 설명해보겠다.

종업원이 퇴직 전 직무에 속하는 발명을 완성하고 퇴직 후 특허출원을 했다면 전 직장의 직무발명에 해당된다.

또한 보조 직원으로 일정한 보수를 지급받는 자가 연구수행 중 이룬 발명에 대하여 그 직무가 1주일에 2일 내지 4일 정도의 직무라도 직무발명에 해당된다(일본 동경지판 제9357호). 또한 파견 종업원의 경우에는 파견한 회사 또는 파견 사업장 중 어디에서 급여를 주는가에 대한 견해보다 파견 종업원에 대한 감독권이 누구에게 있느냐에 따른 결정이 중요하다.

공공연구기관을 비롯하여 대학 및 기업 등 대부분의 연구개발 결과물에 대한 발명은 각 기관에서 갖추고 있는 직무발명 규정을 통하여 사용자에게 귀속된다. 이러한 과정에서 직무발명이냐 자유발명이냐의 여부를 놓고 다툼이 이루어지는 경우가 많다. 따라서 앞서 설명된 직무발명의 취지와 요건을 기준으로 아래와 같이 직무발명의 여부에 대한 판단을 명확히 할 필요가 있다.

〈사례1〉 어느 기업의 연구소에서 연구원으로 근무하던 A가 같은 회사의 원료팀으로 자리를 옮겨 연구원 시절의 경험을 살려 하나의 발명을 완성하였다. 이때 그 발명이 회사의 업무범위에 속하지만 원료팀이 아닌 연구원의 직무에 해당하는 경우라면?

이와 같은 경우, 원료팀에 소속되어 있더라도 회사의 업무범위에 속하고 A가 연구원 경험을 살려 완성한 발명이므로 직무발명에 해당할 것이다.

〈사례2〉 현재 乙 회사에 근무하는 A가 전 직장인 甲 회사에서 근무할 때의 경험을 살려 甲 회사의 업무에 속하는 발명을 한 경우?

이때는 여러 가지 판단 요소가 적용될 것이다.

먼저 A가 甲 회사를 언제 퇴직했냐가 중요할 것이다. 많은 회사는 입사를 할 때 근무서약서를 받는다. 직무발명과 관련하여 2~3년 동안 동종 업계로의 이직을 제한하는 조항을 담고 있으며 이를 풀어서 해석할 필요가 있다. 즉, 퇴직 후 일정 기간이 지났고, 발명이 乙 회사의 업무범위와 상관이 없다면 A의 발명은 자유발명에 해당할 것이다. 하지만 2~3년의 기간 이내라면 甲 회사의 직무발명에 해당할 가능성이 크다고 하겠다.

둘째 발명에 대한 추적사항의 유무이다. 즉, 발명의 기록이 甲 회사의 연구노트 등에 기록되어 있다면 甲 회사의 직무발명이지만 甲 회사에서 a+b+c를 연구(특허 미출원)하고, 乙 회사에서 a+b+c+d를 연구하여 a+b(공지기술)에 c와 d에 대한 발명을 완성 후 특허출원을 했다면 분쟁의 소지가 크다고 하겠다. 물론 甲과 乙회사의 합의를 통하여 공동발명으로 진행되면 문제가 없을 것이다.

다음은 종업원이 발명자가 되기 위한 조건이다.

〈진정한 발명자가 누구인지?〉
① 기술적 수단을 착상한 자
② 타인의 착상에 의거, 연구를 수행해서 발명을 완성한 자
③ 타인의 착상에 대하여 구체화하는 기술적 수단을 부가함으로써 발명을 완성한 자
④ 약간 불완전한 착상을 하였으나 타인에게 일반적인 지식의 조언 또는 지도를 얻어 발명을 완성한 자
⑤ 타인의 발명에 힌트를 얻고 다시 그 범위를 확대하는 발명을 한 자

즉, 실질적인 협력자인지 아니면 단순한 협력자인지를 발명자로서 고민해볼 필요가 있다. 희망 조건만 제시하고 그 조건을 해결할 착상을 제공하지 않거나 타인이 제시한 착상 속에서 선택한 것에 지나지 않는 경우, 그리고 단순 보조자(데이터 정리, 제시된 실험을 시키는 대로 수행한 정도)는 진정한 발명자가 될 수 없는 경우라 하겠다. 그렇다면 관리자의 발명자 해당 여부는 어떻게 판단할 것인가? 관리자는 구체적인 착상을 하고 그 발전의 실현을 가능하게 하거나 보충적 착상을 제시하는 등 연구에 혼선이 있을 때 구체적인 지도로 발명을 완성하는 데 적극적인 관여가 있어야 할 것이다.

3. 직무발명의 효과

직무를 수행하며 발명을 완성하고 특허출원을 통하여 발명을 등록시키면 권리가 발생되게 된다. 이와 같은 권리에 대하여 직무발명의 귀속 이론은 발명자주의[7]와 사용자주의[8]로 구분되는데 우리나라는 발명자주의를 택하고 있다. 발명자주의는 발명자에게 직무발명에 대한 권리를 귀속시키고 그 대신 사용자에게는 직무발명에 대한 무상의 통상실시권을 인정하게 된다. 하지만 이와 같은 발명자주의를 택하더라도 직무발명제도를 통하여 특허를 받을 수 있는 권리 또는 특허권을 사용자가 종업원으로부터 승계를 받을 경우, 사용자는 종업원(발명자)에게 정당한 보상금을 지급하도록 양자의 균형을 꾀하게 된다. 즉, 권리의 승계와 그에 대한 정당한 보상이 직무발명제도의 핵심이 되는 것이다. <표 7-1>은 발명자주의와 사용자주의를 권리의 귀속 및 직무발명 규정을 두고 비교하고 있다.

<표 7-1> 발명자주의와 사용자주의 비교[9]

	발명자주의	사용자주의
기본 이념	발명은 개인의 지적 산물	고용의 원칙
권리 귀속	원시적으로 발명자	사용자
직무발명 규정	필요	불요
출원	사용자 또는 발명자	사용자
대가	보상	보상

---

7) 종업원의 직무발명에 대한 특허권은 원칙적으로 발명자에 귀속
8) 직무발명에 대한 특허권은 연구시설 및 자금을 지원한 사용자에게 귀속
9) 출처) 특허청, 2015.11.11., 공공분야 직무발명보상제도 합리화 방안 연구

직무발명이 중요하게 다루어지는 이유는 특허법 상 발명자주의가 발명 행위를 한 개인에게 특허를 받을 수 있는 권리를 부여하는 입법주의 때문이다. 즉, 기관이나 조직이 발명행위를 부정하고 자연인에 의한 발명만을 인정하는 입장이다(특허법 제33조[10]). 미국, 일본, 독일 등도 발명자주의를 택하고 있다. 종업원이 발명을 했을 때 원시적으로 종업원에게 권리가 귀속되고, 직무발명 규정을 통하여 종업원으로부터 그 권리를 인계받는 것이다.

그렇다면 직무발명제도에서 종업원과 사용자의 권리와 의무에 대하여 살펴봐야 할 것이다.

먼저 <종업원의 권리와 의무>이다.

종업원의 권리는 특허를 받을 수 있는 원시적 권리 취득자로서 사용자는 종업원들로부터 그 권리를 양도받게 된다. 이때 계약 및 근무규정 등의 특약에 의하여 종업원의 발명에 대한 권리가 사용자에게 귀속되며, 그 대가로 정당한 보상금을 받을 권리(보상금청구권)를 종업원이 갖게 된다. 또한 발명자인 종업원은 직무발명에 있어서 특허출원서에 발명자로 게재될 권리를 갖는다. 종업원의 의무에는 먼저, '직무발명 완성사실의 통지의무'가 있다. 직무발명을 완성한 경우 지체 없이 그 사실을 사용자에게 문서(서면 또는 전자문서)로 통지하여야 한다. 그리고 '비밀유지의 의무'이다. 직무발명을 출원할 때까지 그 발명에 관한 비밀을 유지해야 한다.

다음으로 <사용자의 권리와 의무>이다.

사용자는 종업원의 발명을 통하여 대가 없는 통상실시권을 취득하고 그 직무발명을 자유로이 사용할 수 있다. 이때 종업원의 직무발명에 대하여 미리 사용자가 그 권리를 승계받기로 하거나 특허권에 대하여 전용실시권을 설정하기로 한 계약(특약)이 맺어진 경우 그 직무발명은 사용자에게 승계된 것으로 본다. 따라서 특허의 경우 출원 시 출원인이 사용자가 되며 향후 심사를 거쳐 등록될 시 출원인은 특허권자가 된다. 그리고 특허권자는 사용자의 의무로서 승계 여부에 대한 통지의 의무와 함께 정당한 보상을 해 줄 의무가 발생한다. 아울러 이와 같은 정당한 보상은 사용자가 직무발명을 승계한 후 특허출원을 하지 않고 비밀유지로 가는 경우에도 발생된다.

발명자주의를 택하고 있는 우리나라는 공공기관, 특히 공무원의 직무발명에 대해서는

---

10) 제33조(특허를 받을 수 있는 자) ① 발명을 한 사람 또는 그 승계인은 이 법에서 정하는 바에 따라 특허를 받을 수 있는 권리를 가진다 ② 2명 이상이 공동으로 발명한 경우에는 특허를 받을 수 있는 권리를 공유한다

발명진흥법 제10조 제1항[11]에도 불구하고 공무원의 직무발명에 대한 권리는 국가나 지방자치단체가 승계하며, 국유나 공유로 한다. 그리고「고등교육법」제3조에 따른 국·공립대학교 교직원의 직무발명에 대한 권리는「기술의 이전 및 사업화 촉진에 관한 법률」제11조 제1항 후단에 따른 전담조직이 승계하여 소유한다.

<그림 7-4>는 농촌진흥청의 '굳지않는 떡' 특허기술에 대한 등록사항 정보이다. 종업원(연구원)으로부터 특허권 승계 사항이 표기되었는데, 특허권자로서 등록권리자가 승계청(농촌진흥청), 관리청(특허청)으로 표기되어 있다.

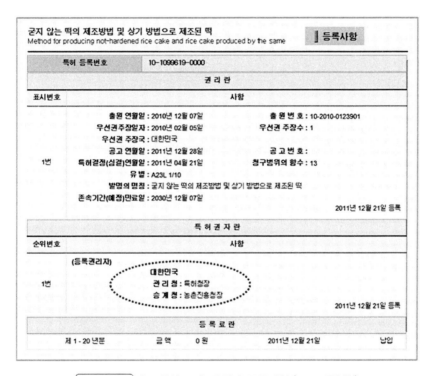

그림 7-4　'굳지않는 떡' 특허의 등록사항 (출처 특허청)

이는 국유특허의 경우이며, 농진청 연구자(종업원)의 연구결과를 특허출원 시 연구자

---

11) 직무발명에 대하여 종업원 등이 특허, 실용신안등록, 디자인등록을 받았거나 특허 등을 받을 수 있는 권리를 승계한 자가 특허 등을 받으면 사용자등은 그 특허권, 실용신안권, 디자인권에 대하여 통상실시권(通常實施權)을 가진다. 다만, 기업인 경우 종업원등과의 협의를 거쳐 미리 다음 각 호의 어느 하나에 해당하는 계약 또는 근무규정을 체결 또는 작성하지 아니한 경우에는 그러하지 아니하다. 〈개정 2013.7.30.〉 1. 종업원등의 직무발명에 대하여 사용자 등에게 특허등을 받을 수 있는 권리나 특허권 등을 승계시키는 계약 또는 근무규정, 2. 종업원등의 직무발명에 대하여 사용자 등을 위하여 전용실시권을 설정하도록 하는 계약 또는 근무규정

(종업원)는 발명자로 기록되고 출원인은 농촌진흥청이 된다. 그리고 특허 등록을 통한 권리 형성 시 국유특허는 일괄적으로 특허청에서 관리하게 되며, 특허권자는 대한민국 정부가 된다.

<그림 7-5>는 동일한 '굳지않는 떡' 특허의 통합행정정보로써 출원으로부터 거절대응 및 등록결정에 따른 국유특허(실용신안)설정등록(9번) > (통상실시권)실시권(사용권) 설정등록신청서(11번) 등이 차례대로 표기되어 있다. 그리고 국유특허에 대한 실시권 설정등록 사항을 확인할 수 있다. 즉 국유특허는 등록 전에는 발명 기관장이 관리하며, 자산으로써 등록되면 특허청에서 일괄 관리하게 된다.

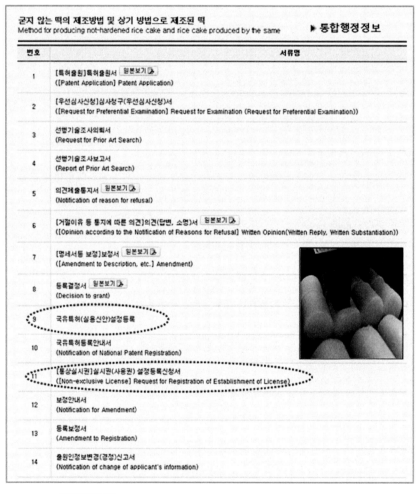

굳지 않는 떡의 제조방법 및 상기 방법으로 제조된 떡
Method for producing not-hardened rice cake and rice cake produced by the same   ▶ 통합행정정보

번호	서류명
1	[특허출원]특허출원서 원본보기 ([Patent Application] Patent Application)
2	[우선심사신청]심사청구(우선심사신청)서 ([Request for Preferential Examination] Request for Examination (Request for Preferential Examination))
3	선행기술조사의뢰서 (Request for Prior Art Search)
4	선행기술조사보고서 (Report of Prior Art Search)
5	의견제출통지서 원본보기 (Notification of reason for refusal)
6	[거절이유 등 통지에 따른 의견]의견(답변, 소명)서 원본보기 ([Opinion according to the Notification of Reasons for Refusal] Written Opinion(Written Reply, Written Substantiation))
7	[명세서등 보정]보정서 원본보기 ([Amendment to Description, etc.] Amendment)
8	등록결정서 원본보기 (Decision to grant)
9	국유특허(실용신안)설정등록
10	국유특허등록안내서 (Notification of National Patent Registration)
11	[통상실시권]실시권(사용권) 설정등록신청서 ([Non-exclusive License] Request for Registration of Establishment of License)
12	보정안내서 (Notification for Amendment)
13	등록보정서 (Amendment to Registration)
14	출원인정보변경(경정)신고서 (Notification of change of applicant's information)

그림 7-5 '굳지않는 떡' 특허의 통합행정정보 (출처 특허청)

다음은 종업원과 사용자의 권리와 의무에 대하여 살펴보고자 한다. 직무발명 운영 규정은 대학이나 기업의 경우 조금 다를 수 있겠으나 여기서는 국유특허를 중심으로 살펴보도록 하겠다.

4. 직무발명의 처분 및 보상

국유특허[12]의 경우 공무원 직무발명의 원칙을 따르며 지방자치단체의 경우 보상액 등에 약간의 차이가 있을 수 있으나 내용 면에서는 전반적으로 같은 직무발명 규정을 따르고 있다.

먼저 <직무발명 처분>은 '통상실시권의 허락'을 원칙으로 한다(공무원 직무발명의 처분·관리 및 보상 등에 관한 규정 제10조 및 제11조). 다만 통상실시권을 받으려는 자가 없을 경우 등에는 국유특허권을 매각하거나 전용실시권을 설정할 수 있다. 처분 방법으로 통상실시권은 수의隨意계약[13]을 통해 이루어지며, 만약 국유특허권이 매각이나 전용실시권을 설정할 경우는 경쟁입찰 방법을 통해서 이루어진다.

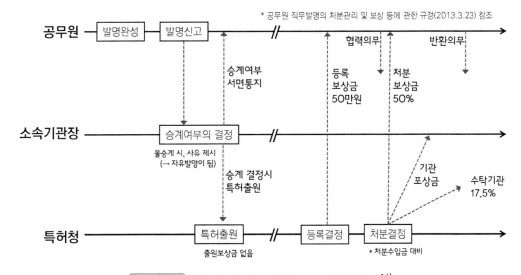

그림 7-6 '공무원 직무발명 법령 상의 보상 관계[14]

---

12) 산업재산권 중, 상표를 제외한 특허, 실용신안, 디자인을 포함함
13) 경쟁이나 입찰에 의하지 않고 상대편을 임의로 선택하여 체결하는 계약
14) 출처) 한얼국제특허법률사무소 '14년 교육자료(류시은 변리사) 참조

직무발명이 이루어졌을 때 사용자는 종업원에게 <직무발명 보상>의 의무를 갖게 된다. 보상의 종류로는 출원보상, 등록보상, 실시보상, 처분보상, 출원유보보상 등 다양하다. 하지만 사용자와 종업원 사이에 계약이 어떤 식으로 이루어졌느냐에 따라서 그 보상의 종류 및 범위는 기관마다 다를 수 있다. 공무원의 직무발명 보상은 중앙정부기관(대부분 국유특허)과 지방자치단체로 기관마다 액수가 다르며, 대학이나 기업의 경우 특허의 등급에 따라 출원보상을 파격적으로 높이는 등 각 조직의 특성에 맞게 직무발명 규정 등을 수행하고 있다. 공무원 직무발명은 출원보상을 두고 있지 않으며 등록 및 처분 위주로 보상이 이루어지고 있다.

사례 공무원 직무발명의 처분보상은 발명자의 발명에 대한 동기부여를 고무시키기 위하여 매우 크게 실시하고 있다. 이를 국내 식품 대기업인 S社의 직무발명 보상사례와 비교해보면 공무원 처분보상의 얼마나 큰 것인지를 실감할 수 있다.

<표 7-2> S사의 직무발명 처분보상 기준

순수입금액(A)	보상금 기준
1억원 이하	(A) × 5%
1억원 초과 2억원 이하	(A-1억원) × 4% + 500만원
2억원 초과 5억원 이하	(A-3억원) × 3% + 900만원
5억원 초과 10억원 이하	(A-5억원) × 2% + 1,800만원
10억원 초과	(A-10억원) × 1% + 2,800만원

※ 직무발명 처분보상은 "최초 3회"에 한함

<표 7-2>는 S사의 처분보상금 지급기준이며, 기능성식품 제형화 관련 특허기술을 미국의 글로벌 기업인 M사에 이전하였다. 이때 실시범위는 S사가 국내시장을 갖고 있었기 때문에 해외시장에 대해서만 전용실시를 허락했고 그 대가로 아래와 같은 조건의 괄목할 만한 계약을 성사하게 된 것이다.

계약의 로열티(Royaltee) 사안

- 선급금(Innitial Royaltee) : 20억
- 경상금(Running Royaltee) : 당해연도 매출액의 1.5~3% (※ 매출액 상황별 차등 지급)
- 계약기간 : 10년

이와 같은 계약 조건에서 선급금Innitial Royaltee에 대한 처분보상만 <표 7-1>의 기준을 적용하여 검토하면 다음과 같다.

"(20억원 - 10억원) × 1% + 2,800만원 = 3,800만원"

그리고 기술이전된 특허는 4명의 발명자로 주발명자인 甲과 乙·兵·丁의 각각 발명지분이 50:20:20:10으로 구성되었을 때 주발명자인 甲은 선급금에 대하여 1,600만원의 처분보상금을 받게 된다. 또한 경상금Running Royaltee에 대한 보상도 특허기술의 계약기간인 10년 동안 이전료 수익이 발생하더라도 발명자에게는 최초 3년(회)에 한해서 이루어지게 된다.

이를 그대로 공공연구기관 중 국가 연구개발인 국유특허에 적용하면 어떨까! 선급금에 대해서만 검토했을 때, 20억의 50%인 10억이 발명자들에게 보상 적용되고 甲은 지분의 50%인 5억을 받게 될 것이다. 그리고 국가 연구기관 공무원의 경우 최초 3회라는 조건이 없으므로 이전 계약기간인 10년 동안 지속적으로 매출액의 1.5~3%의 경상금에 대해서도 지분만큼 받을 것이다.

물론 국가 연구개발 직무발명은 통상실시권 원칙이기 때문에 S사의 전용실시권과 같은 기술이전은 쉽지 않다. 하지만 기업의 직무발명 처분보상의 지급기준에 비해 큰 장점이 있기 때문에 연구자의 강력한 연구개발 결과는 인센티드 차원에서 막강하다고 할 것이다. 그리고 이와 같은 처분보상은 대학의 경우도 크게 적용되는 경우가 많다.

사례 다음은 직무발명 보상과 관련하여 세계적으로 유명한 청색LED 사례이다. 발명자인 나카무라 슈지(中村 修二)는 현재 미국 UC산타바바라 교수이며, 2014년 노벨 물리학상을 수상했다.

소송 내용은 다음과 같다.

그는 일본의 (주)니치아 화학에서 일하면서 청색LED(오른쪽 사진)를 통하여 자신이 몸담은 회사가 엄청난 부를 이루도록 기여했다. 하지만 그의 공로와 20년 동안의 노력에 대한 대가로 단지 20만원의 보상을 받았다. 그는 이에 분개하여 사표를 낸 후 일본을 떠나 미국에서 대학교수로 지내며 소송을 제기했다. 당시 (주)니치아 화학을 상대로 2천억원의 보상을 요구했으며, 최종 소송에서 이겨 85억원을 받아냈다(20만원→85억). 결국 일본은 본 소송사례와 함께 훌륭한 과

학자를 잃게 되었고, 그 후 특허출원 등록 및 처분보상 등에 관한 직무발명 보상을 강화시키는 계기가 되었다.

훌륭한 발명에 맞는 보상은 종업원에게 발명에 대한 동기부여이고 그로 인하여 회사로서는 사업 확대와 부를 창출하는 바탕이 된다. 따라서 직무발명에 대한 보상체제를 갖추는 것이 중요하며, 아울러 그에 맞는 "적절한 보상"이 이루어져야 할 것이다.

▶ 시사점

직무발명은 기업을 비롯하여 대학, 공공연구기관 등에서 〈사용자〉와 〈종업원〉의 의무를 둠으로써 발명을 장려하기 위한 취지이며, 정부(발명진흥회)에서는 직무발명의 제도적 추진을 장려하고 있다.

연구개발의 선순환은 〈종업원〉의 발명에 대하여 정당한 보상이 이루어질 때 동기부여를 통하여 우수 발명이 창출되고 이를 통해 〈사용자〉인 기업의 기술 경쟁력 강화와 이익 증대가 이루어짐으로써 지속적인 투자가 일어나는 것이다.

발명은 직무발명과 자유발명이 있다. 조직 간에 연구개발 결과물의 소유권이나 종업원/사용자 간의 보상 분쟁 등의 문제가 발생할 수 있으며, 직무발명에 대하여 정당한 보상을 비롯한 관리체제 선진화가 조직 발전에 중요한 영향을 준다.

공공연구기관의 경우, 「공무원 직무발명의 처분·관리 및 보상 등에 관한 규정」을 기준으로 준행하고 있으며, 각 조직은 그 조직의 상황에 맞는 직무발명 제도를 추진하고 있다. 직무발명의 적절한 처분·보상의 기준이 만들어져서 사용자와 종업원이 서로 만족함으로써 연구개발이 활기차게 추진되어야 할 것이다.

제2절 │ 국가 연구개발 유의점

1. 국가 연구개발의 보급과 확산

국가 연구개발 결과물의 종류는 연구결과보고서와 무형자산으로 권리화가 가능한 산업재산권[15](특허, 실용신안, 디자인) 등 다양하겠지만 농식품 분야는 식물신품종이나 영농활용 자료 등이 더 포함한다.

농촌진흥청은 국가 농업 연구개발 기관으로 전체 국유특허의 약 58.0%[16]를 차지하고 있고, 농촌진흥사업[17]을 주도한다. 그리고 산하에 농업과학기술 연구개발 성과의 보급과 확산을 위하여 농업기술실용화재단[18]을 별도로 두고 있다. 연구개발 결과가 연구개발에서 그치지 않고 실시實施[19], 즉 실용화율을 높이기 위함이다.

국가 연구개발의 적극적 추진과 (공무원)직무발명의 장려에 따른 상호 균형적 접근은 연구개발 기관을 포함하여 어떤 산업 조직이든 매우 중요하다. 우리나라가 발명자주의[20]를 택하고 있고, 국가 연구개발 즉, 공무원의 직무발명은 일방적으로 국가에 귀속되는 것에 불합리하다고 판단하는 시각[21]도 있다. 하지만 발명의 처분 및 그에 따른 보상 기준을 상향 조정(처분 수익금의 100분의 50)한 바 있고, 무엇보다 국가 연구개발 결과물이 산업 현장으로 빠르게 보급되어야 하는 특성을 고려할 때 그와 같은 시각은 조금 달리 볼 필요도 있을 것이다. 특히 대학 및 기업 등의 직무발명 보상과 비교할 때 국가 연구개발의 직무발명보상은 사용자(국가)와 종업원(연구자) 간의 균형적 발전과 국가 연구개발의 효율적

---

15) 특허청에서 관리하는 산업재산권 중 연구개발 결과의 실용화 차원에서 상표는 제외하였으며, 추가로 지식재산의 하나인 국립농산물품질관리원(농식품부) 관리 지리적표시도 같은 성격에서 언급하지 않음
16) 국유특허 건수는 농촌진흥청 1,083건(58%), 국립수산과학원 154건(8%), 국립산림과학원 148건(8%), 국립수의과학검역원. 93건(5%), 기술표준원 82건(5%) 및 기타 341건(17%)순으로 나타남.
(출처: 국유특허권의 합리적 실시료 산정 및 위탁관리 방안에 관한 연구. 특허청. 2009.7.)
17) 농업·농업인·농촌과 관련된 과학기술을 연구·개발하고, 그 결과를 지도 및 교육을 통하여 보급·확산시키는 일련의 사업
18) 농촌진흥법 제33조(농업기술실용화재단의 설립·운영)에 따라 정부, 정부출연 연구기관과 민간 등의 농업과학기술 분야 연구개발 성과의 실용화를 촉진하기 위한 기관으로 그 운영의 일부 역할에서 농업기술의 주도적 기술이전기관TLO 역할을 수행하고 있음
19) 국가 연구개발의 공무원 직무발명보상은 출원보상을 생략하고, 등록 및 처분보상으로 이루어지므로 발명자에게는 실시實施에 의한 처분보상이 직무발명 보상에서 더 중요한 의미를 가짐
20) 발명의 원시 취득자는 발명자가 됨. 하지만 직무발명제도 및 특약에 의하여 사용자(국가)가 종업원(공무원)으로부터 승계를 받을 경우 대부분의 권리는 사용자에게 인계됨
21) 조광훈. '공무원의 직무발명에 따른 특허권의 국·공유화에 관한 비판적 연구'. 지식재산의 논단. 101호(2007.10), 서울중앙지방검찰청

추진 차원에서 고려될 필요가 있다. 발명자주의를 택하면서 산업발전을 위하여 기업과 마찬가지로 국가 연구개발 조직도 특약特別契約을 두고 직무발명 조건에서 무형자산의 권리를 귀속시키는 이유이다.

중요한 것은 IP-R&BD 차원에서 맵시 있는 국가 연구개발 결과물을 확보하고 지식재산으로 권리화하여 기술이전기관TLO을 통해서 빠르고 효율적인 기술보급이 이루어질 때 그에 적합한 실시·처분보상이 뒤따르게 된다. 그리고 이와 같은 동기부여를 통하여 연구자(종업원)는 더 발전된 연구개발을 추진함으로써 국가 연구개발의 선순환에 기여하게 된다.

결국은 연구개발 조직에서 직무발명 제도를 더 적극적이고 균형적으로 추진할 때 기술이전기관의 역할과 함께 기술 보급은 더 빠르게 확산되어 산업발전이 이루어진다는 의미이다. 글로벌 산업화 시대에 빠른 기술의 순환과 함께 국가 연구개발 기관도 부분적으로 기업의 경쟁적 경영 생리를 받아들이는 이유도 여기에 있을 것이다. 직무발명의 성과에 맞는 보상을 더 적극적으로 추진하여 발명을 자극시킬 때 결국 국가 연구개발이 성장하는 것이다.

2. 출원인 및 발명자 관계의 이해

국가 연구개발의 국유특허 출원 및 등록에 있어서, 먼저 출원인의 관계와 발명자의 위치를 정확히 이해할 필요가 있다. 출원인 관계는 무엇보다도 단독 출원의 경우는 문제가 되지 않으나 공동출원의 경우 특허권의 공유에 따른 문제가 발생될 수 있다. 즉, 국가 연구개발 기관은 실시 역할이 없기 때문에 대부분의 연구개발 결과물은 기술이전 업체를 통해 보급을 추진하게 된다. 하지만 출원인이 국가 연구개발 기관 단독이 아닌 공동출원의 경우, 공동출원인이 업業으로 실시實施가 가능한지의 여부에 따라 기술이전 양상은 매우 달라질 수 있다. 만약 공동출원[22]이 다른 국가 연구개발 기관이나 공공기관, 대학 등 공공의 성격을 띤 조직이 아닌 개인의 이익을 추구하는 기업일 경우 연구개발 권리는 회사의 이익을 위해서만 실시될 가능성이 높다. 왜냐하면 실시능이 없는 국가 연구개발 기관은 공동출원 시 계약 지분만큼 실시료만을 받을 뿐 국가 연구개발 결과물로서 제3자에게 기술이전이 거의 불가능하기 때문이다. 그리고 공동출원인인 기업이 국내시장 독점을 목적으

---

22) 특허출원서의 서지사항에 출원인과 발명자가 있으며, 출원인은 해당 특허의 무형자산에 대한 실질적인 권리자이며, 발명자는 특허의 발명을 수행한 종업원(직무발명의 경우)으로 권리행사는 할 수 없음

로 제3자에게 기술이전 허락[23]을 배제하는 경우를 고려해야 한다.

　　사례　다음 특허(대한민국 특허등록 제10-1423695호, 이하 '695특허)는 대학과 공동
출원하여 등록된 국유특허의 서지사항 정보이다. 출원인(특허권자)과 발명자의 위치에서
부터 향후 권리관계까지 발생될 수 있는 문제점을 가정하여 살펴보고자 한다.

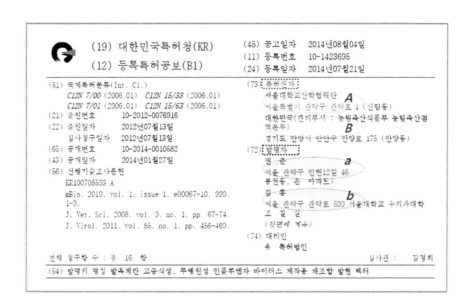

　　먼저 특허는 2012년 7월 13일 심사청구와 함께 출원되었고, 출원인은 서울대학교 산
학협력단[24]("A")과 대한민국[25]("B")의 공동출원 특허이다. 여기서 '출원인은 특허권자'이
다. 특허는 출원 시 "출원인"으로 표기되었다가 특허청 심사 후 등록되어 무형자산으로
권리가 형성되었을 때 서지사항에 "특허권자"로 바뀌어 표기된다. 즉, 권리는 사용자인 특
허권자 A와 B에게 소속되며 종업원인 발명자(a와 b)는 직무발명 제도에 의하여 어떤 권
리도 소유하지 못하고 단지 권리 양도에 따라 보상금을 받게 된다. 서로 직무발명의 사용

---

23) 특허 등 공동 연구를 통해 공동 출원인으로 출원된 지식재산의 기술이전은 반드시 공동출원인의 합의 하에 기술이
　　전이 가능함
24) '산학협력'이란 산업교육기관과 국가·지방자치단체·정부출연기관 및 산업체 등이 상호 협력하여 산업체의 수요와
　　미래의 산업발전에 부응하는 인력을 양성하고 새로운 지식, 기술의 창출 및 확산을 위해 연구·개발하며, 산업체
　　등으로의 기술 이전 및 산업 자문 등의 활동을 말하며(산업교육진흥 및 산학협력촉진에 관한 법률 제2조 제5호),
　　'산학협력단'은 2002년 교육인적자원부의 '산학연 협력 활성화 종합 대책'을 마련하여 대학에 산학협력 활동을 적
　　극적으로 전개할 수 있도록 제도적으로 지원하게 됨
25) 출원 연구기관은 농림축산식품부 소속 농림축산검역본부이며, 등록되어 국유특허로 귀속됨

자 및 종업원의 의무를 준행하는 것이다.

이때 공동 출원의 경우, 처분보상은 A 및 B가 속한 조직이 서로 다르므로 각 조직의 직무발명 규정에 맞추어 준행하되, 처분(기술이전 등)에 의한 수익금 배분 및 보상은 특허의 서지사항 등에 별도로 표기되지 않고 A와 B가 맺은 별도의 계약[26]에 따른다.

상기 등록특허는 별도의 조기공개[27] 없이 특허법 공개에 맞추어 출원 후 1년 6개월 후인 2014년 1월 27일 공개공보[28]되었으며, 바로 특허청 심사에 착수되어 한 차례의 기재불비[29] 대응을 통해 6개월 후인 7월 21일 특허등록(10-1423695호)이 되었다는 것을 유추할 수 있다.

중요한 사항은 공동 출원에 따른 복수 특허권자의 관계이다. 무형자산의 실시권 처분 종류는 <그림 5-1>에서 설명했듯이 자기실시를 제외한 양도, 매각, 담보 외 전용·통상실시권이다. 공무원 발명의 경우 통상실시권 원칙이고, 한정적으로 전용실시권만 가능하다. 따라서 공동출원의 경우 제3자에게 기술이전을 통하여 통상실시권을 실시할 시 공동출원인(특허권자)의 허락을 반듯이 득해야 하므로 앞서 설명된 제3자에게 기술이전을 허락하지 않는 상황이 고려되어야 한다. 하지만, 상기 '695특허는 국립대학과 공동출원이므로 기업과의 출원과 달리 크게 우려할 상황은 아닐 것으로 판단된다. 그리고 이와 같은 공동출원 부분은 기업이나 지주회사를 둔 대학 등의 경우 반대로 역이용할 수 있는 사안이라 할 수 있겠다. 왜냐하면 국가와 공동출원일 경우 내가 통상실시권을 허락하지 않을 경우 특허는 공동의 무형자산이면서 내가 전용으로 실시할 수 있기 때문에 전용실시와 같은 효과를 활용할 수 있다.

3. 국유특허의 실시료 산정

공무원 직무발명의 기술료 산정 기준은 아래 <그림 7-7>과 같이 「공무원 직물발명의

---

26) 예) 공동연구 계약에 따른 기술이전 등 처분보상의 경우, A와 B의 지분이 60:40이라면, A는 수익금의 60%에 대하여 자체 직무발명 규정에 맞춰서 소속 발명자들에게만 처분보상(각자의 발명 지분에 따름)을 준행하게 됨(B는 마찬가지로 국가, 즉, '공무원 직무발명의 처분관리 및 보상 등에 관한 규정' 제17조 처분보상금에 따라 준행)

27) 정상적인 공개는 출원일로부터 1년 6개월 후에 이루어지나 출원인의 신청에 의해 기술내용을 일찍 공개(신청 시로부터 3~4개월)하게 됨. 이때 공개의 효과는 제3자의 침해에 대한 정보제공 및 그로인한 보상금청구권 발생, 우선심사 청구 등의 이유가 있으며, 공무원 발명의 경우 개량발명이 없을 시 실용화 촉진을 위한 효과가 있음

28) 특허 출원 시 공보(정보 공개 행위)는 공개 시 '공개특허공보'와 등록 시 '등록특허공보'가 있음

29) 특허청 심사 과정에서 심사관으로부터 보통 한두 차례의 거절이유를 받으며, 그 과정에서 출원인은 의견서 및 보정서를 제출·대응함으로써 특허등록을 이끌게 됨. 이때 거절이유는 기재불비(명세서 작성에서 기재사항이 불명확하고 요구되는 서술 요건이 맞지 않는 경우)와 특허성(신규 또는 진보성이 없다고 판단되는 경우)에 대하여 받게 됨

처분관리 및 보상 등에 관한 규정 시행규칙」 제11조(예정 가격의 선정기준 등)에 제시되어 있다.

국유특허권의 기술이전 시 실시료 산정 계산식은 다음과 같다. 『제품의 총판매예정수량[30] × 제품의 판매단가[31] × 점유율[32] × 기본율[33]』을 기본식으로 하며, 이때 특허가 다른 출원인과 공동으로 출원되었다면 출원인의 지분만큼 지분율[34]을 추가로 곱하게 된다(<그림 7-7>).

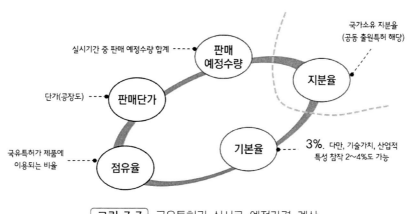

그림 7-7 국유특허권 실시료 예정가격 계산

이때 국가육성 식물신품종(종자 및 무성번식 식물체)의 기술료는 <그림 7-7>에서 점유율을 제외[35]하게 되며, 기본율은 2%를 기준으로 식물신품종의 실용적 가치 및 산업상 이용가능성 등을 고려하여 1% 이상 3% 이하로 적용할 수 있다.

국유특허 및 국가육성 식물신품종의 기술(실시)료 산정은 국가 연구개발 결과물을 널리 보급시키는 데 목적이 있다. 따라서 일반 기업의 수익 차원에서 기술료 산정방식과는 차이가 크다.

그 차이점을 보면 다음과 같다.

---

30) (총판매예정수량) 실시기간 중 매 연도별 판매예정수량을 합한 것
31) (제품의 판매단가) 실시기간 중 매 연도별 공장도가격의 평균 가격
32) (점유율) 단위 제품을 생산하는 데에 해당 국유특허권이 이용되는 비율
33) (기본율) 3%. 다만 해당 국유특허권의 실용적 가치 및 산업상 이용가능성 등을 고려하여 2% 이상 4% 이하로 할 수 있음
34) (지분율) 하나의 무형자산인 특허가 기술이전 되어 그 발명에 甲과 乙의 지분이 70:30 %로 지분이 나누어졌다면 甲은 기술료의 70%를 차지하게 됨
35) 식물신품종은 신품종 식물 자체가 육성을 통한 완성체이므로 점유율이 100%가 됨

첫째, 기술이 적용된 개체의 판매단가 적용에 있어서 시중 판매가가 아닌 공장도 가격을 적용한다.

둘째, 무엇보다도 국유특허의 경우 기술이전 업체의 부담을 줄이는 효과로 점유율을 추가로 둔다는 점이다. 이는 해당 기술이 제품에서 30% 점유율을 갖는다면 기술료에서 70%를 경감시키는 효과를 갖게 된다.

셋째, 국유특허는 기술료 납부를 先실시·後정산 방식[36]을 취하고 있다. 이는 기술이전 업체의 초기 사업비를 경감시키고 국유특허의 활용기회를 확대하는 효과가 있다.

예를 들어 농산업체 A에서 자사의 기존 제품 1개에 국유특허 신기술 2개(특허1, 특허2)를 이전받아 적용하고자 <표 7-3>과 같은 조건으로 1년의 실시기간을 두고 계약을 체결하였다. 이때 신기술 2개는 국유특허이지만 발명 기관 또는 발명자가 서로 다를 수 있다.

<표 7-3> A 농산업체의 기술이전 계약 조건

구분	판매 예정수량	판매단가 (공장도)	점유율	기본율	지분율
특허1	100,000	600원	30%	3%	단독출원
특허2			10%		단독출원

계약 후 농산업체 A는 자금 사정으로 인하여 시제품 생산이 늦어졌고 계약당시 판매예정수량에서 절반 부족한 50,000개의 제품을 판매했다면, 선실시·후정산 방식을 적용하여 실제 납입 기술료는 360,000원[37]이 된다.

그리고 특허1과 특허2가 동시에 적용된 경우이므로 국가 발명기관의 해당 기술료(납입된 기술료의 50%를 점유율 30:10에 맞추어 나눔)를 발명자 지분에 따라 처분보상을 실시할 수 있다.

사례 국유특허의 기술료 납입방식은 일반 기업을 비롯한 민간의 경우와도 비교할 필요가 있다. 아래의 <그림 7-8>은 실제 기업에서의 기술이전 시 맺은 계약서의 기술이전료 관련 일부이다.

---

36) 기존 국유특허권의 유상처분을 2013년 10월 1일부터 선급료(실시료 납부 후 실시) 방식에서 먼저 무상으로 사용하고 사후 정산하는 방식으로 변경 (특허청 보도자료)
37) 50,000개(실제 판매수량) × 600(판매가, 공장도) × 0.4(점유율) × 0.03(기본율)

국내 K업체는 국내 출원된 특허를 PCT를 통하여 미국, 유럽, 일본 등의 국가에 진입하였다. 그 후 글로벌 기업으로 기술이전을 수행하여 계약서에서 기술료를 Section3와 같이 맺게 되었다.

Section3. LICENSE FEES AND ROYALTIES.

3.1 <u>License Fees</u>. In consideration of the rights granted hereunder, and subject to the terms and conditions of this Agreement, LICENSEE shall pay to LICENSOR a fee equal to Three Hundred Thousand US Dollars (US $300,000) payable within thirty (30) days after the Effective Date plus Five Hundred Thousand US Dollars (US $500,000) at Launch. LICENSEE shall provide written notice of the anticipated Launch Date (and any modifications thereto) to LICENSOR no later than the Launch Date.

3.2 <u>Royalty Payments</u>. In addition to the payments under Section 3.1 and subject to the terms and conditions of this Agreement, LICENSEE shall pay to LICENSOR royalty payments on the following terms:

(a) Subject to Sections 3.2(b) and 3.2(c) below, in consideration of the exclusive license granted to LICENSEE under the Patents pursuant to Section 2.1, if the sale of Licensed Products in the Territory is manufactured by a party other than LICENSOR and is embraced within any Valid Claim under the Patents:

(i) <u>1.5% of Net Sales</u> for the portion of Net Sales of Licensed Products in the Launch Year and in each subsequent Marketing Year up to and including Fifty Million US Dollars (US $50,000,000); plus

(ii) <u>2.0% of Net Sales</u> for the portion of the Net Sales of Licensed Products in the Launch Year and in each subsequent Marketing Year in excess of Fifty Million US Dollars (US $50,000,000),

(b) In the event the exclusive license granted pursuant to Section 2.1 becomes a non-exclusive license pursuant to Section 2.3, 1.0% of Net Sales of Licensed Products.

(c) LICENSEE shall pay LICENSOR <u>cumulative minimum royalties</u> of (i) at least One Million US Dollars (US $1,000,000) by the end of the Launch Year, (ii) at least Two Million US Dollars (US $2,000,000) by the end of the first Marketing Year; and (iii) at least Three Million US Dollars (US $3,000,000) by the end of the second Marketing Year, if the royalty payments due by LICENSEE pursuant to Section 3.2(a) above are less than the foregoing amounts, in each case as of the aforementioned dates of determination. At Launch, LICENSEE shall pay LICENSOR Five Hundred Thousand US Dollars (US $500,000) (such amount to be in addition to the Launch fee set forth in Section 3.1), which shall be credited towards LICENSEE's cumulative minimum royalty obligations pursuant to this Section 3.2(c) or royalty obligations pursuant to Section 3.2(a) above, as the case may be. For the avoidance of doubt, the obligation of LICENSEE to pay cumulative minimum royalties as set forth in this Section 3.2(c) shall not be discharged should the Patents be held invalid as a result of actions taken by LICENSEE against the Patents.

(d) Notwithstanding anything contained in this Agreement to the contrary, including Section 3.2(c) of this Agreement, in the event that LICENSOR elects not to pursue an infringement suit and/or a defense to a challenge to any of the Patents, as set forth in Section 5.5.3(b), 1.0% of Net Sales of Licensed Products.

3.3 <u>Duration of Royalty Payments</u>. During the term of this Agreement, payments under Section 3.2 and Section 9.1(e) shall be made for all Licensed Products sold by LICENSEE, its Affiliates and its Sublicensees in the Territory while at least one of the claims in a Patent covering the Licensed Product is valid.

그림 7-8 국내 K기업, 기술이전 계약서의 기술이전료 항목

기술료License Fees and Royalties 내용을 보면, 계약금License Fees과 로열티Royalty Payments를 나누었다. 먼저 계약금은 사용 허락에 대한 대가적 성격이며 계약체결 후 가능한 빠른 시일 내에 상품화를 촉구하는 의미를 갖는다. 따라서 상품화가 늦어지는 경우 기술이전 권리자Licensor는 실시료 수익이 발생하지 않으므로 늦어지는 기간에 대한 불이행 패널티를 별도로 계약서에 포함시키고 있다.

로열티는 한번에 지급하는 정액실시료Lump sum payment와 수익에 따라 차등을 두는 경상실시료Running royalty 방식을 취한다. 기업에서는 정액실시료를 요구하는 경우가 많은데, 상기 사례는 영업 순이익Net Sales에 따른 차등 경상로열티를 제시하고 있다. 이와 같은 기술료의 결정은 양쪽 회사(국내 K업체와 해외 글로벌 기업)가 계약을 성사시키는 조건에서 서로 이익을 추구하며 협상을 통하여 최종 결정을 이끈 결과라고 할 수 있다.

국유특허의 경우, <표 5-1>에서 제시한 바와 같이 특정 기술에 한하여 기업이 원하는 독접배타적 권리로서 전용실시권을 검토할 수 있을 것이다. 그리고 그에 따라 실시료의 차등 추진을 유도할 수 있다. 실시료의 일괄적인 산정방식(<그림 7-7>, 시행규칙 제11조)틀에서 전용실시권 이전의 경우 기술료 산정 방식의 다양화를 추진할 때 연구자의 사기진작은 훨씬 높아질 수 있을 것이라 생각된다.

4. 특허권 남용 및 불공정거래 주의사항[38]

특허 등 지식재산권의 남용행위에 대하여 2010년 공정거래위원회에서는 거래법상 그 유형을 구체화하였다. 일종의 갑甲으로서의 횡포라고 볼 수 있겠으며, 그 중 공무원 직무발명의 거래에서 발생할 수 있는 사안을 정리하였다.

❶ 특허권 만료(소멸) 이후에도 지속되는 제한이다.

이는 특허의 권리기간(설정등록한 날로부터 출원 후 20년)이 만료되었거나 등록 후 무효심판 및 권리포기 등의 요건에 의하여 권리가 소멸된 상태에서 기술사용을 부당하게 제한하거나 기술사용료(실시료)를 받는 행위이다.

특히 국유특허의 경우 출원 후 권리가 등록되기 전 빠른 기술이전을 위하여 기술이전이 이루어진다. 하지만 특허청 심사과정에서 거절이유를 극복하지 못하고 특허가 거절되

---

38) 정태호 원광대 교수(당시 대법원 재판연구관) 「공정거래위원회에서 주목하고 있는 특허권의 남용과 관련된 불공정 거래조건의 유형」(특허와상표 제818호 7면, 2013.09.20.)" 투고내용을 참고하여 작성

는 경우가 있다. 이와 같은 경우 계약기간이 남아 있더라도 출원 특허의 거절 시점 및 선
실시·후정산을 고려하여 실시료를 명확히 추정하여야 할 것이다.

❷ 거래 상대방에 따라 차별적으로 기술료를 산정하는 경우이다.

공무원직무발명의 실시료 산정은 앞서 <그림 7-7>에서 설명했듯이 『제품의 총판매예
정수량 × 제품의 판매단가 × 점유율 × 기본율』으로 이루어진다. 이때 총판매예정수량이나
제품의 판매단가는 기술이전 업체에서 제공하고 기본율도 3%로 거의 고정되어 있으므로
문제되지 않으나 점유율의 경우 동일한 상품에 대하여 합리적인 이유없이 다르게 정하거
나 실시권자의 지위를 기준으로 차별 적용을 부과할 경우 문제가 될 수 있다.

❸ 제품생산에 필요한 원재료 등 구입처를 제한하는 경우이다.

즉, 기술이전을 수행하면서 기술적용에 필요한 재료를 이전업체에게 적용하도록 강요
하는 행위이다. 이에 대한 기준은 특허권자나 그에 준하는 위치의 자가 실시허락의 부단
한 조건으로 정당한 행사 범위를 벗어나지 않더라도 기술이전 업체의 자유 결정에 영향을
미친다면 그 여부가 달라질 수 있으므로 주의가 필요하다. 그리고 이와 관련해서는 제품
의 거래지역[39] 및 거래 상대방을 제한하는 경우도 같은 경우라고 할 수 있다.

❹ 직접 필요하지 않은 기술을 끼워서 거래하는 경우이다.

이는 국유특허의 기술이전 단계에서 쉽게 일어날 수 있는 경우로서 특허권자가 기술
이전 업체에게 기술이전율이나 실적을 올리기 위하여 필요하지도 않은 특허를 끼워서 이
전시키는 행위로서 주의가 요구된다.

❺ 후속 발명에 대한 연구 및 개량활동을 제한하는 조건이다.

기술이전 업체에게 이전된 기술관련 개량연구를 제한하거나 더 나아가 기술이전 업체
가 실시를 하면서 지득된 발명 아이디어를 특허로 출원할 수 있는데, 이때 개량발명에 대
하여 공동출원이나 귀속을 요구하는 경우이다. 이는 특히 기업의 절대 갑^甲 위치에서 쉽게
발생되는 현상이나 국가 연구개발 기관에서도 특히 주의가 요구된다.

5. 연구노트의 사용

연구노트는 연구자가 연구수행의 시작부터 연구개발 결과물의 보고·발표 또는 지식재

---

39) 거래지역의 제한은 수출제한에 관련될 수 있는데, 예를 들어 일본에 특허권이 없음에도 불구하고 국내에서 기술이
전을 통하여 정당한 실시권 가진 업체에게 일본 수출을 제한하는 등의 행위

산권의 확보 등에 이르기까지 연구과정 및 연구성과를 기록하는 자료이다. 이는 연구개발 결과의 기록이라는 수단의 중요성과 함께 상황에 따라서는 기술의 외부유출이나 직무발명의 여부 판단에 대한 중요한 기준이 된다.

공공연구기관에서는 연구노트 관리지침(시행 2009.07.1)을 두고 국가 연구개발 사업의 수행을 통해 얻은 정보와 데이터, 노하우 등을 체계적으로 관리하고 활용하기 위하여 연구노트의 작성과 관리에 관한 사항을 정하고 있다. 연구노트의 요건은 다음 <표 7-4>와 같이 서면 또는 전자 연구노트에 따라서 그 요건의 차이가 있다.

<표 7-4> 연구노트의 요건

서면 연구노트	전자 연구노트
기관명, 일련번호, 연구 과제명 및 쪽번호→제본	기록자 및 점검자의 서명인증 기능 (점검자 서명은 제외될 수 있음)
기록자 및 점검자의 서명/날짜	연구기록 입력일(시간)의 공인된 자동기록 기능
-	기록물의 위·변조 확인 기능

서면 연구노트는 제본된 노트에 필기구 등을 이용하여 내용을 기록하며, 전자 연구노트는 전자문서 또는 전자화대상 문서의 형태로 내용을 기록·저장하는 연구노트를 말한다.

사례 <그림 7-9>는 연구노트의 일반양식과 프랑스 농업연구기관인 INRA(Institut National de la Recherche Agronomique)의 기록자 점검자 체크까지 수행된 예이다.

연구노트로써 기능을 갖기 위해서는 작성된 연구노트에 대하여 반드시 증거효력을 가질 수 있는 서명과 함께 발명을 완성시키기 위해 일련의 행동이 특정기간동안 연속되었음을 증명할 수 있도록 날짜와 일련의 연구사실이 요구된다.

현재 국가 연구개발 기관에서는 서면 연구노트에서 전자 연구노트 사용을 확대함으로써 직무발명의 효율적 활용 수단으로 수행하고 있는 상황이다. 전자연구노트의 확대는 기존 서면연구노트 대비 정보를 체계적인 관리 및 사용의 편리성 등에서 추구하지만 더 나아가서는 연구자 간의 협력 증진 및 연구 중복이나 잘못된 실험으로 인한 연구비 오남용 개선 등 많을 혜택이 수반될 것으로 판단된다. 이를 위해서는 연구자 상호간의 정보 노출에 대한 시스템적 보완체계가 마련되어야 하며 파일file로 정리된 연구정보의 빠른 공유 및 활용가치가 지속적으로 개량되어야 할 것이다.

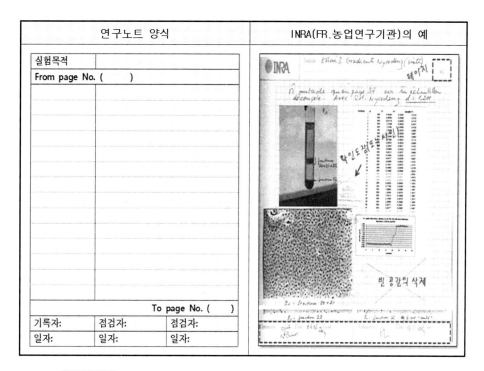

연구노트 양식	INRA(FR.농업연구기관)의 예
실험목적	
From page No. ( )	
To page No. ( )	
기록자: 점검자: 점검자:	
일자: 일자: 일자:	

그림 7-9 　일반 연구노트와 INRA(프랑스 농업연구기관) 연구노트의 비교

> ▶ 시사점
>
> 특허의 권리행사 차원에서 출원인(특허권자)과 발명자의 관계를 이해한다.
>
> 공공연구기관(국유특허 포함)의 특허 등 기술이전 따른 일괄적 실시료 산정(선사용 후정산)과 함께 기업의 다양한 기술이전 실시료 및 그에 따른 계약서 작성 등을 이해하고 발전 방향을 계획할 수 있다.
>
> 특허권 남용 및 불공정거래의 주의사항을 고려하고, 특히 공공연구기관의 경우 연구개발 결과물에 대한 기술이전 및 사업화 과정에서 기술보유자(-sor)와 기술이전자(-see)의 관계상 주의가 요구된다.
>
> 연구개발자의 연구노트(서면 및 전자) 사용 방법과 함께 그 취지를 이해하고, 기관에서는 전자 연구노트의 효율적 사용을 고려하여 확대할 필요가 있다.

찾아보기 Index

저자 본인이 소개하는 강신호

첫 직장생활은 대학 전공에 맞춘 살충·살균제 연구였다. 수익을 올리기 위해 시장을 알고 신제품을 고민해야 했다. 5년 여 제품개발 연구원 생활을 하다가 기회가 닿아 제품개발의 핵심인 지식재산 관리부서로 자리를 옮겼다. 점진적으로 다양한 특허전략과 대내·외 분쟁 사건을 담당하며 자리의 무게만큼 다양한 경험을 쌓았다. 그렇게 정신없이 12년의 젊은 시절을 보내게 해준 첫 직장이 고맙기만 하다.

저자는 학위를 반드시 전공이라고 고집하지 않았다. 병·해충 방제의 기초가 되는 식물병리학(석사) 및 응용곤충학(박사)과 함께 당시의 다양한 지식재산 경험도 하나하나가 논문 이상의 풀기 힘든 난제였기 때문이다.

그와 같은 경험을 바탕으로 십년 전, 지금의 농생명 지식재산 산업화를 추구하는 농촌진흥청 산하 농업기술실용화재단으로 자리를 옮겼다. 농생명 R&D 결과물의 산업화 증대에 쓸모 있는 사람이 될 수 있으리라 판단해서였다. 그리고 오늘도 같은 마음으로 농촌진흥기관의 지식재산 및 사업 전략 지원을 위해 역할을 다하고 있다.

기업·기술가치평가사, 기술거래사
이메일 shkangab@gmail.com

농산업기술과 지식재산권

초판발행	2019년 1월 7일
지은이	강신호
펴낸이	안종만
편 집	조혜인
기획/마케팅	손준호
표지디자인	김연서
제 작	우인도·고철민
펴낸곳	(주) **박영사**
	서울특별시 종로구 새문안로3길 36, 1601
	등록 1959. 3. 11. 제300-1959-1호(倫)
전 화	02)733-6771
f a x	02)736-4818
e-mail	pys@pybook.co.kr
homepage	www.pybook.co.kr
ISBN	979-11-303-0649-0 03360

정 가   26,000원